教育数字化转型背景下的

学校智慧校园建设思考与实践

陈洁　黄军 ◎编著

——浦东新区第二中心小学智慧校园建设实践

编委会名单

引言 新时代教育数字化转型的意义与作用[①]

党的二十大报告指出："教育、科技、人才是全面建设社会主义现代化国家的基础性、战略性支撑。"随着新一代数字技术，如云计算、大数据、人工智能和区块链的迅速演进和广泛应用，数字化已经被广泛认可为推动教育变革与发展的关键力量。教育数字化已经演化成了应对经济和社会挑战、解决人才供需矛盾以及提高社会生产力的迫切需求。教育数字化转型是一个综合的、系统的、全方位的创新与变革过程。教育数字化转型已成为一场全社会共同推动的变革，推动教育数字化转型已然是一种共识和趋势。教育数字化转型不仅是为了跟上经济和社会的发展步伐，响应国家数字化中国和教育强国战略的呼唤，还是教育系统积极探索创新的过程。教育数字化转型是新时代技术进步和生产力发展的必然结果，是新时代教育强国战略的要求，是办好人民满意教育的需要。在这个过程中，教育系统努力通过内部因素和结构的调整，解决社会发展和人才供需之间的矛盾，以满足教育提质增效的新需求。

谈教育数字化转型，首先需要清楚什么是数字化转型。有关数字化转型的描述主要集中在两个方面：一是将数字化转型看作一种策略或者方法，二是将数字化转型视为一种过程或者模式，包括基础设施、管理、行为、文化特征的复杂问题解决方案。教育数字化转型拥有数字化层面和转型层面的价值。李永智认为数字化转型是以数据要素为基础，统筹物理空间和数字空间教育教学元素，实现育人全过程深度优化融合，基于数字空间更新教育理念，建构教育教学新范式，建立教育新体系。什么是教育数字化转型？祝智庭教授认为教育数字化转型是建立在数字化转换、数字化升级基础上的转型，是驱动教育系统结构优化、促进教育系统中各要素转型的变革性力量，是将数字技术整合到教育领域的各

---

① 本文由陈洁撰写。

个层面，推动教学范式、组织架构、教学过程、评价方式等全方位的创新与变革。黄荣怀教授认为教育数字化转型是持续利用数字化、网络化和智能化技术及手段变革教育系统的过程。王树涛教授认为数字化转型是中国式教育现代化的一个重要维度，其重塑教育要素及关系，全方位影响教育方式、教育治理、教育功能、教育价值和教育理念，从而形成微观人与人、中观人与社会、宏观人与国家、宇观人与世界良好互动的教育新形态，推动我国教育走向现代化创生发展之路。杨现民教授认为教育数字化转型是通过数字技术和数据技术的综合创新应用，促使教育要素、教育业务、教育场景实现全面数字化，逐步形成与现代经济社会发展高度适配的高质量教育体系的持续过程。陈云龙等认为教育数字化转型是数字中国建设的重要组成部分，是以马克思主义立场观点方法为指导，落实立德树人根本任务，通过技术和数据的创新应用，实现教育要素、教育过程、教育领域的全面数字化，其目标是构建以数据为关键要素的高质量教育数字化体系，提高育人质量，培养德智体美劳全面发展的社会主义建设者和接班人。由此可以得出，教育数字化转型可以被理解为三个关键方面。首先，从核心技术的角度来看，教育数字化转型涉及利用现有数字技术提高教育和管理的效率，同时也在数字化转型的过程中对技术提出新的要求，以推动技术的不断进步。其次，从推动因素的角度来看，教育数字化转型包括充分发挥数据的潜力，巧妙地应用各种教育平台所生成的数据，以便在数据中找到转型的方向。最后，从战略层面出发，教育数字化转型涉及通过全面的教育改革来实现教育理念的改进和教育体系的重新塑造。

近年来，我国高度重视教育数字化发展，持续推进数字教育建设。《教育信息化 2.0 行动计划》《中国教育现代化 2035》《关于推进教育新型基础设施建设构建高质量教育支撑体系的指导意见》《“十四五”数字经济发展规划》《“十四五”国家信息化规划》等关于教育高质量发展、推进教育现代化进程的政策文件，为教育数字化转型提供了顶层设计支持。2021 年 8 月，我国教育部批复同意上海成为教育数字化转型试点区。2022 年 2 月，《教育部 2022 年工作要点》明确提出教育数字化战略。党的二十大报告强调要“推进教育数字化，建设全民终身学习的学习型社会、学习型大国”。2023 年 5 月 29 日，习近平总书记在主持中共中央政治局第五次集体学习时指出：“教育数字化是我国开辟教育发展新赛道和塑造教育发展新优势的重要突破口。”2023 年 7 月 26 日，教育部、国家发展改革委、财政部发布《关于实施新时代基础教育扩优提质行动计划的意见》，明确提出

“实施数字化战略行动，赋能高质量发展”。2023 年 8 月 19 日，“2023 全球智慧教育大会”提出教育数字化转型是从战略层面进行系统规划，在教育系统中实施全要素、全流程、全业务和全领域的数字化进程，智慧教育是其目标形态。

数字化是国家战略，更是上海“十四五”规划确定的重大战略。上海作为全国唯一的教育综合改革国家试点地区，又是全国教育数字化转型试点区。2021 年 11 月 10 日，上海市教育委员会发布《上海市教育数字化转型实施方案(2021—2023)》，为上海整体性推进教育数字化转型、全方位赋能教育综合改革、革命性重塑高质量教育体系、服务国家战略和上海城市发展擘画出一幅教育数字化转型新的蓝图。该实施方案明确指出，积极探索教育数字化“新环境、新体系、新平台、新模式、新评价”建设，推进教育更高层次的优质均衡、个性多元。围绕立德树人根本任务，更新教育理念，变革教育模式，以数字化支撑高质量教育体系建设。全面提升师生信息素养，厚植教育数字化转型发展理念。推进 5G+云网融合，教育信息网络基础环境全面优化。实现“一网通办”向“一网好办”转变，教育治理能力更加科学高效。信息化赋能教育管理与教育教学各环节，以大数据技术有效支撑教育评价改革。数据驱动的因材施教更加常态化，教学模式更加灵活智能，人才培养方式更加个性多元。教育资源和服务更加优质均衡，全面支撑智能泛在、贯穿终身的学习体系。2023 年 2 月 20 日，上海市教育委员会印发《2023 年上海市教育委员会工作要点》，其中明确提出实施上海市中小学教学数字化转型三年攻关行动方案。同年，制定《上海市中小学教学数字化转型三年攻关行动方案(2022—2024 学年)》，其中明确提出，要在 2024 年 7 月至 2025 年 6 月，实现全市中小学所有学校、所有班级、所有学科的全覆盖推进教学数字化转型发展。教育数字化转型已经在上海中小学“遍地生花”，但教育数字化转型是一个长期的过程，其终极框架版图是什么尚未可知，需要不断的迭代和发展。

新时代教育数字化转型具有重要的意义和作用，对教育体制和学生的发展都有积极影响。教育资源数字化、教育技术赋能化、教育方式创新化成为新时代教育实现数字化转型的显著特征。在教育数字化转型背景下，数字化教育资源具有多样性、共享性、扩展性、工具性等特征，丰富的数字化教育资源有利于促进学生全面发展，有利于促进教育公平；教育技术赋能教育理念，新型教学模式、教研模式的产生，能够促进教师素养的全面提升；教育数字化转型催生的课堂新生态能够进一步满足学生的个性需求，提升学习效率。教育数字化转型能够促进更合理地配置优质资源、更到位地提供服务支持，能够推动教学方式变革，打造教学新样态，促进基础教育高质量发展。

作为一所上海的中小学，应该怎样把握新时代、新要求，应该怎样顺应大势、顺势而为，又应该怎样立足自身实际开展学校教育数字化转型呢？浦东新区第二中心小学紧跟时代发展，以智慧校园为抓手，从学校管理、教与学方式变革、教师专业发展、学生评价等方面开展了较为系统、相对完整的学校教育数字化转型探索与实践。

浦东新区第二中心小学是一所创始于 1889 年的百年老校。学校始终坚持首任校董黄炎培先生提出的“智育，授予生活上所必须之普通技能；德育，宣归于实践；体育，求便于运动”的教育思想，根据时代发展和教育的变革，赋予了学校新的内涵“关注人的全面发展”，以此引领学校的发展。学校在秉承“全面发展”办学传统的基础上，全面推进素质教育，形成了“生动、和谐”的学校文化。学校在继承传统的基础上，提出了“学校是师生生动和谐发展的幸福家园”的办学理念，注重办学整体设计，形成了高效的管理体制与运行机制、富有特色的课程体系和具有追求与创新的教师群体，成为“人本管理明显、内涵发展见长、学生潜能开发良好、师生健康幸福成长”的优质学校。

本书主要以学校智慧校园的建设与实践为主线，全面阐述学校是如何定位教育数字化转型，如何进行顶层设计，如何在学校管理、教育教学、教师发展、学生评价等关键环节进行探索与实践。本书主要包括五章内容。

第一章阐述教育数字化转型背景下学校智慧校园建设的规划与构想，主要从学校的实际出发，结合国家和上海市对教育数字化转型的要求，以智慧校园建设为抓手设计学校的发展框架和实践路径，整体构建学校智慧校园建设的目标、路径、内容、计划和机制。

第二章阐述智慧校园赋能下的学校管理变革，主要从智慧校园赋能下的学校管理实践框架路径出发，分节介绍了学校在教学管理、德育管理、教务管理和安全管理等方面的主要做法和实践，并通过案例具体阐述学校的探索与实践。

第三章阐述数据驱动下的教与学方式变革，主要介绍了学校在数据驱动下教和学的方式的变革与实践，从语文、数学、英语等学科的维度呈现了学校在精准教学方面的实践，从“墨水屏”“AI 常态录播”等技术的维度呈现了学校在技术赋能教学方面的实践，并通过案例阐述了学校在“运动手环”、“三个助手”、数据分析等方面的探索与实践。

第四章阐述教育数字化转型背景下的教师专业发展，主要从教师工作室、教师空间、教师信息素养能力提升、研修共同体、“五星魅力”梯队教师建设等方面介绍学校教师专业发展的脉络和实践，并用案例展现了教育数字化转型背景下教师成长的故事。

第五章阐述智慧校园赋能下的学生评价变革，主要从教育数字化转型背景下学生综合素养评价的校本实践出发，立足学生德智体美劳全面发展，介绍了德育“雅行星”、智育“智多星”、体育“健体星”、美育“创美星”和劳育“巧手星”在智慧校园赋能下的变革与发展，并用案例呈现了学校在探索与实践中的方法、路径、成效与不足。

目　录
CONTENTS

第一章 教育数字化转型背景下学校智慧校园建设的规划与构想

一、智慧校园建设目标与路径

（一）建设基础

浦东新区第二中心小学现有三个校区，共有 72 个教学班、学生 3 042 人、专任教师 195 人。教师平均年龄 34 岁，35 岁以下教师 112 人，约占 57%。中青年教师所占比例较高，年轻化的教师队伍使学校充满了活力，教师们勤于钻研、努力进取，不仅具有较好的业务素养，而且具有较强的教育科研能力和信息技术的应用能力。

学校于 2017 年进行网络改造，校园网万兆接入，校园无线全覆盖。2018 年暑假期间，我校对巨野、张江两个校区所有教室及专用教室的多媒体设备进行了更新，配备了更符合数字化学习教学模式的希沃智能触控一体机。在 2016 年和 2017 年对教师的办公电脑进行了全面的更新升级。高速畅通的网络、性能卓越的智能设备为学校构建智慧课堂、智慧校园创造了良好的信息化硬件环境。

学校自主开发构建了统一认证、统一资源管理、数据高度关联的数字化智慧校园应用平台。该平台整合了数字化教师工作室、学科教学资源、学生学习空间、课堂教学平台、班级网站管理、学校门户等，实现了智能推送和资源汇聚。至 2023 年 9 月，学校已生成教学设计资源 3 300 多篇，课堂教学资源 10 000 多件。同时，该平台具备学生个性化学习功能，还能够有效促进教师专业成长、实现学校的高效管理。该平台在浦东新区范围内被推广应用，辐射浦东新区 40 多所学校。该平台的应用经验也多次向外省市教育代表团作交流分享，并在河南和浙江的多所学校进行试点应用。

学校建有支持数字化学习的未来学习中心，配备了互动教学平台和供教学使用的50台平板电脑，学校数学组、英语组教师人手一台平板电脑。学科教师尝试变革教学模式，开展了基于学生个性化学习新型教学模式的教学研讨。

学校探索开展了基于平板电脑的小学生综合素质测评项目，2016年度该项目被立项为浦东新区重点信息化项目。学校开设基于平板电脑的绘画、数字编程、3D建模等拓展课程，培养学生的创新意识和信息素养。

（二）建设目标

学校依据教育部印发的《中小学数字校园建设规范（试行）》和中国国家标准化管理委员会公布的《智慧校园总体框架》，综合运用物联网、移动互联网、大数据、社交网络、人工智能等新兴信息技术，构建智能感知环境和新型的教育教学空间，促进教学、教研、教育管理的流程再造与系统重构，实现信息技术与教育教学的深度融合，提高教育教学质量和教育管理决策水平，形成“可感知、可诊断、可分析、可预警”的新型校园生态。

学校以上海市教育信息化应用标杆培育校创建为契机，全面提升学校教育信息化管理应用的整体水平。通过智慧校园的环境建设，构建基于智能硬件的校园物联网；搭建符合学校发展的数字化智慧校园系统，建设校本特色的各类教育教学资源；探索新技术支持下的课堂教学变革，提高教师驾驭信息技术的能力；开发各类STEM创新课程，培养学生跨学科的创新意识和信息素养。在全体师生的共同努力下，争取学校教育信息化工作在新一轮发展中有新的突破，努力实现学校办学质量的跨越式发展，打造成教育信息化应用品牌标杆培育校。

（三）建设路径

智慧校园建设是一项系统工程，其中智慧校园环境是基础，大数据支持下的数字化平台是关键，智慧的教与学应用是核心，特色创新是标志，师生共同发展是目的，最终形成可持续发展、开放的智慧校园体系。

1. 智慧校园的发展主线

基于学校智慧校园建设目标，明确以“智”和“慧”为核心的两条发展主线。

“智”线主要是指依靠智能化硬件环境和教学设备，构建智能校园环境，完成智能的数据记录和采集。

“慧”线主要是指依靠大数据支持下的数字化智慧校园平台，完成智能化的记录、分析、汇总统计、诊断、预警。

2. 智慧校园的主要建设路径

路径一：构建课程资源体系

“教”智慧。学校目前已经拥有较为成熟、完善的数字化教师工作室平台。未来三年，计划加强课堂教学资源在数量上的充实和质量上的提升，使课程资源的效益最大化。并且，借由数字化课程平台的建设，促使三类课程加速发展，做到基础型课程资源重积累、拓展型课程资源重效用、探究型课程资源重参与。

路径二：打造学生学习空间

“学”智慧。借助新技术，将目前基本成熟的课堂教学平台和互动教学系统加以智能化完善，创建彰显学生个性的学习空间，实现学习资源共享、学习轨迹记录、学习成效分析、学习建议提供，多种途径促使学生的学习效益最大化。

路径三：建立学生综合素质评价系统

“评”智慧。基于智能硬件的学生综合素质评价系统，依靠智能硬件，实时化、动态化记录学生在校期间德智体美劳各个指标下的行为表现和成长数据，最终形成学生的综合素质报告，生成每一位学生的个性化“数字画像”，并给出成长预警和建议。

路径四：构筑家校共育智慧平台

“端”智慧。学校将在现有基础上，打造基于移动 App 的家校共育平台，使家庭变为教育的重要阵地，实现家校共同促进教育的最佳局面，让家长获取信息及时有效，学校生活轨迹全面记录，学生成长建议有效合理。

二、智慧校园建设框架与内容

（一）建设框架

学校注重现代化学校治理体系的构建，基于大数据的多源多维评价模型，探索基于互联网技术的个性化教育新模式，探索建设信息技术与教育融合创新发展的新型智慧校园。结合学校发展现状和需求，经过多轮的研讨，制定了学校智慧校园建设整体框架图，如图 1－1 所示。

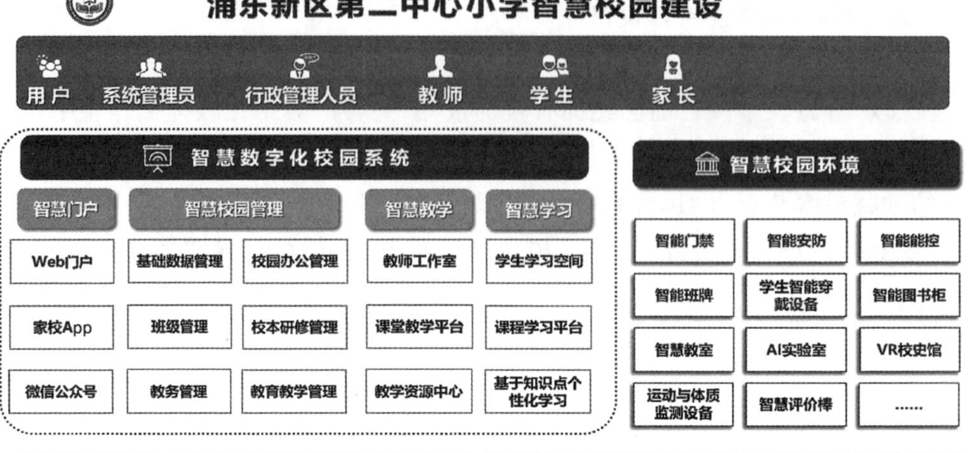

图 1－1 浦东新区第二中心小学智慧校园建设整体框架

（二）建设内容

1. 智慧校园环境

学校利用物联网技术、智能硬件和无感数据采集的数字化智慧校园系统，实现学生行为轨迹记录、无感考勤、车辆识别、学生运动与体质监测、自助图书借阅、行规实时评价、家校互动等。通过智慧校园环境的建设，将学校物理空间和数字空间有机衔接起来，为智慧校园数据的采集获取提供支撑保障，为师生打造一个智能和谐的教育教学环境，构建绿色创新的师生成长乐园。学校按计划分步建设以下内容：

智能门禁。根据不同的场景需要，采用无感人脸识别、近距离识别、远距离识别等多种方式实现校门、办公室、会议室、图书馆、运动场馆等各个场所的智能门禁，并将数据汇聚至数据中心，作为教师、学生数字画像的数据源之一。

智能安防。采用高清视频监控、智能图像分析、报警管理等功能，实现整个校园的综合监管，实现全网调度、管理及智能化应用，创建一个文明、安全、和谐、美丽的校园环境。

智能能控。通过照明智能控制、空调智能控制、窗帘遮阳智能控制、智能能源监控等系统建设一个节能低碳的绿色智慧校园。

智能班牌。作为数据的查询端和数据的采集端，智能班牌是班级、学生和教师、学校管理者之间的交互重要通道。在智能班牌上，呈现“夸夸你我他”“展示我们的风采”等板块内容，让教室成为学生温馨的乐园。

智能学生终端（手环、校徽）。通过智能手环采集学生的轨迹数据和体质数据，并在课堂上伴随式地记录学生课堂行为数据，为学生数字画像提供可信的数据源。通过智能校徽和智能门禁、智能图书柜等系统实现统一身份的识别。

智能图书柜。通过智能图书柜记录每个学生的阅读数据，将这些数据作为学生数字画像中学生兴趣偏好和阅读偏好分析的重要依据。

智慧教室。教室从以讲授为主的讲座型空间设计，转变为基于项目合作、基于团队展示、基于自主学习、基于自由讨论等多样化的空间设计。以学生为中心，将信息技术与课堂教学全面深度融合，营造一个全信息化、全网络化、立体式的学习环境。

智能访客系统。实现身份证实名验证，并实时掌握访客活动轨迹，做到“来能感知、动知轨迹、走向明晰”，为校园安全保驾护航。

车牌识别。对进校车辆车牌自动识别，记录所有曾经进校的车辆信息。

AI（Artificial Intelligence）创新实验室。为学生的创新能力培养提供教学环境。

VR（Virtual Reality）虚拟博物馆、校史馆。利用虚拟三维技术展示学校的历史文化，通过互联网更便捷、立体地传播学校的办学理念。

学生运动及体质检测设备。以学生健康发展为目标，通过学生运动及体质的智能检测，为学生提供一定的数据支持，以便学生及时地做好检测和决策。

2. 智慧校园治理体系

在原有数字化教师工作室的基础上，建设新一代智慧校园管理云平台。在教育信息化 2.0 时代背景下，教育要从封闭管理向开放治理转变，由被动响应向主动服务转变，由粗放管理向精准化管理转变，不断适应信息化和大数据时代经济社会发展的新要求。新一代智慧校园管理云平台的构建分三个阶段进行建设。

第一阶段：实现日常办公无纸化，内部管理的信息化，规范化流程，协同办公，是要把传统的办公室集中办公、纸质公文在不同部门之间传递的方式改造为无纸化、移动化、虚拟化的新方式，运用互联网实现办公业务网上流转。

第二阶段：实现更多元的治理方式，让教师主动地参与到学校的管理中，管理流程再造。

第三阶段：数据治理，对沉淀下来的数据进行挖掘、分析，进行决策支持，实现精细化、个性化管理与服务。

平台的各个子系统数据互通，采用统一的基础数据，从统一的入口登入。平台将整合教师发展空间、学生成长空间、移动办公云平台、流程管理、学生个性化学习系统、智慧课堂教学平台、学生学业预警、课程管理等，实现智能推送和资源汇聚，促进教师专业成长、满足学生个性化学习，实现学校的多中心协同治理，促进治理思维变革和管理流程再造，促进教育现代化的实现。

(1) 大数据支持的智慧校园管理云平台

基础数据的统一管理。包括学生基础数据、教师基础数据、学科知识点、学科教材、权限设置管理等系统基础数据，实现统一认证、统一管理。

智能设备集成化统一管理。系统对校园内布置的各类物联智能设备进行集中管理，同时设备的使用情况数据，都将积累在平台中形成可供查询的真实数据，提高学校管理效能。

校内办公系统管理。系统整合校内办公应用，包含请假调休、物品申购、日程安排、校内通知、待办事务、即时沟通、协同办公等，充分利用信息化平台、移动互联网技术，实现管理工作的智能化。以流程为中心，大幅度地改善管理流程，消除管理中的冗余环节，减轻教师事务性工作，提高管理工作的工作效率，由被动事务性工作转化为互动创造性工作，构建学习型、合作型教师队伍。

智能数据分析。智慧管理云平台关键要将所采集的各类数据进行智能分析，形成可视化的统计图表，为学校管理者提供决策依据。系统借助大数据分析系统，利用物联智能设备所采集的实时数据、教育教学所产生的过程性数据、学生终端记录的学习动态数据、各类评价生成的阶段性数据，按不同要求分类呈现和展示可视化数据图表。

(2) 智能个性化的教师发展空间

围绕教师在学校中教学者、学习者、研究者、管理者和指导者的五种角色，构建个性化的教师发展空间，包含基于教学、教研、研修、班级管理、办公管理、教师画像等模块。教师在空间里可以智能化地获取自己想要的教学资源，及时地获得同伴互助和专家指导。同时，教师发展空间全面、真实地记录教师各方面的数据，自动形成教师的个人发展档案袋，为教师的评价和发展指导提供了数据参考。教师发展空间技术架构如图 1－2 所示。

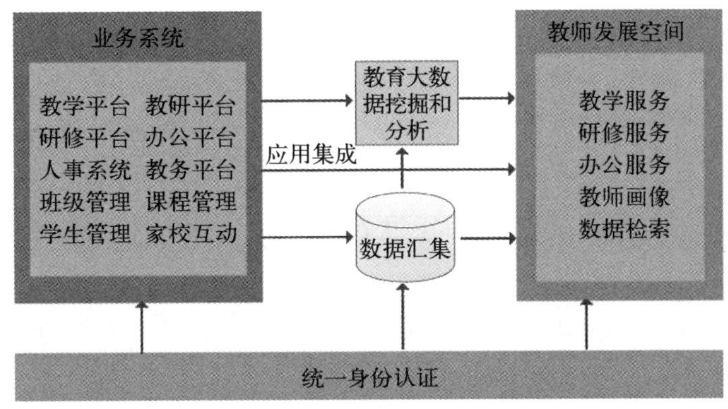

图 1－2 教师发展空间技术架构

① 协同备课,实现精准推送

系统提前对教材课题进行标签关联,教师在教师发展空间备课时,系统精准推送学校其他教师已完成的相关教学设计,还能将其他教师的教学路径进行推荐,供备课教师参考。

② 课堂教学资源,实现共建共享

教师在数字化教师工作室中准备上课用教学资源时,系统会对本节课已有的教学资源按类别呈现,教师上课时可以及时调用;同时,也可以上传本人制作或整理的资源充实到本课中,每堂课的教学资源随着教师的上传越来越丰富,真正实现资源的共建共享。

③ 课后教学反思,实现经验分享

教师在数字化教师工作室中撰写好教学反思,系统会记录在教师的发展档案袋中,其他教师可以方便地查阅和浏览,实现教学经验的实时分享。

④ 教学科研,实现研究成果的同步展示

教师利用系统可以建立研究小组,共享研究资料,记录研究过程,发布研究成果、论文以及个人荣誉。

⑤ 网络研修,实现教师专业能力提升

学校不定期发布网络研修内容,围绕职业素养、专业成长、专题学习、读书活动等开展网络研修,可提供视频、PPT 等学习资料,教师学习后回复学习心得体会,实现专业能力有效提升。

(3) 彰显个性的学生学习空间

智慧校园系统中搭建每个学生的网络学习空间,利用成长记录袋、基于知识点微课学习、基于课程平台的拓展型课程学习等，在学习空间中记录学生的学习过程，通过大数据分析，发现学生的薄弱点，帮助学生及时调整学习策略，成为每个学生个性化学习和彰显个性成就价值的平台。学生的学习将无处不在，正式学习和非正式学习融合在一起。学生通过线上线下学习空间、传感器、智能终端，如智能图书柜、智慧教室、创新实验室等学习过程中的行为数据，都采集进学生学习空间，为学生画像提供数据源。

学生成长记录袋。在学习空间中为每位学生建立了成长记录袋，记录学生在学校的成长历程，每一次进步，每一次成功，每一份收获，每一份喜悦，都记录在成长记录袋中，还将一些作品放在网络学习空间，与其他同学一起分享。成长记录袋还开设了成长日记、我的作文、趣味天地、我的摘抄、作品展示、英语小练笔、成长相册、我的荣誉等公共栏目。

基于学科知识点微课的个性化混合式学习。学生学习空间提供围绕各学科知识点的微课资源，学生可以通过自己的学习情况灵活选择资源，进行个性化的学习。学生学习过程中，空间还会根据学生的学习行为和学习成果推送最适合学生自己的学习资源。系统提供不同层次的测试题给学生自测，并且根据测试结果获取到学生的认知水平、知识点掌握情况，为学生生成个性化的学习路径及推送学习资源。教师还可以根据学生的线上学习情况数据分析，给不同的学生提供不同的针对性指导，给学生提供有温度的教育，打破传统工业化流水线的教育。

基于课程平台的拓展课程、探究课程交互学习。学生学习空间关联了学生课程平台中拓展课程和探究课程的相关学习资源，系统会根据学生的兴趣偏好推荐合适的课程给学生。拓展课程、探究课程学习平台重点实现学生之间的互动、师生之间的交互。学生可以在课后进行学习，同时也提供课程中需要上传的作品，实现学生课程学习的过程性记录。学生可以以小组的方式合作完成学习作品，相互之间可以点赞和评星。强调分享，让每个学生都能感受到成功的喜悦。

(4) 构建基于知识图谱的校本资源中心

学校已有大量的基础课程教学资源的积累，但要实现个性化学习，必须通过知识图谱将学科知识与学生的学习轨迹关联起来。数字化的知识图谱应用可视化技术，不仅能直观地描述知识之间的关系，也能提供知识的获取路径，还可以推送学习资源。

校本资源的建设一直是学校教育信息化发展的重中之重，建设基于知识图谱的校本资源库是学校在新一轮发展中需重点考虑的问题。学校将借助外部学科专家资源、专业技术力量，与本校一线教师一起组建知识图谱专业团队，对部分课程先进行试点，设计网状知识图谱关系模型，通过试用和测评不断完善学习资源、扩充知识图谱内容。资源中心主要包括以下几个方面的资源：

教学资源。借助教师发展空间，逐步积累校本特色的课堂教学资源、学生自主学习资源、试卷、“一师一优课”教学课例、微视频等特色资源库。

视频资源。通过多种途径收集整理小学阶段相关教育教学视频资源。同时，积累学校自己拍摄的学生活动、教学展示、教学微视频等各类视频资源，进行合理分类，形成视频资源库。

拓展课程资源。学校注重拓展课程资源的建设，利用课程管理平台逐步建设一批优质、特色的数字化拓展课程，包含课程视频资源、学习资料、学生作品等。

特色项目资源。以学校项目研究为契机，逐步积累具有特色的校本资源，将项目研究的成果及时上传，形成相应的特色资源。

(5) 基于移动 App 的家校共育平台

系统包含学校与家长联系的移动 App，能够将学生的进校、离校时间，学生在校的表现情况、班级动态、查阅作业、学生的体质状况、每天的运动量、学生的评价等数据实时发送给关联的家长，使家长能更紧密地参与到学生的教育中，形成家校共育的合力。

3. 智慧教与学

(1) 基于课前、课中、课后的常态化教学实践

开展基于信息技术的课堂教学应用，将原先脉冲式向常态化应用转变，探索围绕课前、课中、课后的深度融合应用。课前，教师借助数字化智慧校园平台常态应用微课导学、课前自测、学案分析等手段；课中，教师基于课堂教学平台、互动一对一教学系统进行常态下的教学应用；课后，教师利用作业盒子、口语自测、智能错题本等手段提供的学生学习报告按需调整作业，实现信息技术支持下的因材施教。

(2) 探索新技术支持下的课堂教学变革

科技的高速发展给教育变革带来了新的机遇和挑战，各类新技术、新设备在教学中被广泛应用。教师应该站在科技发展前沿，大胆尝试探索新技术，变革课堂教学方式，努力改变学生学习方式，提高教学有效性。学校主要在以下几个方面展开研究：① 利用智能纸笔板开展的课堂练习；② 基于 AI 语义分析的英语

作文评阅；③ 基于平板电脑的一对一互动课堂；④ 常态化全智能微课录制；⑤ 学生语言能力智能学习测评系统。

(3) 基于课程平台的拓展型、探究型课程的学生自主学习

通过学校拓展型课程和探究型课程的数字化建设，形成一定数量的校本优质课程资源，提供学生自主选择学习感兴趣的课程内容，主要包括：电子化的校本教材、教学 PPT、重难点微课视频、重难点实验操作视频、学生学习记录表及评价量表、学生作品等内容。学生的在线学习，能通过数字化智慧校园平台记录在学生的成长档案中，为智能化大数据分析提供依据。

(4) 基于计算思维的趣味编程课程

智慧校园不仅要有完备智能的环境硬件，更重要的是培养和提高师生的信息素养。对于学生信息素养的提升，学校将在现有基础上开设更多学生感兴趣的编程课程。开设 Scratch 驱动硬件的嵌入式编程、机器人编程、无人机编程，让更多学生参与编程课程的学习，通过课程培养学生的计算思维，提升信息素养。

(5) 注重跨学科能力培养的 STEM 课程

建设 STEM 课程，培养学生的跨学科研究能力。利用科学、技术、工程、数学领域的项目研究，开设 3D 打印、激光雕刻等课程培养学生的创新意识和动手实践能力。

4. 基于大数据的学生多源多维综合素质评价体系

基于智能硬件及大数据平台，以“学科核心素养”为依据、以“上海市学业质量绿色指标”为导向，融合学校特色德育行规评价“星星激励机制”，记录学生在校期间德智体美劳各个指标下的行为表现和成长数据，构建具有学校特色的综合素质评价体系，开展基于大数据的学生综合素质评价。浦东新区第二中心小学学生综合素质评价指标体系如图 1－3 所示。

(1) 多种途径的“智”评价，及时、实时、完整的数据记录

基于数据的学生综合素质评价系统，主要通过不同的“源”采集学生多“维”的成长数据。比如，通过智能硬件，实时化、伴随式地记录学生在校的各方面数据，最终形成学生的综合素质报告，完成每一位学生的个性化“数字画像”，并给出成长建议。学校将通过多种途径实现完整评价。

日常考勤及时反馈。配备智能化穿戴设备，如智能手环、带 NFC 芯片的校徽，通过门禁读取信息，将入校、离校信息和健康信息及时发送给教师和家长，高效完成考勤记录。

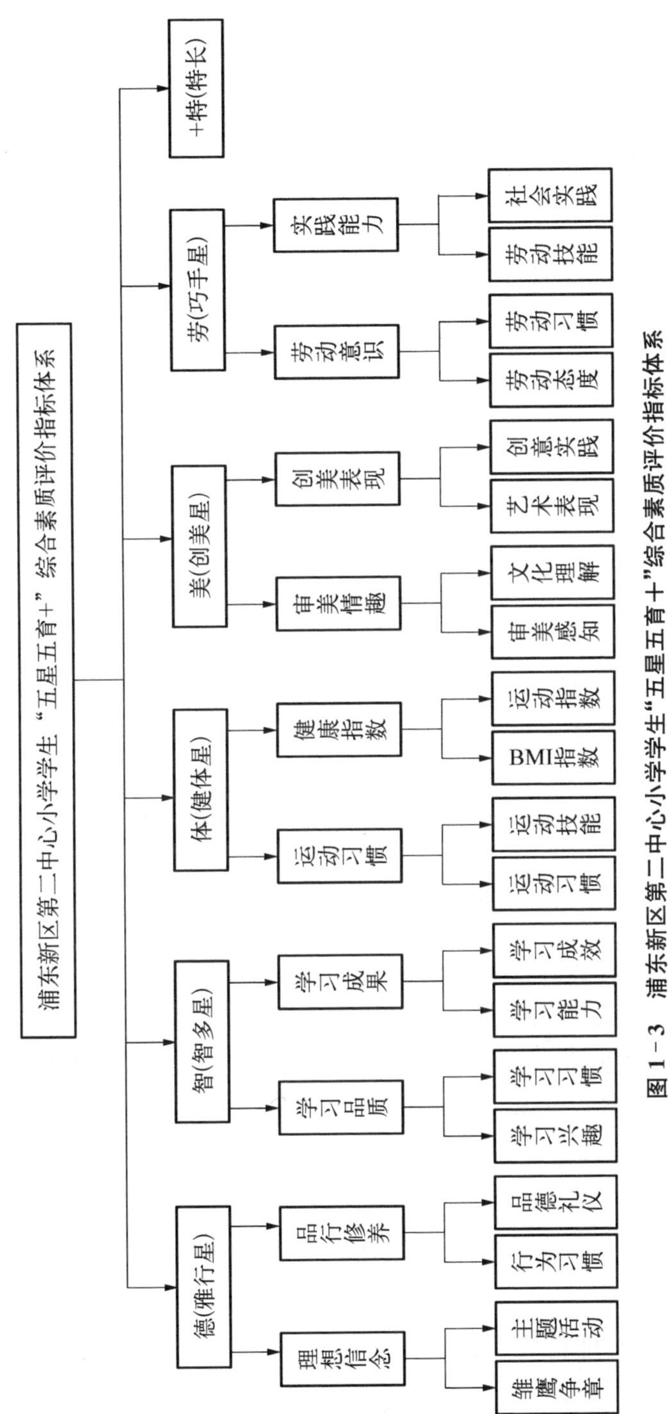

图1-3 浦东新区第二中心小学学生“五星五育+”综合素质评价指标体系

课堂学习实时记录。建成智慧教室，配备“纸笔教学板”“互动式教学平台”等智能设备，记录学生真实的学习轨迹；同时教师也可以利用智能感应设备“评价魔术棒”将对学生课堂中的学习习惯、学习表现、学习能力以及学习成果进行即时评价，并将数据实时记录到平台。

课间行规情况反馈。配备智能设备“星星宝”，根据评价需求，读取相应的行规评价指标，通过近距离感应装置，对学生在校时段的课间活动状况是否符合标准给予实时记录。

阶段测评数字化记录。充分利用学校“基于移动终端的期末测评”系统方便、快捷、实时的优势。学生在参加期末综合素质测评时，利用学生智能穿戴设备识别，直接和数据平台中的学生基础信息对接，通过互动游戏对学生语言智能、逻辑数学智能、肢体运作智能、音乐艺术智能等进行科学测评，实现对学生的阶段性综合测评。

社会实践活动打卡。通过学生参与的每一次社会实践活动，记录学生的活动情况，结合学生在学习空间中完成的活动任务，作出客观真实的评价，充实和完善对学生社会实践活动的评价。

运动与体质监测。每学期利用体育锻炼课时间定期对学生的运动和体质进行实时监测，在读取学生智能佩戴设备后，利用体质秤、心率测试等智能硬件将学生的身高、体重等发展情况记录到数据平台，并同步到班主任、家长。每学期结束时，将平台上数据汇总、分析，给出合理的营养和锻炼建议。

(2) 快速反馈的“智”评价，真实、客观、便捷的数据分析

在读取所有的基础数据后，将数据汇总到数字化平台，并同步给教师、班主任和家长，形成全面而客观的数据分析报告。

该报告将学生的学习成长情况及时反馈给教师，为教师教学调整提供参考和依据；为家长真实全面了解学生的成长信息提供支持，以便其给予学生更多的成长关怀；为学校管理者提供更多有效的数据，以便于考核教师的教育教学和调整管理策略。

三、智慧校园建设特色与创新

（一）智慧治理：基于智能硬件和大数据平台的学校管理

学校智慧校园将基于智能硬件和大数据平台，实现学校全方位的智能管理；

基于大数据的分析系统，按需形成各类数据报告，经专家系统形成具有可操作性的科学建议，为学校管理者的学校治理提供参考和决策依据；为教师提供科学的班级、学生管理和学科教学建议；为学生提供适切的学习建议；实现及时有效的家校沟通。

（二）智慧评价：基于智能硬件的学生综合素质评价

基于智能硬件的学生综合素质评价，围绕“学科核心素养”“上海市学业质量绿色指标”以及学校特色德育行规“星星激励机制”梳理学生全面发展的指标体系，形成学生数字画像，通过智能硬件实现即时和伴随式的过程性评价，将学生的行为品德、实践能力、学业表现、身心健康、艺术修养、劳动意识等素质通过星级制评价和评语评价相结合的方式进行客观评价，指导学生全面发展和个性发展，并能与初高中综合素质测评无缝对接。

四、智慧校园建设实施计划

按照规划设计，上海市浦东新区第二中心小学智慧校园建设将分为三期建设，每期一年，具体实施计划如下：

第一阶段：一期工程（第 1 年）

基础网络的进一步完善和更新，完成统一认证、统一管理的数字化智慧校园系统的基础数据平台建设，初步完成数字化教师工作室和学生学习空间，初步建成智慧环境的整体架构。具体工作如下：

1. 完善和更新智慧校园基础网络。
2. 调研智能物联设备、班级班牌、学生智能穿戴设备。
3. 校企合作完成智慧校园管理云平台的全面需求调研。
4. 以教学研讨的方式探索新技术在课堂教学中的应用。
5. 完成基础数据平台、教师发展空间和学生学习空间建设。
6. 完成学生综合素质评价指标体系，初步完成需求调研和整体构建。
7. 推进趣味编程和 STEM 课程的实施。
8. 完成智慧教室的建设。

第二阶段：二期工程（第 2 年）

开发智能硬件的接口，完成智慧校园管理云平台的研发，学生、教师全面试用，完成学生综合素质评价系统、大数据分析系统的测试。具体工作如下：

1. 完成学校物联网的整体建设。
2. 完成智能图书柜、智慧图书馆建设。
3. 开展智慧教与学的深入研究。
4. 完成 VR 虚拟校史馆。
5. 经过长期学生运动及体质监测，测试分析系统。
6. 完成学生综合素质评价系统。

第三阶段：三期工程（第 3 年）

全面完成智慧校园的环境建设，完善数字化智慧校园系统，完善学生综合素质评价系统，推广辐射智慧校园建设经验，成为上海市教育信息化应用标杆培育校。具体工作如下：

1. 完善智慧校园管理云平台，完善学生综合素质评价系统。
2. 梳理智慧校园建设经验，总结提炼形成可示范辐射的成果。
3. 总结梳理基于智能硬件的学生综合素质评价，形成成果。
4. 成为优秀上海市教育信息化应用标杆培育校。

五、智慧校园建设机制保障

（一）建立教育信息化管理保障机制

教育信息化是一项系统的、长期的综合性工作，必须加强领导，做好协调，齐抓统管，校长要亲自抓教育信息化工作，必须加强人员和信息管理机构的设置，加强对教育信息化的统筹规划、任务实施、设备运营、系统管理和组织协调工作等。成立学校教育信息化领导小组，定期召开学校教育信息化领导小组工作会议和专题研讨会，了解教育信息化推进过程中的各种问题，并群策群力制定相应策略和实施方案。

（二）建立教育信息化投入保障机制

以政府部门投入为主、学校自筹为辅。从学校实际情况出发，根据学校教育信息化建设发展规划，做好每年年初预算，按公用经费的一定比例用于教育信息化建设应用。有计划、有步骤、合理地进行教育信息化基础设施建设和维护管理，提升学校教育信息化的基础设施。

（三）建立教育信息化政策保障机制

在推进教育信息化建设过程中，应以上级部门相关的政策法规为基础，根据学校实际情况，不断完善本校教育信息化的有关工作条例、技术标准、操作规范等规范性文件，做到高水平、高标准、高要求、有计划、有目的、有步骤地推进学校教育信息化建设。建立各项保障机制，以激励机制为主，对教师信息技术培训、上传教学资源、自制课件、参赛获奖等要予以表扬、奖励，并纳入学校绩效考核，形成有利于教育信息化发展的激励机制和环境氛围。

（四）建立教育信息化科研保障机制

教育信息化是一项发展很快的事业，新技术应用得多，发展变化得快，为了确保其健康发展，必须开展前瞻性研究。以学校信息部门为主、学校科研部为辅，以科学发展观为指导，结合自身应用实践，研究新理论、新技术和新趋势，开发新应用，实现学校优质发展、可持续发展。同时，加强学校教育信息化发展应用性研究，切实提高信息技术的应用水平，探索教育信息化发展应用的有效规律和方法，充分发挥信息技术的优势，为教育的改革发展服务。

本章小结

智慧校园是实现智慧教育的必由之路，必将引领学习、教学和管理方式的革新，重塑教育业务流程，推动学校培养创新意识，全面推进教育现代化和教育信息化的未来进程。教育数字化转型背景下的学校智慧校园建设是一项系统工程，学校需要有顶层设计和系统规划。

本章主要从建设目标与路径、建设框架与内容、建设特色与创新、实施计划和机制保障五个方面阐述了学校智慧校园建设的顶层规划和未来构想。浦东新区第二中心小学具有良好的建设基础，教师信息化应用素养普遍较好，拥有良好的信息化应用基础设施，学校高速网络和智能设备能够满足师生发展需求，建有较为完善的数字化资源，具备探索新型教学模式的需求和动力。

基于学校发展现状，立足学校发展需求，在学校已有基础上，确定了学校智慧校园建设的基本目标。学校智慧校园的建设目标是依靠新兴信息技术构建智能感知环境，促进教学、教研和教育管理的流程再造与系统重构，提高教育质量和管理水平，形成新型校园生态，打造教育信息化应用品牌标杆培育校。在建设路径方面，学校主要分为两条发展主线："智"和"慧"，主要包括构建课程资源，完善数字化教师工作室；建设学生学习空间，实现学习资源共享和学习效益最大化；构建学生综合素质评价系统，记录学生的行为表现和成长数据，形成个性化"数字画像"；构建家校共育平台，促进家校合作。

学校立足管理人员、教师、学生和家长的需求，从数字化智慧校园系统和智慧校园环境两个方面，整体规划学校智慧校园建设内容，力求实现个性互动的教学服务、精准高效的自主学习、协同科学的校园治理、全面感知的校园环境、轻松便捷的校园生活和无微不至的家校沟通。主要建设内容包括智慧校园环境、智慧校园治理体系、智慧教与学、学生多源多维综合素质评价体系。

智慧校园环境建设方面，主要包括智能门禁、智能安防、智能能控、智能班牌、智能学生终端（手环、校徽）、智能图书柜、智慧教室、智能访客系统、车牌识别、AI 创新实验室、VR 虚拟博物馆、校史馆、学生运动及体质检测设备等。

智慧校园治理体系建设方面，主要依托新一代智慧校园管理云平台来构建，经历了无纸化办公、多元管理治理、数据赋能管理等阶段，实现了基础数据、智能设备集成化、校内办公、智能数据分析等多位一体的统一管理，构建了聚焦教学者、学习者、研究者、管理者、指导者五种角色的智能个性化的教师发展空间，构建了集学生学习资源、学习过程记录、学习成长档案等多功能于一体的学生学习空间，形成了包括教学资源、拓展资源、特色资源等多种资源汇集的校本资源中心，建立了可以查看学生在校表现、体质状况、学习评价等多种数据呈现的家校共育平台。

智慧教与学建设方面，学校倡导信息技术与教育的深度融合，实现了从脉冲式教学向常态化应用的过渡，包括课前微课导学、课中互动教学，以及课后作业调整，以满足学生的个性化需求。学校积极探索了智能纸笔板、AI 语义分析、一对一互动平板电脑教学、全智能微课录制、语言能力智能测评系统等新技术在不同教学关键环节的应用。学校注重多类课程资源的建设，数字化建设拓展型、探究型课程资源、趣味编程课程和 STEM 课程资源，形成了校本教材、教学 PPT、微课视频、实验操作视频等多种形式的课程资源，开设了趣味编程课程和 STEM 课程培养学生的计算思维、信息素养和跨学科研究能力。

学生综合素质评价体系建设方面，主要基于学校智慧校园信息化平台，以

"学科核心素养"为依据、以"上海市学业质量绿色指标"为导向，融合学校特色德育行规评价"星星激励机制"，聚焦学生德智体美劳的综合表现，构建了具有学校特色的"五星五育＋"学生综合素质评价体系，并通过大数据的采集与分析为每位学生打造了学生在校期间的综合素质数字画像。

本章从智慧管理和智慧评价两个视角，聚焦基于智能硬件、大数据平台的学校管理和学生综合素质评价，重点介绍了学校智慧校园建设的特色与创新，并从三个阶段的建设内容介绍了学校智慧校园建设的实施计划，还提出了智慧校园建设所需的管理保障、投入保障、政策保障、科研保障的保障机制。

第二章 智慧校园赋能下的学校管理变革

一、总述：基于智慧校园的学校管理实践[①]

数字化技术正在改变社会的方方面面，教育数字化转型是教育发展的必然过程。在上海举办的2021世界人工智能大会教育主题论坛上，原上海市教委副主任李永智作了题为“上海教育数字化转型：设计与实施”的主旨报告，给出了上海的回答：上海教育数字化的思路是以教育新基建为基础，以校级的数字基座为节点或者关键点，以教育教学模式改革为核心，通过数字素养提升、教育评价改革、教育资源建设三个抓手，来促进教、学、管、评、考、教研、服务、资源、活动和家校互动等场景。

浦东新区第二中心小学作为上海市首批教育信息化应用标杆培育校，学校将建设智慧校园作为推动学校管理变革和内涵发展的重要抓手，以“打造互联感知的智慧校园环境、创建丰富多样可选择的智慧课程资源、推进泛在深度可持续的智慧学习、探索基于大数据的多源多维的学生综合素质评价、构建现代化的学校治理体系”为目标，构建智能感知环境和新型的教育教学空间，促进教学、教研、教育管理的流程再造与系统重构，实现信息技术与教育教学的深度融合，提高教育教学质量和教育管理决策水平，形成“可感知、可诊断、可分析、可预警”的新型校园生态。

学校拥有3个校区、校区地域跨度大、学生人数近3 000人，对于这样一个大校，在推进学校人、财、物等精细化管理过程中，传统管理模式带来了诸多问题与挑战，管理权限的交叉、管理流程的随意、管理评价的模糊造成管理中多头管理、散点确认、重复记录、手动誊抄等现象屡屡发生，从一定程度上影响了管理效

① 本节由陈洁撰写。

率。基于智慧校园推动学校管理业务流程的重构与完善，推进学校管理更规范、工作实施更高效、管理策略更智慧，实现学校的科学治理，成为学校管理变革的重要命题。

（一）构建学校数字基座

数字基座是标准化的数字学校中枢，承担物联设备统一接入管理、机构人员统一认证管理、数据融通一数一源管理、各类应用统筹衔接管理、机构人员及功能模块通信管理等功能。以学校数字基座为基础，以数据的动态运行调整学校的治理决策，正成为学校教育数字化转型的重要领域。

大数据支持的数字化学校管理平台。

（1）基础数据的管理

建成统一的基础数据管理平台，包含学生基础数据、教师基础数据、学科知识点、学科教材、权限设置管理等系统基础数据，实现统一认证、统一管理。

（2）智能设备集成化统一管理

平台能够集中管理校园内各类物联智能设备，同时记录设备的使用情况数据，并将这些数据存储在平台上，以便查询，从而提高学校的管理效率。

（3）校内办公系统管理

整合校内办公应用，包含请假调休、物品申购、会议室安排、校内通知、学校门户、校园新闻等，同时结合移动端 App 应用让学校的办公管理更智能化。

（4）智能数据分析

平台将所采集的各类真实有效数据进行智能分析，系统借助大数据分析系统，利用物联智能设备所采集的实时数据、教育教学所产生的过程性数据、学生终端记录的学习动态数据、各类评价生成的阶段性数据，按不同要求分类呈现和展示可视化数据图表，为学校管理者提供决策依据。

通过资源整合，打通各基础数据平台和各应用系统，构建统一用户管理的基础信息库，实现师生数据的完整性和一致性。力求借助信息化平台的数据记录与共享，形成相互联通的整合式学校管理可视化系统，实现校内软硬件相结合、人财物相结合的管理方式突破。厘清学校各条线管理职能和新旧业务系统之间的数据关联，开发支持各类用户使用的网页端、微信小程序、电子班牌端，支持校内外的广泛互联，实现家校联通的开放管理。通过实现跨终端、跨平台的数据统一，形成学生、教师、物联、安防等数据管理看板，较大程度实现学校日常管理和教学管理的自动化和智能化，帮助学校管理者实时了解学校的整体运行状态和师生的工作与学习情况，获取关于学校管理的建议和预警信息参考。

在统一用户管理基础平台的基础上，“形成层次化数据服务体系，实现分层管理”是数据发生作用的关键。学校要求各部门针对传统管理中的问题与弊端，聚焦“优化流程、提高效率”的目标，提出变革需求，不断打造管理应用生态圈，在实现“不同权限下的数据呈现”基础上，努力体现“数据呈现下的问题发现”，让数据“发声”，客观显性地反映真实问题，实现“用数而思”，同时基于数据进行实时监管，基于数据作出科学决策，体现“问题显现下的决策跟进”，实现“因数而定”，进而实现学校治理的科学与高效。

（二）基于智慧校园的安全管理

安全管理是学校管理的重中之重，因此，学校的智慧安全管理应体现“全域实时、防控结合”的特点。

安防系统管理：通过智慧校园建设联通 3 个校区 472 个不同时期建设、不同品牌的监控摄像头，同时在校门口配备智能人脸识别和车牌识别的 AI 摄像头，为学生在校安全保驾护航。

非教学人员管理：原来学校非教学人员（物业、安保、食堂）的管理是盲区，但随着不断提升的校园安全管理要求，加强对这些人员的管理迫在眉睫。因此，建立非教学人员的信息库，将疫情防控的每日健康上报、食堂人员健康证、安保人员上岗证等关键信息进行条件限定，并通过人脸识别加强对人员的流动的管理。

校车课后服务管理：通过小程序和电子班牌，开发校车乘坐与课后延长服务签到功能。学生通过身份确认签到，家长可收到学校智慧校园发来的通知信息。一句温馨的提示，让家长倍感亲切，也多了一份安全感。

（三）基于智慧校园的健康管理

近年来，尤其是疫情以来，学生的健康管理成为学校管理的重要环节。学校的智慧校园健康管理努力做到化繁为简、基于实证。

健康上报与因病缺课：疫情期间，学校卫生室统计汇总全校学生的健康情况是一项非常烦琐又紧急的工作，学校小程序端开发“健康上报”和“因病缺课”

应用功能，家长完成上报，班主任收到信息后批准，卫生室汇总全校信息并上报。因病缺课学生如要复课，同样通过小程序提交证明，班主任和卫生教师确认通过（如图 2-1 所示）。

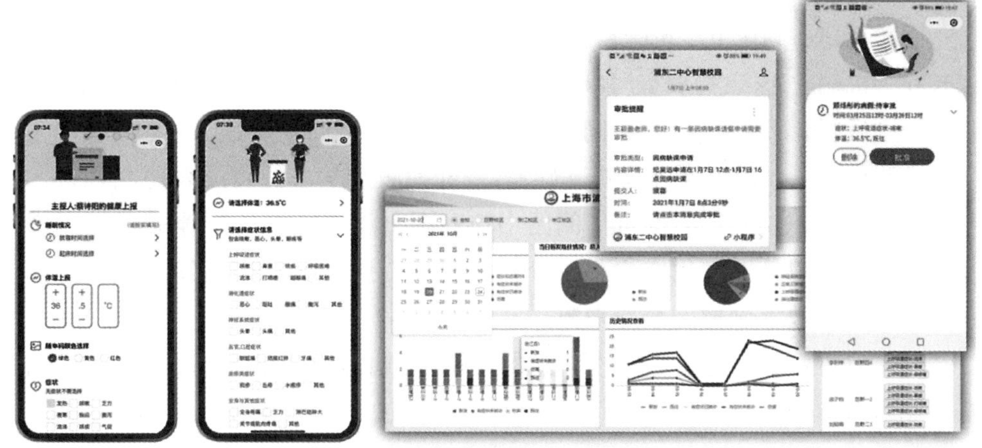

图 2-1 健康上报与因病缺课界面

校园伤害事故记录：学生在校发生伤害事故，卫生室及时处置并在平台上记录，使班主任、分管领导第一时间知晓伤情，跟进处理，并及时了解伤害事故班级发生的频率，对班级管理提出预警。

心理健康一生一档：学校结合全员导师制的开展，建立了以学习困难学生、行为偏差学生、心理问题学生为主体的一生一档数据，及时记录教师的个别化教育，使教育的轨迹留存，在提供学生评价依据的同时对接区级平台。

（四）基于智慧校园的五项管理

针对教育部提出的“五项管理”要求，学校通过信息化赋能，使管理实现了家校互动、开放共建。

作业管理：学科教师在智慧校园作业管理平台上，每天输入作业内容、作业量和预估时间，同时可以看到其他学科布置的作业量情况，总量如果达到一小时则有预警提示信息；家长可以通过微信小程序便捷知晓当日作业；学校管理人员可以总体查阅全校各班作业总时长以及具体的作业布置情况。同时，系统还会汇总当日作业数据报告及预警信息。

睡眠管理：学校管理平台在满足疫情情况下家长每天上报学生及同住人的

体温和健康状况需求外，在"每日健康上报"中还提供"就寝时间""起床时间"的填报选项，帮助学校准确掌握学生的睡眠时长。学校每天对全校学生的睡眠情况进行统计与分析，如出现异常情况的学生或班级，学校学生发展部就会结合预警调查原因，及时跟进干预。

手机管理：利用电子班牌自行研发"留言板"功能，并将其与家长小程序绑定。家长在手机端发送信息，教室门口电子班牌上就有一条未读信息，下课后学生通过身份识别后便能阅读信息内容，同时也能利用电子班牌回复语音或文本信息。

读物管理：在规范课外读物基础上，鼓励和激发学生的阅读兴趣，学生利用校园卡或人脸识别验证后即可借阅图书馆和图书漂流柜中的推荐书籍，借阅数据一并纳入智慧校园学生成长跟踪分析的学校数据系统，成为实现学生阅读兴趣分析和学生数字画像的数据来源。

体质管理：学校通过智能体脂秤的使用，定期对学生的身高、体重、体脂率进行测量、记录和数据对比分析，对于体重超标、过于瘦小、体脂率过高等情况进行预警分析。同时，将这些数据与视力数据、健康体测数据等纳入学生综合素质评价系统，使之成为学生"体"板块评价的依据。

（五）基于智慧校园的教务管理

学校日常管理中，针对人员的管理多头而琐碎。为避免管理中低效、重复、随意等问题，学校开发了"基于数据与流程，体现集约与高效"人员管理数据系统，初步实现人员管理的"一网通办"。

智能人事安排系统：对有近 200 名教师、拥有 3 个校区的大校，传统的人事安排耗时耗力，准确率低。学校开发了人事安排系统，对 3 个校区的教师进行统一安排，根据事先设定的各类人员工作量标准进行任教调配，调配过程中系统会智能提示教师工作量已满，人事确定后，所有教师的工作量、任教班级、兼职情况都会自动生成并导出，大大提高了效率，而且为人员管理形成闭环系统奠定了基础。

智能排课系统：在人事安排基础上，排课人员将教师个别化需求录入排课系统，利用智能化的算法和人工智能技术，排课一键生成，3 个校区的课表、班级课表、教师课表一并生成。家长、任课教师通过小程序便可查阅课表，同时排课数据同步到各班电子班牌（如图 2－2 所示）。

教师签到、请假调休、因公外出、代课管理、工作量统计系统：针对教师日常考勤管理中各环节相互独立、靠人力粗放式管理的弊端，学校通过人脸识别签

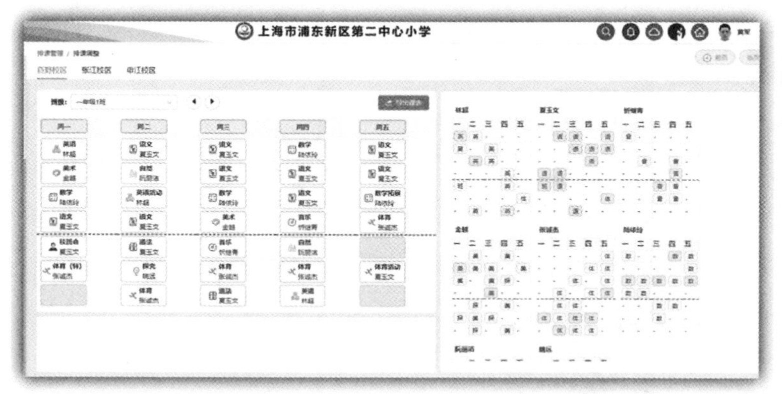

图 2－2　智能排课系统界面

到、智慧校园小程序、智慧校园管理平台进行智能考勤管理，使教师、管理者操作审批方便、快捷、统一，实现了以“人员管理前置化、人员调配智能化、人员绩效显性化”为特征的管理流程变革。

（六）基于智慧校园的师生管理

1. 教师管理

根据教师在学校中担任的教学者、学习者、研究者、管理者、指导者五种角色，对数字化教师工作室空间进行了设计与构建，使工作室体现以下优势：(1) 记录教师的发展过程，易于形成教师发展档案；(2) 实现各种业务和数据的互联互通，方便教师使用；(3) 通过资源汇聚，自动生成校本资源中心；(4) 定位教师个人，实现各种资源的精准推送。教师在完成各项工作的过程中，系统主动推送优质资源，并全面、真实地记录下了教师的各方面资料，自动形成教师的个人发展档案袋，为教师的评价和发展提供数据。

2. 学生管理

学校智慧校园平台建设了以学生为主体的学生网上学习空间和班级圈。围绕德、智、体、美、劳、特六个维度，通过技术赋能，构建“五星五育＋”学生综合素质评价系统，实现跨平台、跨终端的过程性学生成长数据记录，自动生成学生个性化综合素质报告（如图 2－3 所示），从而形成学生发展评价的新型生态。

学校在智慧校园小程序端开发班级圈功能，以班级为单位融通数据，汇聚学生作业作品、各类学科活动、实践活动、日常生活点滴记录。同时延展评价主体，

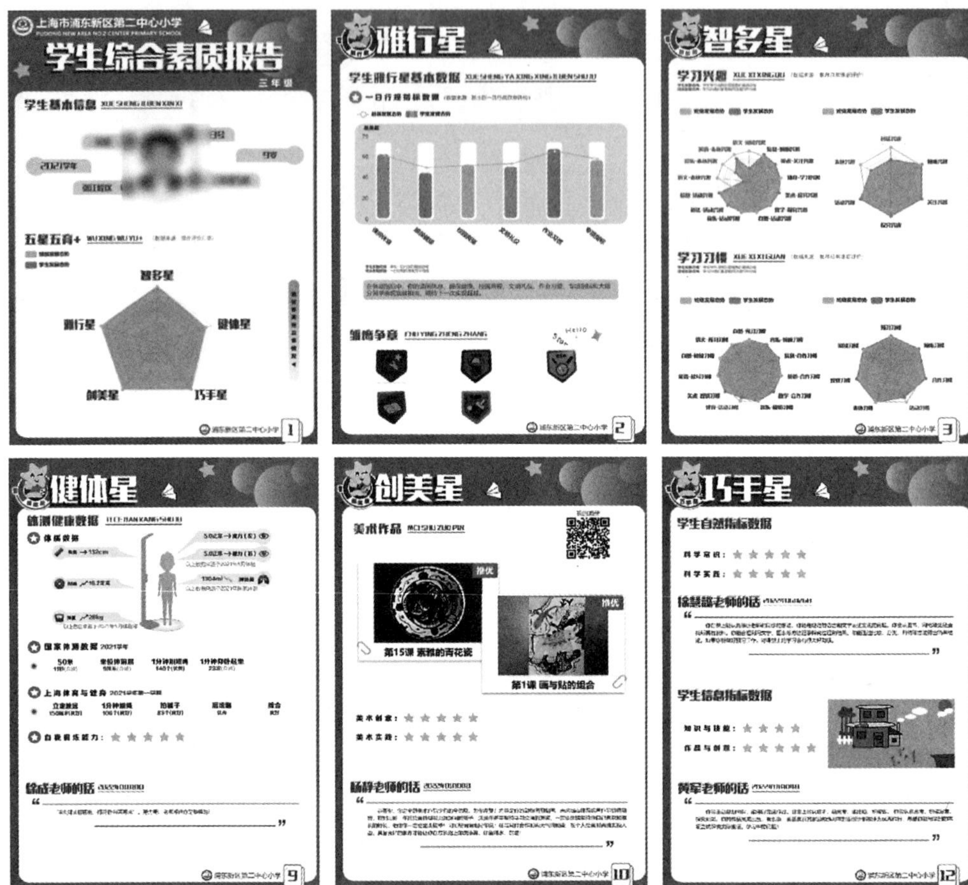

图 2-3　学生综合素质评价报告

让同伴、家长、社会共同参与评价，为多主体参与评价提供了通道和平台，让评价的广度和深度得到了更生动的诠释，也为家、校、社共育提供了又一个对话空间，让全方位育人的内涵得到进一步彰显，成为每个学生个性化学习、彰显个性、成就价值的平台。

二、智慧校园赋能下的教学管理实践[①]

数字化转型是当前社会的趋势，智慧校园平台作为数字化时代下的新型学

① 本节由吴蓓蕾撰写。

校教育管理模式，在教育信息化中具有重要意义，为学校提供了更多的数据支持和决策依据，加强了学校与家庭、社区之间的沟通与合作，更促进了学校教学管理的创新与改革。

（一）学校教学管理的特点与优势

学校教学管理是指对学校教学活动进行计划、组织、实施和评价的过程。它涉及对学校教育资源的合理配置、教学计划的制订、教师与学生的管理、课程的监督与评估等方面。

智慧校园是指利用信息技术手段，帮助学校管理各项日常工作，包括学生管理、课程安排、教务管理、资源调配、校园安全等。通过整合各个子系统和数据库，智慧校园平台能够实现信息共享、协同办公以及数据分析等功能，从而提高教育管理效率和学校运行质量。智慧校园赋能下的学校教学管理与传统教学管理对比，有着得天独厚的特点与优势。

传统的教学管理依赖于人工操作、纸质文档和人工处理，会使用物理文件存储学生和课程相关的信息，如学籍、学业评价等，这种存储方式存在安全性、易访问性等方面的挑战。同时，在协调、审核和跟踪各种教务、教学任务方面耗费大量时间，有时还需要进行烦琐的手动计算和整理。

智慧校园赋能下的学校教学管理更注重信息化、数字化及智能化。信息化系统覆盖教学管理的各个环节，包括教学管理、作业管理、学业质量管理、教学资源管理等多个应用场景。智慧校园赋能下的教学管理组织架构如图 2-4 所示。

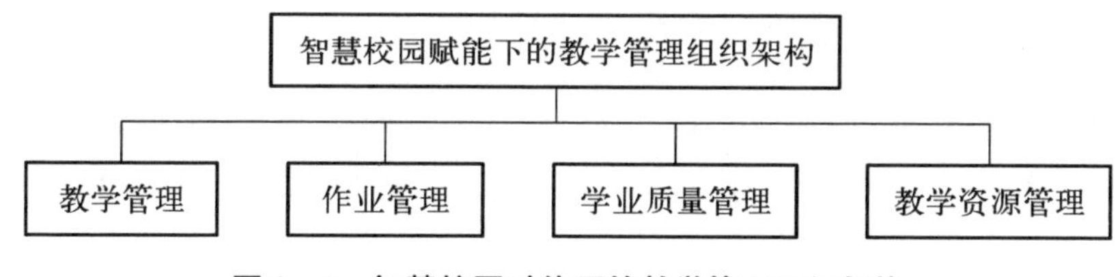

图 2-4　智慧校园赋能下的教学管理组织架构

通过数据共享和信息流动，不同子系统之间可实现无缝连接和数据交互。同时，智慧校园的自动化和数字化特性，大大提高了教学管理的效率。

（二）学校教学管理实践研究意义

在智慧校园的赋能下，学校教学管理得到了重要的升级和改进，具有以下研究意义：

1. 促进教学管理的规范化

智慧校园平台能使学校更加规范、高效地开展教学管理工作，提升教育质量和学生综合素养，促进教育发展和创新；能建立更完善的教学评估机制，对教师的教学效果和学生的学习成果进行客观、全面的评估。将评估结果及时反馈给教师，帮助教师改进教学方法和策略，确保教学质量的提高，保证学生能够获得有效的教育。

2. 提升教学管理的效能化

智慧校园平台通过整合和应用现代科技手段，可以帮助学校实现更高效的教学管理、优化学生学习体验和提升教育质量。智慧校园平台可以自动化完成课程安排、考试安排等教务管理工作，减轻教务人员的工作负担，同时降低人为错误的发生。此外，教务管理系统可以提供数据支持和分析，将教学管理过程中的数据和信息进行数字化、网络化处理，提供及时准确的管理信息，为决策提供支持，提升教学管理效能。

3. 实现教学管理的数字化

智慧校园平台是一种数字化的教学管理工具，它提供了一系列功能和服务，能够帮助学校实现教学管理的数字化，将学生、教师和学校管理的相关数据进行收集和分析，利用数据驱动的方法进行持续评估和优化教学质量，通过数据可视化工具和智能化算法，提供决策支持和教学改进建议，提高教学质量和管理水平，从而实现教学管理数字化。

（三）教学管理实践研究的有效途径与方法

在数字化时代，学校必须改变传统的教育教学模式，采用新的技术手段进行教学管理。智慧校园平台作为一种新型的教育管理模式，为学校提供了数字化转型的有效途径和方法。

1. 教学管理

（1）实时监管教学流程

智慧校园平台通过提供实时监管教学流程来帮助学校管理和监督教学活动。智慧校园平台可以收集和分析教学数据，生成详细的报告和指标，帮助学校管理层进行全面的教学评估。这些报告可以包括教师的表现、学生的参与度和理解程度等信息，有助于改进和优化教学流程。

例如，学校管理层可以通过智慧校园平台查阅语文教师批改作文的流程，了解教师批改数量及批改质量，监管教师作文教学，及时提醒教师在作文教学中出现的问题并及时调整(如图 2-5 所示)。

学科作业列表

我的班级　其他班级

学期：2022学年第二学期

校区	班级	主题	学科	教师	上传数量	评价	评语
巨野	四7	习作：身边那些有特点的人	语文	吴蓓蕾	44/45	44/44	44/44
巨野	四7	习作：这样想象真有趣	语文	吴蓓蕾	45/45	2/45	0/45
巨野	四7	习作：奇妙的想象	语文	吴蓓蕾	45/45	2/45	0/45
巨野	四7	习作：国宝大熊猫	语文	吴蓓蕾	45/45	45/45	45/45
巨野	四7	习作：我做了一项小实验	语文	吴蓓蕾	45/45	45/45	45/45
巨野	四7	习作：看图画，写一写	语文	吴蓓蕾	45/45	45/45	45/45
巨野	四7	习作：我的植物朋友	语文	吴蓓蕾	45/45	45/45	45/45

图 2-5　利用平台监管语文教师批改作文流程

(2) 多样呈现学科活动

智慧校园平台支持学科实践项目的展示和组织。学生可以通过平台参与各种学科项目，如科学实验、艺术创作、社会调查等。学生可以发布项目的进展、成果和心得，与其他学生进行交流和分享。

如图 2-6 所示，学生通过智慧校园平台参与各类学科活动。他们可以在平台上交流自己的收获体会，也可以参与评价其他学生的学习内容。管理层可以通过数据汇总，了解各班级学生的参与度及活动开展的过程。

(3) 构建有效教学评价

智慧校园平台能够提供一个有效的教学评价系统，帮助教师不断改进教学方法和策略，提高教学质量，促进学生的综合发展。

多元呈现表现性评价。通过智慧校园平台，利用多种方式来进行表现性评价的呈现。学生可以创建幻灯片、视频或其他形式的数字媒体，在平台上呈现自己在某个项目或任务中的成就和学习，也可以使用信息技术工具在学习空间、班

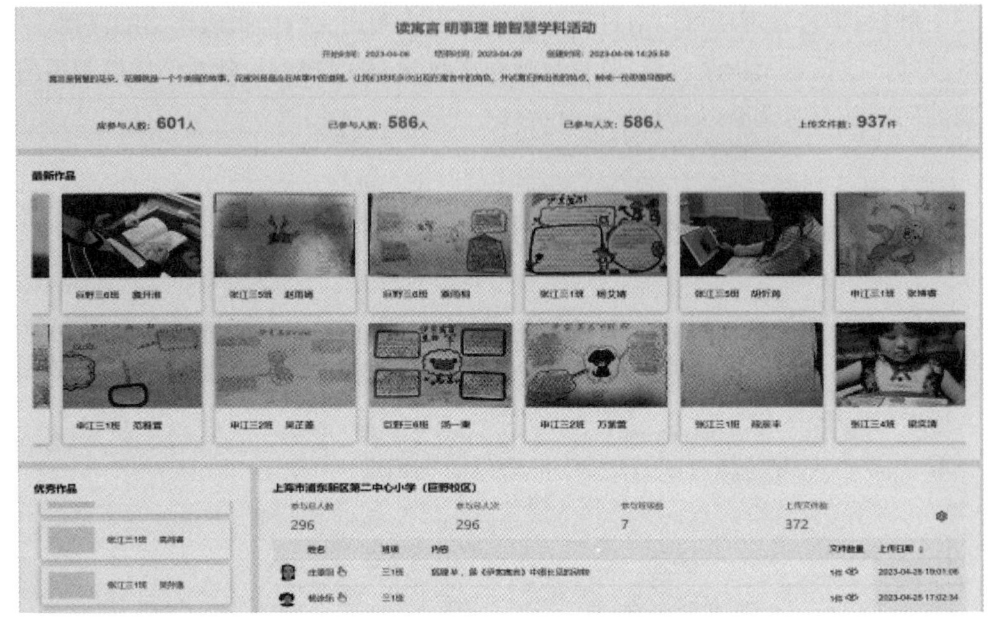

图 2-6 智慧校园平台学科活动展示

图 2-7 学生在班级圈发表学习日志

级圈撰写学习日志，记录自己的学习经历、思考和成长，同时分享自己的作品和观点（如图 2-7 所示）。教师和学生可以及时进行评价。

动态生成过程性评价。通过动态生成过程性评价，关注学生的学习过程，包括他们在课堂上参与讨论、解决问题、合作学习、创造性思考等方面的表现。系统可以收集学生在课堂上的各项学习数据，不仅仅关注结果，还注重学生的努力、参与和反思过程，帮助学生全面地了解自己在学习过程中的表现，从而促进学生的个人成长和学习效果的提升。

深入挖掘终结性评价。通过智慧校园平台，收集学生的各种信息和数据,根据数据分析的结果,生成终结性评价报告(如图 2-8 所示)。这份报告包含每个学生的整体综合评价,以及针对每个学生的个性化评价。它可以作为学生的成绩单和学业发展指导的依据,可以提供更客观、更全面、更及时的评价结果。

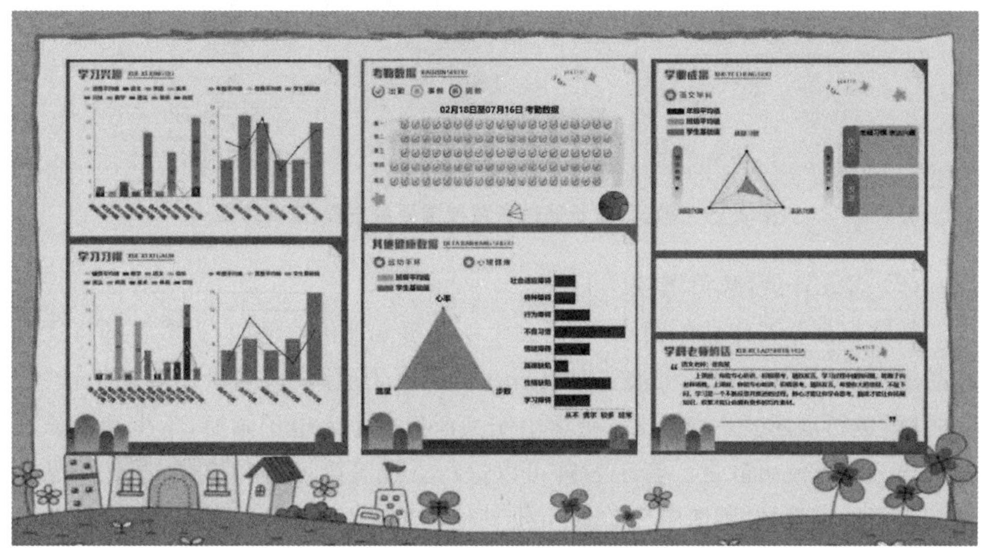

图 2-8　学生期末综合素质报告

2. 作业管理

(1) 多级监管,科学管理

通过智慧校园作业管理平台,加强对学生作业的全流程管理。通过"三个一"的作业多级监管机制,使作业管理更科学。

一日一公示。教师在学校智慧校园平台中发布当日作业和预估完成时间,并由班主任教师对学生完成作业情况进行统计,全体家长可通过"智慧校园"小程序查看当日作业公示和学生完成情况(如图 2-9 所示)。

一周一检查。课程部各学科主管通过智慧校园平台每周对本学科各年级作业内容、作业量、作业完成时间进行检查,及时发现问题并与相关学科教师沟通,落实整改。

一月一总结。为了提高作业管理的有效性,学校将"作业设计"纳入教研组建设、梯队教师专业能力考核,同时建立作业管理阶段评估制度,从基础作业达成度、个性化作业针对性、长周期作业趣味性等维度,对各学科、各年段的作业进行阶段诊断,进一步提高作业设计与作业管理的有效性。

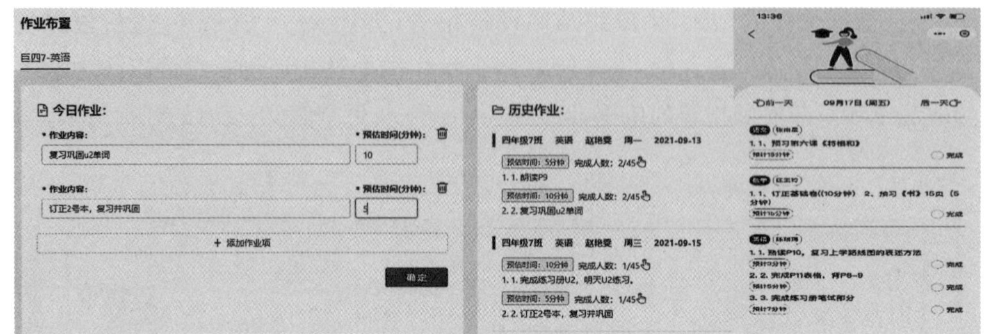

图 2－9 教师、家长通过智慧校园平台布置、查阅作业

(2) 多元评价，减负增效

教师根据学科作业的特点，在平台上实施多元评价。例如，美术教师将优秀作品进行推优，推优作品将被实时呈现在班级电子班牌上，同步汇聚到学校“数字画廊”进行展示。一学期后，将学生作品汇集成个人电子画册，学生和家长通过扫描二维码便可欣赏。音乐教师可以进行五星等第评价和推优，推优作品将被同步展示在学校“唱听吧”设备上，供其他学生欣赏和学习。多元评价使在线作业评价方式更丰富、评价轨迹更清晰。

同时，教师积极进行线上作业的设计与评价。用数字化形式记录学生作业的完成时间、作业完成的正确率等。通过数据分析，利用信息技术赋能使作业设计更具科学性、时效性。在减负增效的同时，帮助教师更好地进行作业设计，为教育信息化应用提供有力的实证依据。

(3) 智能跟踪，及时干预

智慧校园平台记录学生完成作业的用时、学生作业的全过程，还可以进行学生作业轨迹回放(如图 2－10 所示)。如果某位学生的作业用时异常，教师端会收到系统提醒，追踪学生的作业轨迹，进行及时干预。除此之外，如果学生整体作业平均用时普遍偏高，也意味着教师需要调整作业量，提醒教师是不是需要减少作业内容。

3. 学业质量管理

(1) 依托数据，诊断学情

智慧校园平台结合其他辅助工具，如在线检测和互动式学习应用程序，通过收集学生在学习过程中产生的各种数据，为教师提供更多关于学生的个体学习情况的详尽数据(如图 2－11 所示)。依托数据为教师提供一个更全面、更准确

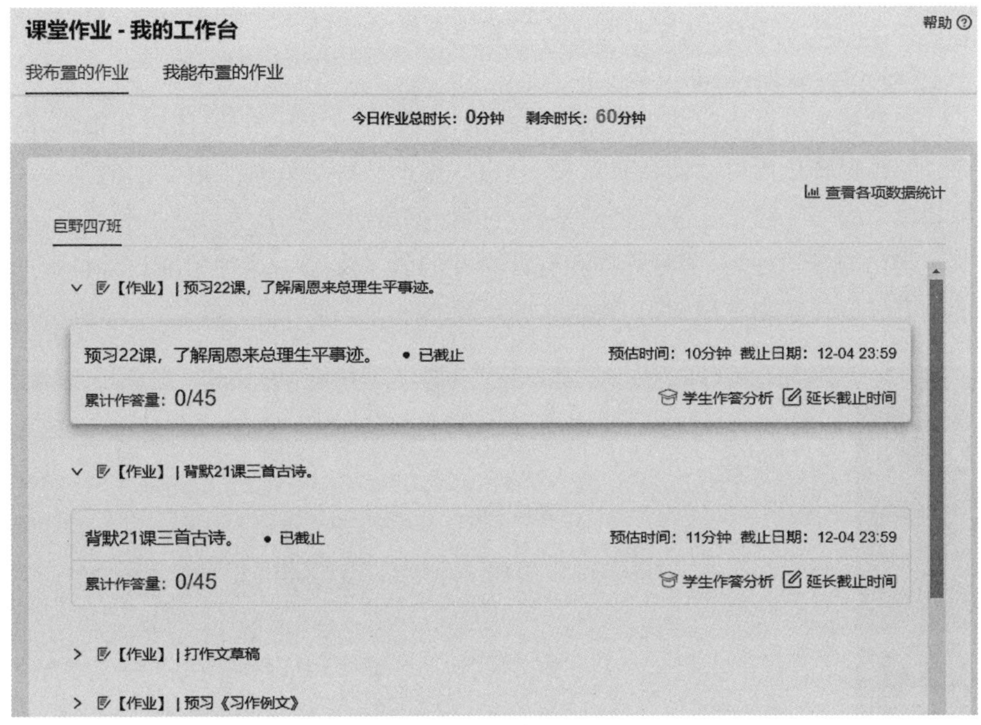

图 2－10　教师通过智慧校园平台进行作业智能跟踪

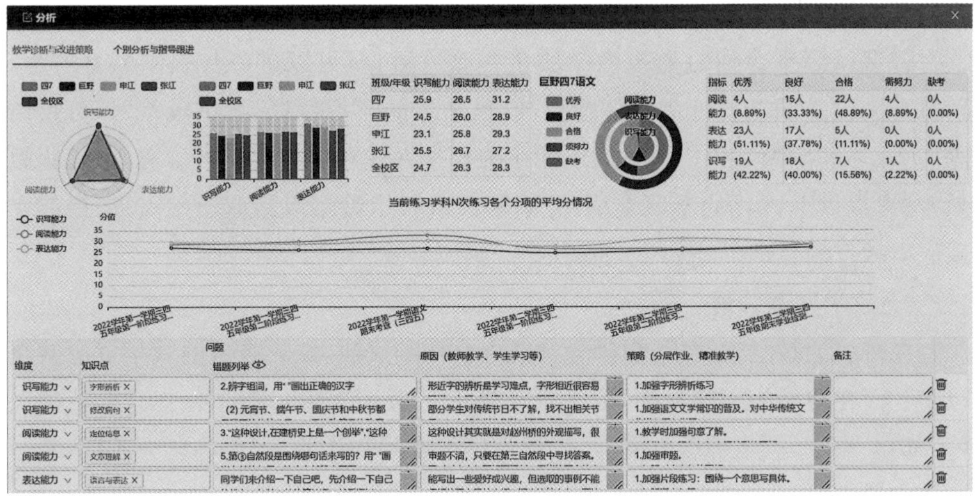

图 2－11　诊断学情

的了解学生学习情况的途径，更好地诊断每个学生的学习情况，并在课堂上进行有针对性的教学调整，从而有助于监控和提高教学质量。

（2）解读数据，精准教学

智慧校园平台能够利用数据分析技术，提供各种统计指标、图表和报告，将海量的数据转化为可读懂和有意义的信息，帮助教师更好地了解学生的学习状况和教学的实际效果。智慧校园平台可以根据班级学生的学习数据和特征，提供定制化的教学计划、学习资源和有针对性的教学支持。这种精准教学将帮助学生更好地理解和掌握知识，并能够更高效地完成学业目标（如图 2－12 所示）。

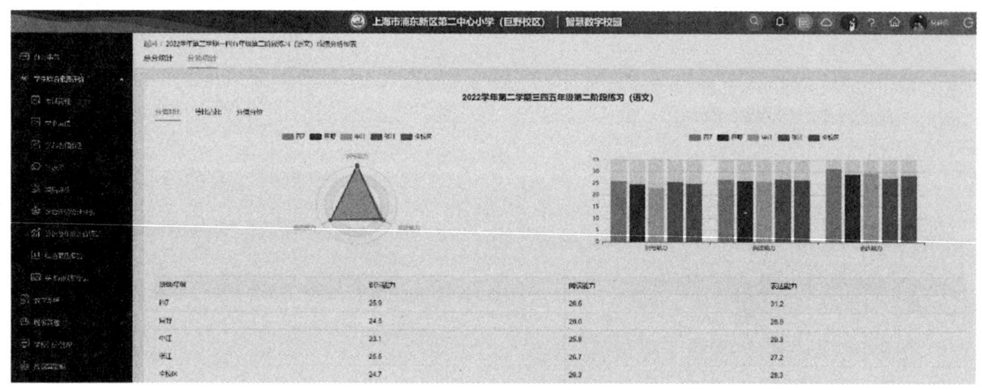

图 2－12　分数对比统计

（3）改进数据，提升质量

智慧校园平台通过监控教学质量并改进数据，可以进一步提高教育质量。针对不同学生的差异性和个体特点，收集学生的学习数据、考试成绩、评价反馈等信息，并进行深入分析。采用个性化的教学方式和多样化的教学资源，优化教学方法，提供个性化的学习支持，并不断改进教学策略以适应学生需求，最终实现优质教育的目标（如图 2－13 所示）。

4. 教学资源管理

在传统的教学模式下，教师通常缺乏合作与交流，缺乏有效的教学资源共享机制。而在智慧校园建设中，可以建立起一个教学资源共享平台，集合全校的课件、试卷、作业、教案等教学资源，供教师进行查阅和借鉴，避免各自为政、浪费时间精力的情况。

提供多样教学素材。教师可以上传和分享自己创造的教学资源，如课件、教

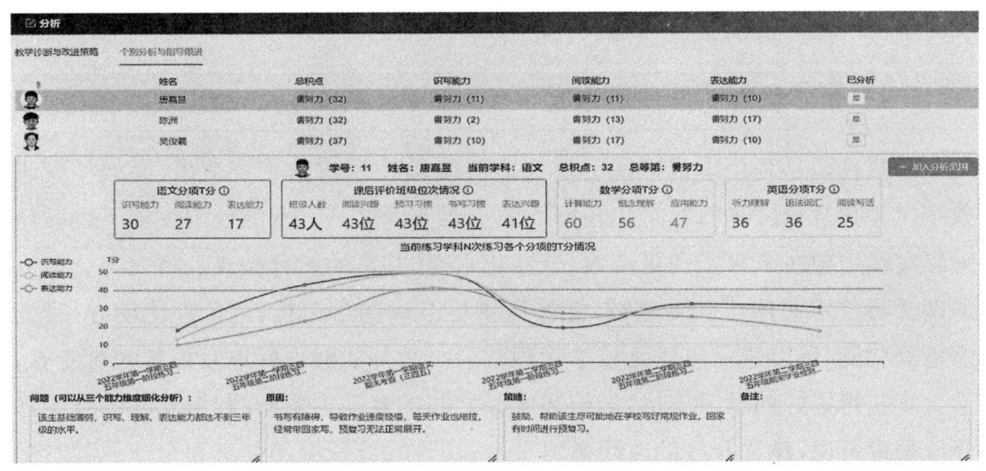

图 2-13 个别分析与督导促进

案、实验指导等，从而增加了教学的多样性和趣味性。

节约查找资源时间。通过共享教学资源，教师可以节省大量准备课程所需的时间和精力，可以轻松地获取其他教师制作的优质教学资源，并进行适当的修改和定制。

促进教师协作交流。共享教学资源鼓励教师之间的合作和交流。教师可以互相借鉴和学习对方的教学方法和经验，进一步提高教学质量。

(四) 教学管理实践的研究成效

1. 提供互动学习环境

智慧校园平台能够根据学生的学习情况和需求，为学生和教师提供互动的学习支持和学习环境。通过分析学生的学习数据和表现，可以给予针对性的学习建议和推荐，提高学生的学习动力，分享想法和资源，促进学生之间的交流和合作。

2. 科学监管教学评估

智慧校园平台能够记录学生的学习过程和表现，并为教师提供相关数据，以便进行教学过程监管和评估。教师可以更准确地了解学生的学习情况，及时发现问题并采取措施进行干预和改进，有助于提升教学质量。

3. 沟通互动更加便捷

智慧校园平台能够提供便捷的沟通和互动方式，学生、教师和家长可以通过平台进行即时交流和反馈。教师可以与学生和家长共享学习进展和成绩情况，及时解答问题和提供支持，加强学校与家庭之间的合作。

（五）教学管理实践研究展望

智慧校园是利用现代科技手段改造传统教育模式的重要举措，而教学管理数字化是智慧校园进行数字化转型下的重要方面之一。智慧校园赋能下的教学管理实践可望在未来实现更高效、个性化、合作共享的教育模式。将人工智能和深度学习技术应用于教育领域，能够提供更准确的学习推荐、个性化辅导、智能评价等功能，可以进一步优化教学管理效果。教师能够更好地发挥其教育专长，学生将获得更好的学习支持，学校和家庭之间的互动更紧密；利用互联网技术和开放教育资源，建立开放的在线学习平台，实现教育资源的共享和全球化教育的普及化，以实现教育的可持续发展。

三、智慧校园赋能下的德育管理实践[①]

案例 **社会情感学习**

新一期的家长学校系列课程开始，此次课程的主题是社会情感学习，采用自主报名的方式。今天主讲教师分享的是“执行力”，体现在家长培养学生的目标管理、时间管理等能力，从而形成自理自律的好习惯。小王爸爸在课程中的发言引起了家长的共鸣。

小王爸爸：我家是男孩，他的执行力是随着学校教师给他的“星星”而变化的。比如，上个月学校的行为规范教育主题是“爱粮节粮”，在这个方面做得好的同学可以得到“星星”，我发现他每天吃晚饭时都能做到光盘。家长其实挺诧异的，我的儿子平时是很挑食的，一顿饭要大人催促无数次也吃不完。我又询问了孩子在学校吃午餐的情况，也表现非常好。在我看来，学生的执行力与学校的教育息息相关，教师讲一句胜过我们讲十句。

家长 A：是的是的，学生特别看重“星星”，为了能够提升他的执行力，我在家里也设计了一套星星评价，争取跟学校同步。

家长 B：我同意刚才几位家长的发言，感谢学校在做人的道理、生活的习惯等方面对学生进行全方位的培养，现在的家长都不是“唯分数至上的”，我们希望

① 本节由耿佳琳撰写。

学生能够成为一个合格的“人”。

家长C：我来提个建议，也是我们家长的不情之请，学校对学生行为规范上的培养能不能再全面一点，现在是每个月有不同的主题，学生的执行力是有了，但是没有持久力。过了一个月，这个主题的内容就不能执行了，他们关注的只是当月能不能得到“星星”。

家长口中的“星星”正是学校实施多年的评价机制。早在2006年，学校就开始采用“星星总动员”的激励机制，注重学生日常行为规范的正面教育和引导。家长充分肯定了学校行为规范教育的效果和星星激励机制的作用，但是希望教育能够更全面些。

（一）学生发展的德育管理需求

在信息时代的飞速发展中，信息已经无处不在，网络已经成为学生了解社会的关键途径之一。虽然这种发展丰富了学生的生活体验，但也带来了一些负面影响。对于小学生，尤其是对低年级小学生而言，他们尚未具备辨别信息真伪的能力，因此容易受到不良信息的误导，导致其行为出现偏差。

在教育教学中，一些有经验的教师常常发出这样的感叹：“现在的学生不听话啊，难教难教。”“不听话”反映的是学生的主体意识日益增强，个性化倾向日趋明显。时代的发展需要有个性、有创造力的人，但前提是培养具有崇高德行的人。

“星星总动员”激励机制是学校在“小学星星总动员活动的实践与探索”课题中研究和实践的结果。随着学生学习环境的变化，学校原有的“星星总动员”激励机制已经无法完全适应小学阶段不同年龄学生的需求。“星星总动员”激励机制是以星星为评价载体、以争星为激励手段，以“争星、计星、评星、用星”为运作过程、以“一册、一榜、一会”为实践形式，促进学生综合发展的教育活动。通过客观、全面的评价帮助学生认识自我、建立自信、获得发展；通过加星、减星等系列评价活动，促进学生的持续稳定发展，即让评价活起来、效果更显著。

在实际生活和学习中，“星”是学生所喜爱的，采用加星、减星这种操作简便、贴近实际的方式对学生进行奖励是可行的。但是，教师也发现这种做法在短期内对学生有一定的激励效果，但随着时间的推移和年级的增长，星星对学生的持续激励作用反而不明显。随着时间的推移和教育改革的变化，教师发现了该评价机制可以提升和优化的方面。“一册”，即学生的“争星册”，虽然能实时记录学生的表现，但使用比较烦琐，在一个学期的使用过程中，这本纸质的小册子损耗严重，甚至还有丢失的情况发生。“一榜”，即“争星榜”，此榜具有树立榜样的作用，但对于星星数较少的学生，此榜在一定程度上打击了他们的积极性。“一会”，即星星游园会，学生将存了一学年的星星进行消费，或做游戏或兑换奖品，是激励学生的好方法，将继续保留。

（二）大数据时代下的学生日常行为规范评价

1. 探索大数据时代下的学生日常行为规范评价的变革是教育发展需要

2020 年 10 月，中共中央、国务院印发的《深化新时代教育评价改革总体方案》中指出：“教育评价事关教育发展方向，有什么样的评价指挥棒，就有什么样的办学导向。”正确科学的教育评价正引领教育实践，促进学生德智体美劳全面发展，这也对学校、教师的评价能力提出了更高水平的要求，最终实现以以德树人为导向的学生个性化可持续发展。学生日常行为规范评价是教育评价中不可或缺的一部分。但对学生日常行为规范的评价进行全面、系统、深入的研究比较少，传统的行规评价时间滞后、方式单一。

2. 探索大数据时代下的学生日常行为规范评价的变革是学校发展需要

浦东新区第二中心小学是一所百年历史名校，在本地区乃至上海、全国均具有一定的知名度和影响力。近十多年来，经过全体教职员工悉心的打磨、反复的锻炼，形成了学生日常行为规范工作的特色。

浦东新区第二中心小学是上海市教育信息化应用标杆培育校，我校教育信息化应用标杆培育校的建设从 2019 年 1 月开始，至 2021 年建成，着力于营造全智能、生动和谐的育人空间。在学生日常行为规范评价方面着力打造“五星五育＋”智慧评价空间，该空间主要基于四个维度的目标：让学生在自我认知的基础上快乐健康成长，让家长全方位了解并助力学生成长，让教师的教育教学趋于立体精准高效，让学校管理层直击并全过程跟进教育教学，最终实现信息技术支持下的多维度时空网络覆盖的全人教育。

3. 探索大数据时代下的学生日常行为规范评价的变革是学生发展需要

核心素养是学生在接受相应学段的教育过程中，逐步形成的适应于个人终身发展和社会发展需要的必备品质和关键能力。中小学倡导和研究学生发展核心素养，是当今社会发展的需要。倡导和研究学生发展核心素养，不仅要提高学生的学习成绩，而且要培养学生各方面的能力，使其成为一个全面发展的人。对学生的日常行为规范进行评价，既能约束学生的行为，使之养成良好的习惯，也能为因材施教提供及时、有效、精准的帮助，对学生应对未来更多变、更复杂、更不确定的社会环境起到了不可替代的积极作用。

（三）学生日常行为规范评价实践策略

在实践中，大数据时代下对学生日常行为规范的评价从大数据支持和智能评价两个方面入手。

第一个方面：大数据支持

1. 三个终端交替使用

基于智能硬件的学生日常行为规范评价系统，依靠智能硬件，实时化、动态化地记录学生在校期间的行为规范表现。智能硬件分为三个终端：Web 端、手机端和智慧屏。三个终端内容一致，根据实际需要，在不同的场合交替使用。Web 端与校园网联通，手机端采用微信小程序，智慧屏安装在每一个教室门口。

教师可使用三个终端，家长可使用 Web 端和手机端，学生则使用教室门口的智慧屏。每一位教师可以使用"刷脸"和"刷卡"两种方式登录，家长使用密码登录，学生以"刷卡"方式登录。

2. 后台汇总统计

教师、家长对学生一日行规的评价和学生对一日行规的自评会在后台进行实时统计，第一时间呈现于教室门口的智慧屏。行为表现优异的学生会被呈现于智慧屏的主屏幕上，每位学生有一张智能卡，学生可以通过刷卡了解自己行为表现的进步或不足。

第二个方面：智能评价

1. 趣味化、形象化的评价载体

德育需要一定的媒介建构学生行为实践和评价的平台，学校吉祥物"心星宝"广受学生欢迎。学生对照学校一日行规通过不断努力，收获小星星，点亮自己的"成长星空"。每一个学生在大数据的支持下均拥有一片"成长星空"，有的群星璀璨，有的星星点点，但无论如何，这都是学生努力换来的成果。学生每个月可以用自己的星星换取奖品，包括需要的文化学习用品或免除因偶尔粗心失误导致小尴尬的"免责券"、获得与小伙伴共享"博物馆之旅"的机会、有机会与喜欢的伙伴或教师共享"心灵之约"下午茶分享心事、获得一次参与学校一天管理的"学生助理"临时身份等，星数累计多的学生还能换取吉祥物"心星宝"。

每学期的"数字画像"是一个学期的综合性评价，行规评价也是其中重要的部分。毕业时,智慧、乐观、积极向上的"星星少年"将是学生形象的真实写照。

2. 自主化、多元化的评价过程

少先队组织引导少年儿童在集体生活中经过自主实践、发展自主精神、锻炼自主能力,养成自主习惯。对于学生一日行规的自动化管理,采用"权限卡"合理推进。少先队大队长和大队委员各有分工及职责,根据各自的分工,大队委员拥有一张"自主管理卡"。比如,大队学习委员的职责之一是"负责红领巾读书读报活动,协助图书馆教师管理午间借阅"。学校的午间借阅一般采用以班级为单位的集体借阅方式,学生午间进入图书馆阅读。此时,大队学习委员既服务于同学,为他们的借阅提供便利,也对于借阅礼仪、阅读习惯进行观察和提醒。借阅完毕,对班级的借阅行为进行总体评价。

学生日常行为规范评价的数据同时来源于家长,家长参与学生行规的评价,能丰富新时代家校对话的渠道,这既是协同育人的途径,也是促进学生成人的举措。此评价的前提是家长乐于参与,负担轻。学校根据行规教育的内容和家长的主要需求,界定家长评价的内容范围,制定条目清晰的评价办法,细化简单易行的评价指标。比如,学生在家的劳动习惯使学校教育和家庭教育无缝衔接,同时也争取了家长对学校工作的最大认可和支持。

3. 规范化、激励化的评价呈现

评价之所以有意义,是因为通过评价可以分析学生在行为规范上的优势与不足,给予相应的帮助,同时也可以洞见学校行规教育的问题,可得出实证性发现,提高行为规范教育的质量。

学生行为评价案例

学校曾做过一个关于"文明用餐"的对比实验。A 班,午餐时分不进行实时评价。B 班,午餐开始时,教室电脑大屏幕上显示文明用餐的要求,同时呈现评价页面,全班每一位学生的头像展现在大屏幕上,头像下方有"大拇指"图标和"加油"图标,午餐结束后及时进行评价。实验证明,B 班取餐有序,用餐安静,能够做到用餐光盘的学生更多。

又如,学生小陈是教师眼中行为出现偏差的学生,但细心的班主任从评价数据中发现,美术教师对小陈的行为评价总是最高的。经过和美术教师沟通,得知每一节美术课结束,小陈总能把桌面、地面整理得干干净净,而且还能帮助身边的同学。大数据让班主任了解到小陈的闪光点,对于教育来说,这就是契机,转化行为偏差生的契机,把"大众"教育做成"小众"教育,用欣赏的眼光期待学生的进步和转变。

这种评价，微观上可细化到每一个学生、每一种行为，宏观上可总揽全局，做好决策与调整。

教育是一个成就生命的过程。发现学生的成长需求，挖掘学生的潜力优势，培养学生的个性发展，新时代教育不只关注学生当下的全面发展，更将目光投向学生终身成长的全过程。其中，教育评价正成为新时代素质教育的重要环节。

对学生坚持“以德为先、能力为重、全面发展”的科学成才观，积极探索行为规范评价模式，依托现代信息技术，全面收集信息，分析学生道德品质发展的状况与特点，使学生认同道德观念并自觉地执行，为其全面发展创造有利条件并提供有效指导。

四、智慧校园赋能下的教务管理实践①

学校教务管理智能化应用是学校智慧校园的核心应用系统之一，在设计时考虑了教务管理部门的工作流程和各流程之间的逻辑关系，涵盖了学校教务管理工作的各个环节，为学校教务管理工作提供了一个平台化、移动化的应用系统，让不同分工、不同角色的教务工作管理者和参与者能够通过教务管理系统协同工作并提高工作效率。学校智慧校园教务管理系统主要的功能模块包括智能人事安排、智能排课系统及智能考勤管理等。智慧校园教务管理智能化应用为学校教学运行提供先进、实用的信息化管理手段，为学生、教师及管理人员提供简便、快捷的网络化服务。智慧校园赋能下的教务管理框架如图 2－14 所示。

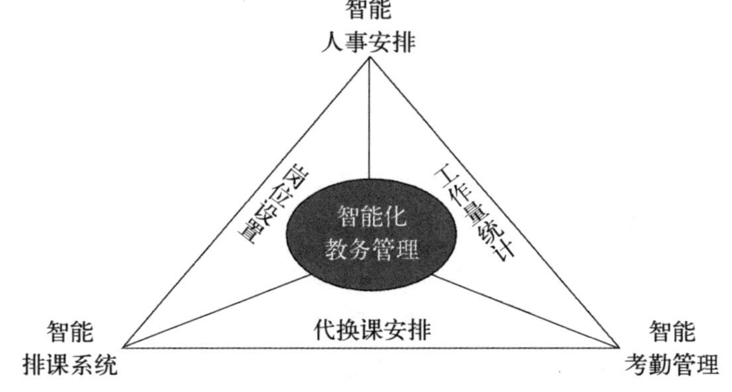

图 2－14　智慧校园赋能下的教务管理框架

① 本节由吴彬撰写。

（一）学校教务管理智能化的原发性需求

教务管理是学校管理的核心。在日常工作中，人员管理多头而烦琐，传统教务管理往往限制和影响了工作的效率和质量。

人工操作和纸质档案。传统教务管理依赖人工操作和大量的纸质文稿。这种方式容易出现误操作、遗漏或信息丢失等问题，并且浪费大量的人力、时间和资源。

信息不同步和共享困难。传统教务管理中的数据和信息往往分散在各个部门和系统中，导致信息不同步及共享困难。各部门、教师之间的沟通和协作不够高效，信息传达不及时。

烦琐的人事安排与排课。人事安排与排课是一项大工程，因耗费大量的时间和人力，容易出现低效、重复、随意的现象，甚至影响到开学后正常的教学秩序。

数据分析和决策支持不足。传统教务管理缺乏有效的数据分析和决策支持机制。教育管理者可能无法作出科学决策和改进措施。

（二）学校教务管理智能化的具体实施

基于学校智能化教务管理的需求，针对人员的管理多头而琐碎，避免管理中低效、重复、随意等问题，学校开发了“基于数据与流程，体现集约与高效”的教务管理系统，逐步实现人员管理的“一网通办”。智慧校园平台将教务管理的各方面连成一个完整的数据整体，实现了数据融通、信息共享，促进了对原有管理模式的规范与统一。

1. 智能教务管理，学校业务流程一体化

（1）智能人事安排

新学年开始前，校区负责人及人事干部会对校区需求进行分析，根据岗位设置要求，对三个校区教师进行统筹安排。然后按照事先设定的各类人员工作量标准进行任教调配，调配过程中系统会智能提示教师工作量已满。人事确定后，所有教师的工作量、任教班级、兼职情况都会自动生成并导出，大大提高了效率，而且为人员管理形成闭环系统奠定了基础。

（2）智能排课系统

学校排课要基于人事安排，要符合课程标准要求，要避免课务冲突等。传统

的人工排课，课程教学部需要同时考虑以上因素，因此每次排课需要花费大量的精力和时间，反复调整，还常常会出现错误，甚至影响到开学后的正常教学秩序。

推出智能排课系统后，在已经完成人事安排、岗位设置的基础上，依据课程标准要求，同时把教师的个别化需求录入排课系统，利用智能化的算法和人工智能技术实现一键排课。三个校区课表、班级课表、教师课表一并生成。任课教师、家长、学生通过智慧校园小程序便可查阅课表，同时排课数据也会同步到各班的电子班牌。因教职工病事假或人事调整而产生的临时调换课，相关部门负责人可在智慧校园教务管理系统平台上协同工作。生成的每一版课表，所有的操作、查询都会留下记录，并可以直接从历史记录中调取数据，方便日后查询。

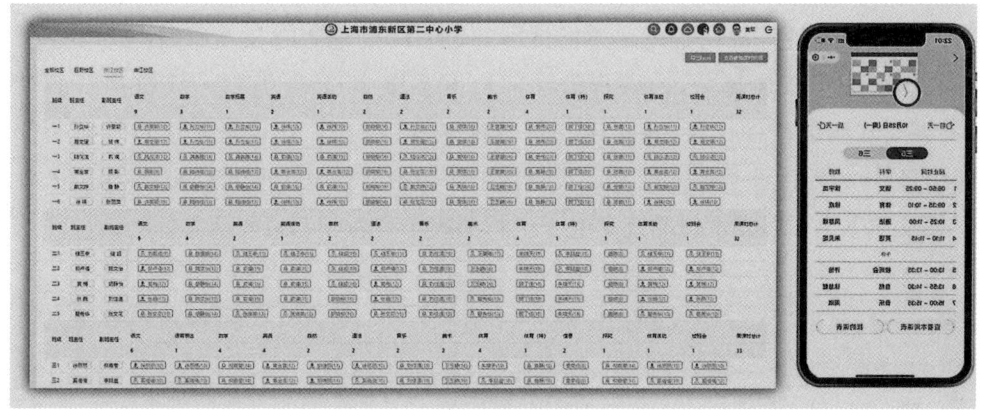

图 2-15　智能排课系统

（3）智能考勤管理

针对教师日常考勤管理中各环节缺乏衔接、靠人力粗放式管理的弊端，学校通过人脸识别签到、智慧校园小程序、智慧校园管理平台进行智能考勤管理，使教师的申请、管理部门的操作审核方便、快捷、统一，实现了以“人员管理前置化、人员调配智能化、人员绩效显性化”为特征的管理流程变革。

① 人脸识别签到

在校门口安装人脸识别系统，无疑为保障校园安全筑起了一道坚固的防线。教职员工只需在识别系统前对准摄像头驻足站立，系统就能迅速识别人脸及检测体温情况，保证教职员工顺利进校。同时，系统还为教务管理提供数据，将教职员工考勤状况自动汇总，反馈给校区负责人，确保学校能在第一时间了解教职员工的到校情况，也为智慧校园建设筑起第一面安全墙。

目前，人脸识别系统已经覆盖校园内多个应用场景，提高了学校在安全管理、人员管理等多方面的智能化水平。

② 请假及代换课管理

教师因为公假、病事假或者其他原因请假，管理部门的调代课流程在以往比较麻烦，往往要查阅纸质课表后，拨打多个电话，联系多人才能实现调课或代课安排。现在依托智慧校园平台可随时查询班级或者教师个人的课表，然后有的放矢地进行安排。

请假教师在网页或手机端提交请假申请并上传相关证明材料后，管理部门根据请假原因及时审核，请假教师随即会收到审核结果。如果审核通过，代课系统的课表中该教师状态显示请假，并根据请假类型，系统记录对应的请假天数。三个校区其他管理部门也可通过智慧屏知晓教师的请假时长及原因。

病事假审核通过后，由课程教学部根据系统中显示的课表，安排当日同学科、课时较少的教师代课，并向代课教师推送代课信息，代课教师手机端接收代课信息后，他的代课数也会同步记录到月工作量中。涉及代课的教师、教学班的班主任及学生也可以在手机端或者电子班牌课表中查看到当日代课教师的信息。

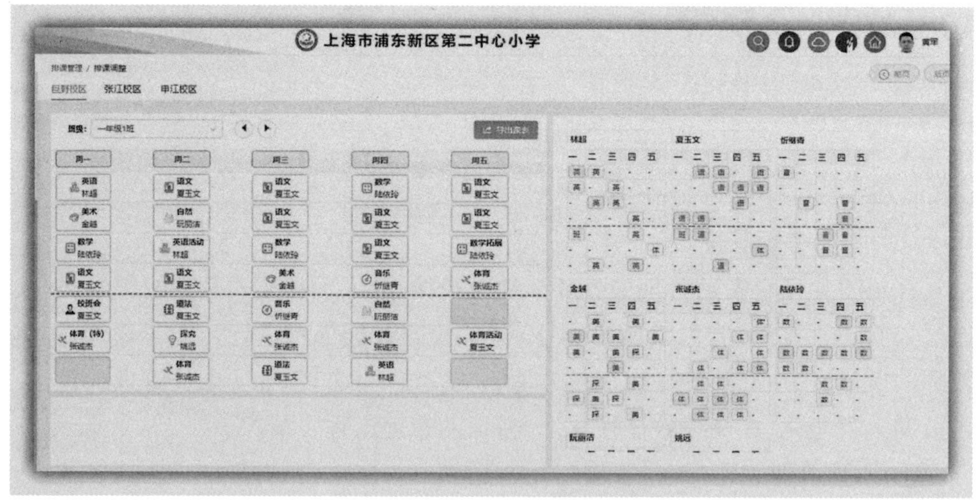

图 2-16　代换课教师信息

2. 提升信息化体验，实现数据共通

(1) 无纸化办公

智慧校园的建设往往给人们一种无纸化办公的表象，其实质是提升管理能力，统筹资源实现最优化。传统的教务管理往往需要大量的纸张，而无纸化操作可以减少对环境的影响。例如，电子课表取代纸质课表、推送电子代课单取代分发纸质代课单等，无纸化操作使学校的教务流程更加高效。可以减少人工记录和处理的时间和劳动成本，从而提高工作效率，也增加了数据的精确性和可靠性，可以轻松地进行数据的存档和备份。

(2) 工作量统计及加班管理

教师工作量统计是一项复杂的劳动，需要统计和填写的内容繁多，尤其是教师因公因私请假而产生的调课、代课的统计。在智慧校园平台中，基于人事安排、排课系统，已经将调课、代课等数据整合同步，在统计教师的工作量时，此类数据就会自动生成。同时，平台还可以统计每周、每月、每学期的调课、代课情况等。对于一些临时性工作导致的额外工作量、加班工作量统计，各部门协同录入平台，由校务会审核通过后，将其记录进教师的每月工作量。

智慧校园小程序支持常用应用的移动化办公，教职工能及时在手机上接收应用推送的信息和数据。通过智慧校园小程序，可以脱离电脑使用一些常用应用，教职工可以随时随地进行办公，如接收信息、查看课表、了解收入、提交请假申请或处理其他工作流程等，高效便捷，减负增效。

（三）学校教务管理智能化的应用效果

1. 满足日常教务管理需求，推动管理转型升级

学校构建智能化教务管理系统，突破了传统的工作方式，也提高了教职工自身的教育信息化应用水平。目前，智能化教务管理系统已经成为学校的常态化应用，是学校管理者和教师日常办公、交流的主要手段。

通过引入先进的技术和算法，实现了教务管理的自动化和智能化，促进了原有陈旧管理模式的规范和统一，提高了教务管理的效率和精确度，有效地提升了教育质量，推动了学校管理的转型升级。

2. 满足管理部门综合性需求，提升管理智能化水平

教务管理智能化应用最大限度地减少了或者避免了各种差错和弊病，有效缩短了办公处理周期，显著提高了办公效率和质量。并且能够协同各个相关部门的工作，保证了教学资源与其他数据得到最大限度的利用，使各类数据得到统一整合，消除了信息化孤岛问题，促进了数据融通、信息共享和流程优化，提高了学校的整体管理效率。同时，提供了可靠的数据支持和统计分析，为学校管理决

策提供了重要依据。

（四）发展与思考

随着信息技术的发展和变革，教务管理智能化应用需要具备适应未来发展的能力，需要具备灵活性和可扩展性，需要适应新的功能需求和技术创新，同时也要注重用户体验和易操作性，以促进教务管理系统的可持续发展。智能化教务管理系统的开发和应用目前得到了学校教职员工的广泛欢迎，从应用角度验证了该平台的价值。教务管理工作是整个学校管理工作的核心，更是各部门之间相互紧密联系的桥梁和纽带。因此，智能化教务管理系统的应用就显得尤为重要，尤其是教务管理工作人员更应该提高信息技术运用水平，积极利用平台，积累数据，为今后深化应用与发展打下坚实的基础。

教务管理智能化的潜力在于以技术创新为驱动，提高教务管理的效率、质量和个性化程度。通过结合人工智能、大数据分析等先进技术手段，可以实现更精细化的教务管理，满足不断变化的学校管理需求。学校依托智慧校园平台的教务管理系统，在人事安排、排课、考勤管理等几个方面运用得比较广泛。当然，这些运用还远远不是教务管理系统功能的全部，随着信息技术不断发展，智慧校园平台也会不断完善和创新，它必然会为教务管理工作提供更大更多的应用空间。

五、智慧校园赋能下的安全管理实践①

随着信息技术的不断演进，校园安全管理正经历着重要的转型，即技术赋能下的校园安全管理。现代的校园安全管理不仅包括传统的火警、防盗、防伤害和安全演练等基本要素，还呈现出明显的科技特征。智能门禁、无感考勤系统等新兴技术的应用，正在改变着校园安全管理的方法和效率。在新时代的背景下，校园安全工作必须与时俱进，以合理应用新技术为前提，探索更加有效的安全监管模式，以确保学生和教职员工在一个安全、健康和温馨的学习环境中茁壮成长。

（一）技术赋能校园安全管理的意义

校园安全管理是一项极其重要的工作，已成为学校管理的重中之重。在人

① 本节由童荣俭撰写。

工智能、大数据等新一代信息技术的加持下，校园安全管理将更加智能、更加便捷、更加高效。

1. 提升校园安全性

人工智能、大数据分析、物联网等新一代信息技术的应用，能够实时监测校园环境，快速识别异常行为和潜在威胁，有助于提高校园的整体安全性。更及时的预警、更迅速的响应、更全面的监测有助于减少潜在风险和危险事件的发生，确保学生的身体和心理不受任何威胁或侵害，在安全的环境中稳健成长。

2. 提高校园安全管理效率

技术赋能下的校园安全管理可以实现许多安全监控和管理任务的自动化，减轻人力负担，提高管理效率。例如，无感考勤系统能够更精确地记录学生的出勤情况，减少了手动操作的需要，节省了时间和资源。技术赋能下的校园安全管理可以帮助学校更好地理解校园安全风险的模式和趋势，从而能够制定更具针对性的安全策略和计划，有利于创造一个更为安全稳定、文明向上的校园发展环境。

3. 增强校园安全感

技术赋能下的校园安全管理可以提高学生、家长和教职员工的安全感。学校采用先进的安全技术和监控系统，可以增强人们对校园安全的信心，从而更有利于校园和谐发展，更有利于推进文明校园建设、推行学科的培养、强化道德教育、增强公民意识及法治观念等。

（二）技术赋能校园安全管理的新特征

随着科技的不断发展，信息技术赋能下的校园安全管理具有智能化、数据化、协同化和一体化等一系列新特征，能让校园安全管理进入高效便利时代。

1. 智能化

智能化是信息技术赋能下校园安全管理的重要特点。人脸识别、智能门禁、区域巡检、无感考勤等一系列智能化技术应用，使得校园安全管理更为智能、便捷和高效。

2. 数据化

利用技术可以将学校所有信息充分记录下来，从而实现大数据分析和挖掘，了解校园态势及趋势，找出问题以及优化管理。

3. 协同化

信息技术提供了多种交流手段和协同平台，方便各岗位人员进行沟通合作，保证学校各个方面都能够沟通顺畅，并有效地协调应对各类突发事件。

4. 一体化

一体化管理平台汇集了多个系统工具的功能，将其集成到一个平台，并进行协调管理。强化信息交换和适应追踪，提高反应时间和处理效率，使得校园安全管理程序更加规范化和整合化。

(三) 智慧校园安全管理的实践探索

1. 数字班牌助力校园安全

数字班牌是一种基于互联网和物联网技术应用的智慧教育设备。它主要是通过将多种信息媒介融合在一起，为学生和教师提供更加便捷、快速、实时的信息服务。在校园安全管理方面，数字班牌能起到实时监控、信息发布、签到考勤和校园卡管理的作用。

(1) 实时监控

通过数字班牌可以实时监控每个教室的情况，包括学生到课情况、教师上课情况以及教室内外来往人员等。可以有效地防止一些未经授权的人员非法进入学校和教室，同时对于突发事件也可以及时发现问题并采取相应的措施。

(2) 信息发布

数字班牌可以通过屏幕进行新闻、通知、警示等信息的发布，及时向学生、教师和家长传递重要的安全信息。例如，突发事件的处理方法，地震、火灾等紧急情况下的应对措施等，能够有效地提高学校的应急响应能力，保证学校的安全稳定。

(3) 签到考勤

数字班牌可以集成学生签到和考勤系统，及时记录并反馈学生到课情况，对于不到课和旷课的学生进行相应的警示和纠正。此外，考试时使用数字班牌进行考勤管理可以更好地管理考场秩序，防止作弊等违规行为。

(4) 校园卡管理

数字班牌可以集成学生校园卡信息，监控学生成绩、课程表、消费记录和借阅情况等，有利于强化学生自我管理，同时方便学校进行数据统计和分析。这种方式有效地防止一些不明身份人员进入校园和进行非法行为。

数字班牌在校园安全管理方面具有多种作用，了解这些作用并且使用它们可以帮助学校更好地应对潜在的安全风险，确保校园的安全和稳定，数字班牌的监管、预警、记录和传达功能大大改善了校园安全管理流程和效率，提升了安全感和风险防范措施。

2. 智能监控探头确保全维度监控

为了确保学生在校安全，学校在三个校区内共安装了472个监控摄像头，这些摄像头分别来自不同的品牌，以便全面覆盖校园内的各个角落。这些监控摄像头不仅可以实时监控校园内的安全状况，还可以记录下一些重要的证据，以备日后调查之用。

(1) 实时监控

智能监控探头可以实时监控学校内的安全情况，如监测教室、走廊等的人员动态及活动轨迹，检测火灾、燃气泄漏等危险事件，并及时发送预警信息给相关工作人员。

(2) 事件分析

智能监控探头可以采集丰富的数据和图像信息，并对这些信息进行分析，如通过大数据分析来了解与安全相关的问题和隐患，进而更好地帮助学校管理者指导学校安全防范工作。

(3) 预防安全风险

智能监控探头能够帮助发现各种潜在安全风险，如不合理排布电器、混杂危险品、未关严窗户等危害安全行为，利用智能监控探头即可及早发现并予以整改或纠正。

3. 智能门禁保障校园安全

在校门口配备了智能人脸识别和车牌识别的AI摄像头。这些摄像头可以通过人脸识别和车牌识别技术，实现对进出校园的人员和车辆的身份认证，有效防止未经授权的人员和车辆进入校园。同时，这些AI摄像头还可以实时监控校门口的安全状况，及时发现并处理可疑情况。

(1) 访问控制

智能门禁可以严格限制进出学校的人员和车辆，对于未经授权或者身份不明的人员实现有效管控。同时，它还可以对教职工、学生及家长进行区分管理，并实现访问信息的电子化记录，方便安保人员查阅人员通行情况。

(2) 防盗和监控

智能门禁系统可以累计门禁开闭次数，便于安保人员快速发现学校重要区域异常情况。例如，不正常的活动序列、未授权的开门等信息，便于安保人员判断是否存在安全风险。

(3) 报警联动

当门禁系统检测到触发事件时,如门锁被破坏,系统会立即接入报警系统并发送警报,告知策略调整,最小化反应时间加强事态营救支持。

为了方便学生和家长的使用,学校还开发了校车乘坐和课后延长服务的签到功能。学生可以通过身份确认的方式快速签到,而家长则可以收到智慧校园系统发来的通知信息,让他们随时了解学生的情况。

除此之外,我们还提供了一些额外的功能。例如,校车乘坐信息查询、课后延长服务课程查询等。这些功能都可以让学生和家长更加方便地了解学校的相关信息,同时也可以让学校更加高效地管理学生和课程资源。

智慧校园平台在校园安全管理中发挥着重要作用。随着现代科技的迅速发展,信息技术已经被广泛应用于校园安全管理中,以增强校园的监控能力和应急响应能力,从而提高校园的整体安全水平,保护师生的人身和财产安全。

六、实践案例

案例一 利用“班级圈”进行班级管理①

谈及班级管理时,人们通常关注学生的日常行为规范,然而,在这里所讨论的班级管理是更加隐性却不可或缺的一部分,即信息的互通。一个班级通常由多位教师负责不同学科的教学,每位教师仅对自己所教授的学科了解较多,而学生则是多元的,对不同学科的学习表现存在差异。因此,对学生的了解需要从多个角度来获取信息,尤其是在如今倡导全员导师制的情况下,信息的共享变得至关重要。

有效的信息互通能够确保信息在多个渠道的有效传递。首先,它有助于教师及早了解学生的情况,从而能够在问题初现迹象时进行干预。其次,它促进了学校、家庭和教育之间的联系,帮助家长更好地理解教师和学校管理,使得当学生问题浮现时,能够共同协作而非对立。最后,它为学生提供了一个展示自己的平台,促进了情感联系的形成。然而,传统的班级管理往往难以达到这种信息互通的标准,通常是在问题暴露后才采取补救措施。因此,类似“班级圈”这样的早期信息互通平台变得尤为重要。

---

① 本案例由胡维丽撰写。

(一) 认识“班级圈”

由于需要通过“班级圈”实现信息共享和促进班级管理，因此必须确保“班级圈”的操作简单易懂，以便任何人都能够轻松使用，并且使用体验也应该非常便捷。“班级圈”的使用操作方式如下：

通过微信“智慧校园”小程序，找到“班级圈”按钮，如图 2-17 所示。点击进入“班级圈”，如图 2-18 所示。“班级圈”和微信的朋友圈类似，但是微信的朋友圈需要添加好友才能查看，“班级圈”却可以直接查看。一个班级的任课教师或学生(家长)直接绑定，可以在“班级圈”中进行互动。任课教师在“班级圈”教师端可以看到其任教所有班级的学生和教师发布的内容，家长(学生)端可以看到自己班级学生和教师发布的内容。

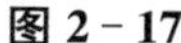
图 2-17

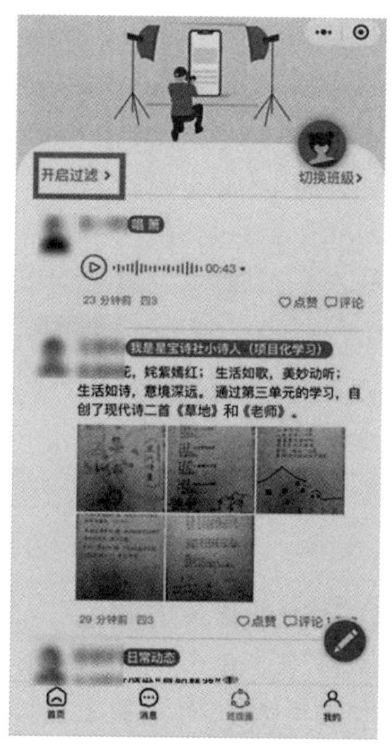

图 2-18

点击“班级圈”中的“开启过滤”，可以对“班级圈”的内容进行筛选，如图 2-19 所示。筛选内容包括学生活动、获奖、博客、证书、课堂作业、作文、日常动态、荣誉，还包括任教班级。

回到“班级圈”页面，在学生发布的内容上可以看到学生的照片、姓名、发布的内容、发布时间、班级，如图2－20所示。单击“点赞”“评论”功能可以增强师生互动、生生互动，如图2－21所示。

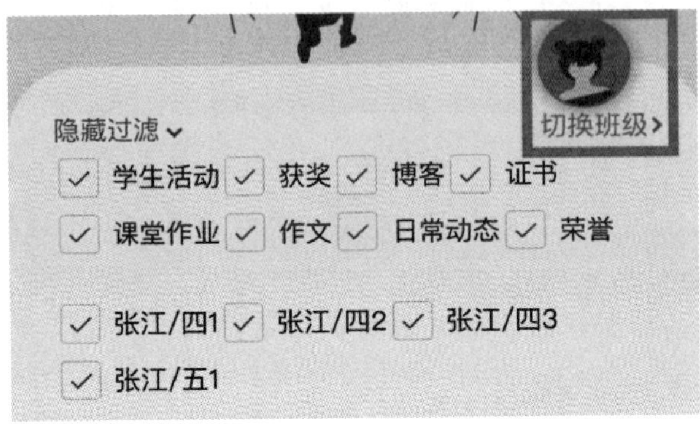

图2－19

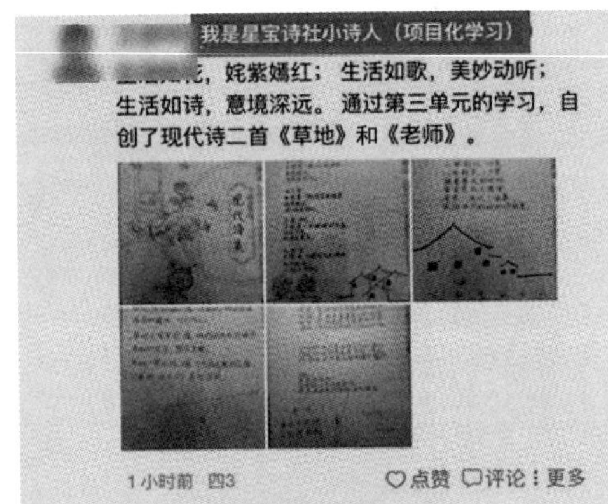

图2－20

图2－21

(二)“作业管理”的妙用

“班级圈”发布的内容很广，包括学生活动、获奖、博客、证书、课堂作业、作文等，它不仅是日常动态的分享，也是作业的分享库。一个班级不同学科的任教教师以及家长都可以看到自己班级学生或者自己孩子的各科作业，帮助不同学科的教师对学生有多方面的了解，帮助家长了解自己孩子的在校学习状态，及时调整改进。

以往家长对孩子在校学习状态的了解一般根据某门学科的练习成果，然而练习的频率较低，等到发现问题再去调整和纠正时存在一定困难，而且练习成果的高低受多种因素的影响，一般难以真实反馈学生的在校学习状态，如果仅根据此信息进行判断那对学生的发展将有滞后性和不确定性。“班级圈”的作业管理能够实现信息互通，可以将学生的作业情况反馈给家长，家长对学生各学科的在校学习状态有更及时的了解，那么家校共育才能得以实现。例如，某节劳动与技术课上，将某学生操作尖嘴钳的过程拍照并上传到系统中，家长和任课教师可以在"班级圈"看到，这位家长在当天就对我上传的学生的操作过程点赞并给了一个反馈。

除了家长，在倡导全员导师的当下，教师对学生的多方面了解是必须的。例如，某位平常不吭声的学生，话都说不响、不连贯，在"班级圈"里提交的音乐歌唱作业竟然那么好听学生表现得很自信，班主任就当面对他进行了表扬，看到他略带羞涩但是有自信的笑容，班主任也刷新了对他以往的认识，甚至在排节目的时候也会想到这位学生，以往这位学生从未说过自己唱歌好听的优点，"班级圈"给了教师更全面认识学生的机会。

另外，针对学习和家长之间的沟通，因为有"班级圈"的作业分享，沟通的内容都是有迹可循的，也更有说服力。对于完成的作业特别优秀的，教师可以进行推优，推优的作品会进行全校展示，在学生的姓名后会出现红色的"优"标识，如图 2－22 所示。这对学生来说是一种正向激励。

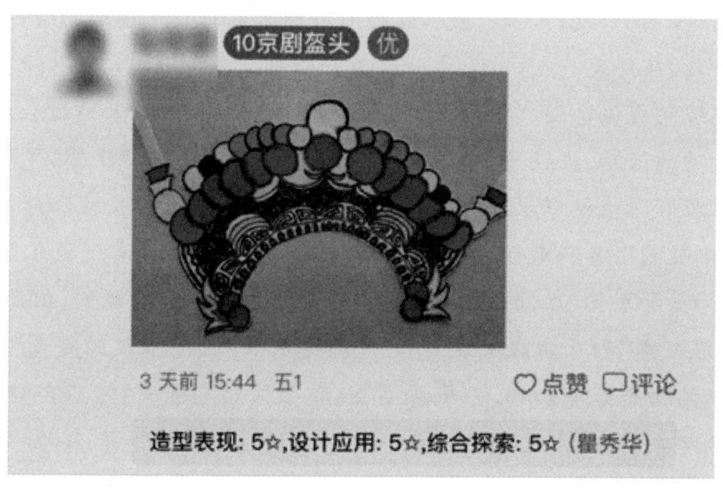

图 2－22

（三）多功能助手"班级圈"

1. 情感黏合剂与知识分享机

想要更好地管理班级，班级学生之间、教师与学生之间、教师与家长之间、学生与家长之间的情感黏合需要更紧密。除了教师与家长之间，另外三种情感的建立都是需要时间、需要一定的生活接触的。教师与家长之间的接触以往都是通过家长会，让家长增加对教师和学校管理的认识。但这远远是不够的，人们对于不确定的事物下意识会作不好的猜测。家长对教师和学校管理有足够的了解和多方位的认识，能够将矛盾防患于未然，能够增强教师与家长之间的可沟通性。通过“班级圈”教师发布的内容，不仅有助于学生获取特定知识或进行课外拓展，还能让家长更全面地了解学生的学校生活，同时也促进家长对教师的更深入认识。

班级文化和谐或者班级气氛融洽是良好班级管理的基础。这种信息的传递是潜移默化、润物细无声的，平常点滴事情的分享看似小事，却传递了融洽的班级气氛和和谐的班级文化。在以往，这些都是要举办相关的主题班会或者遇到了矛盾需要解决才能渗透给学生和家长的，“班级圈”降低了班级文化推广、班级气氛创建的难度。

2. 成果分享会

“班级圈”可以发布证书和荣誉。除了校园里的荣誉，在校外获得的荣誉也可以发布，这有利于教师更加全面地了解学生，对于学生来说对其所获荣誉的分享也是一种正向激励。

(四) 实践的成效与不足

经过“班级圈”长期的实践，我们发现它有利于班级文化氛围的营造，有利于班级文化的建设，在每天一点一滴、你一条我一条的文化渗透中，在不知不觉中便创建了一个班级的文化氛围。它增强了家校互动的有效性。家长通过查看“班级圈”知道学校最近的活动、班级情况、学生作业完成情况以及教师反馈，了解学生在校的日常。家长和学生也可以在“班级圈”分享生活中的趣闻、收获和所思所感。通过学生的“班级圈”，各科教师都可以看到学生的日常生活，看到他们的作业和反馈，帮助教师更加全面、立体地了解学生。这种家校互通是隐性的，但是有效的。

尽管“班级圈”利于班级文化建设和家校互通，但是不及时查看“班级圈”的家长所获取的信息是滞后的。“班级圈”就像微信朋友圈一样，不会提醒，需要家长、学生、教师主动查看，这就会造成一些信息的延迟获取。未来，如果能够实现一定程度的定制化推送，将学校官方的公众号和“班级圈”建立联动关系，公众号发布的内容直接在“班级圈”展示，会使“班级圈”的功能更加强大。

案例二 利用“班级圈”构建数字交流平台[①]

互联网的飞速发展、数字化信息时代的到来，让很多学生沉迷于在网络上打

---

① 本案例由许怡撰写。

造自己的专属空间，与父母、同伴、教师的沟通交流却日益减少。为此，学校创建了智慧校园"班级圈"平台，旨在打造一个家校、师生、生生实时沟通交流的数字化平台，将教育教学和学习生活有机融合在一起，多角度、全方位地展示每位学生的兴趣爱好、个性特长、成长点滴，实现线上线下、校园生活、社会活动的无缝连接。

（一）分享多彩生活，促进情感交流

"班级圈"即班级朋友圈，以班级为单位融通数据，有机衔接学校数字化资源，保证教育教学环境和生活环境更加智能开放，汇聚学生作业作品、各类学科活动、实践活动、日常生活点滴记录，以开放包容为原则，鼓励学生主动分享学习成果，积极展示生活感想。

借助"班级圈"，教师能发布学生在校内的学习成果。例如，一堂美术课后完成的作品、自然课结束后完成的小实验视频，学生在校内的学习成果能得到充分的展示，家长可通过"班级圈"了解学生校内学习情况。同时，学生可以将自己的校外实践活动上传至"班级圈"进行展示。如图2-23所示，学生利用暑期积极

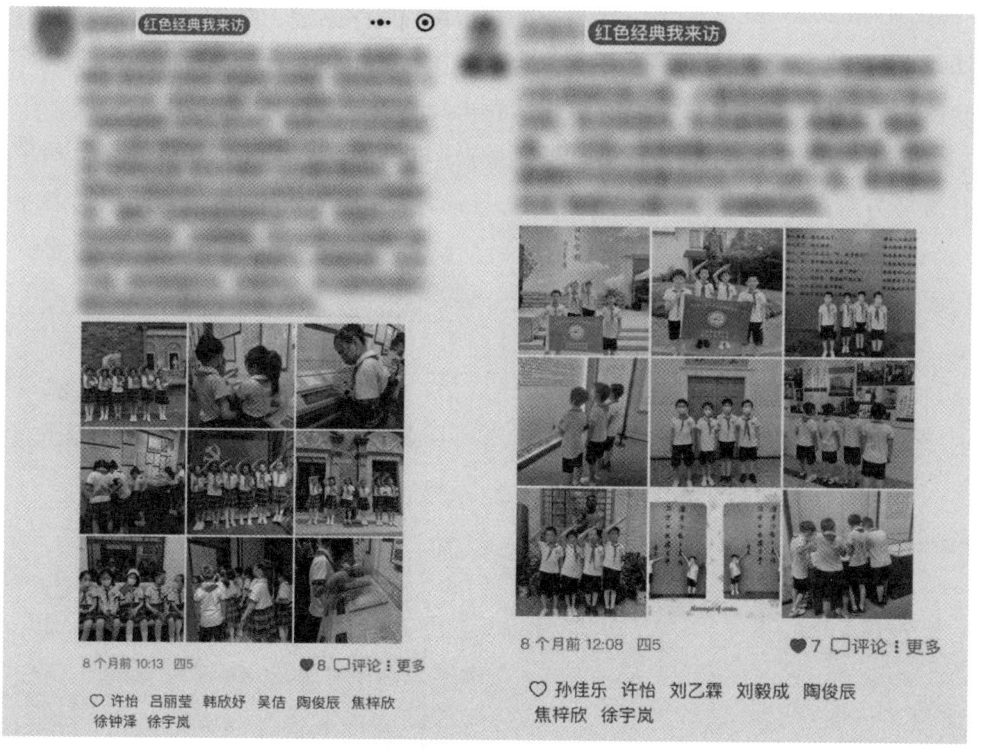

图2-23 "红色经典我来访"暑期实践活动展示

参与学校开展的“红色经典我来访”实践活动，并在活动结束后利用“班级圈”展示自己和同伴参观时的视频、照片，记录自己的心得体会，分享实践后的收获和喜悦。除了实践类活动，学生的日常生活和学习体会等也可以上传到“日常动态”中，有的和家人外出游玩，有的进行各种体育活动，有的进行志愿者活动，有的在家做“小主人”，有的利用暑期发展才艺刻苦训练……将学生多彩的校园体验、家庭生活和社会实践活动在智慧校园平台以数字化的方式进行记录和展示，丰富学生间的互动，更促进了师生与家长之间的情感交流。

(二) 搭建学习空间，深化学习交流

1. 开展学科活动

教师利用“班级圈”打造在线学习和交流的专属空间，既有对上课内容的不断挖掘，也有对学习心得的交流，更是学生共同的“智慧宝库”和“学习打卡地”。根据学科教学需要，教师在“班级圈”开设学科活动栏目，学生线下完成并上传文字、照片或者视频感受，教师利用课上时间有选择性地让学生进行交流展示。从“线上展示”回归“线下交流”，经历“操作体验—作品展示—反馈交流”这一系列过程，学生的每一个精彩瞬间都可以及时被记录，每一位学生的风采都能得到充分的展示，以此调动学生学习的积极性和主动性。

如图 2 - 24 所示，以英语组的教师借助“班级圈”创建“To the park”云端学科活动为例。学生与家长共同回忆旅行过的地点，总结经验，回忆旅途中的趣事

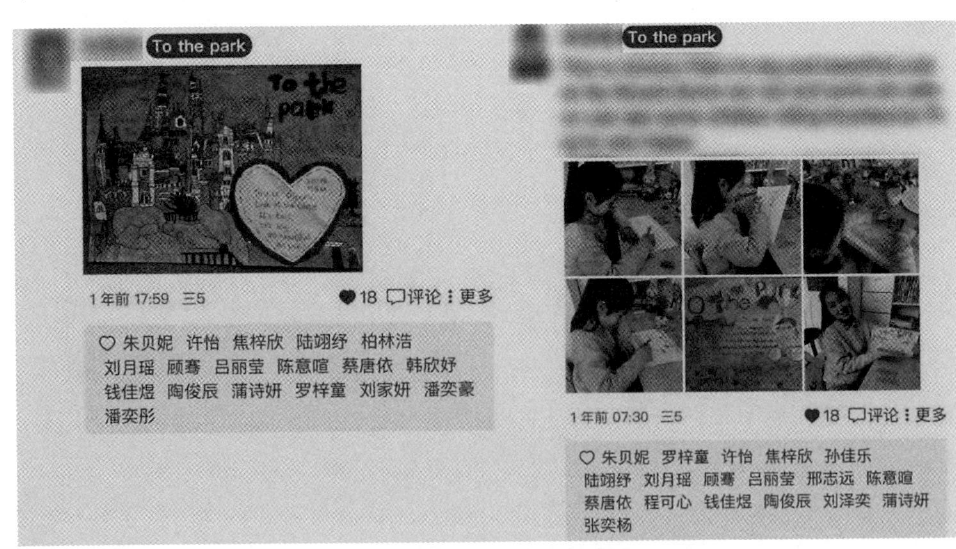

图 2 - 24 英语学科活动学生成果展示

和看到的美景，频繁的亲子交流促进了家庭的和谐，实现家校共育。活动结束后，学生以图片、音频等方式把作品上传至智慧校园平台“班级圈”。在“班级圈”平台支持下，学生为自己喜欢的作品点赞和评价，也可以用语音的形式留言鼓励，增进了学生之间的互动交流。

2. 在线作业评价交流

传统的课堂评价和学业评价一般是教师评价学生，评价主体比较单一，而且在评价过程中，教师往往是评价的掌控者，学生是评价的被动接受者，缺少针对性的沟通交流。“班级圈”的建立实现了学校、家庭、社会的多方联动，教师、家长、社会人员、学生自己和同伴等都能对学习成果进行评价，评价主体实现多元化。同时，依托“班级圈”数字化平台，开放性的评价方式也为家校间沟通学生作业情况搭建起了交流的新平台。

语文学科中，作文是体现学生语言表达素养的重要形式，语文教学中迫切地需要记录学生的每次习作的真实情况，用于评价、反馈和指导提升。学校通过技术赋能，研发了带有学生专属二维码的作文纸取代传统的作文本，学生完成习作和自评，教师进行首轮批阅后，通过高速扫描仪将学生作文快速对应入库，上传至“班级圈”，成为评价学生语言表达素养和语文学业成果的真实数据来源，为教师实施作文精准教学提供了有力的实证依据。教师可按预设评价维度对每一幅作品进行“五星”等第评价，也可以直接推优，关注学生个体的同时又充分体现了评价的激励功能。课后，学生和家长能在“班级圈”查看评价反馈，也能在线浏览其他同学的作品，鼓励学生进行自评及互评，如图 2－25 所示。

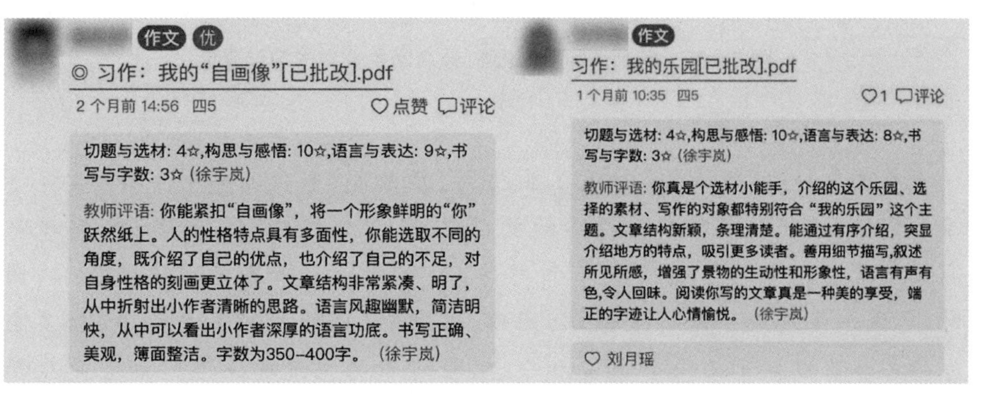

图 2－25 运用“班级圈”开展语文习作评价

（三）家校互动空间，助推家校交流

相较于学习情况，学生在校内的人际交往、课间休息、安全防范、心理健康等同样也是家长关注的热点问题。“班级圈”的设立为家、校、社共育提供了又一个对话空间。如图2-26所示，班主任可以在“班级圈”内分享学校组织的各色各样的学习和社会实践活动，不仅如此，班集体升旗仪式时精彩的班级表演、班级获得的荣誉奖项等，也都可以利用“班级圈”直观形象地展示给家长，家长浏览“班级圈”了解学生的在校情况，并通过点赞、评论等举措加强与教师或其他家长的互动交流。

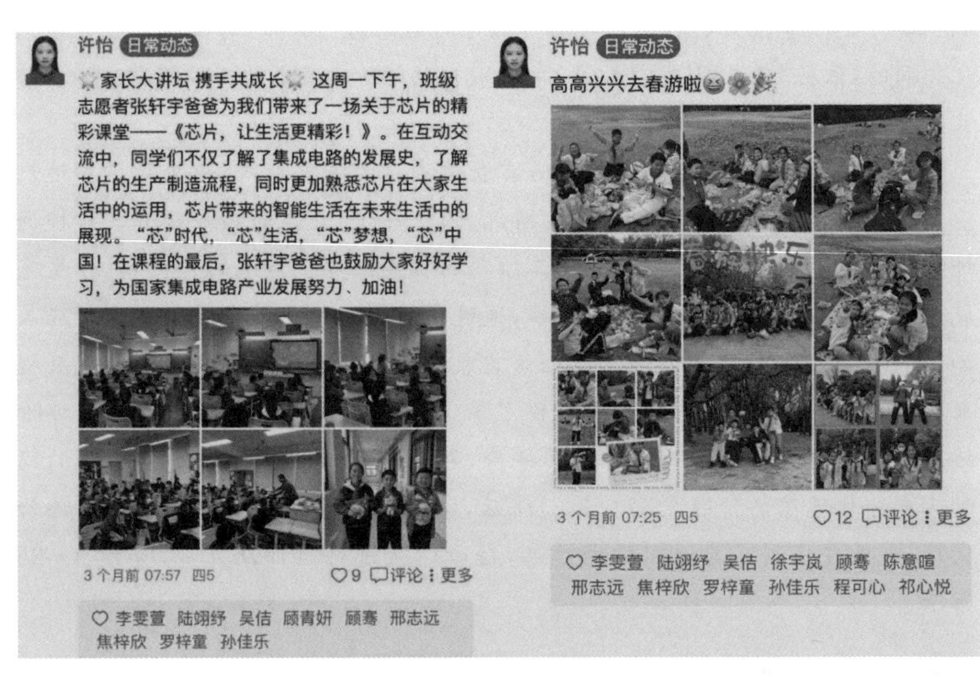

图2-26 教师通过“班级圈”分享学生校内学习和生活

（四）实践的成效与不足

丰富多彩的“班级圈”拉近了生生间、师生间、家校间的时空距离，促进了家校的新合作，实现学生身心的健康发展。“班级圈”的应用也在学校教育教学活动的开展方面提供了新思路，为学生的自我展示搭建了舞台，同时，更进一步延展了评价主体，让同伴、家长、社会能共同参与评价，为多主体参与评价提供了又一个通道和平台，让评价的广度和深度得到了更生动的诠释。

主要成效：

1. 促进师生、生生情感交流，提升学生参与活动的积极性

“班级圈”作为班级的朋友圈，教师、学生、家长都可以在“班级圈”内发布自己的日常状态和学习生活，潜移默化中拉近了师生间的距离。通过浏览“班级圈”，教师更加全面地了解每一位学生，学生的喜好、学生的课余生活以及学生的家庭。作为学生，更加了解身边的朋友，也为进一步拓宽自己的朋友圈、找到志同道合的小伙伴提供了契机，深化了师生、生生间的情感交流。有了情感的支撑，学生参与活动的主动性也得到了进一步的提升，积极加入班级和学校的各类活动中，并在“班级圈”中更勇于展示自我，同样也在活动中收获成长。

2. 数字化交流新平台，提升家校沟通

教师和家长双方只有在彼此理解、互换角度看问题、思考问题的基础上，才能更好地商量如何解决学生的问题，才能有利于学生的健康成长。“班级圈”的设立为家校共育提供了一种新的数字化交流模式，学生的学习和生活状态以数字化的形式在“班级圈”中得到呈现，比起家访或电话访问，“班级圈”的交流方式能够让家长更快、更直观地了解学生在校内的情况，让教师更深入地关注每个个体，家校的深入交流改变了教育仅靠学校、靠教师的现状，让家校沟通变得更加紧密。

主要不足：

1. 如何保障学生个人信息的安全性？

作为数字化交流的平台，“班级圈”在展示学生风采的同时，实则也是个人相关信息上传网络端的过程，在未来数字化平台的搭建和使用过程中，学校需加强网络的监管，保障学生个人信息的安全性，避免学生信息泄露或被非法使用。

2. 如何对“班级圈”内发布的内容进行实时监管？

随着“班级圈”平台功能越来越多样化，学生、家长和教师使用的频率也日益增多。对于一、二年级低年龄段的学生，考虑到学生年龄小，绝大多数内容的发布和信息的上传都在父母的协助下完成，父母会对学生上传“班级圈”的内容进行把控。但是对于高年龄段，尤其是五年级的学生，已具备独立使用电子设备的能力，很多时候父母会放手让学生独立完成。针对此类情况，平台有必要增设“内容审核”环节，对学生上传“班级圈”的日常动态进行初步的筛查和监管，驳回不适合上传的内容，并进行一定的干预。

智慧校园“班级圈”平台的建设成功打造了家校、师生、生生实时沟通交流的数字化平台，分享并记录着学生的成长。未来，随着信息时代、智能时代的逐步

发展,“班级圈”在教育教学上的运用也必将会走上一条漫漫的探索之路。但无论未来教育如何发展,教育的终极目标不会发生改变,就是促进人的终身发展。“班级圈”始终会以学生的发展为中心,日趋完善,促进家、校、社更紧密地联系。

案例三　利用“班级圈”促进学生成长①

传统的家校合作中,很多教师为达成让家庭教育与学校教育步调相一致,想出了很多办法,也采取了很多策略,家访、电话访问、微信等方式增进双方对学生学习特点、生活习惯等个性内容的了解,沟通模式受到时间和空间的限制。而且现在的年轻家长大多数是双职工,都忙于自己的工作与事业的打拼,很少有精力去亲自接送自己的孩子,造成家长与教师的沟通机会少,不能及时地交换意见,沟通、找出解决学生问题的方法,错失教育学生的很多最佳时机。而且教师工作压力大、工作时间长,传统的家校合作沟通模式逐渐无法适应这个快节奏的社会,也无法及时做到教师与家长的沟通与合作,以及对家长的指导。化解这些问题的“解药”可能是利用信息技术。随着信息技术的发展,教师越来越意识到只有借助良好的网络平台,才能更好地实现家校共育,促进班级各项工作开展和学生健康发展。为此,学校在家校合作中融入新技术,以信息化沟通方式为载体建造一座沟通桥梁,搭建互动合作的多元家校沟通平台。

(一) 主动调整,积极适应信息化时代

借助智慧校园平台,开展亲子活动,形成一种更好的亲子氛围,让亲子关系变得更加积极主动有效。通过“班级圈”功能,让家长充分了解学生的在校情况,也能让教师深入了解学生在家中是否帮父母做力所能及的家务,提高劳动技能,同时也激发了学生的学习兴趣。

(二) 构建学习网络,促进亲子活动氛围

各学科教师通过智慧校园平台布置活动任务,当有新消息发布后,家长手机端就能立刻收到活动通知,而任务要求也一并清晰地罗列在消息中。当学生回到家后,家长就能配合教师布置的任务,一起参与到亲子活动中,加强了亲子之间的联系和沟通,并且通过照片和视频加以反馈,发布到“班级圈”中。例如,“劳动中的星宝最光荣”“酸奶巧制作”“非常统计非常爱”“纸短情长传家书”“我是星宝诗社小诗人”等一系列丰富多彩的活动。通过把相关活动的照片和视频上传

---

① 本案例由赵旖旎撰写。

到“班级圈”中，家长能及时了解学生学科上的作业，通过项目化的活动，家长能了解学生的近况。学生之间可以相互激励，看到其他同学发布了“班级圈”，也能提醒还未完成活动的学生及时完成活动任务，丰富自己的课外活动。

(三) 利用综合性，创建学生专属成长档案

传统的成长档案袋大多是文字材料和少量的图片资料，整理起来耗时耗力。而网络平台既可以记录文字、图片，也可以保存音频、视频；既可以记录学生的作品、参加过的社团、发生过的小故事，也可以由教师收集或由家长协助整理。这有助于教师、学生、家长合作打造学生的专属成长档案。在学生的个人空间中，可根据个人情况，上传自己的荣誉，使资源平台真正成为学生打造自己成长手册的“好帮手”。班主任和家长以及其他学生都可以在“班级圈”中，为其他同学的优秀作品进行点赞和评论，也加强了生生之间的联系。

(四) 开展劳动活动，激发学生劳动意识

班主任是学校德育工作的灵魂，它的价值在于不断追求。为进一步提升教师学科项目化学习设计和实施的能力，结合学校的德育项目，开展了劳育活动“劳动中的星宝最光荣”。

“双减”背景下劳动教育成为新时代教育改革亮点的要求，注重学科知识的同时，也需坚持德智体美劳“五育”并举。就实际生活而言，劳动教育既是学生今后生活的需要，也是未来生存的需要。正如古语所说，一屋不扫，何以扫天下？劳动教育不只教会学生一项技能，更重要的是培养他们的劳动品质、劳动习惯和劳动意识。午间十分钟劳动，鼓励学生做班级“美容师”，除了收拾好自己的课桌、抽屉，还要做好自己的岗位工作，让学生在劳动中“热爱劳动、学会劳动、享受劳动”。学生在学校浸润了劳动教育，在家中也要实施。劳动是每个家庭成员的责任和义务，父母爱劳动，带动学生爱劳动。分工协作，学生自己能做的家务让他自己去做，不会做的家务父母交给学生来做时，父母可以和学生一起做，在共同承担家务劳动中让学生学习提升。每个家庭成员既是劳动者，也是劳动成果的享受者。

生活就是劳动，只要父母留意，劳动的场景有很多。在家里，父母可以和学生协商劳动项目，如摆碗筷、洗餐具、整理学习用品、安排家庭成员值日表等。外出时，学生自己收拾行李，父母背大包，学生背小包等。家庭劳动是每个人的责任和义务，自身得到的技能锻炼和父母的褒奖就是最大的赏赐。“随风潜入夜，润物细无声。”让劳动融入生活，才能更好地享受生活。亲子活动是一种学习手段，更是一种美丽的休闲方式。学生的成长也是一本书，多一点心思，多一点投

入，获益的其实不仅仅是学生。

一个人无论做什么事，坚持都是最为重要的决定因素之一。当教育回归到实际的劳动实践，烹饪、缝纫、家用电器维修、农作物种植与培管、小制作、小发明等与人们实际生活密切相关而又力所能及的实际操作，学生的成长也就与生活紧密地联系起来，他们的创造力被激活，他们的生命力被唤醒。

（五）实践的成效与不足

每个年龄段的学生情况各不相同，基于同一个主题下的活动，学校设定了符合学生年龄段的不同的特色活动。学生在家长的陪伴和督促下，积极参与有趣的劳动任务。当家长把学生认真做家务劳动的照片上传至智慧校园中的“班级圈”后，教师就会有针对性地进行点评和点赞评优。学生看到自己得到了教师和其他小伙伴的点赞，又得到了表扬，学生的主观能动性会更强烈，在劳动中也会更加认真。对于学生来说，教师的点评直接决定他们的态度，所以教师也要学会用不同方式鼓励学生，不要让学生因教师的打击而失去原动力。

图 2－27　教师和学生评价展示

智慧校园中的“班级圈”为教师、家长及学生提供了一个很好的交流平台。家长或学生可以把自己的体会、感受、困惑等在平台上分享、交流、探讨，教师可以参与其中，解答困惑并给出建议，这对家长和学生都起到了很好的激励作用。

很多事物都是活生生的教育内容，但是由于教育时空与条件的限制，局限了学生的视野，而网络以其开放性、多元性、自主性等特征弥补了这些不足，使学生、家长足不出户就能了解各种知识，为学生的学习搭建了平台，促进了亲子感情交流。智慧校园平台给家长提供了方方面面的指导，丰富多彩的亲子活动不仅有益于亲子之间的情感交流，促使亲子关系健康发展，同时对学生本身的发展也具有重要的促进和影响作用。大数据下的信息化时代，为家校合作开辟了一条崭新的途径，增加了教师与家长交流的手段，加强与家长信息技术环境下的交流互动，在与家长的互动中教师学到了许多宝贵的经验，为日常工作提供了许多的帮助。每一个主题活动的开展，教师都能够调整班级的教育活动。家长的参与热情更高了，网络的内容也越来越丰富，真正地互动起来，促进了班级工作的开展。教师和家长之间的距离越来越近，家长对学生在校内的发展状况也更加清晰。

随着对新的信息技术的不断了解与把握，新的信息技术会助力家校共育向前推进。在家校共育中，借助数据时代的力量与新技术的优势，教师做一个有心之人，做到观察与发现，家长也应该做一个主动的人，主动去关注教师在平台上发布的信息，有关学生问题及时在平台与教师或者其他家长沟通。新的时代，教师与家长把握这个契机共同为学生茁壮成长努力。

案例四 利用“班级圈”构建班级文化圈①

现代社会，物质文明日益发达，学生普遍拥有较好的生活条件，尤其在食物方面更是“应有尽有”，由此也带来了一系列的饮食问题，仅从学生中午就餐而言，就可以看到学生挑食、偏食、浪费食物的现象极为严重。华东师范大学的宁本涛教授曾提出，从教育学角度看，要注重幼儿和中小学阶段的“食育”，有助于培养学生的良好生活习惯。把“食育”与德智体美劳结合起来，才能把学生培养成为尊重自然规律，对生命有高度意识的新时代人。怎样才能提高学生的就餐文明，让学生养成爱惜食物的习惯？怎样利用学校的智慧校园平台来对学生进

① 本案例由陈晓丽撰写。

行“食育”教育呢?

(一) 礼用盘中餐,餐餐皆文明

“没有规矩,不成方圆”,为了让学生能够更好地遵守用餐礼仪,班主任利用午会课的时间和学生一起制定用餐公约,先由各小队讨论出公约的内容,再由全班一起讨论出班级用餐公约。在公约定稿后还引导学生一起探讨:如果学生违反了公约该怎么办?有了共同制定的用餐公约的约束,班级学生的整体用餐礼仪有了大幅提升。

在学生了解并遵守用餐礼仪后,再引导学生去发现,在生活中还有哪些地方需要我们遵守规范秩序,学生由点及面地提出了在上下学、在公共场所等情况下我们需要遵守的秩序,在日常生活中个个都争当守礼的小君子。

每天中午,班主任会记录下学生文明用餐的场景。学生用餐表现特别好的时候,班主任会把当天的用餐照片放到班牌的照片栏里,让学生看到自己好的表现。

(二) 认识盘中餐,道道皆营养

针对学生普遍不爱吃蔬菜的情况,班主任利用一节班会课给学生上了一堂主题为“走进蔬菜王国”的食育课。在这堂课中,班主任用一些关于蔬菜的谜语引导学生走进蔬菜王国,了解蔬菜的相关知识,告诉学生每天必须摄入足量的蔬菜才能维持人体的健康。通过这堂课,绝大多数学生对蔬菜的营养价值表示肯定,也不排斥吃蔬菜,但真正爱吃蔬菜、每天都吃蔬菜的学生却不是很多。

为了让学生真正爱上吃蔬菜,进一步加深对蔬菜的认识,课后,班主任将班级分成了几个小组,每个小组认领一种蔬菜,对它进行详细的研究,再将调查结果发到智慧校园的“班级圈”中,与全班同学分享。

一周后,每个小组将自己的研究成果汇报给大家。全班学生对青菜、芹菜、胡萝卜等多种蔬菜有了深入了解,知道了每种蔬菜中含有哪些营养成分,这些营养成分对于人体有什么作用,每个小组还将自己的研究成果制作成蔬菜小报张贴在教室后面的自主墙上,既增加了研究小组的成就感,又使班中的学生随时能够温故相关蔬菜的知识,也通过教室布置在班中营造了良好的就餐氛围。到了午餐时间,学生的蔬菜食用量明显多于以往,尤其是对于自己小组研究的蔬菜,本小组的成员往往是爱不释口。

(三) 知道盘中餐,粒粒皆辛苦

要让班级的学生珍惜粮食,首先要让学生知道每一份粮食都是来之不易的。其次,让学生参与粮食的播种与食物的制作,让他们从劳动的辛苦中体会食物的

图 2-28

来之不易。例如，要求学生回家自己泡发一次豆子，写豆芽观察日记，每天观察豆芽的变化，再用自己“种”出的豆芽来做一盘菜。最后，请学生交流一下自己发豆芽、炒豆芽的体会。不少学生都表示，没想到一根小小的豆芽要泡发成功，真不容易。每天都要给豆芽换水，关注它的变化，还有些学生由于处理不当，最终都没有将豆芽泡发成功。而炒豆芽的过程更是一个大挑战，火要开多大？油要放多少？炒到什么程度才算熟？第一次下厨的学生纷纷感慨，做菜的学问可真大。在成功地完成了炒豆芽后，不少学生都对其他食物发起了挑战，纷纷化身小厨神，一道道美味佳肴也由此产生。小厨神们也化身为一个个美食博主，将自己制作美食的过程发布到“班级圈”中，同学们在“班级圈”中互相欣赏着各自的美食杰作，相互点赞留言，好不热闹。通过这次活动，学生感受到每一盘菜从播种到最后做成菜品给大家吃，都需要经过许多人的辛苦付出，每一盘菜都是来之不易的，应该珍惜能够吃到的每一口食物。

(四) 吃光盘中餐，个个皆明星

榜样教育在各个领域都有着极大的激励作用，于是，班主任在班级中评选

"光盘小明星",每天吃午餐时,能做到光盘的学生就可以得到一颗"光盘星"。一周以后,获得三颗及以上星星的学生当选本周的"光盘小明星",光盘小明星们的照片也会在电子班牌的照片栏中公开展示。为了得到这个光荣称号,学生一个个都"胃口大开",班级的剩饭剩菜也大大减少。这样既表扬了做得好的学生,也能借助榜样的力量帮助全班学生养成好的用餐习惯。

除此之外,学生得到的这些"光盘星"还另有妙用。每次班中有学生生病请假时,午餐分发的水果就会多出来,这时候,这份"加餐"能落到哪个"幸运儿"头上,往往让教师头疼不已。有了"光盘星",学生可以用自己得到的星星奖券来换取多余的水果或是获得多盛一碗汤的机会。这样,学生的努力也算是得到了实惠的收获。

(五) 探究盘中餐,处处皆文化

日常饮食的背后是有着悠远历史、博大精深的中国文化。中国饮食文化可以从时代与技法、地域与经济、民族与宗教、食品与食具、民俗与功能等多种角度进行分类,展示出不同的文化品位,体现出不同的使用价值,异彩纷呈。对于饮食文化的探究,主要是将传统节日的美食、不同地域的美食还有上海本地的美食作为食育资源,引导学生探索这些美食背后的文化,帮助学生了解中国传统文化,树立文化自信,增强学生的国家荣誉感,同时培养学生独立思考、合作探究的素养。

表 2-1 以传统节日为核心的饮食文化资源

节日	美食	德育内涵
春节	饺子	了解春节的由来及习俗;吃饺子是表达人们辞旧迎新之际祈福求吉愿望的特有方式
元宵节	汤圆	了解元宵节的由来及习俗;知道汤圆象征全家人团团圆圆、和睦幸福,寄托了人们对生活的美好愿望
清明节	青团	了解清明节的由来及习俗;知道人们在清明节缅怀祖先,是中华民族自古以来的优良传统,弘扬孝道亲情、唤醒家族共同记忆,增强民族凝聚力和认同感
端午节	粽子	了解端午节的由来及习俗;知道屈原与端午节的联系,增强爱国情感
中秋节	月饼	了解中秋节的由来及习俗;知道中秋月之圆对应人之团圆,寄托了人们对亲人、对故乡的思念之情
重阳节	重阳糕	了解重阳节的由来及习俗;知道重阳节又为敬老节,要尊敬长辈、懂得感恩,做个有孝心、有爱心的学生

图 2－29

通过这些活动，学生不仅增长了知识，了解了蔬菜的营养价值，体会了劳动的艰辛，以此提升了自己的自我管理能力，也养成了良好的膳食习惯。不少学生从课堂中的“光盘星”变成了家中的“惜食倡导小达人”，不仅自己注意合理膳食搭配，还会倡导家人光盘，对家中的餐食搭配提出自己的看法。古语云：“民以食为天。”食育可以说是为我们的育人工作打开了一片新天地。

（六）实践的成效与不足

主要成效：

1. 拓宽了班级文化空间，提升了班级凝聚力

以前，一个班的班级文化的形成更多地依托于班会课、午会课以及班主任见缝插针、潜移默化的日常教育，无论是时间还是学生的参与度都十分有限。“班级圈”可以说是为学生开辟了一个线上班级文化构建空间，在这里，学生能够及时分享班级活动的进程，发表自己的感想，每个人都可以在他人的活动分享下评论交流，学生变得更加乐于表达、乐于沟通，自然也就更积极参加班级的各项活动。而尚食、惜食的班级文化也就在这一次次的分享、点赞、评论中逐渐形成，班级的凝聚力也有了极大的提升。

2. 丰富了班级活动形式，提升了学生生活力

有了智慧校园平台的辅助，班级活动的形式和展示平台都更为丰富，学生可以通过视频、图片等形式发送自己的活动进程，擅长绘画的学生可以制作小报，能歌善舞的学生可以通过语音发送自己的歌曲。经历了一系列的食育活动，学生的自理能力、动手能力都得到了提升，不少家长也表示学生在五年的小学生涯中变得更加听话懂事，不仅在学习上有收获，在各个方面都有了很大的进步。

主要不足：

对于班级文化的建设，用到最多的还是智慧校园平台的“班级圈”功能，应该对智慧校园平台的功能进行更加全面的开发，比如将电子班牌、日常评价都融入

班级文化的建设中，更好地利用新时代的科技手段激励促进班级学生参与班级活动，形成积极向上的班级文化。

总体而言，智慧校园平台能够助力班级文化建设活动。相信通过科技的发展，网络空间将不断扩大校园的边界，班级文化的建设也将不再局限于教室的四面墙，更能延伸到网络，将班级的文化建设推向更广阔、更具创新性的方向，实现学生的德智体美劳全面发展。

案例五 基于智慧校园平台的代换课管理①

随着教育数字化转型的深入开展，智慧校园的构建已势不可当。智慧校园是以校园网为基础，利用信息技术实现校园的各项资源数字化，基本构建了一个集教学、科研、管理和服务为一体的新型数字化工作、学习和生活环境。学校的教务管理系统是学校重要的管理系统，也是利用数字技术驱动学校治理、推进教育数字化转型的关键。智慧校园平台将教务管理的方方面面连成一个完整的数据整体，通过完善信息的可靠性和实时性，实现了信息高度共享，为教务管理提供及时、便捷、准确的服务，提高教务管理工作的效率和质量。针对教师日常考勤管理中各环节相互独立、靠人力粗放式管理的弊端，学校通过人脸识别签到、智慧校园小程序、智慧校园管理平台进行智能考勤管理，使教师、管理者操作审批方便、快捷、统一，实现了以"人员管理前置化、人员调配智能化、人员绩效显性化"为特征的管理流程变革。随着学校构建和推进智慧校园，它极大地推动我校的信息化建设。同时，对学校各项工作、教师和学生的工作、学习产生重要的影响。它极大地促进了学校办学水平的提高，推动学校各项工作快速发展。

在学校智慧校园平台中，包括多个应用系统，其中教务管理系统运用得最为广泛。众所周知，教务管理是学校管理的核心，数据量大，涉及面广。智慧校园平台将教务管理的方方面面连成一个完整的数据整体，通过完善信息的可靠性和实时性，实现了信息高度共享，为教务管理提供及时、便捷、准确的服务。学校依托智慧校园平台既方便了教务管理，同时还实现了教务管理创新。

（一）以往代课和换课操作方法的弊端

传统的课务安排完全靠人工操作，即翻看纸质版的教师个人课表安排，人工寻找空课教师，并进行手动记录安排代课。另外，因突发事件需要安排换课，则

---

① 本案例由张夏撰写。

需要教师看着纸质课表尝试、询问和调换。工作量大且效率低,同时还增加了课务安排人员的工作量。如果课务安排不妥,还容易引发矛盾。对于代课教师增加的工作量凭人工上报,易出错。

(二) 智慧校园平台中的代课和换课

智慧校园的建设目标之一就是要实现学校各项业务的信息化管理,搭建各部门间信息共享的桥梁,保证学校各项数据的权威和质量。现在通过智慧校园平台可随时查询班级或者教师的课表,可有的放矢地进行代换课调整。例如,教师请婚假,先向校长室提出书面申请,得到校长同意后,再在智慧校园手机端进行申请。操作步骤如下:教师请假,选择请假类型和请假时间,提交申请。教务管理教师手机端智慧校园收到一条审批提醒,点击批准按钮后,课务管理系统中马上将这位教师的在校状态变更为"婚假"。然后教务管理教师在手机端或电脑端的"代课管理"中进行课务安排。而智慧校园中的代课安排完全是"机算"的结果。它会将与需要代课的这节课相关的所有空课教师全部列出,并在其姓名边上注明当天他(她)的课时数。这样不仅方便课务管理教师安排代课,还能做到安排代课时统筹兼顾当天所有教师工作量的相对均衡。选取相应的代课教师后,点击"确定"按钮。与此同时,被安排代课任务的教师手机端智慧校园消息中会出现一条待办事项提醒:代课确认。点击进入,确认代课。课务管理教师这里会出现代课信息已确认的消息。至此,代课管理安排操作完毕。

利用智慧校园课务管理系统,教师能很清晰地知道自己可以跟谁换课,这样大大节约了时间和提高换课成功的概率。在课务管理系统里,两节可以互换的课均显示为绿色。如显示为红色,则是不能互换。同时系统还会给出不能换的理由,如这节课此教师在某某班进行某课的教学。另外,系统提供的某节课是空课,即能代课教师的列表还是很人性化地按当天他(她)课表的上课节数,升序排列。这样,课务安排教师就能根据每个人当天的工作量合理安排代换课,避免工作量安排不均引发的矛盾。

(三) 实践的成效与不足

主要成效:

1. 数据融合,提升数据价值

智慧校园课务管理系统是将所有教师的课务信息、请假信息进行整合,然后根据相关条件设置后进行筛选,计算给出最终可行的解决方案,真正实现了数字技术与管理的深度融合。数据分析服务激活了数据价值，基于教育领域知识模型的数据分析，打通了教育教学理论与各数据间的隐性关联，实现了教育数据与模型维度的全场景映射。

2. 减负增效，提升管理效率

智慧校园教务管理系统可以提高学校管理效率，减轻相关管理人的工作负担。智慧校园教务管理系统作为一种集成多种功能于一身的管理平台，可以实现对教师信息的管理，同时也可进行课程安排、换课代课安排等教务管理工作。这些管理工作如果由传统的人工办理，则存在较大的工作量和工作难度，而且很容易出现各种错误。但是有了教务管理系统的支持，所有的任务都可以自动化地处理，可以大大节省管理人员的时间和精力，同时也保证管理的准确性和信息的完整性。

3. 人机协同，提升管理水平

智慧校园教务管理系统提高了学校信息化水平。随着科技的迅速发展，越来越多的学校开始推行全面数字化转型，将管理也放入数字化的轨道上。而教务管理系统则是实现学校数字化转型的重要工具之一。通过使用教务管理系统，管理人员可以更加直观地了解学校的数据、信息，根据实时数据分析制定相应的调整方案，不断完善学校的管理水平。进而促使由经验驱动的管理决策向基于理论和数据智能双驱动的循证与决策转型，实现素养导向的“人机协同”的管理模式重构与变革。

发展建议：

教务管理系统作为智慧校园的重要组成部分之一，促进了学校的信息化建设。通过教务管理系统，学校能够更加方便地进行教学管理和学生管理，同时也能够更好地利用教育资源，提高资源利用效率，实现教育信息化建设的目标。智慧校园教务管理系统的建设是一个创新的过程，在实施过程中也不可避免地出现一些新问题。特别是在学校内部管理模式日益复杂的今天，教务管理系统的建设必须与时俱进，借助先进的信息技术手段，不断地推陈出新，以满足学校日益增长的管理需求。

大数据时代的到来，智慧校园建设是数字化转型发展的必然趋势。然而，智慧校园建设不是一蹴而就的，而是一个漫长的过程，需要统筹规划，分阶段实施，不断调整，持续优化，使智慧校园切实为提高教学、管理、科研服务。首先，智慧校园教务管理系统需要管理者不断提升自身的数据素养能力，这样才能优化相关程序设计，为教师提供个性化服务。管理者和实践者需要营造具有数字化氛围的教育文化，构建丰富的数字化学习环境，加强对数字技术的合理认识及对“人机协同”教育实践的理解和接受能力，提升自身的数字素养、教育数据意识、创造数字资源的能力、数据决策和管理的能力，以应对教育数字化转型带来的诸多不确定性挑战。其次，智慧校园教务管理系统的核心特点是网络化，它建立在互联网之上。虽然通过互联网可以实现教学管理和教师、学生之间的有效互动，同时可以方便地进行信息共享和数据的备份，但智慧校园平台的网络安全性和可靠性还需大幅提升。智慧校园是推动教育变革和提升教育质量的未来之路。通过整合先进技术和教育资源，智慧校园为学生和教师创造了更好的学习和教学环境。虽然智慧校园建设面临一些挑战，但通过合理规划、资源整合和加强安全保护，这些挑战是可以克服的。

案例六 智能考勤管理制度的推行实践①

学校智慧校园平台建设，实现了教师考勤智能化管理的模式，以“教师请假”和“因公外出”两项考勤细则内容为主，考勤规则清晰明朗，反映教师日常的考勤记录、考勤统计，反馈每日考勤提醒，使教师、管理者操作审批方便、快捷，统一实现了以“人员管理前置化、人员调配智能化”为特征的管理流程变革。

(一) 考勤管理环节的问题

1. 考勤管理环节相互独立

容易造成信息不对称。考勤管理环节相互独立意味着每个部门或个人都独立进行考勤管理，这样容易造成信息不对称，导致管理者无法了解所有教师的考勤情况，也无法对教师的考勤情况进行全面的统计和分析。

容易出现考勤数据不准确。考勤管理环节相互独立可能导致员工或部门自己处理考勤数据，这样容易出现数据不准确的情况，可能会给管理流程带来不必要的麻烦。

2. 人力粗放式考勤管理的弊端

容易出现考勤不公平。由于缺乏标准化、规范化的管理方式，不同部门或个人的考勤标准可能不同，这样会导致考勤不公平的情况出现。

考勤管理效率低下。人力粗放式考勤管理方式需要手动处理考勤数据，这

---

① 本案例由龚兰撰写。

样会浪费学校的人力、物力和时间资源，考勤管理效率低下。

不利于教师管理和激励。缺乏标准化、规范化的考勤管理方式，不利于对教师进行管理和激励，也不利于教师自我管理和提高。

(二) 智能考勤管理流程

1. 确定智能考勤管理方案

根据学校的实际情况和需求，学校制定了智能考勤管理方案，明确了考勤管理的目标、内容和具体实施方式。

2. 选用合适的智能考勤设备

根据学校的实际需求，选用以下智能考勤设备：人脸识别、指纹识别等设备，并做到定期维护和保养，遇到问题及时处理，保证设备的稳定性、可靠性和安全性。

3. 推行智能考勤管理制度

制定智能考勤管理制度，明确学生和教职工的考勤规定和流程，并通过宣传等方式让所有人员了解和遵守考勤管理制度。

4. 加强数据安全保护

智能考勤管理涉及学生和教职工的个人信息和考勤数据，需加强数据安全保护。

(三) 智能考勤管理实践

智慧校园平台建设对教师的考勤制度进行了智能化管理，包含工作时间、出勤记录方式、外出管理相关内容。其中外出管理按请假类型分为因公、因私两部分，因公外出有培训、开会、教研、参访等类型，因私请假有调休、事假、病假、产检、育儿假、隔离、工伤、婚假、产假、陪产假、产前假、哺乳假、丧假等类型。教师在手机上就可以操作，方便快捷。

学校通过人脸识别签到、智慧校园小程序、智慧校园管理平台进行智能考勤管理，使教师、管理者操作审批方便、快捷，统一实现了以“人员管理前置化、人员调配智能化”为特征的管理流程变革。

1. 体现人员管理前置化的特点

考勤管理中人员管理前置化指的是，在考勤管理之前需要对教师进行前置管理，包括教师因公或因私的外出考勤、部分教师指派因公培训、个人调休事宜等。

考勤制度是学校发展的重要制度内容之一，学校需要通过规章制度管理，对教师的工作时间和教学行为进行规范。例如，梯队教师完成相应的校内外培训任务，通过智慧校园平台上“培训通知”或“相关通知截图”等方式上传截图进行佐证，提出书面申请，相应主管负责人审核后予以通过，梯队教师方可外出。“人员管理前置化”做到流程规范，对教师的培训事宜预先知晓并及时审核，操作便利。以“因公外出”审核通过为例，如图 2－30 所示。

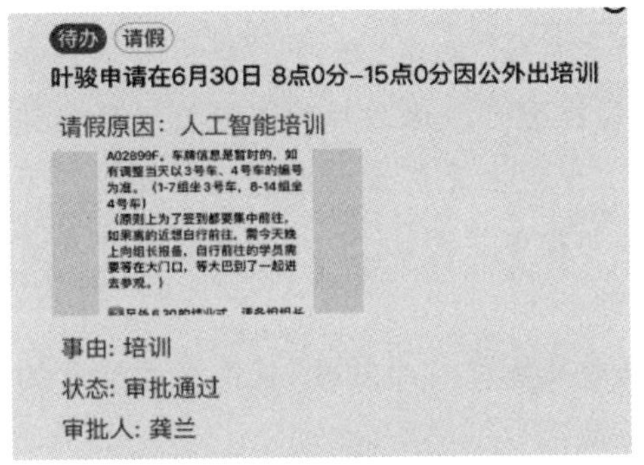

图 2－30 “因公外出”审核通过

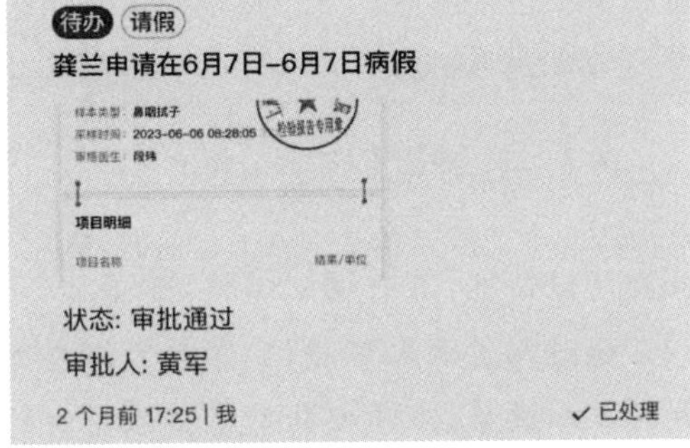

图 2－31 “病假申请”审核通过

教师若因私需要调休请假，在安排好个人的教学事务后，当日早晨 8 点之前通过线上申请进行操作：点击智慧校园平台上“教师评价”界面，选择“调休日期、时长”，填写“事由”，经审批通过后可调休离校。学校管理层或相关学科负责人知晓该教师当日的离校时长后，对其承担的学校工作会预先安排，找到相关教师进行替补或协助，确保学校工作井然有序。以“病假申请”审核通过为例，如图 2－31 所示。

引入前置式管理可以很大程度地提高学校的安全管控力度。调休教师的暂时离校会造成班级管理岗位的缺失，因此，通过提前知晓人员的在岗情况，进行人员调配，保障学生在校期间的安全问题，前置化人员考勤管理是一项非常有效的措施。

2. 体现人员调配智能化的特点

人员调配智能化是指利用智慧校园平台，实现人力资源调配的智能化和自动化。在智慧校园平台中按教师和班级两个维度，可查看教师当日的课时数，通过班级课表也能整体知晓所有课务分配。

教师若需要申请事假，智慧校园平台的智能调配功能即可呈现。事假申请经由主管或领导层口头审批后，可进行平台界面操作，选择并填写“事假”中“日

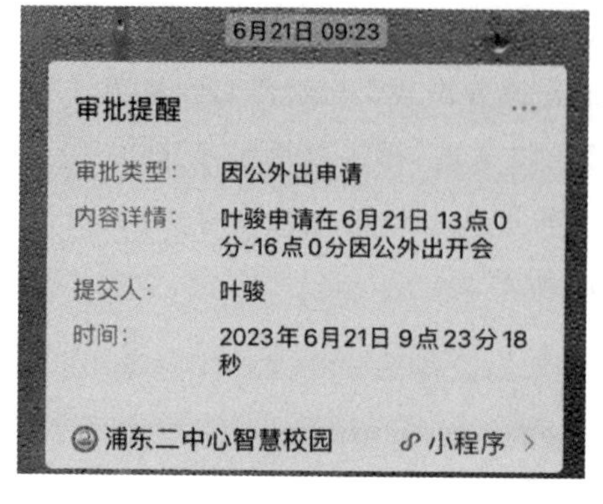

图 2－32 提醒审核“因公外出”

期、事由”项，考勤负责教师手机端收到申请后则进行审核。学校工作注重细节，申请事假的教师往往有多项任务需要提前调配，如护导、课务、午饭管理、大课间、课后服务、社团等，以及正副班相应的配班事宜。目前，课务方面可做到提前调配，因为点击除“离岗”教师之外的同学科教师，能提醒可代课教师的课时数以及空课情况，方便主管负责人进行调配安排。手机端的提醒界面，方便考勤负责教师提前知晓请假情况，做好调配工作，如图 2－32 所示。

通过人员调配智能化，学校可以更加高效地调配人力资源，提高人力资源的利用率和效益，为学校的发展提供有力的支持。

（四）实践的成效与不足

主要成效：智能考勤同时体现考勤制度的严肃性和关爱性

进校刷脸签到，并在考勤负责教师的手机端及时反馈，做到考勤提醒，是学校智慧校园在考勤制度方面较有成效的内容之一。因为教师考勤事关重大，学校已经制定出适合本校环境特点、有利于解决工作中实际问题的考勤制度，面向包括领导和教工在内的全体教职工的常态化运行。刷脸签到，偶尔会出现扫脸失败或错误辨认，因考勤提醒的及时反馈，教师本人会向负责教师进行说明解释，或由考勤负责教师及时了解情况，避免了因机器误认而造成的考勤错误。因此，智能考勤制度，同时也体现了该制度的严肃性和关爱性。

主要不足：事假申请界面的人员调配操作不够完善

学校工作要做到整体而细致的全方位安排，事假人员提出申请，相应的工作任务均由负责教师进行安排，人员调配方面还需完善。课务安排是主要任务，且操作便利；但其他方面，如护导、午饭管理、大课间、课后服务、社团等，尚且没有在申请界面呈现，需要负责教师与申请事假教师进行沟通后，线下了解或询问其他相关教师，了解其已经承担的工作量，再进行酌情调配。从人力、时间资源分配上，若能在平台界面完成统一调配，会大大提高工作效率。

智慧校园平台实行智能考勤管理，可以提高考勤管理效率、考勤数据准确性，提供便捷的数据查询和分析，降低考勤管理成本，加强校园安全管理。同时，智能考勤管理也是一个不断优化和改进的过程，通过分析考勤数据、收集教工的考勤反馈等方式，不断优化和改进考勤管理方案和制度，提高考勤管理的效率和准确性。亟须提高教师对考勤的认识，以调动教师工作积极性为目的，有效促进教师考勤制度的科学化、合理化发展。智慧校园平台将会进一步发展，实现更加智能化、自动化的考勤管理，为学校发展提供更加高效、科学、安全、优质的教育和服务。

案例七 智慧校园平台进行英语作业的布置和评价①

课后作业是检验学生学习成果的主要方式，是培养学生积极的学习态度、良好的学习习惯和品格的有效手段。传统的英语作业往往都是由教师布置抄写单词、默写单词，或是学生花大量时间在语法训练和刷题上，作业形式机械单一。学生的阅读量非常少，更不要说英语听说能力的培养了。

教学评价对学生的学习动机有很大的激发作用。自 2021 年开始，学校推出了智慧校园平台，英语教师充分利用这个平台对英语课后作业进行有效的布置，克服了传统小学英语家庭作业的弊病。英语教师同时利用智慧校园平台进行作业的多元评价，在一定程度上减轻了学生的学习负担，有效地推动课堂学习，有助于教学效果的提升，提高小学英语家庭作业的有效性，真正提高小学生的英语能力和素质。

智慧校园平台在课后作业方面提供了很好的支撑，具体体现在：

借助平台推送更丰富、互动化的作业形式。在智慧校园平台上可以提供视频课程、直播课程、讨论课、互动课等多样的教学形式，学生可以选择适合自己的互动作业。

平台能够提供智能语音识别系统。针对学生上传的语音作业，在智慧校园平台上可以利用语音识别系统，显示学生朗读的级别和存在的不足之处。

平台能够提供英语阅读测评系统。智慧校园平台可以和各类 App 联合，通过大数据的支撑对学生的英语阅读能力进行科学的分级，让每一个学生的英语阅读效能都能大大提高，拥有更高效的英语阅读体验。

(一) 利用智慧校园平台布置英语课后作业

1. 利用智慧校园平台布置英语预复习作业

网上的一些优秀的微课以其重难点突出、时间短、方便等特点，在预复习环节可以为学生提供良好的学习环境与教学指导，因此，在作业布置时，教师除了

① 本案例由屈晓燕撰写。

要让学生巩固所学知识，还应让学生在课后实现自主学习，培养他们的自觉性、独立性与英语学习能力。对此，可以利用智慧校园平台发布预复习作业，帮助学生提升预复习质量，拓宽学生学习渠道，改进学生学习方式。例如，在英语教学中涉及现在进行时，在新授课之前，教师在智慧校园平台上发布了预习现在进行时的作业。学生可以把网上的现在进行时的微课下载并上传至智慧校园平台，也可以让学生自己作为小教师讲授现在进行时拍成视频上传至智慧校园平台班级群里，让学生进行课前预习。课堂上在重点教学内容进行分析与讲解完成后，教师将课堂的其他时间留在解答学生的疑问上，整堂课的教学时间较短，而且学生在问答互动中能够更深化其对知识的理解。

2. 利用智慧校园平台布置英语口语作业

小学生英语听说能力的提高需要不断地通过听进行语言输入、大胆说进行语言输出，了解相应的语言环境下应具体使用什么样的语言更为合适，英语听说能力在实际应用等练习中逐渐得到培养并发展。智慧校园平台为教师开展与落实口头作业提供了良好的环境与工具，英语教师每次布置作业根据不同阶段的学习内容如语音、对话、英语歌曲等，布置不同的作业内容。打开智慧校园小程序，选择作品上传将课文朗读内容和录音原文上传至各班级群，让学生可以用手机或平板电脑等现代化的信息工具及时下载并反复听读，在正确的英语发音与情感中进行模仿，纠正自己的发音，智慧校园平台上作业布置板块还可以设置一周打卡，教师可以浏览学生的打卡记录，节省了大量的统计时间。学生也可以把自己一周的口语作业进行比较，查看一周下来，自己在口语读音、情感语调上的巨大进步。在智慧校园平台上不仅能上传语音作业，还可以上传视频作业，视频作业丰富了学生的肢体语言和神态表情。

3. 利用智慧校园平台布置英语阅读作业

外语阅读对儿童学习外语词汇和语法知识、发展外语听说读写能力有积极作用，还能促进儿童的认知发展，增添愉悦感。《义务教育英语课程标准(2022年版)》将义务教育阶段英语教材的主题分为人与自我、人与社会、人与自然。在智慧校园平台的英语学习空间里，英语组教师开发了 People、Nature 和 Life 三大主题下细分的 23 个小主题的校本语篇阅读材料。文章篇幅和语篇难易程度都符合小学生阅读水平，学生可以根据每一阶段所学主题，在智慧校园平台英语学习空间内选取相对应主题英语语篇，既可以独自阅读，也可以和父母进行亲子阅读，激发学生的阅读兴趣，培养阅读品格，让学生热爱上英语阅读。

4. 利用智慧校园平台布置英语分层作业

分层作业的布置是让学生完成与自身学习能力相匹配的作业，分层作业更有利于学生获得成就感，能更好地激发学生学习的欲望。成就感是学习过程中可以获得的高级奖励，维护好这份成就感和探索的欲望，是保持学习动力的重要因素之一。例如，在五年级教材中针对 The Double Ninth Festival 这一教学内容，英语教师结合智慧校园平台英语学习空间 Life 主题下 Festival 阅读资源布置了分层作业。基础型作业：选择重阳节短文自己阅读，可以在智慧校园平台“班级圈”中自愿上传朗读的音频或视频。提高型作业：读一读，填一填完成短文，学生在“班级圈”中把填空完成的短文拍成照片上传，或是以邮件形式发给教师。个性化作业：制作一份 Poster 或者一份重阳节小报，以小组为单位，写一写重阳节小队活动去看望敬老院的老人的互动情况。组长把小报上传至“班级圈”，让学生投票评选出最佳活动小组。学生在完成一系列作业的过程中，了解中华民族特有的重阳节文化，懂得尊重长辈，并用实际行动来关心长辈。这个活动用实际行动让长辈感受到学生的孝敬和关心。

这种更新颖的作业布置形式激发了学生的好奇心，让学生对英语的学习兴趣也变得更加浓厚，使学生在家对作业的态度实现从“要我做”转变为“我要做”。

5. 利用智慧校园平台布置英语特色作业

例如，在 2022 年足不出户的封闭日子里，英语组的教师在关注空中课堂英语知识点的同时也关注学生的心理健康，教师根据各年级教材中的 Places and activities 模块的学习内容，梳理了学生向往的地点与场所，在智慧校园平台上设计了各年级的英语主题特色作业，如表 2-2 所示。

表 2-2 各年级英语主题特色作业

年级	主 题	内 容
一年级	To the farm(去农场)	画一画、做一做农场动物的头饰，学一学动物的叫声，用视频表演方式说一说动物的特征
二年级	To the clothes shop(去服装店)	把喜欢的服饰用图片加语音的方式进行介绍，自信展示一下自己最爱的时尚穿搭
三年级	To the park(去公园)	以 Poster 形式设计公园海报
四年级	To the playground(去操场)	用英语小报的形式晒出自己最喜欢的户外运动

续 表

年级	主　题	内　　容
五年级	To the museum(去博物馆)	选择一个自己想要参观的博物馆,以 Reading report 形式介绍博物馆的名称、概况简介、珍贵藏品和交通信息

学生在智慧校园平台上的“班级圈”中聊聊大家喜欢的农场动物、喜欢的公园、喜欢的穿着搭配、在家的体育锻炼,展示了多彩的作业成品。智慧校园平台上的特色作业引导学生注意各个场所要遵守的规则、了解动物是人类的好朋友、热爱关心小动物等。这些聊天的主题在激发学生参与兴趣的同时又触动学生的内在情感,培养学生热爱生活、爱国热情和社会责任感,最后引导学生表达自己的情感。

(二) 利用智慧校园平台进行作业评价

在作业评价中,教师往往习惯于用简单的“√”或“×”来评判学生的作业,这种评价形式关注的只是学习结果,而不关注学生的发展过程和心理体验。智慧校园平台对学生的英语作业设置了多种科学的评价,教师采用开放式的评价原则,通过评价使学生在做作业的过程中不断体验成功与进步,认识自我,建立自信。

1. 扩大参与范围

传统的作业评价方式往往是通过教师单一的评价,智慧校园平台改变了评价的主体,邀请了教师或家长参与到作业的评价中来。

2. 学生互评

让每位学生都当小教师,评价其他学生的作业。这样,学生学会正确评价自己与他人的作品,汲取别人的长处,看到自己的不足之处,更加客观地认识自己,明白自己今后努力的方向。

3. 学生自评

智慧校园平台对每次上传的作业用星级(一星至三星)设置了自我评价功能,这种评价方式不仅可以看出学生自己的能力,更重要的是可以看出学生个人的学 习态度。

4. 表情图标评价

评价方式遇上新科技,立马变得“高大上”。将学生的作品展示在学校智慧校园平台上,展示在“班级圈”中,平台上提供各种各样的表情包,一朵玫瑰花、一个大拇指让评价更加生动有爱。

5. 作业的有声评价

学生或教师可以通过语音留言来鼓励同学,这不仅展现了评选的公正,还促进了学生和教师之间的互动交流,使学生感受到来自教师和同学之间的关爱与鼓励。

6. 分层评价

对于不同层次的学生要有不同的评价标准。在英语主题特色作业中,有的学生擅长绘画,有的学生擅长英语写作,有的学生擅长手工制作,教师就在智慧校园平台作业评价功能中设置了评价数和推优数,并相应地设置了小神笔奖、小作家奖、小百灵奖等称号,进而让每一个层次的学生都能产生成就感。

(三) 实践的成效与不足

主要成效:

依托智慧校园平台布置的作业更加注重师生、生生的交互以及教师的智慧、师生多方面的参与。与传统作业相比,通过智慧校园平台布置的作业更加具有情境化、多元化、个性化,为学生核心素养和高阶思维能力的培养提供机会。作业评价的主体也不再只限于教师,基于智慧校园平台的使用,每个学生或是家长都有机会参与到作业评价中,自我评价和同伴互评将和教师评价共同成为作业评价的重要组成部分,这将大大减少教师的工作量,提高作业评价的效率和质量。学生在对同伴作业进行评价的过程中,既能回顾自己掌握的知识,还能了解他人不同于自己的思维方式、观点和看法,进而看清自己的优势与不足,适时地拓展自己的知识范围,提升自身能力。智慧校园平台利用大数据能够收集学生在平台上完成作业所产生的全部过程性数据,通过大数据的分析对学生的听、说、读、写表现进行客观的分析和评价,为每个学生建立长期的动态成长数字画像,帮助教师、家长对学生的表现作出准确、即时的反馈。

主要建议:

通过网络平台布置作业,学生使用手机的时间会增加。近年来我国青少年的近视率逐渐攀升,学生如果每天都对着电子产品学习,就会没有健康的视力和强健的体魄,如何成为一个全面发展的学生。教师应平衡纸质作业和互联网平台作业的比例,同时与家长做好沟通工作,引导家长进行有效监督和积极参与,使学生养成良性使用电子产品的习惯。

智慧校园平台上作业的设计无不体现着教师的精心与用心,完成作业过程中的每一步无不体现着学生的创意与新意。在“双减”大背景下,在教学内容和教学方式的转变下，课后作业的设计也势必随之发生变化。学校的所有英语教师将和众多一线同人一起继续行走在“互联网+”作业设计的探索道路上。

案例八 智慧校园赋能下的小学语文教学五环管理模式①

在新课标的实施指导下，学校大力建设智慧校园平台，将信息技术与小学语文教学有效融合，革新教学管理模式，弥补传统教学的不足之处。小学阶段是学生认知水平和知识水平的起步阶段，因此不能强硬地灌输知识，要结合学生的年龄特征，通过运用信息技术，即通过智慧校园平台让学生在快乐的学习氛围中主动地获取知识。由此，学校语文教研组分别在“备课”“上课”“作业”“辅导”“评价”五环中突破创新，以数据精准调整教学内容，以趣味提升学生综合素养，切实为小学语文教学提供了有力的支撑。

（一）备课

备课是指在上课之前所做的各项准备工作，它是上好课的前提，是上好课的基础。对于很多新教师而言，对教材的解读和设计都比较迷茫，如果只看教参还是比较抽象，这时如果能参照优秀教师的课例就能有具象的概念了。

基于此，学校引入智能研修平台，助力打造人工智能精准教研体系。智慧校园平台能打破空间的局限性。教师不用到现场去观评课，可以随时随地在线上观看以往“春华杯”“秋实杯”“领雁杯”这三个学校不同教师梯队的比赛课例，深入了解优秀课例中具体的教学准备、全面的教学目标、明确的环节设计，以及解决重难点的教学策略等。教师一边观看一边揣摩，不断思考为什么：为什么这句话要这样说？为什么这一环节要这样做？只有这样才能领会教案设计的目的意图，理解教学方法的出发点。对优秀课例的分析和思考，能帮助新教师不断积累备课的经验，提高备课的质量。

（二）上课

课堂是整个教学环节的重中之重，是学生获得知识的主要渠道。但平时上完课，教师只对这堂课有粗略的印象，无法做到有效的复盘。智慧校园平台的AI课堂会把师生的一举一动都详细地做记录分析，并形成相应的数据报告。课堂上，常被自己忽略或关注不到的方面，教师都可以通过数据看得清清楚楚，精准了解课堂上师生双方的表现，具有一定的参考价值，使教师的反思更加客观。线下数据采

① 本案例由王颖盈撰写。

集,线上汇集传输,虚实结合的跨界联动带来了全新的课堂记录空间。

(三) 作业

作业是课堂教学的延伸和补充,是对所学知识的复习和巩固。其中,长周期作业立足学生的全面发展,以助力学生核心素养提升为导向,从全学段、全学科、全过程视角出发,是为满足学生个性化学习而设计的一种作业。但往往长周期作业因其时间跨度太长、难度太高等原因,只有部分学生会积极参与。

学校利用智慧校园平台中的"班级圈"模块为学生构建了一个开放的学习环境,提高了学生参与的积极性。学生不仅能在"班级圈"中分享自己的作品,还能作为评价的主体,给同学点赞、留言、互动。

(四) 辅导

传统的查漏补缺,往往是通过教师大致的印象,主观地觉得学生哪里薄弱,不够全面。即使这次补差的方向是对的,但多次辅导的内容往往都是点状的、离散的,教师只能对该生的这次练习作出改进策略,无法对其进行跟踪式辅导。

为此,智慧校园平台中的"分项录入"功能无疑为教师精准掌握学生的学习情况提供了有力的支持。针对三年级至五年级学生,教师每学期会按照识写、阅读、表达这三个维度进行三次分项录入。录入后,系统会根据不同的维度进行数据追踪,分模块反映学生的发展情况。另外,每次对于学习有困难的学生,教师还会根据数据进行针对性的分析,调整后续辅导策略,真正做到"因材施教"。

(五) 评价

评价是激发学生的兴趣、调动学生内驱力的重要手段。因此,评价应该是注重学生每天、甚至是每课的表现,不能只从最后的学习成绩来确定。但传统的课堂评价仅仅浮于教师即时的口头反馈,并没有留有痕迹,学生听过便忘记了。这样的评价往往效果不大。但是,智慧校园平台的"课后评价"模块能够记录学生每一堂课的上课表现,为大数据推进新时代教育评价体系现代化提供了有利契机。每次课后,教师可以从手机端、电脑端或电子班牌登录,根据学习兴趣、学习习惯和学习成果三个维度分别给学生星级评价。学生所获得的星星可以用于星星兑奖柜和游园会消费使用。有了这样的争星动力,大大激励了学生的学习热情,提高课堂效率,进而达到学生全面发展的教学目的。

(六) 实践的成效与不足

1. 赋能自我反思,助力教师个人成长

例如,教师通过仔细阅读 AI 课堂数据报告,从"师生互动指数"中会发现课堂上师生互动比较少，教师站在讲台上的时间比较多，对学生的巡视指导不足。通过大数据分析，教师便可得出教学改进的方向：精简课堂提问，减少细碎问题，聚焦课堂中心；改变教师课堂站位，走进学生，多多指导，减少站在讲台上的时间；增加师生互动，设计一些互动活动。

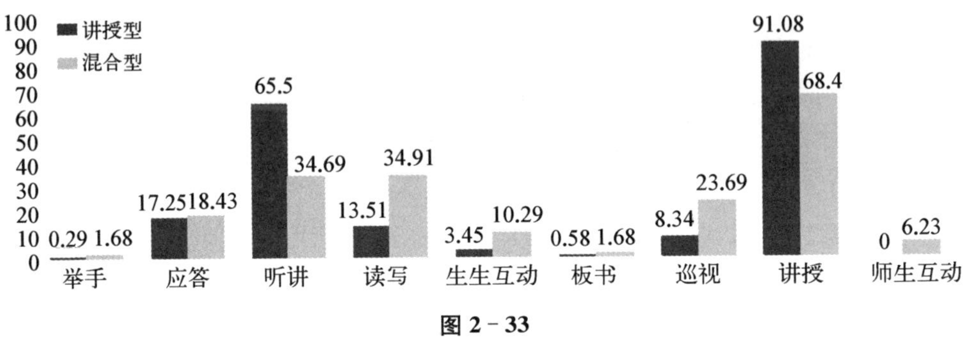

图 2－33

时隔半年后，再次与首次的课堂教学数据对比，可以发现教师行为占比中讲授的比例大幅度减少，巡视的比例大幅度增加，师生互动的比例从 0 提高到 6.23，课堂类型从讲授型蜕变成混合型，有了质的飞跃。可见，通过深度分析智慧校园平台采集的数据，有利于教师进行教学方式的改变，助力教师个人成长。

2. 赋能教研活动，促进团队整体发展

以前听课主要关注教师教学环节是否齐全，教学内容是否体现了重难点，教学方法是否灵活。至于学生则是很少关注，最多对表现突出的学生大加赞赏，而很少考虑学生是否处于主体地位。事实上，评课时，除了点评教师的教学行为外，更要把视角投向学生。通过学生在课堂上的表现，比如，学习积极性是否高涨、注意力是否集中、在课堂上的生成情况如何等来判断教学效果。有了数据的支撑，评课教师就可以根据学生行为占比和参与度曲线等数据，更精准、更客观地评估教师的教学能力，帮助同组教师打造真正的活力课堂。

3. 赋能评价活动，提高学生综合素养

智慧校园平台赋能下的教学中，学生不仅能在评价中获得即时肯定的喜悦，增强自信心，还能作为成长记录档案重要的数据。教师依据平台的数据显示进行素质评价，实现对学生的个性化帮扶。这样数据化的管理模式更加精细化，评价的结果及原因随时可看、随时可查。同时，“班级圈”中的“生生评价”又充分发挥学生的主观能动性，使学生对学习的兴趣有显著的提高，学习能力也得到加强。学生在评价过程中学会仔细赏析别人的作品,在探讨中不断深入学习,最终获得深层次的知识。由此,巧妙借助智慧校园平台,使课堂教学更鲜活了,学生素养进一步提高了,教育活动更开放了,真正实现了评价即导向、评价即管理、评价即教育的理念。

智慧校园平台能够为教师的专业发展提供有利的平台,让教师跨越时空,与专家、同行进行学术研究,在思想意识、业务素质方面有所提高。但现在平台的使用方向主要集中在教师个人的自身发展上,没有充分发挥其强大的数据功能,进行教研组同课异构的共研活动。如果能基于智课采集的数据,对不同教师的同一堂课进行多维度数据的对比,同时结合数据,分析教师在教学设计与构思、教学风格、教学行为以及教学效果上的差异,进行定量与定性相结合的教学评价,就能更有效地促进教师和学生的共同发展。横向的课堂对比,除了给青年教师带来快速蝶变的力量,也能让不少拥有着多年教学经历的资深教师跳出自身的封闭舒适圈。

智慧校园平台的建设,构建了一个集教学、科研、管理、教育活动等为一体的教育空间,拓宽了现实校园的时间和空间的维度。但随着信息技术的飞速发展,智慧校园平台的构建也会日新月异,针对教师如何适应信息工具的变化,采取最精准的教学管理方式,只有进行时,没有过去时。在未来,如果能把小学语文课堂与墨水屏、电子白板、三个助手等信息媒介有机融合,寻找到突破教学重难点的出口,就能创建出更高效的语文课堂。

案例九 人工智能赋能下的校本化排课系统管理①

排课是每个学校正常运转的最基础要求,也是重要的一环。学校排课的要求很多,要符合课程标准,要基于人事安排,要避免课务冲突等,传统的人工排课时排课教师需要同时考虑众多因素,每次排课需要花费很大的精力和时间,而且常常会出现错误,影响后续的学校运作。

依托智慧校园平台建设,学校建立了校本化排课管理系统。人工智能赋能下的校本化排课系统管理,不仅仅是排课软件的升级,还增加了更多的管理功能,在利用计算机技术和算法来实现排课自动化的同时,大大提高了学校的课程管理效率。

---

① 本案例由彭雪晶撰写。

（一）课程设置阶段的智能化管理

1. 与课程标准接轨的排课系统

在排课系统中，可以根据学校每年的课程计划，输入和调整课程的名称、课时数量以及每个年级的不同设置和要求。可以保证严格按照课程标准设置课程和课时，避免排课中出现误差。

2. 与学生活动接轨的排课系统

除了按照课程标准设置的正常课时外，还有一些学生的教育实践活动、心理教育、劳动教育、卫生教育等，都可以进行定时的设置和调整。

（二）排课中的人事安排智能化管理

1. 人事的输入和排课

在一般的排课软件中，人事安排的设置是由人事安排出来后重新输入的，由于格式的不同，这项工作比较费时，而且容易出错。但是，智慧校园平台中是直接在排课系统内进行人事安排，从而省略了这一项比较复杂费时的工作。

2. 人事变动中的排课管理

在学期中间的人事变动常常会造成课表的大幅变动，而当人事恢复到原来状态时，课表也需要还原。在智慧校园排课系统中，可以多次保存不同时间段的课表，并可以根据人事的变动，选择不同的课表上传并生效。

（三）排课阶段的高效智能化管理

1. 自动创建，提高排课效率

在数字化智慧校园排课管理系统中输入了课程、人事要求后，可以根据学校的需求和课程安排，自动创建课程表，并快速完成排课过程。与传统人工排课相比，数字化系统可以更快地生成排课计划，并且可以更容易地进行调整和修改。

2. 特定需求，降低排课错误率

传统的人工排课往往容易出现排课错误，比如，在同一时间段安排了两门课程或者将同一班级的课程安排在了不同的教室。数字化智慧校园排课管理系统可以避免这些错误，因为它可以根据课程要求和学生的特定需求自动进行排课。

3. 多样导出，满足各方需求

（1）可以根据教师需求导出

数字化校园排课管理系统可以导出每个教师的任教课表，也可以根据要求只导出指定教师的课表。

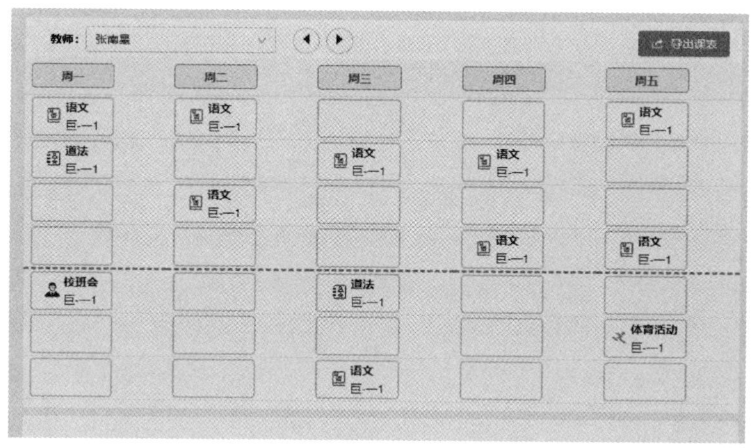

图 2-34

(2) 可以根据班级需求导出

数字化校园排课管理系统可以导出每个班级的教学课表，也可以根据要求只导出指定班级的课表。导出的课表格式可以是带教师名字等信息的完整版或者只含有课程名称的简要版。

(3) 可以根据调课内容导出

根据当天的调课，数字化校园排课管理系统可以导出当天的调课任务，并能在调课课表中显示与原来课表的不同点，方便教师核对和实行。

(四) 多校区智能联动排课

1. 跨校区教师的排课

在智慧校园排课系统中进行排课，可以事先设定跨校区排课教师的上课时间段，并进行锁定，从而避免校区间的课表冲突，方便多校区排课设置。

2. 跨校区课表的平台调用

在同一个平台上，可以看到几个校区的课表，方便课程教学部对于几个校区教师活动的统筹安排和教研活动的规划。

(五) 手机端课表的同步发布与更新

在以往的人工排课课表生效后，一般总是由班主任教师把课表抄给学生或者打印出课表给学生。一旦课表发生变动，则需要重新抄写课表。利用学校智慧校园手机端的同步功能，可以把课表直接发布到家长、教师的手机上。在开学前，教师就可以收到课表，方便课程部门与教师的核对和课表的修改。开学后及后续课表的变动，智慧校园手机端也会及时收到信息，方便教师和家长的查询。

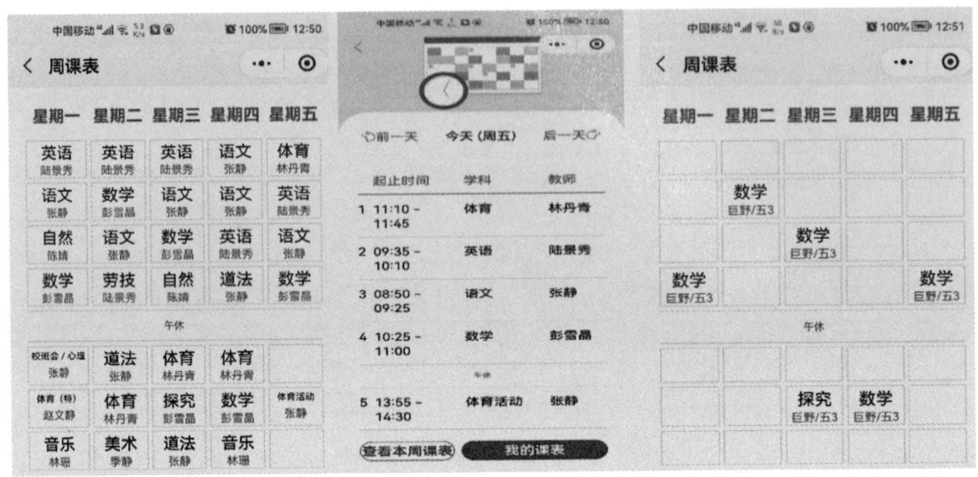

图 2-35

(六) 电子班牌的课表导入

学校的每个教室的门口都有一块电子班牌,里面有各种信息和同步功能,课表会同步更新到电子班牌中,方便来听课的教师和家长查询。并且,每个教师还可以从课表入口进行学生当天课堂学习情况的打分点评。

(七) 历史课表的多版本切换

由于在学期中期常常会有人事的变动,造成课表的变动,后期也有将课表恢复到原来版本的需求,因此,在智慧校园排课系统中有多版本的课表保存,可以随时切换调用,并且,在课表版本切换后,教师手机端、学生家长手机端也会同步更新,方便快捷。

数字化智慧校园排课管理系统为学校提供了更好的教学管理工具,使学校能够更有效地管理和组织教学资源,帮助学校提高效率和质量,为学生、教师、家长提供更便捷的服务,从而为学生的学习提供更好的保障。

案例十　依托智慧校园　优化全员导师①

2021 年 9 月,上海市中小学全面实施全员导师制,提出"学生人人有导师、教师人人是导师"的工作要求。全员导师制是中小学校全体教师按照一定机制

① 本案例由顾影撰写。

与每一位学生匹配，通过导师与学生建立良师益友的师生关系、与家长建立协同合作的家校关系，对学生进行全面发展指导，开展有效家校沟通，促进每一个学生健康快乐成长的现代学校治理制度。

全员导师制推行以来，各校都依照自身的特色和人员结构进行结对与辅导，但因教师与学生人数差距的存在，一名导师在匹配多名学生的情况下，如何高效地开展导师工作是一个实际性问题。导师在一日教学过程中，没有足够时间获取学生的各方面情况；匹配到非所教学生时，导师没有有效途径去了解；家校沟通大都表现为间隔性，口述学生问题会形成沟通困难等。这些问题阻碍了全员导师制的顺利推行与落实。

在全员导师制实施后，学校立马将全员导师制与智慧校园平台相结合，加快全员导师制的实施与构建，依托智慧校园平台，更好地落实全员导师制。智慧校园平台的“班级圈”、五育月报等功能为导师提供了获取学生信息的途径，平台大数据集成的模式也让导师的辅导有所依托，无论是家校沟通还是辅导过程，都有大数据的记录。智慧校园平台让导师的工作更加高效化、快捷化、数据化。

（一）借助“班级圈”，便捷了解学生状况

智慧校园平台的“班级圈”是一个很重要的功能板块，它既是学业展示平台，也是生活交流平台。导师可以通过简单地查看“班级圈”，就能实时了解学生各方面的动态和情况，做到便捷地了解、不影响地知晓。

学生可以在“班级圈”里上传自己的学科作业，提交自己的活动成果，分享自己的日常生活，展示自己的荣誉证书等。这样一种公开的交流展现形式，让导师可以很便捷地了解到自己学生的各方面状态。例如，在“班级圈”里欣赏学生画的美术作品，聆听学生唱的音乐作品，研究学生自己制作的环保好物等。这一功能大大缩短了导师为了解学生所需花费的时间，减少了打扰其他教师的次数，让导师可以实时了解学生动态。

图 2-36 导师可通过“班级圈”直接了解学生的美术学科情况

同时，“班级圈”还设有动态点赞、评论功能，这也为导师和学生之间架起了一座交流的便捷之桥。一些性格较为害羞、内敛的学生，可以通过点赞或是文字评论的方式表达自己的想法，导师也可以通过这种较为委婉的方式来展现自己的关心与关注，用一个小小的点赞表达自己对于学生的喜爱之情。

（二）依托平台数据，高效进行家校沟通

在全员导师制的实施过程中，家校协同育人也是很重要的一点。导师不仅要关注学生本身，还需要和学生的家长有所沟通交流，正确、适时地介入家庭教育，让家校协同育人起到真正的作用。

智慧校园平台强大的数据共享功能和各类申请机制，使得导师在和家长反馈、交流时有了明确的数据支持和相关信息来源渠道，促使家校沟通更为高效。

智慧校园平台的星级评价系统可以很清晰地展现学生在行规、各科目的表现情况，一方面让导师有依据地向家长总结、分析学生在校的情况，另一方面也让家长能从数据中直观地感知到学生的日常学习生活。星级评价系统用直观、有力的数据打破了此前单纯依靠导师口述学生在校情况的困境，让导师有依据，让家长有参考，从两个方面加快沟通进展。

智慧校园平台不仅有强大的数据收集能力，还有强大的数据共享机制，能让导师快速知晓学生情况，针对性地进行辅导。作为非班主任导师，可以通过智慧校园平台的课后评价功能快速了解到班级的出勤情况，如遇到自己所负责的学生请假，即可立即获取相关信息，进而有针对性地关心学生的身心情况，及时准备好后续可能会出现情况的预案。数据共享机制打破了先前的信息壁垒，让导师与家长之间减少不必要的信息重复，沟通更加流畅。

（三）构建一生一档，实时记录教育轨迹

针对特异体质学生、学习困难学生、行为偏差学生、心理问题学生，在智慧校园平台上都为其构建了一生一档的数据包，将导师的个别化教育记录在案，使教育轨迹得以留存。

这种一生一档的数据记录模式对全员导师制的实施有很重要的辅助作用。第一，能让导师的辅导过程可视化。导师对于学生的辅导形式是多种多样的，有的是长时间的促膝长谈，有的是课间几分钟的温馨提醒，有的是作业本上充满正能量的文字鼓励。一生一档的构建让导师的辅导都能一一记录在案，让导师对于学生的用心能够被数据化地看见。第二，能让导师有依据地针对辅导进行整体规划和复盘。每一次辅导的内容、过程、成效都被记录在册，导师可以随时翻

阅以往的辅导内容，参考当时的方式，借助数据对学生进行更具系统的辅导规划和复盘，让辅导更有针对性。第三，能便于应对新换导师等突发情况。如遇新换导师等突发情况，一生一档的存在就能很好地帮助新任导师快速了解学生情况，更好地与学生进行对接，减少因事物交接而产生的资源浪费。

（四）实践的成效与不足

主要成效：

1. 提高导师工作效率，加快全员导师制推进

依托智慧校园平台的强大功能，使得导师不论是在了解学生情况，还是进行家校沟通方面，都能够花费较少的时间达成目标，大大提高了导师的工作效率。让看似烦琐的全员导师制工作能够借助平台便捷达成，方便导师进行辅导、沟通，加快了全员导师制的推进。

2. 依托数据支持，确保全员导师制落实

线上教学时期，即便缺少了线下沟通的渠道，导师借助智慧校园平台的各板块内容，依旧能实时了解到学生在家的学习、生活情况，通过申请机制了解学生的身体情况，进而及时地与学生和家长进行沟通交流。

主要不足：

1. 缺少学生个人的活动记录

目前，“班级圈”是以班级为单位进行展示，但是当导师想要通过“班级圈”了解某一位学生的个人活动参与程度时就无法实现，只能通过长时间的依次翻找达成目的。没有一个直接了解学生个人各项学科活动表现的快速通道。

2. 一生一档覆盖面不广

目前，一生一档的推进只针对一些较为特殊的学生，还未进行全员覆盖，如此大部分的学生导师辅导记录就无法得以完整、系统地保存。后续，争取做到每一位学生都有属于自己的导师辅导档案，让导师、学生、家长三方都能清晰地看到全员导师制的过程和成果。

（五）总结与展望

智慧校园平台的建设有效助力全员导师制的实施，让导师可以整合更多的资源，因材施教。平台的搭建让导师可以发挥自己的主动性和创造性，在全员导师制的制度上寻找高效的辅导路径，开展丰富多样、因人而异的沟通指导，优化师生关系，建立更亲密和谐的家校关系。

随着全员导师制的不断推进和落实，智慧校园平台也需随着实际需求增加

相应功能板块，切实优化全员导师制的实施。例如，在“班级圈”的基础上设置个人活动空间，让导师、同学可以直接看到个人所发的所有动态，“一站式”了解学生学习、活动情况。此外，还可以在智慧校园平台搭建家校沟通渠道，依托数据分享，直接将学生的情况告知家长，减少语言转述上的模糊不清，构建一个沟通的绿色通道。

案例十一 智慧校园赋能下的学校作业管理新样态[①]

传统的学校作业管理方式主要依赖于纸质材料和人工处理，包括教师布置作业、学生提交作业、批改作业以及记录成绩等环节，需要花费大量时间来发放、收取和批改作业。学生在完成作业后，通常需要等待教师批改后才能了解自己的成绩和反馈意见，这可能导致学习进程的延迟，增加学生学习负担。2021年，教育部出台关于加强中小学生作业、睡眠、手机、读物、体质等“五项管理”，同年，中共中央办公厅、国务院办公厅印发《关于进一步减轻义务教育阶段学生作业负担和校外培训负担的意见》。如何严格执行“双减”要求，同时提高教育教学质量，是摆放在所有学校面前的一道难题。

我校作为上海市教育信息化应用标杆培育校，具有良好的信息化建设与应用基础。智慧校园平台的建设为落实“双减”要求起了坚实的支持作用。依托智慧校园平台的运用，通过数据融通、反馈及分析，对作业管理进行变革，使学校作业管理呈现新样态。优化作业设计，严格把握和控制各学科作业总时间，关注学生作业习惯至关重要。学校聚焦减负增效，不断提升作业管理的有效性，使育人功能凸显。

(一) 精细化管理 有章可循

为提高作业管理的规范性和有效性，学校设置了以校长为第一责任人的工作机制与管理架构。在原有《教学流程管理条例》基础上，制定了《“双减”背景下作业管理条例》。通过教研组、备课组活动从作业设计、布置、批改、监管等四个方面进一步细化相关规范，加强年级组、学科组作业统筹协调，合理确定各学科作业比例结构，并由课程部进行作业总量审核监管和质量定期评价，使作业管理有章可循。

(二) 准确化控时 三方联动

学科教师每天可以在智慧校园作业管理平台上输入作业内容、作业量和

① 本案例由吴蓓蕾撰写。

预估时间，同时可以看到其他学科布置的作业量情况，作业总量如果达到一小时则有预警提示信息；家长可以通过微信小程序便捷知晓当日作业；学校管理人员可以总体查阅全校各班作业总时长以及具体的作业布置情况，同时系统还会汇总今日作业数据报告及预警信息。通过智慧校园作业管理平台，做到作业布置透明化，促进家、师、校三方联动管理。

图 2－37　家长通过智慧校园平台查阅作业

(三) 多元化设计　提升质量

学校将作业设计作为教研重点，系统化选编、改编、创编符合学习规律、体现素质教育导向的基础性作业。为进一步提高作业质量，各教研组开展“基于单元的有效作业设计”研究，语、数、英学科实施“基础作业＋个性化作业＋长周期作业”模式。基础作业以各科练习册为主，个性化作业针对学有余力和学有困难的学生，长周期作业则以任务驱动、体验探究等实践为主。学生在平台上提交作业，并利用“班级圈”进行交流，作业达成度大大提升。

智慧校园平台包含表现性作业提交的作业系统。美术课上，教师可以利用手机或平板电脑拍摄学生的课堂作业并上传平台。学生能在家轻松录制音乐课上学唱的歌曲并上传至平台的“音乐唱听”，教师和其他同学则能在智慧校园平台上欣赏每位学生提交的歌唱作业。

(四) 个性化诊断　凸显差异

伴随着智慧校园平台的建设，智能环境正悄然改变着教与学的方式。平台一改以往作业评价的单一性，更智能、科学地开展个性诊断，教师因材施教。例如，语文学科基于平台对习作作业进行分维度评价，数学学科利用墨水屏进行作业习惯的诊断分析，体育学科借助智能运动手环实施课后运动数据追踪。同时，平台将学生完成作业的习惯、态度、成效等进行常态化录入，成为学校“五星五育＋”学生综合素质评价体系中的重要组成部分。

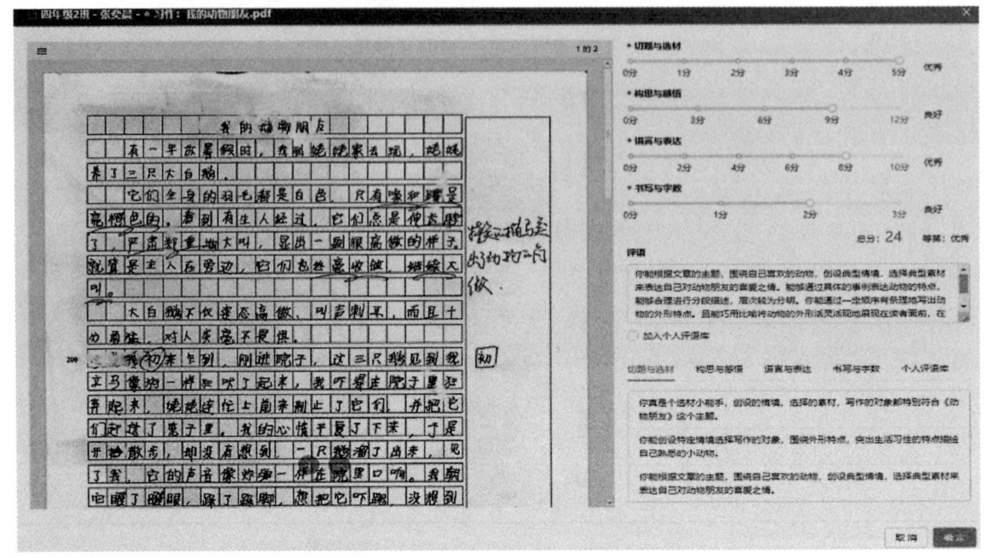

图 2－38　基于标准的分维度作文评价

(五) 实践的成效与不足

主要成效：

1. 提高作业管理效率

借助智慧校园平台，作业管理可以更加高效和自动化。教师可以使用平台布置作业、收集作业和批改作业，节省了大量的时间和精力。学生可以通过在线平台提交作业，避免了纸质作业的传递和收集过程。整个作业流程变得更加便捷和高效。

2. 促进学生主动参与

智慧校园作业管理系统可以通过多种形式促进学生的参与度和积极性。平台可以提供更多的互动元素，鼓励学生之间的合作和讨论。同时，学生可以随时查看自己的作业进度和等第，及时了解自己的学习情况，这有助于激发学生的学习动力。

3. 增强学生个性化学习

智慧校园作业管理系统可以根据学生的学习情况和需求，提供个性化的指导和反馈。通过分析学生在作业中的表现，系统可以自动生成针对性的建议和辅导，帮助学生改善学习策略，提升学习效率。鼓励学生根据自己的兴趣和学习目标来选择作业，让学生拥有更多的自主权，可以选择他们感兴趣的话题、研究内容或问题，并以创新的方式呈现作业结果。这种个性化的学习支持有助于满足不同学生的需求，提高他们的学习效果。同时，系统可以通过引入自适应学习空间，根据学生的不同知识水平、学习风格和兴趣爱好，为每个学生量身定制适合他们的作业任务，帮助学生更好地发展自己的优势，解决学习难题，并提供个性化反馈。

主要不足：

1. 数字鸿沟和技术依赖性

智慧校园平台赋能下的作业管理需要学生和教师掌握一定的信息技术能力，以有效地使用在线平台、应用程序等工具完成作业。然而，不同学校和教育背景的学生可能面临数字鸿沟问题，技术依赖性可能会削弱对作业管理的可及性和公平性。

2. 评估和反馈的准确性和客观性

虽然信息技术赋能下的作业管理可以提供自动化的评估和反馈，但在某些情况下，它可能无法准确评估学生的知识深度、创造性思维和沟通能力。有些学科或作业类型可能需要更多的主观判断，这需要教师的参与和专业知识。

3. 师生互动和个性化支持的减少

智慧校园平台赋能下的作业管理可能会减少师生之间的面对面互动和交流机会，这对于一些学生来说可能是一种缺失。此外，虽然平台可以提供个性化的学习支持，但完全依赖在线平台和应用程序可能无法满足每个学生的特殊需求。

虽然存在着一些挑战和不足，但智慧校园平台赋能下的作业管理对于提高教学效果、促进学生主动学习等具有积极影响。在全面落实“双减”要求工作的过程中，依托信息化实现学校智能管理模式的创新势在必行。学校立足发挥教育主阵地的作用，不断完善智慧校园平台赋能下的作业管理新样态，更好地服务学生个性差异化教育需求，全力优化学校作业管理流程，形成良好的管理生态圈。

案例十二　智慧校园技术赋能下的“趣味变色花”活动实践①

小学自然作为一门综合性、基础性学科，旨在培养学生的核心素养，为学生的终身发展奠定基础。欧盟议会于 2019 年 3 月发布的《作为教育挑战的科学和科学素养》中指出培养科学素养是实现其他维度能力的基础。2021 年 8 月，我国教育部批复同意上海作为教育数字化转型试点区。教育数字化转型为学生科

① 本案例由阮丽洁撰写。

学素养的培养提供了新的工具和方法。在智慧校园技术赋能下，如何在小学自然教学中以问题引导学生探究式学习、如何营造探究性学习环境等问题需要教师进行思考并实践。小学自然教育采用越来越多的数字化教学资源和学习模式，但如何利用智慧校园平台创设学生自主学习的空间值得探究与实践。

《义务教育科学课程标准(2022 年版)》明确指出："科学课程旨在培养学生的核心素养，为学生的终身发展奠定基础。"基于智慧校园技术赋能设计并实施小学自然学科活动是联系学生实际生活、探究真实情境问题的方式之一。本文以上海科技教育出版社小学自然二年级下册第六单元中的学科活动"趣味变色花"为例，借助智慧校园平台，开展基于生活化资源的学科活动，打破时间和空间的限制，营造探究性学习氛围，在过程性动态评价中培养学生的科学核心素养。

(一) 巧选线上线下相结合活动内容

"茎的秘密"属于《义务教育科学课程标准(2022 年版)》中"生物体的稳态与调节"中的内容，本节课的内容要求为描述植物的茎具有帮助植物维持自身生存的相应功能。学生通过一年级自然的学习，已经知道了植物的组成部分，在一年级自然的学科活动中，学生已经学习了如何对植物的生长变化进行观察和记录。同时，学生在本单元之前的学习中已经了解了植物的根的作用。在以往教学中，由于课堂时间有限，学生无法在课堂上进行对于茎输送水这一现象的观察，侧重于教材或演示实验视频的观察，忽略了联系学生的实际生活情境，很难帮助学生自主认识到茎的作用。在学习"茎的秘密"内容之前，在智慧校园平台发布"趣味变色花"学科活动(如图 2 - 39 所示)，引导学生进行自主探究，将学习成果发布于智慧校园平台，教师在这一过程中进行动态化评价。

自然学科的教学需要依托客观世界及其规律，因此教师将生活内容融入学科活动中有利于学生对于科学规律的掌握，理解现象的实质。面对当前技术发展带来的挑战，需要培养学生的批判能力和沟通能力，从而培养学生的科学素养。将生活内容与科学知识相融合，课堂内容更具有趣味性，让学生有更多的熟悉感，在亲身探究的基础上，将科学知识应用于生活中。以生活中常见的变色花作为导入，引导学生提出猜测，学生有了更大的学习动机。

(二) 自主学习交流学科活动

结合之前的学习及生活经验，多数学生可以推测出茎具有运输作用，但对于茎如何运输水分却无法进行具体表述。学生自主探究变色花的奥秘，通过照片等方式进行记录并在智慧校园平台进行展示。学生在"探究变色花的奥秘"这一

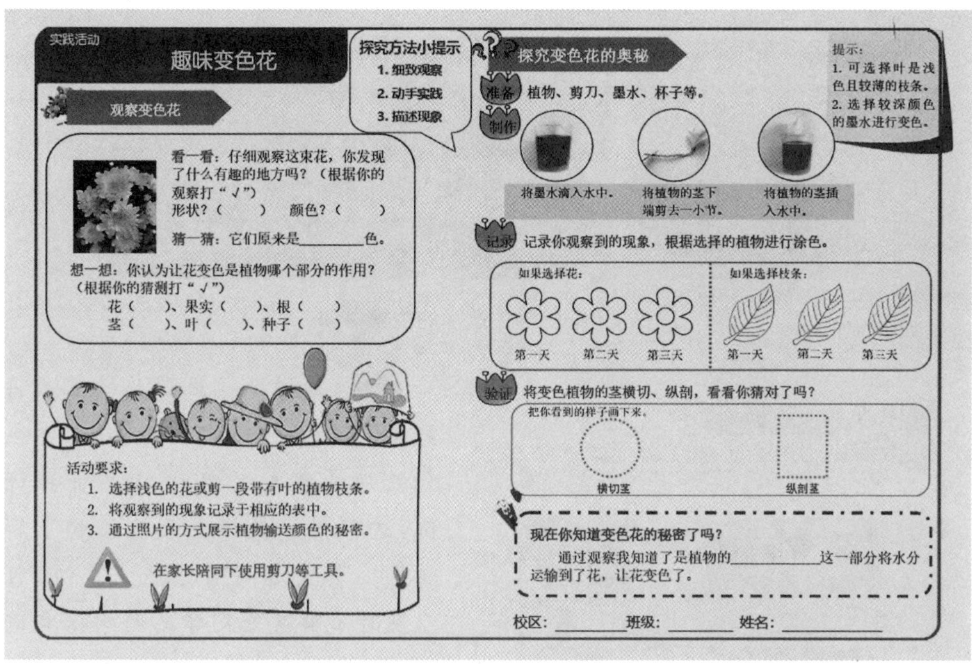

实践活动

趣味变色花

观察变色花

看一看：仔细观察这束花，你发现了什么有趣的地方吗？（根据你的观察打"√"）
形状？（　　）　颜色？（　　）
猜一猜：它们原来是________色。
想一想：你认为让花变色是植物哪个部分的作用？（根据你的猜测打"√"）
花（　　）、果实（　　）、根（　　）
茎（　　）、叶（　　）、种子（　　）

活动要求：
1. 选择浅色的花或剪一段带有叶的植物枝条。
2. 将观察到的现象记录于相应的表中。
3. 通过照片的方式展示植物输送颜色的秘密。

在家长陪同下使用剪刀等工具。

探究方法小提示
1. 细致观察
2. 动手实践
3. 描述现象

探究变色花的奥秘

提示：
1. 可选择叶是浅色且较薄的枝条。
2. 选择较深颜色的墨水进行变色。

准备　植物、剪刀、墨水、杯子等。
制作　将墨水滴入水中。　将植物的茎下端剪去一小节。　将植物的茎插入水中。
记录　记录你观察到的现象，根据选择的植物进行涂色。
如果选择花：第一天　第二天　第三天
如果选择枝条：第一天　第二天　第三天
验证　将变色植物的茎横切、纵剖，看看你猜对了吗？
把你看到的样子画下来。
横切茎　纵剖茎

现在你知道变色花的秘密了吗？
通过观察我知道了是植物的__________这一部分将水分运输到了花，让花变色了。

校区：________ 班级：________ 姓名：__________

图 2－39　"趣味变色花"学科活动学习单

部分，能够自主完成茎输送水分的实验，需要区分植物的各个部分，选择合适的植物进行探究，如常见的芹菜、香菜、萝卜、大白菜、菠菜、卷心菜等具有短缩的茎的植物不适合作为观察植物。大多数学生能选择较为合适的植物作为观察对象，其中部分学生选择了芹菜、大蒜等短缩的茎的植物作为观察对象。

图 2-40 学生选择的观察植物

图 2-41 “班级圈”互动

学生通过绘画或照片的形式将自己的记录上传至“班级圈”。学生和教师能够对作品进行点赞和评价，这有利于教师全面认识和了解学生。学生之间通过线上交流，可以及时了解其他同学的科学探究进度及过程，进而在他人的基础上进行改善，从而实现学生间的互助合作。

(三) 多种方式开展学科活动评价

教育数字化转型实践的必然趋势包含从传统的纸笔记录评价转变为数字化评价。在数字化技术的支持下，对学生进行全过程、多维度的综合评价。在“趣味变色花”实践活动过程中，合理使用评价量规，如图 2-42 所示。基于智慧校园平台中的学生自评、教师评价，使学生在自然学科活动中获得完整评价，对每个学生进行多维度评价，使评价过程更为科学、评价方式更为公平、结果更加准确。

在课堂教学的过程中，学生通过智慧校园平台的学科活动，已经自主探究了茎的作用，避免了学生直接观察的植物受到限制的问题。在课堂上，通过回顾学科活动，能够激发学生对于自然学科的学习兴趣，实现教学资源的丰富和扩充，

二年级学业成果评价量规（二下·活动二）

活动名称：趣味变色花
对应教材：二年级·第二学期·第六单元《植物的根和茎》

成果指向	呈现方式	评价项目	评价词条	评价标准	评价结果
科学实践	任务单 拍照或视频上传	实验	规范使用 选材合适 效果显著	安全规范使用工具进行制作。能选择适合的植物进行制作观察。变色植物颜色美观，结构完整。	☆☆☆☆☆
				安全规范使用工具进行制作。能选择适合的植物进行制作观察。变色植物颜色较美观。	☆☆☆☆
				安全规范使用工具进行制作。能选择适合的植物进行制作观察。	☆☆☆
		科学观察	合理推测 如实记录 表述清晰	能正确描述花的变色现象。能细致、完整观察茎的纵剖、横切面并通过画图的方式能准确记录。根据现象能进行合理推测并验证。	☆☆☆☆☆
				能正确描述花的变色现象。能完整观察茎的纵剖、横切面并通过画图的方式能较准确记录。根据现象能进行合理推测并验证。	☆☆☆☆
				能描述花的变色现象。能观察茎的纵剖、横切面并通过画图的方式能记录。能在帮助下根据现象进行推测并验证。	☆☆☆
科学常识（日常）	任务单 拍照上传	解释问题	能准确描述茎的作用	成功制作变色花并通过照片或视频等方式清晰展示制作成果。能根据成果自主归纳知道茎的作用。	☆☆☆☆☆
				成功制作变色花并通过照片或视频等方式清晰展示制作成果。能根据成果归纳知道茎的作用。	☆☆☆☆
				制作变色花并通过照片或视频等方式展示制作成果。能在帮助下知道茎的作用。	☆☆☆

二年级学业成果互评项（科学实践）

互评项目	互评结果		
规范使用、选材合适、效果显著	☆☆☆☆☆	☆☆☆☆	☆☆☆
合理推测、如实记录、表述清晰	☆☆☆☆☆	☆☆☆☆	☆☆☆

科学实践（对应新课标：科学思维、探究实践）：实验、设计、制作、科学观察、科学表达（图画和文字）、科学调查、资料搜集与整理

图 2－42 “趣味变色花”学科活动评价量规

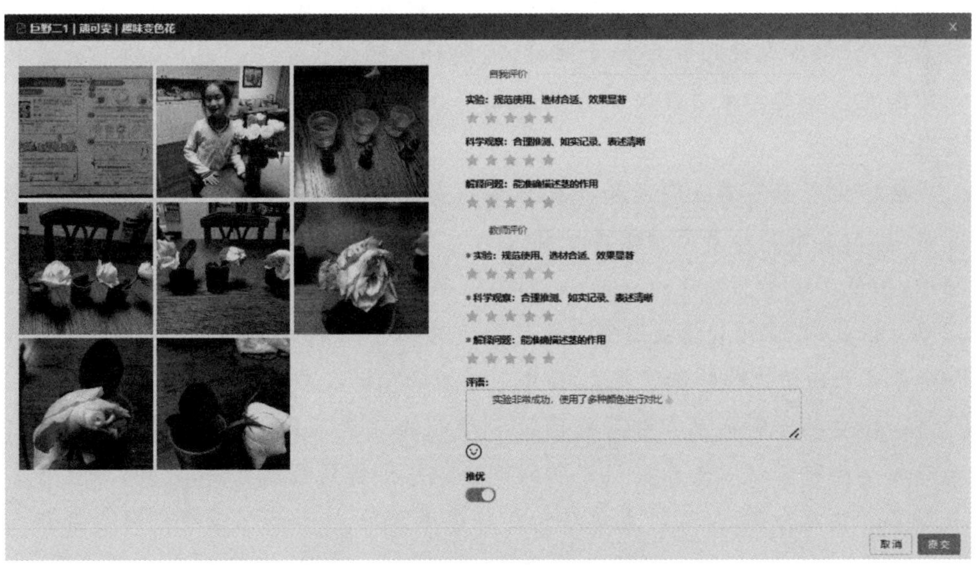

图 2－43 学生自评和教师评价

图 2-44 学生展示

让学生掌握更多的科学知识，构建更为完整的科学知识结构体系。将部分观察叶或短缩的茎的植物的学生的观察记录进行展示，从而激发学生对于叶片的作用的探究，通过提供图片资料或视频，鼓励学生课后收集资料，从而扩大知识广度，为学生今后学习相关内容奠定基础。

（四）实践的成效与不足

在实践过程中，通过学科活动营造了探究性学习环境，扩大了学生的知识广度，注重了过程性动态评价，培养了学生的科学核心素养。通过科学的方法，教师获得了更加精准的评价分析，从而对学生进行综合评价。但智慧校园技术赋能下的小学自然学科活动实践仍存在不足，学生在使用数字化资源时，可能存在错误或虚假信息，阻碍学生进行科学探究。一些学生存在自制力不强或将数字化资源用于娱乐或打发时间，需要监管措施的实施。

数字化资源随着互联网和社交媒体的发展呈爆炸性的增长，虽然数字化资源丰富，但其中充斥着大量需要被筛选的信息并被广泛传播，需要学生进行自主筛选，但低年级学生缺乏这一能力，因为低年级学生对于电子设备使用存在一定困难。因此，在上传智慧校园平台进行展示这一过程中，需要家长的理解与支持，但部分家长由于工作繁忙等因素，造成了学生的活动成果无法被及时上传的问题。

小学自然学科活动在智慧校园技术赋能的背景下弥补了传统教育的缺陷，为培养学生科学核心素养提供了新的路径。基于智慧校园背景，教师、学生和家长等多方共同合作，形成自主学习的良好环境，学生在学科活动中提升自身科学核心素养，帮助学生在自然学科活动中进行观察、调查、探究和体验式的学习。但实践中，仍需教师对学生使用智慧校园平台进行正面引导，正确搭建学生接触、了解并参与自然学科活动的渠道。

案例十三 智慧校园赋能下的学生因病请假管理[①]

(一) 实践背景

2022年2月,《教育部2022年工作要点》提出"实施国家教育数字化战略行动"。2022年3月,国家智慧教育公共服务平台正式上线。2022年10月,党的二十大第一次将"推进教育数字化"写入报告。在这一背景下,以智慧校园建设及其现代化特征引领学校数字化转型与智能升级发展,正成为当下教育现代化进程的热点领域。《上海市教育发展"十四五"规划》指出,上海市教育发展的具体任务之一是深入推进新技术赋能教育,通过更多优质、泛在的数字化教育应用场景,为全市师生提供优质在线教育和个性化学习支持。

浦东新区第二中心小学在新一轮发展规划中将建设智慧校园作为推动学校规范化管理和智慧管理的重点内容。自创建上海市教育信息化应用标杆培育校以来,学校规划了智慧校园建设的整体方案和框架,在学校管理、教与学方式变革、学生评价方面不断实践和探索。

智慧校园发展没有标准模式和路径。智慧校园建设具有校本个性化、区域集约化、服务普惠化、互联网开放化与融合化等多样态综合发展特征。因此,个体智慧校园建设中,难以有整体意义上的可复制模式,它形成于个体学校的现代化办学实践进程中。

(二) 智慧校园请假体系

学生因病请假管理是学校日常管理中的重要内容。随着互联网技术的发展和智慧校园的建设与应用,学生因病请假管理进入信息化时代。通过移动智能终端设备(如智能手机、平板电脑等)采集学生的身体健康数据、就医路径、到校路径、离校路径等数据,并将其汇总和分析,实现学校对学生因病请假的管理。

在智慧校园背景下,智慧校园为学生提供了一种新型的校园生活方式。基于智慧校园的平台和技术支撑,学生可以随时随地通过手机、平板电脑等移动终端设备进行学习、生活、娱乐等方面的活动。其中,学生因病请假管理系统是智慧校园应用体系中的一个重要组成部分。智慧校园是基于云计算、物联网、大数据等先进信息技术构建的"互联网+教育"环境下的教育服务平台,为广大师生提供个性化学习空间和精准服务。三年疫情,学生生病情况成为班主任比较头疼的事情,每天都会接到家长为学生请假的电话。近两年学校建设智慧校园学

---

① 本案例由陆仪洁撰写。

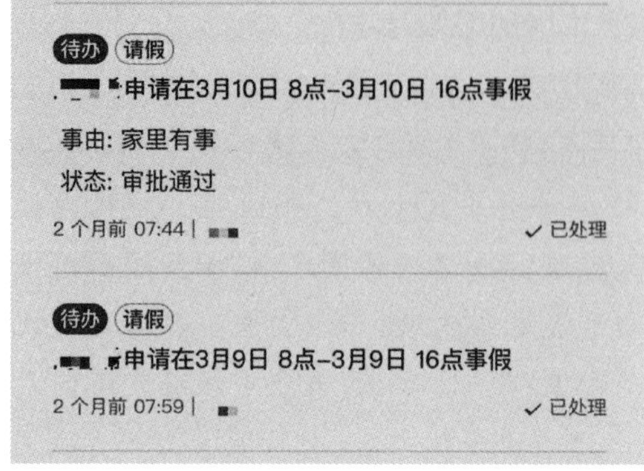

图 2-45

生因病请假管理平台，很好地解决了家长为学生请假的便利性，也解决了教师要守着电话的问题。

学校利用智慧校园小程序，方便家长每日上报学生健康情况，如生病或身体不适也可通过智慧校园小程序"因病缺课"模块进行及时上报。利用智慧校园小程序的闭环操作，让学生健康管理更及时、更高效，可视化的数据呈现让卫生教师非常直观地总览全校学生健康状况。同时，基于数据还能实现疾控预警，防患于未然。并以可视化的形式展现出来，通过对学生数据的深入挖掘，了解学生的基本情况，对学校日常管理提供支持。系统还可以根据不同场景设置不同的权限等级，满足不同部门的需求。家长和学校相关部门也可以通过权限控制实现对学生因病请假的管理。具体来说，学生因病请假管理系统能够实现以下功能：

1. 健康上报

学生在智慧校园平台注册后，进行个人信息采集，通过智慧校园的小程序进行健康上报，包括每日上报的体温情况、健康打卡、就医情况和疾病预防等内容。学校可以通过学生上报的数据，了解学生的基本情况，同时对学生的身体健康状况进行跟踪和管理。

2. 健康状态查询

学生在智慧校园平台完成身份认证后，可查看自身的健康状态信息，包括当前体温、健康码、核酸检测情况等。同时可以查看其他同学的身体状态信息和班级相关信息。

疫情期间，每日体温上报便于学校、班主任能及时查看学生当天体温是否正常，能及时处理相关问题的产生。

学校进入常态化管理后，学生居家测量体温，有问题的学生家长上报后，班主任根据学生情况上报卫生室，视学生生病情况再进行班级卫生消毒、是否需要隔离，根据不同的疾病，班级隔离的天数不等，以最快最高效的方式处理并防止疾病传播。

3. 请假审批

学生根据学校下发的请假申请表填写相关信息后提交给班主任进行审批。

班主任收到请假申请，审核通过后即可发起审批流程，通过手机端即可发送电子批(即签)给家长。

4. 离校管理

学生申请请假后，班主任对请假申请进行审批，审批通过后即可将审批结果呈现在学生信息中，方便任课教师知晓学生请假情况，便于教师对请假学生的跟进和管理。

5. 返校复课

学生在经过健康检查、核酸检测等流程后即可返校复课。返校复课时，班主任进行健康状态核查和检测，同时审核相关证明材料并确认通过后，可通过小程序提交返校复课申请。学校卫生部门在收到返校复课申请后，在智慧校园平台发起返校复课审核流程，审核通过后即可组织学生返校复学。

6. 数据统计分析

学校可将相关数据进行统计分析并形成相应报表和图表呈现给师生和家长，让他们能够更直观地了解学生的身体状况及健康状态，从而更加全面地关注学生成长情况。

(三) 实践的成效与不足

智慧校园赋能下的学生因病请假管理可以提高学生请假的效率和准确性，主要实践成效如下：

1. 便捷快速，节约沟通时间

家长只需在智慧校园系统中提交请假申请，经过审核后即可获得批准，无须电话或短信告知班主任处办理。

2. 准确规范，追踪请假情况

智慧校园系统可以对请假进行分类和规范化处理，如区分短期请假和长期请假，同时要求学生填写请假原因和具体时间等信息，有利于教师和家长了解学生的请假情况。

3. 数据化管理，精准个人动态

智慧校园系统可以将学生请假数据进行收集和统计，为学校开展假期教育和管理提供数据支持，同时能够快速地获取学生请假情况，方便进行个例分析。

在取得成效的同时，也存在一定的不足，主要表现如下：

1. 操作复杂

有些家长可能不熟悉智慧校园系统的操作方法，导致请假申请流程出现问题。同时,智慧校园系统的维护需要投入大量的人力物力,学校需要投入大量资源来保证系统的正常运行。

2. 安全隐患

智慧校园系统涉及学生的个人信息,如果系统安全存在问题,学生信息可能被泄露或者被非法使用。

3. 主观判断

智慧校园系统虽然能够对请假进行规范化处理,但是在审核学生请假申请时,教师和管理员还是需要进行主观判断,有一定的误差风险。

智慧校园是一种基于信息技术的教育创新,通过集成各种数字化工具和应用程序,优化学校的管理和运营,提高教学效率和学生体验。在智慧校园赋能下,学生因病请假管理也得到了很大的改善和进步。

首先,在智慧校园系统中,学生因病请假可以通过线上平台进行申请和审批,减少了学生和家长的交通和时间成本,也提高了流程的透明度和效率。家长只需登录平台并填写请假申请表格,包括疾病名称、症状描述、医生诊断证明等必要的信息。然后,教师可以直接在平台上查看学生的请假记录和医生证明,并且可以在审核过程中与学生进行在线沟通。整个流程更加高效和规范,避免了传统的纸质申请和手动审批的弊端。

其次,智慧校园还具有数据分析和预测能力,可以帮助学校更好地了解学生的请假情况和趋势,并采取有效的措施来预防和应对常见的疾病。通过监测学生的请假记录、医院就诊数据、天气预报等多种因素,智慧校园可以生成详细的报告和图表,展示学生的出勤率、病假率、流感高发期等信息,为学校提供更加科学和精确的决策支持。

未来,智慧校园在学生因病请假管理方面还有很大的发展空间。例如,可以进一步整合医疗资源和服务,为学生提供更加全面和优质的健康咨询和治疗;还可以引入人工智能技术,自动分析学生的请假原因和症状,甚至提供个性化的预防和康复方案;另外,也可以将学生因病请假与课程安排和教学评估等环节进行联动,实现更加协同和可持续的教育管理模式。

案例十四　智慧校园赋能下的“一日行规”评价与实践①

学生的一日行规是日常行为规范管理中极为重要的一个方面。然而,在现

① 本案例由沈诗渊撰写。

实生活中，一日行规的评价维度多且杂，方式更是多种多样，且标准很难统一，常常在评价过程中出现低效、不公正等问题，使得评价的有效性被打上一个大大的问号。为此，学校运用信息技术，从多个维度出发，智慧校园不仅让一日行规的评价更公平公正，赋予了其更多的可能性，更促进了每一位学生的全面发展。

(一) 评价可视化，让进步看得见

在评价学生的一日行规时，大多数时候会使用“班级大屏＋智慧屏”，而它们共同的特点则是评价可视化。

当班级小干部要进行眼保健操评价时，这一操作通常通过班级大屏来实现，扫描网页端二维码登录后全班学生的头像将会出现在大屏幕上，获得加星的学生头像下方的绿色大拇指亮起，一目了然，教师和班级同学可以共同监督小干部的“执法”，学生也可以清楚地看到自己的表现是否获得了肯定。对于教师而言，通过班级大屏，可以实时在一日行规的各个板块中对学生的表现给出反馈，如午饭时对应“文明用餐”。

图 2－46 学生干部通过网页端进行评价

图 2－47 学生干部通过智慧屏进行两操评价

每次出操后，六位两操检查员将对六个班级分别进行加减星评价。整个评价过程都是利用智慧屏，检查员通过专门的“权限卡”实现评价，不仅能使班级与班级之间互相监督，也使学生的自主管理能力得到提升。

(二) 成长有意义，让进步摸得着

获取星星到底有什么用处？其作用就在于让学生切实感受到自身的进步，而不是浮于表面的表扬。学生不断努力获得星星，不仅象征着学生在日常行为规范上实打实的提升，还能通过“星星兑换柜”换取一份有意义的奖品，“星星兑换柜”联通智慧校园，通过学生的智能班牌即可刷卡兑换。而这份奖品的存在，

图 2-48 学生通过“星星兑换柜”兑换奖品

则让学生在一日行规中的进步变得“摸得着”。

例如，申江校区二年级(2)班的小顾同学一直想和她最爱的教师们合照，却羞于开口，当她知道“星星兑换柜”的盲袋中有“合影券”时，她顿时喜上眉梢。经过一段时间不懈的努力后，小顾同学终于从盲袋中开出了合影券，她赶紧拿着合影券找到班主任教师兑换，并成功和教师们合了照。在这个过程中，小顾同学为了持续获得星星，每天都能按时完成作业，在“作业习惯”这一栏获得了许多加星，也改掉了之前作业拖拉的习惯。

除了小顾同学，许多同学也获得了“光荣升旗手券”“VR 设备体验券”等，还有一些同学认真积攒星星，还成功兑换了学校吉祥物“心星宝”、印有校徽的笔袋等奖品。每当看到自己用努力换来的奖品，学生不仅心里喜滋滋的，而且他们也已将获得奖品过程中的好习惯镌刻在学习生活中。

(三) 纵横可比较，让进步可持续

通过智慧校园系统，学生不仅可以实时查看自己获得了多少星星，系统还会根据学生一学期的表现生成学生电子档案袋，综合评价这一学期学生在一日行规中的表现，及时查漏补缺。同时，学生也可以联系近几个学期的综合评价，发现自己在一日行规方面的点滴进步。

在班级生活中，学生可以通过智慧屏查看班级同学的得星情况。智慧屏能够显示班级中目前得星数量领先的学生姓名。这可以作为班级评选“雅行星”等奖项的重要依据，同时也通过小榜样的力量促进班级学生在一日行规方面的不断成长。

图 2-49 学生刷卡查看自己的得星数

(四) 能力在提升，让进步再强化

在不断强化学生的日常行规的同时，通过智慧校园“师评＋生评”的方

式，学生的自主管理能力也在不断得到强化。

例如，早上七点三十分，申江校区二年级学生小袁已经早早来到学校，他将跟随三年级的大队干事进行跟岗学习。站在校门口，他手拿记录本，一丝不苟地记录着。八点到了，所有同学均已进入教室准备早读，小袁与大队干事则根据刚刚的记录，在教室门口的智慧屏上对每个班的“进校礼仪”和“领巾佩戴（仪容仪表）”两个方面进行公平公正的加减星评价。有同样操作经历的还有班中的小李同学，她是二年级的校园两操检查员，每天都会根据早操、室内操的情况对相应班级作出评价。

在班级中，还有一位同学到岗，那就是电脑管理员小卢同学。他将电脑打开，再打开智慧校园扫码界面，方便教师进入班级后对学生当日的早读情况进行评价。除此之外，在班主任教师扫码登录后，小卢同学还要时时关心和更换一日行规的评价项目，如在眼保健操时，小卢同学就会将评价栏更换至“眼保健操”。几位同学均表示感觉自己责任在肩，这是教师和同学对他们的信任。

（五）实践的成效与不足

“我得到了多少星星”和“我们班这个月得到了多少星星”已然成为班中学生讨论的热门话题，教师乐于参与评价，学生积极看待评价，这与智慧校园中的“一日行规”栏目是密不可分的。那么，基于学校的智慧校园，一日行规评价体制是如何切实提高学生的行为规范呢？主要成效如下：

1. 基于学生心理，切实提升自身和集体荣誉感

对于新时代的学生来说，接收信息的方式非常多，然而正是因为电子科技的不断发展，被网络世界深深吸引的不仅仅只有学生，亲子之间的交流沟通被迫减少，因此学生更希望以自己的方式来获取家长更多的注意。与此同时，由于二孩等多种因素，相比过去，学生也更在乎自己在父母、教师和同学眼中的表现，“比较”这个词语似乎已经深入他们的内心世界。时代背景下的心理状态让学生有了更强的自我荣誉感和集体荣誉感。在日常学习生活中，学生常常站在班级门前的智慧屏前观察，一看本月哪几位同学在行为规范方面获得了最多的星星，二看本月班级整体获得了多少星星，与同年级的其他班级相比，是“恒星班”还是“行星班”，学生的集体意识正在被激发。

因此，在智慧校园的加持下，学生能更直接地感受到“我或者我的班级正在获得荣誉”，也让他们有了更强的自我价值体现。与此同时，通过智慧校园生成的学生报告，家长通过手机客户端也可以直接查看学生的在校表现，了解学生的

进步与不足，在潜移默化中，也增强了信息时代中家长与学生的沟通。

2. 不断完善评价机制，做到公平公正

对个人而言，公平是个人生存和发展的重要保障。公平不仅能保证个人应得的利益，使个人获得生存和发展的物质条件，而且能让人感受到尊严，从而激发自身潜能。于社会而言，公平是社会稳定和进步的重要基础，有利于营造更好的竞争环境，创造更多的社会财富，推动社会持续发展。正因学生有着极强的个人和集体荣誉感，“公平公正”就是一日行规评价体系能够持续运作的重中之重。学校管理团队也在不断的实践中改善和细化“一日行规”栏目中的项目与维度，这也让一日行规评价变得更加全面。

3. 注重评价的时效性，正向激励为主，负面反馈为辅

无论是教师或学生干部进行评价，都需遵循以下两个规则。首先，在日常的一日行规评价中，要求教师和学生干部实时根据班中同学的表现进行评价。实时表现、实时反馈，学生当下对于正面或负面的体会也将更加深刻，一旦评价失去时效性，那么首先受到影响的就是学生的体验，其次影响的便是评价的准确性。另外，评价以正向激励为主，负面反馈为辅。正向激励机制是对人的行为进行正面强化，使人以一种愉快的心情继续其行为，并进一步调动其积极性，从而使学生在学习生活中最大程度感受到自我价值的实现；而负面反馈则需慎用，过多的负面反馈会使学生淡漠重要性，认为其无关痛痒。

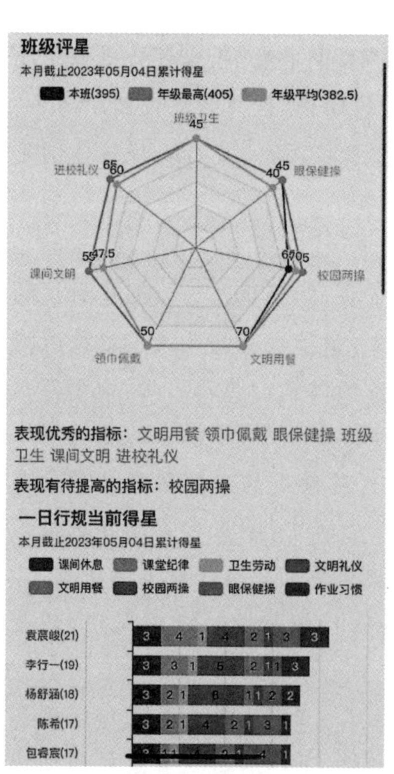

图 2－50

因此，无论对于班级还是班级中的学生来说，获得一颗星星是容易的，但持续获得星星却不容易。也正是因为这样的不易，激励着学生在一日行规方面的可持续发展，不断提升。教师也可以通过网页端的一日行规数据分析帮助班级和学生查漏补缺。

4. 关注学生心理，选择合适的评价方式

通过智慧校园系统，真正意义上实现了多种评价方式齐头并进。无论是对集体的正

面评价，还是对于个别学生的负面反馈，不同的场景选择不同的评价途径，设身处地为学生的心理着想，保护每一个学生的自尊与心灵。

一日行规的评价者不仅是教师，学生干部也参与其中，评价的标准是否一致也关乎评价的准确性。新阶段的评价标准还不够统一，学校应设置更为全面的评价标准，让评价的结果更准确、更令人信服。

通过智慧校园对学生的行为规范进行评价，并非只是规范其在学校中的行为，更能促使他在日常生活中养成良好的习惯，也可以使教师能因材施教，能更好地帮助学生提升各方面的能力，使学生成为有能力、会思考、有责任担当的新时代少年。无论时代的洪流如何冲刷，"培养拥有高尚品德的人"这一点是不会改变的，通过智慧校园中的一日行规评价，让评价真实发生的同时，给予教师指引学生的方向，也给予学生更广阔的成长空间。

案例十五 智慧校园赋能下的"一日行规"管理实践①

学校是一个不断发展的群体单位，有教师，有学生，还有其他岗位的工作人员，且每个人的信息往往是变动的、发展的。"人多""事多"就意味着需要"管理"，而管理事项之一就是学生的一日行规。传统的一日行规管理主要是依靠教师的主观印象或者没有区分度的"统一大红花贴纸"作为评价标准，不能精准地体现学生的个人优缺点。学生的好坏只在总体上有个大概的情况，班主任往往很难全面了解学生，导致无法给学生的发展起到细致的、具有综合指导意义的帮助。有些工作比较细致的教师会通过多元化的方式给学生进行评价，但记录与整理烦琐，反馈也具有延迟性。而今，在大数据全面赋能的时代背景下，学校构建了智慧校园平台。通过近几年的实践探索，在一日行规管理上有了初步的成果。

(一) 评什么：一日行规的模块分类

一朵花有一朵花的姿态，学生个体特点不同，应当尊重差异。作为教师，我们需要清楚地了解学生、评价学生，也从评价中发现学生身上的闪光点。但是应该评价什么呢？学生的一日行规之中应当注重哪些具体内容呢？学校结合《小学生日常行为规范(修订)》与学校特色，在智慧校园平台上设置了一些评价模块。有些模块是固定的，有些则是机动选择的，各班班主任可以结合班级学生特

① 本案例由谢兰兰撰写。

点，设定相应的评价模块。

1. 低年级

(1) 作业习惯

这一项是关于学生学习方面的，主要指课前预习、课后认真复习、按时完成作业、书写工整、薄面整洁。当学生认真完成某一项时，任课教师根据当日的情况，进行相应的加星。

(2) 课堂纪律

课前预备铃响及时做好课前准备，等待上课。上课时专心听讲，积极思考，大胆提问，回答时声音清楚，不随意打断他人发言。当学生认真做好自我课堂纪律管理时，任课教师给予相应的加星。

(3) 课间休息

除了上课时的课堂纪律，下课期间也要适度休息，不做剧烈运动，且课间活动有秩序。对于需要引导的学生，教师及时给予引导。对于自我管理较好的学生，教师给予加星肯定。

(4) 文明用餐

午餐时间，学生积极主动轮流管理分饭、打汤、餐具回收等事宜。吃饭时双脚平放，坐姿端正，珍惜食物不挑食，并且安静有序地就餐、排队加饭加汤。在学生完成午餐后，教师给予加星表扬。

(5) 卫生劳动

班级卫生人人有责，学生之间互帮互助。在日常的课间或者是午餐后、课后服务时间，如果学生积极参与班级卫生劳动，协助做好班级卫生，那么教师会给予相应的表扬，可获得一颗星。

(6) 眼保健操

爱眼护眼是每个小学生都要坚持的事情，眼睛是心灵的窗户，做好眼保健操特别重要。除了认真做眼保健操，还要注意护眼方法，保护好自己的眼睛。加星是一种激励，也是一种引导，更重要的是在日常生活中养成爱眼护眼的习惯。

(7) 校园两操

坚持锻炼身体，做好校园两操，不仅对身体有好处，而且还能展现小学生的活力姿态。除了校内的两操活动，学校也鼓励学生积极参加有益的文体活动，让这颗“健体星”闪闪发光。

(8) 文明礼仪

学生在校期间应遵守多方面的文明礼仪。早上进校门,应与教师、同学行见面礼。升降国旗奏唱国歌时应肃立、脱帽、行注目礼,少先队员行队礼。引导学生不在校时要尊老爱幼,尊敬父母,关心家人身体健康,主动为家庭做力所能及的事。听从教师、父母和长辈的教导,待人有礼貌,说文明话,用礼貌用语。在社会中,遵守交通规则,保护公共环境,做一个文明的小学生。

(9) 快乐启航

作为一名小学生,应该有一个好的时间观念,按时上下学。低年级的学生刚刚起航,积极参加集体活动,能够更快更好地适应小学生的身份,做一个积极向上的小学生。

2. 中高年级

中高年级的各项模块与一年级相比,内容基本稳定,大部分是长期需要保持的好习惯。各个班级可以根据自己班级的情况增加或减少一些模块。教师给学生加星的时候,相应的加星标准也因年龄的增长而有相应的提高,符合学生身心发展特点,并向学生明确加星标准。

(二) 怎么评:教师评价操作方式

好的设计离不开落地的实践,教师用得方便、用得轻松就显得很关键。

1. 对号入座,清晰直观

在评价选项上,针对学生每个方面的优缺点都能快速地找到适宜的选项。例如,学生在午饭期间能够珍惜粮食,文明用餐,并且整齐地送回餐具,教师就给学生的"文明用餐"选项点一个"赞"。当学生课间快速奔跑,不注重课间休息的安全和适宜度,教师在课间护导时就会给学生的"课间休息"点一个"小拳头"。

2. 随手可评,方式多样

(1) 智慧校园小程序端操作

每位教师的智慧校园小程序都与微信和手机号绑定。课间或者每日放学后,教师随时可以打开智慧校园小程序,点击"一日行规",给学生在相应的各个分类中点"赞"加星或者点"小拳头"扣星。

(2) 教室门口电子屏幕操作

下课时,教师除了在手机端操作,还可以在教室门口的电子屏幕操作,只要进行简单的人脸识别就可以打开评价界面。一方面是为了及时点评,另一方面还可以让学生给自己点评，引导学生上课时要积极。当教师进行课间护导时，通过电子屏幕给学生评价，学生看到教师对自己的评价，也能提醒自己注意如何进行课间休息。

图 2－51 智慧校园小程序教师端首页

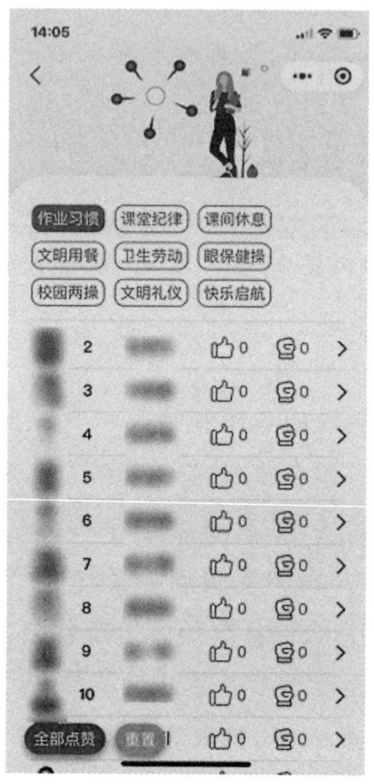

图 2－52 智慧校园小程序一日行规评价界面

在教室门口的电子屏幕上，不仅能显示当天评价的情况，还可以看到当月“雅行星”“智多星”的排行榜，更直观地让学生看到自己的进步。学校也会根据近期校园各类活动的开展情况，适当调整展示的模块，有时展示班级风貌，有时展示美术作品。

(3) 智慧校园网页端操作

智慧校园小程序端和班级电子屏幕的操作已经很便捷了，但也可能会出现手机故障、班级电子屏幕故障的可能性，所以直接在网页端进行点评是一个重要的保障。与此同时，在网页端操作也有它独有的优点，教师在点评时就可以清晰地看到全班的整体情况，通过点击升降条，能够全局、快速地查看情况，及时关注到一些学生的情况。

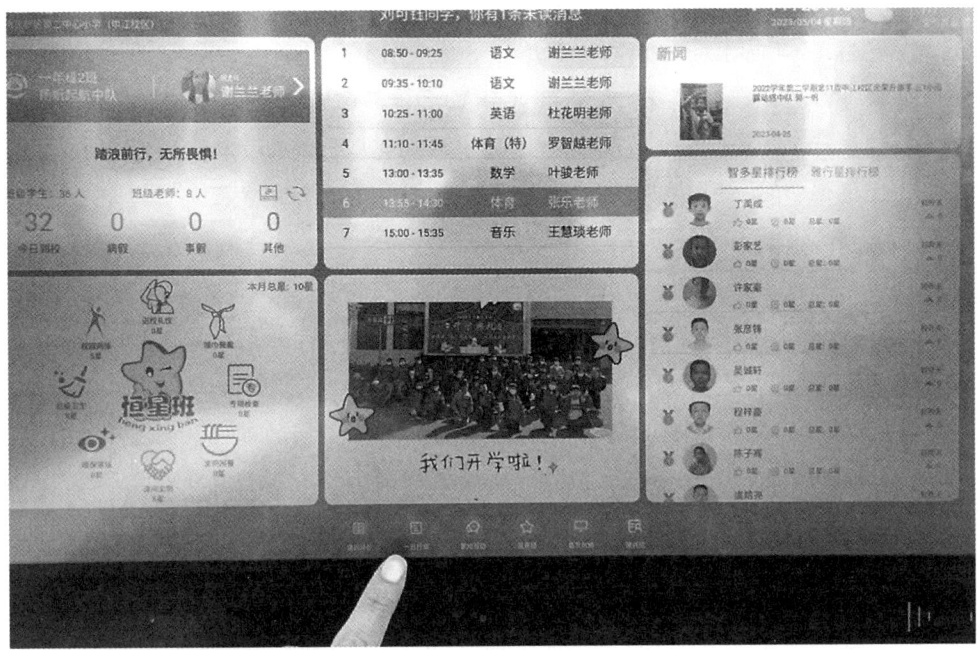

图 2 - 53　班级电子屏幕展示界面

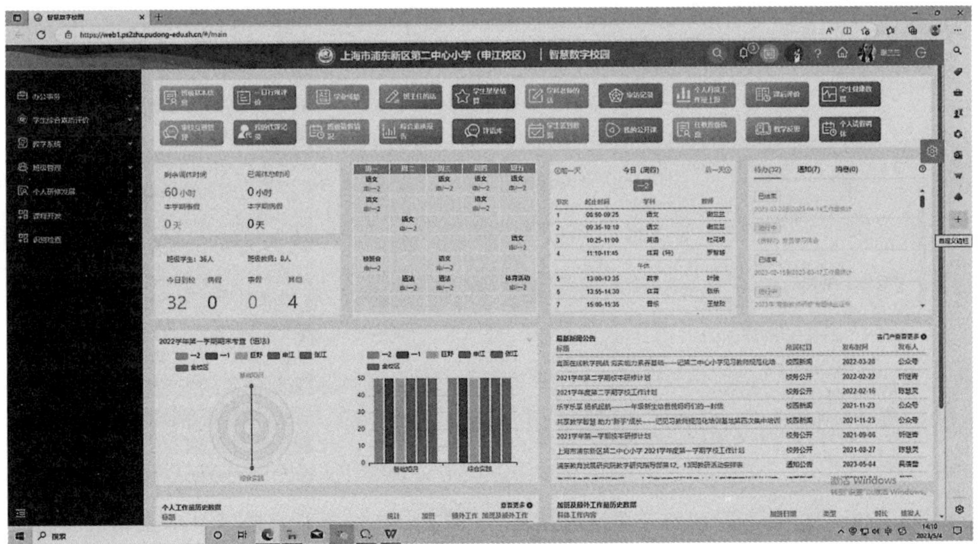

图 2 - 54　智慧校园网页端首页界面

（三）怎么反馈：展示评价结果方式

1. 教室门口电子屏幕自动更新

根据每月班级评价情况，班级门口会显示排名靠前的学生的信息，分为“智多星”和“雅行星”两个选项。除了个人的班级排名，还会显示班级的总星数。有了这些可视化、精准的数据，教师与学生都能随时了解评价结果。

2. 教师端“五育月报”查看评价结果

教师的手机端和网页端都能看到学生的完整信息。在“五育月报”这一模块中，大数据能精准地分析班级的总体情况与学生的个人情况。在班级的总体情况中，教师可以清晰地了解到哪些指标较为优秀，哪些指标作为下一阶段需要提升的方向，给班级管理提供指导。在学生的个人情况中，用不同的颜色和数字表示了学生各项指标的情况，既使教师看得方便，也让教师的工作有了更直观的指导方向。

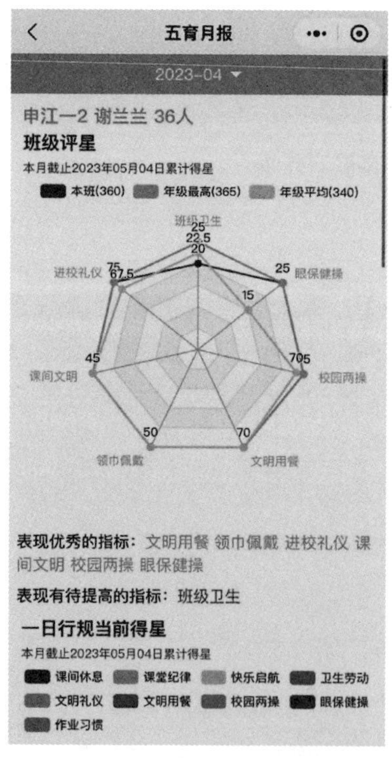

图 2-55 “五育月报”班级评星情况界面

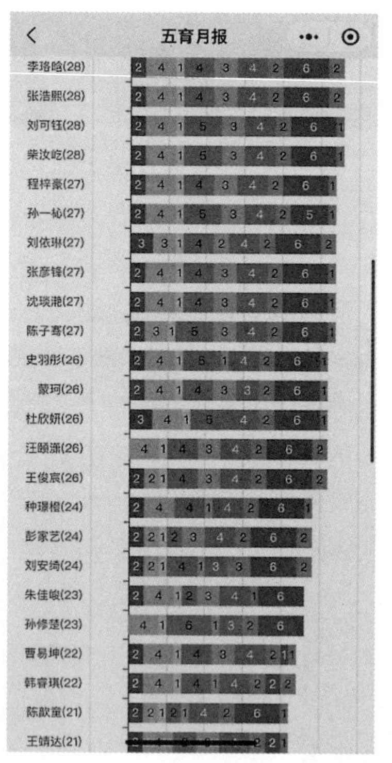

图 2-56 “五育月报”个人评星情况界面

3. 家长端综合素质报告查看一日行规

日常学生的一日行规报告主要是教师用于了解与指导学生之用，但是学期中以及学期末的综合素质报告中也会呈现学生阶段性的一日行规情况，这为家校之间的双向奔赴提供了有力的参考数据，有利于学生的发展与提升。

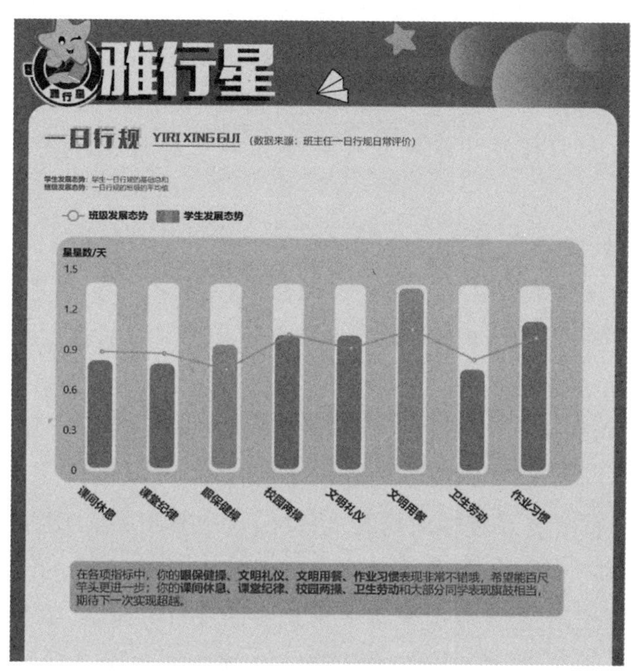

图 2-57　期末学生综合素质报告之一日行规界面

（四）实践的成效与不足

主要成效：

1. 标准明确，学生更清楚

在一日行规的管理中，每一项标准简洁明了，且具有多样性，学生清楚自己在哪些方面要努力做好。在每个模块的数据背后，其实是在每个学生的身上都安装了一个无形的放大镜，既让优点放大，也让缺点无处可藏。学生可在每月的排名之后，自我总结每月的表现，在新的一个月开始的时候自发地进行提升与改进，这对学生、家长和教师而言，都具有重要的引导意义。

2. 操作方便，教师更爱评

在实践中，虽然看到评价的板块有很多，平均每个年级的一日行规可评价模块为 9 个，但并没有增加教师评价的难度。不同的模块设计选项虽多，却不是每天每个选项都要评价，教师自主选择的空间较大，每个阶段可以结合“五育月报”自主安排重点评价哪些板块，作为班级不同阶段需要提升的侧重点。

虽然选项较多，但评价时间方便、评价操作简单。这些评价不是在同一时间一次性完成的，比如午饭后可邀请学生作为午餐管理员协助在电子班牌进行点评，课间可让护导教师在护导的过程中随手点评，课后可以让学生自主根据课堂表现排队找教师为他们点赞。这些评价都能与不同的工作场景紧密衔接，做完一件事之后总结性地进行评价，如果有时候特别忙，也可以在当天学生放学后根据个人使用习惯花几分钟在任一操作平台进行快速点评，所以可操作性很强。

3. 智慧总结，管理更高效

日常琐碎的点评其实就是一种无形的积累，好记性不如烂笔头，所以一次次的日常点评也为阶段性的评价提供了强有力的数据。智慧校园平台设置了各类评价模块，也集合了各类数据。在每一类数据的汇总后，教师只要动动鼠标、汇总一下数据，就能清楚整个班级的情况，更加精准与高效。

主要不足：

学生的一日行规是在校期间的表现情况，对于学生而言，在家和在校时有着共同的好习惯，那么对学生的未来才是具有意义的。有些学生在学校的时候特别愿意听教师的教导，但是在家就不太愿意和家长好好沟通，家长对学生的行为也没有合适的引导，一日行规的管理止步于校园。所以如果增设家长对学生在家时行为规范的容易操作的评价，也是一种延伸的思考。

例如，在家庭评价上，家长可以评价学生的“自主完成作业”“坐姿端正”“文明用语”“屏幕使用时间”等内容，这些内容可以实时反馈给教师，不仅能让教师清楚学生在家的情况，还能让学生明白一日行规是对长期的好习惯的培养，同时能够促进家校合作。对于增加此类评价的奖励机制，可以是积分积累兑换，可以是颁发具有纪念意义的“家校共评促成长”一类的证书，也可以是家庭给予的奖励。

智慧校园让校园学习、校园生活逐渐变得一体化，通过信息化手段将教学、教务管理和校园生活进行充分融合，实现智慧化服务和管理。在一日行规管理之中，依然有许多可以做得更好的地方。例如，“蓝牙手环无感考勤”可以与学生日常佩戴的班牌结合设计，加星的时候开启某一项要加星的界面，学生直接排队刷一下卡，不需要去找对应的名字点赞，也不用担心误点了，让加星的便捷度有新的提升，让一日行规的管理更高效。

案例十六 智慧校园赋能的学生综合素质评价和日常行规管理①

学校一直致力于将智能管理创新的核心和应用基础放在学校所有智能物联设备、各类应用平台、数据的统一汇聚和融通。学校通过数字基座的建设来助力学校管理流程再造，促进学校治理体系的建设。针对教育部提出的“五项管理”要求，学校通过信息化赋能，使管理更规范、更高效、更智慧。

长期以来，学校管理中常常会出现低效、重复、随意等问题，能否用信息化思维来对这些问题进行再认知？能否利用信息化手段来促进这些问题的解决呢？学校以“基于数据与流程，体现集约与高效”为导向，基本实现了人员管理的“一网通办”，主要表现在学生综合素质评价和日常行规管理两个方面。

学生综合素质评价和日常行规管理是基础教育课程改革的一项重要内容，是促进学生全面发展、提高教育质量的重要举措。传统的非数字化学生行规管理在很多方面还有所不足。例如，学生课后评价和一日行规的导向性、过程性、激励性、评价主体多元化以及可操作性都存在可提升的空间。而智慧校园建构的数字化模式下的学生综合素质评价和日常行规管理系统科学合理全面，动态地记录学生成长过程，实现了评价主体的多元化，使用便捷更具操作性，系统管理兼具赏识和激励。运用数字化学生行规管理评价系统，达到了“以评促进”的目的，有效促进了学生的全面发展。依托学校的智慧校园，学校对学生综合素质评价和日常行规管理进行了一定的探索与实践。

（一）评什么：建构“五维”智慧校园评价体系

数字化评价平台是一个系统工程，评价涵盖思想道德、科学文化、运动与健康、审美与表现、实践与操作五个维度，较好地解决了“评什么”的问题，对学生进行全面的评价和管理；评价方式上重视过程性、多元化评价，注重激励和引导，讲究评价的科学性、合理性、公正性，使评价真正符合学生的身心健康和个性发展，充分体现了全程育人、全科育人、全员育人的思想；评价结果动态呈现于教师、学生和家长界面，对学生目前的发展状况作出科学评价和判断，便于学生和家长及时准确地了解发展动态，为学生长远的发展规划提供科学的依据。

（二）怎么评：开展学生成长全过程评价

数字化评价平台较传统的评价方式更能体现评价的过程性，合理地解决了“怎么评”的问题。每天的“课后评价”“一日行规”适时地对学生进行评价，鞭策

① 本案例由蒋金言撰写。

与激励同步；每月的“五育月报”“恒星班行星班—星级班级”评比，自律与荣誉同步；德智体美劳五个维度的“活动积分”评价，引领与发展同步。学生相关评价得到及时呈现。

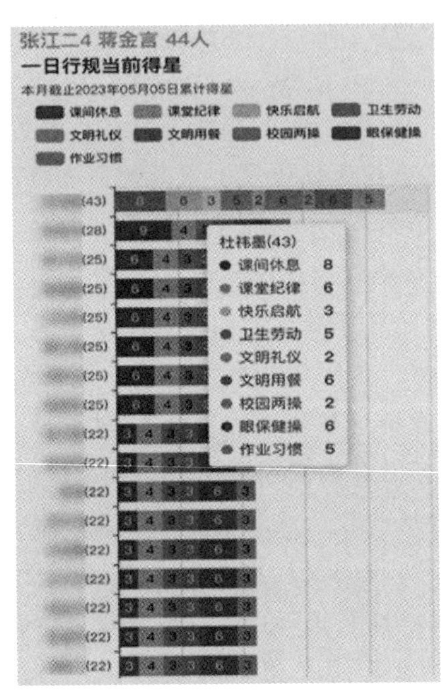

图 2－58 学生相关评价呈现

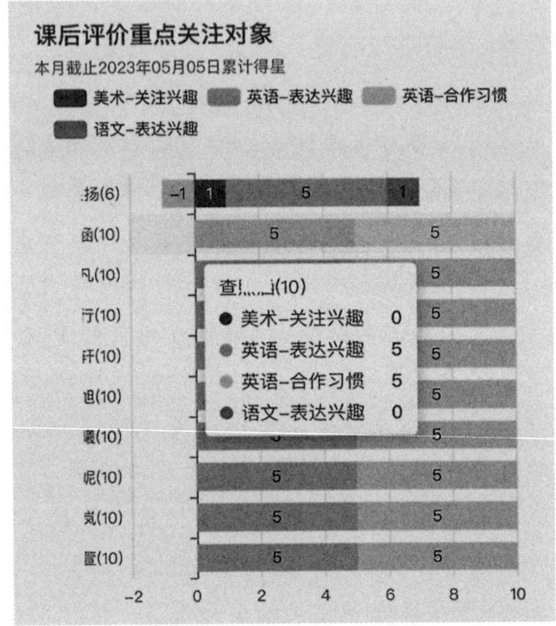

图 2－59 课后评价重点关注对象示例图

(三) 谁来评：倡导评价主体的多元化

数字化评价平台成功地解决了“谁来评”的问题，避免了传统评价体系中班主任“一人评”的现象。各学科任课教师组成了评价团队，保证评价的民主公开、公正公平。在综合素质评价过程中注重发挥学生的主体作用，来达到学生每日规范管理的目的。提高学生自身素质，使得评价的过程成为促进学生反思、加强评价与教学相结合的过程。通过多元评价体系，尽量开发学生身上具有的其他潜能，评出学生身上的“闪光点”，努力使评价对每一个学生都合理。

(四) 为何评：集多功能于一体激发学生成长动力

运用数字化学生综合素质评价平台的目的在于激发学生成长动力，促进并引导学生养成规范的日常行为从而健康发展。智慧校园平台操作便捷，管理、赏识和激励功能兼具，本身具有管理、引导、教育的功能，让学生认识到自己的成长历程不仅仅是班主任在关注，而是任课教师和学校行政人员都在关注，让学生认识到他们的点滴进步都会得到教师的认可与评价，他们的任何放纵都会被纳入自己的评价结果中。

运用智慧校园的评价手段和管理模式，改变学校教育过程中“重智育轻德育、重知识轻实践、重结果轻过程、重成绩轻能力”的状况。要克服“评价麻烦”“评价管理就是班主任的事情”的思想，真正实现评价内容综合化、评价主体多元化、评价方法多样化、评价过程数字化、评价手段信息化、评价结果价值化。变被动评价为主动评价，把对学生每时每刻的评价和行规管理变为一种工作习惯，唯有树立这样的思想，才能真正使智慧校园成为激励学生进步和成长的大平台。

（五）实践的成效与不足

主要成效：

评价的意义是让学生心灵深处生命的春草蓬勃生长，是让学生心灵深处贮藏的潜能喷薄欲出。自运用智慧校园学生综合素质评价和日常行规管理系统以来，体现素质教育要求的主体参与、多元评价的发展性评价体系已基本形成，教师应用平台、学生参与评价的热情不断上升，达到了“以评促进”的目的，有效促进了学生的全面发展、全体发展和个性和谐发展。

1. “五育月报”评价，拓宽德育载体

“五育月报”评价活动主要在每月的“一日行规”和“课后评价”后综合展示，通过评价方式的变革，拓宽德育载体，创新德育的模式，推动学校德育数字化的进程。“一日行规”是学生综合评价管理的一个重要方面。将学校日常管理与思想道德建设相结合，培养学生荣辱与共、责任共担、荣誉共享的集体主义观念，当一个学生的行为表现牵涉到每个同学的思想道德素质积分的时候，无形的班集体环境压力就转变为个体学生改变和成长的动力，从而促进行为偏差学生的转变。为自尊而改变自己，为集体荣誉而改变自己，改变不良习惯，养成优良行为，与人合作，团结向上。“一日行规”最大限度地发挥了班集体教育资源优势，最大限度地挖掘着班集体教育的潜能。

2. 每日“课后评价”，激发学生学习热情

科学文化素质等级评价主要以每日“课后评价”为主，使教师逐步改变了以往单一的靠成绩评价学生的评价方式，以激励、赏识、确认、肯定为特征的素质教育新方法在课堂得到普遍应用。每日“课后评价”培养学生认真听课的良好习惯，也规范了教师教学管理行为，形成良好学习状态、呈现积极表现、进步的过程性评价，激发了学生学习动力和热情。课堂优化评价过程、结果公开透明，评价

的依据具体明确，克服了更多的主观因素，提高了学生的自我认知能力，优化了师生关系。

智慧校园学生综合素质评价和日常行规管理系统以学生的日常学习生活入手，从道德素质、文化素养及心理健康、社会实践等方面进行过程性记录，注重学生发展的每一个过程，将更多的目光放在学生全面和谐健康地发展上来，如“学生标志性发展卡”的评定发放，着眼于学生的日常表现，形成一种常态化管理，能对学生偶然的、随机的、暂时的进步表现给予充分的认可和肯定，它关注了学生的成长过程，激活了学生的内在发展动力。突出阶段性的等级评价生成于成长过程的积累，摆脱了那种一学期一次的根据学生总体印象而作评价的现状，让学生在生活学习过程中看到了自己的优点与不足，重视学生品德教育，时时关注学生的成长历程。

3. 一日行规评价，活跃课堂气氛

运用智慧校园学生综合素质评价和日常行规管理系统以来，课堂上学生活跃了，沉默的课堂氛围不见了，每个学生都努力在发展自我，课下守规矩的学生多了，责任心强的学生多了，彰显个性的学生多了。在每年的校园艺术节、运动会、校园科技节上，学生展示他们的艺术素养、竞技水平、创新能力，表现出他们高雅、健康的审美追求和阳光快乐、积极向上、富于创新的精神风貌。智慧校园学生综合素质评价和日常行规管理唤起了学生追求真、善、美的热情，激励学生为梦想扬帆起航。

主要不足：

1. 如何保障学生的信息安全

由于该系统会涉及多种个人信息和数据，因此学校需要采取有效措施来避免信息泄露和滥用的问题。此外，如何处理评价结果中的误差和漏洞？任何评价方法都可能存在误差和漏洞的问题。因此，学校需要在评价过程中加强监管，采取必要的纠正措施。

2. 如何保证评价过程的公开透明

在进行一日行规评价时，学校需要注重评价过程的透明度和公正性，以确保评价结果的可靠性和合法性。

智慧校园学生综合素质评价和日常行规管理系统是一种有益的教育信息化工具。通过对学生的全方面行为表现进行综合评价，学校可以及时发现并解决学生存在的问题，帮助学生全面成长。学校需要进一步树立健全、完善的小学生综合评价和日常行为规范管理观念，形成智慧校园数字化动态的发展动力，海纳百川、兼容并蓄。以数字化全方位赋能教育的综合改革，以整体性推进教育数字化的转型，推进教育教学模式的革命性重塑。在助力学校数字化转型、共建教育新型基础设施过程中，智慧校园正扮演着越来越重要的角色，助力教师减负增效落到实处、细处、深处。

案例十七　智慧校园赋能下的学生特异体质和意外伤害的追踪管理①

学生的健康和安全管理工作一直都是学校工作的重中之重，中小学更是学生身心发展的重要阶段。根据《中华人民共和国教育法》《中华人民共和国未成年人保护法》《中小学幼儿园安全管理办法》《学生伤害事故处理办法》等法律、行政法规规定，学校需加强对特异体质、特定疾病和心理异常学生的管理，有效预防和减少学生人身伤害或其他事故，维护正常的教育教学秩序。对在校学生特异体质和意外伤害情况的精准把握对维护校园秩序、提高校园安全水平具有重要意义。

图 2－60　家长通过智慧校园填写学生特异体质

传统模式下，对学生特异体质情况和意外伤害的统计和记录主要以书面和口述为主，这就有可能存在学生瞒报、班主任信息滞后等问题，而基于数字化校园平台的特异体质和意外伤害情况则能确保教师和学校领导实时接收和掌握学生的健康情况并进行跟进，及时了解、监控和预警分析学生的健康状况，让学生的健康管理更及时、高效以及数据可视化，让学校管理更加规范、智慧、有温度。以智慧校园为契机，结合“生本理念”探索数字化促进学生特异体质和意外伤害管理的具体措施和实施办法。

（一）学生特异体质的统计和管理

一般来说，教育系统所指的特异体质情况，

① 本案例由曹欣月撰写。

主要包括身体健康状况异常或者患有肺结核、心脏病、高血压、癫痫病、胃溃疡、哮喘、肺炎、肾炎、重感冒、发烧、打狂犬疫苗等不适宜体育活动或剧烈运动的各类急慢性疾病。每学期初，家长可在智慧校园系统的特异体质板块直接填报学生的特异体质情况，如身体情况变化，针对已填写过的信息，家长可直接在原信息上进行修改，实时更新数据。

与传统的纸质调查表相比，这种在线填写方式大大提高了信息录入的效率，并确保教师能够及时掌握学生的健康状况。根据家长在线填写的信息，智慧校园系统会自动生成学生个人的健康状况调查表并汇总全校学生的信息。通过这个功能，卫生教师和班主任无须手动汇总家长提交的特异体质信息，不仅节省大量时间和精力，也减少了人为操作过程中的错误，提高了数据的准确性，为学校管理提供了重要的依据。

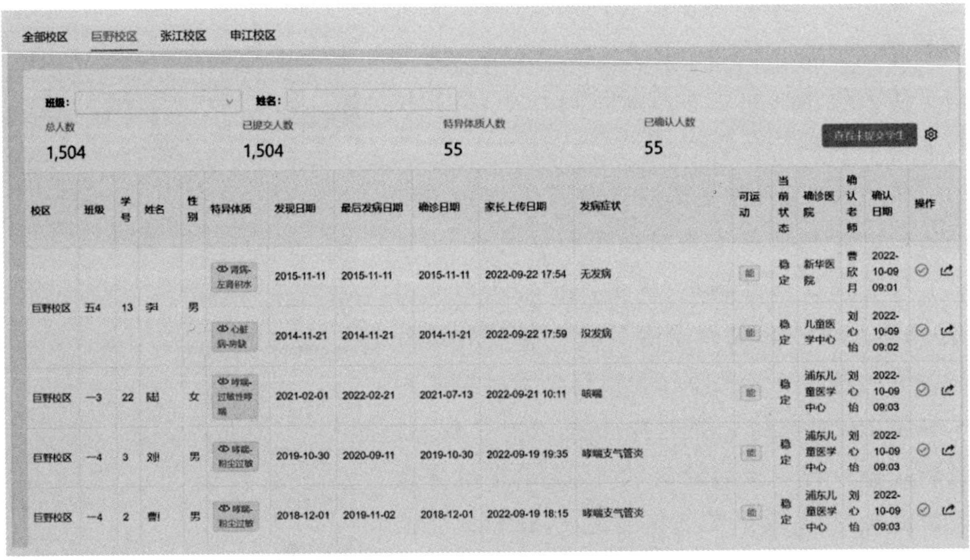

全部校区　巨野校区　张江校区　申江校区

班级：　姓名：

总人数 1,504　已提交人数 1,504　特异体质人数 55　已确认人数 55

校区	班级	学号	姓名	性别	特异体质	发现日期	最后发病日期	确诊日期	家长上传日期	发病症状	可运动	当前状态	确诊医院	确认老师	确认日期	操作
巨野校区	五4	13	李	男	肾病-左肾积水	2015-11-11	2015-11-11	2015-11-11	2022-09-22 17:54	无发病	能	稳定	新华医院	曹欣月	2022-10-09 09:01	
					心脏病-房缺	2014-11-21	2014-11-21	2014-11-21	2022-09-22 17:59	没发病	能	稳定	儿童医学中心	刘心怡	2022-10-09 09:02	
巨野校区	一3	22	陆	女	哮喘-过敏性哮喘	2021-02-01	2022-02-21	2021-07-13	2022-09-21 10:11	哮喘	能	稳定	浦东儿童医学中心	刘心怡	2022-10-09 09:03	
巨野校区	一4	3	刘	男	哮喘-粉尘过敏	2019-10-30	2020-09-11	2019-10-30	2022-09-19 19:35	哮喘支气管炎	能	稳定	浦东儿童医学中心	刘心怡	2022-10-09 09:03	
巨野校区	一4	2	曹	男	哮喘-粉尘过敏	2018-12-01	2019-11-02	2018-12-01	2022-09-19 18:15	哮喘支气管炎	能	稳定	浦东儿童医学中心	刘心怡	2022-10-09 09:03	

图 2－61　特异体质学生的信息汇总

此外，除了卫生教师可查阅全校学生特异体质情况外，其他教师也可以在智慧校园系统的任教班级信息一栏查阅任教班级学生的特异体质情况，该功能与档案相类似，便于教师针对学生的特异体质调整教学方法，为学生提供个性化的教育管理服务。例如，对于有食物过敏的学生，教师可以在组织课堂活动时避免使用可能引发过敏反应的食材并进行提醒。体育教师可以根据学生的特异体质情况进行分层锻炼，这种分层锻炼旨在为每个学生提供适合他们身体状况的锻炼方式,从而有针对性地制定出科学合理的运动方案。例如,对于有心脏病史的学生,体育教师可以为他们安排低强度的运动项目,以降低运动风险。另外,对不合适运动的学生进行备案,有医院诊断学生身体完全康复方可参与体育运动,这种全面、到位的个性化体育锻炼有助于提高学生的锻炼效果,降低运动伤害的风险,方便教师了解每一位学生的身体情况,因人而异地制定相应的锻炼方案,为学生的健康管理提供了便捷。

这种信息化的管理方法不仅有助于学校实现信息的实时更新、简化数据汇总工作,还有效解决了传统管理方式中的信息滞后问题,提升学校对学生特异体质的关注度和管理效果,为学生的健康成长提供有力保障。

(二)学生意外伤害情况的记录与处理

学生意外伤害是指学生因课间的追逐、打闹;被锐利的学习用品戳伤,如铅笔;呼吸道梗阻、体育运动损伤,如足球、跑步冲撞跌倒;食品安全隐患,如食物过期;校园欺凌、学生身体特殊事故等造成身心上的伤害。

在传统校园内,学生在校园内的意外伤害是不可避免的。在智慧校园系统内,通过智慧校园系统的伤害登记模块报告学生的受伤情况、处理方式和治疗建议,而班主任和校领导则能够实时接收信息并进行处理和跟进。这种实时报告方式有效地缩短了信息传递的时间,提高了应对意外伤害的效率,为学生的在校健康提供了更高效和安全的保障。此外,智慧校园小程序还可以自动生成意外伤害统计报表,方便学校分析学生意外伤害的原因和趋势。针对数据分析每一位学生意外伤害的原因,降低学生意外伤害的风险。

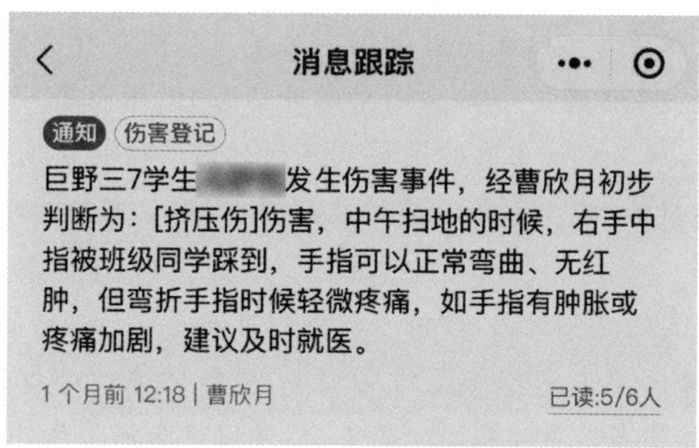

图 2-62 学生伤害登记

(三) 实践的成效与不足

主要成效:

利用智慧校园可以实现对学生特异体质和意外伤害情况的实时监测与管理,提高沟通效率,并确保意外伤害得到及时处理。通过对伤害数据的分析,学校可以找出安全隐患,及时采取措施防止类似事件的再发生。同时,大数据分析还有助于发现学生特异体质的共性问题,为制定针对性的健康教育策略提供依据。智慧校园的应用还可以提高学生意外伤害情况的处理效率。

1. 实现信息实时更新,保障学生安全管理

在传统的学校管理方式中,学校通常利用纸质调查表来统计学生的特异体质情况,但纸质调查表的方式往往需耗费大量的时间和人力进行表格的分发、回收和汇总,甚至可能会产生数据更新不及时、信息失准等问题。而当学生发生意外伤害时则主要是由学生本人、同学或者卫生教师口头或电话告知班主任,这种方式则容易造成信息传递的速度较慢、信息不对等的情况,可能导致处理不够及时。这种滞后性也会给学生的身体健康带来潜在风险,甚至可能引发家长和学校之间的纠纷,这些问题在很大程度上制约了学校对学生安全管理的效率和质量。

所以,通过智慧校园系统开设的特异体质和伤害登记板块,实现了信息的实时更新和传递。借助智慧校园,家长可以及时填报和更新学生的特异体质,卫生教师也能及时反馈学生的受伤情况和处理方式,便于教师和学校管理者在第一时间了解学生情况,这种实时更新和传递机制使得教师和家长沟通更加便捷。

2. 加强家校联系,及时采取措施

利用大数据和云计算技术实现学生的特异体质和意外伤害情况的监测与管理。这些技术可以帮助学校在海量数据中迅速发现规律和趋势,为学校管理层提供有针对性的决策依据。当学生发生意外伤害时,小程序可以立即将信息推送给相关教职工,确保意外伤害情况得到及时处理。这种快速响应机制有助于降低学生的身体风险,减少家长和学校之间的纠纷,让家校沟通更顺畅,让学校管理更有温度。

通过智慧校园的这些数据,学校可以发现可能存在的安全隐患,制定相应的预防措施,从而降低学生意外伤害的发生率,保障学生的身体健康和安全。同时,针对学生意外伤害频率较高的受伤类型,学校将加强学生自身保护意识和应对措施的宣传指导,尽可能降低意外伤害的发生率以及受伤的严重程度。

主要不足：

1. 学生伤害信息登记缺乏准确性

对于学生伤害原因的记录往往来源于学生或他人的口述，但有时学生对于造成伤害的地点以及物品无法描述清晰，由此可能会延误治疗。未来，学校可以利用智慧校园，在学生发生事故的当下，拍摄记录造成伤害的物品，并形成数据的传递，以期得到更为精准的治疗。

2. 如何保障智慧校园的网络安全

在智慧校园系统中，网络环境的维护成为管理人员工作的重中之重，监测网络环境，从根本上控制病毒，保障学生的信息安全。今后智慧校园要将网络安全技术与科学的管理体系相结合，将多种网络安全技术与管理方法相结合，尽量减少不安全因素，从而保证校园的网络安全。

智慧校园建设是学校在新形势下，不断优化管理、提高办学效益、保障学生安全管理的一种有效途径。在对学生的健康和安全管理工作方面，智慧校园已经取得了一定的成效，有效提高了对学生特异体质和意外伤害情况的监测与处理效率，保障了学生的身心健康发展，提高了校园的安全水平。但是，由于智慧校园的学生安全问题是一个比较复杂的系统工程，涉及技术、设备、管理、制度等多个方面，同时在大数据时代的背景下，学生的健康和安全、学校的健康管理工作要如何与新技术更好地融合、应用，仍需进行不断的探究与实践。

本章小结

党的二十大报告中明确指出办好人民满意的教育。学校是教育体系的组成部分，好的学校管理关乎高质量教育体系的构建。拥有好的学校管理、办好每一所学校是全社会的美好期待和共同责任。随着信息技术的不断发展，现代社会进入“互联网＋”、人工智能的智能时代，学校管理亟须变革以适应时代发展和教育变革。信息技术赋能的学校管理变革主要是通过优化管理流程、提高管理效能来创建新型管理模式支撑的新型学校，培养德智体美劳全面发展的社会主义建设者和接班人。新型学校需要有新型的管理，在管理理念、组织机制、运行模式、技术应用、发展动力等方面，都需要新的思路、新的路径和新的发展。

本章主要介绍学校顺应时代发展大势，立足学校管理需求，探索了智慧校园赋能下的管理实践，主要涉及教学管理、德育管理、教务管理、安全管理等方面。

学校构建了以数字化学校管理平台为核心的学校数字基座，理顺了学校管理流程，实现了数据互通，形成了可视化系统，创新了管理模式，在提高学校运营效率、学生学习成果、教职工满意度、家长参与度等方面取得了良好效果，为更好的学校管理提供了有力支持。学校注重管理业务的深度分析和重构优化，在信息技术的加持下，围绕学校管理的主要环节，聚焦学校管理的重点和难点，鼓励学校教职员工破解困境，努力将学校管理与信息技术融合起来，打造管理应用生态圈，实现了在安全管理、健康管理、作业管理、睡眠管理、手机管理、读物管理、体质管理、教务管理、教师管理、学生管理等方面的突破和发展。

在教学管理方面，学校以智慧校园为契机，按照教学和管理活动的基本规律，将信息技术应用到教学计划、组织、协调、控制等环节，努力为教师创设更优的教学环境，为学生创设更好的学习环境，更好地达到办学目标。在教学管理方面，学校信息化系统覆盖教学管理的各个环节，主要涉及教学管理、作业管理、学业质量管理、教学资源管理等，结合具体业务需求开发了一系列好用的小程序、小工具，并借助大数据、人工智能等技术实现数据的采集、挖掘与分析，为管理者、教师、学生和家长提供数据支持和应用便利。在智慧校园的赋能下，学校能够及时掌握、跟踪和处理相关数据，教学流程变得愈发清晰和简洁，学校数据采集、管理和传送共享程度更高，促进了教学信息管理的体制机制建设，优化了信息系统供给模式，提高了教学管理的规范化、效能化和数字化。

在德育管理方面，学校长期采用“一册、一榜、一会”的“星星总动员”激励机制来规范学生的日常行为，取得了一定的效果。但随着社会的发展，特别是教育信息化应用的飞速发展，传统的“星星总动员”激励机制带来了一定发展的瓶颈，也出现了新的发展需求。学校基于传统的激励方式，开展了大数据时代下的学生日常行为规范评价的变革，着力打造了“五星五育＋”智慧评价空间。通过Web端、手机端和智慧屏三个终端的无缝对接，使得学生日常行为数据的采集变得非常方便。通过形象化、可视化的评价载体，使得学生“星星少年”的评价更加趣味化、形象化、规范化。

在教务管理方面，智慧校园教务管理的智能应用主要体现在智能人事安排、排课系统及考勤管理等方面，为学校的教育运营提供了前沿而实际的信息化管理工具，为学生、教职员工和行政管理人员提供了高效的网络化服务。智能人事安排系统能够自动化安排和优化任务分配、排班和人员调配，从而大大提高了工作效率和教职工满意度，提高了服务质量。智能考勤管理实现了以“人员管理前置化、人员调配智能化、人员绩效显性化”为特征的管理流程变革，大大提升了管理效率。

在校园安全方面，学校以保护学生身心健康、安定社会治安、促进教育治理提高和推动校园文明建设为目标，注重智慧校园赋能下安全管理的智能化、数据化、协同化和一体化建设，建设了数字班牌，安装了智能监控探头，配备了智能门禁，打造了较为完善的安防管理系统，减少了人力和时间成本，大大增强了校园的监控能力和应急处理能力，大幅提升了学校的安全水平，能够更好地保障学生、教职员工以及校园资产的安全。

第三章 数据驱动下的教与学方式变革

一、总述：数据驱动下的教与学方式变革实践①

随着时代的飞速发展和技术的不断迭代更新，信息化浪潮已经推进到教育教学的各个领域，对教与学方式带来了革命性影响。义务教育课程方案和课程标准(2022 年版)的发布，不仅为核心素养导向下未来人才的培养路径提供了纲领性的指示，更是激发了学校在管理层面和教师在实践层面参与课程改革的探索之心。刘邦奇教授认为，数据驱动教学数字化转型是以教育数据为核心驱动力，以数字化教学工具、平台和资源等基础设施为支撑，促进全过程、全领域教育数据流通赋能，助力课堂教学、学科教学、学校教育多个层面的数字化发展，推动教学理念、设计、实施和评价的系统性变革，形成数字化、智能化教学新形态，实现教学数字转型和智能升级。

学校在数字化智慧校园建设的过程中，联合各方力量，聚焦"智慧教""智慧学"，研发课堂教学平台、教学资源中心、学生学习空间、课程学习平台等功能，为数据驱动下的教与学方式的变革提供技术支持与数据基础。学校各学科教师更新理念，借助技术，大胆融合，创新教学，在这场教学变革的大潮中逐浪前行。

(一) 数据驱动下的"教"方式变革实践

1. 教学设计由割裂独立走向单元整合

(1) 以单元为单位构建的数字化教学系统

在以往的教学中，教师较为关注单课时教学设计与组织，容易造成教学内容的相互割裂，课时间缺少呼应与统筹。新课标对课程实施提出了"整体把握教学

---

① 本节由赵艳雯撰写。

目标，探索大单元教学”的要求。为了满足这一要求，学校数字化智慧校园构建了教学系统数字化平台，为教师提供了教学资源的存储与共享，有效地促进了教学资源的整合与优化。

教学系统以单元为单位进行构建，将课程内容整合为大单元，并设立了相应的教学设计、课件资源、教学反思和教学课例栏目。各学科通过年级备课组的方式，以单元为单位，分工开发，并经过研讨和优化后进行教学资源的上传，从而建立了学科单元教学数据库的雏形。

（2）集调用、组合、优化为一体的资源中心

教师在日常备课中可以轻松地在教学设计栏目选中相应的单元，然后在“所有教学设计”中查阅到其他教师制定的同一单元的教学设计。教师可以根据自己执教班级学生的学情，结合个人教学风格，对教学设计进行修改与标注，形成符合自己需求的教学设计。教师修改过或新制定的教学设计可以上传到“我的教学设计”中，供其他教师参考和查阅。通过数字化教学系统的共享与协同实践，促进教师之间的互相学习与成长。

以单元为单位构建的数字化教学系统和资源中心为教师教学设计的整合与优化提供了强有力的支持，推动了教学方式的变革，使教师能够更加有效地实现教学目标，提供更优质的教育教学服务。

2. 教学组织由教师中心转向学生中心

（1）AI 常态录播数据支持下的课堂模式分析

在 21 世纪教育改革的背景下，“把课堂还给学生”已成为教育改革的主旋律。然而，在大班额的情况下，由于传统的师道尊严观念的影响，教师往往有意识或无意识地仍站在课堂的“C 位”。要实现“以学生为中心”的课堂，教师亟须从课堂中“淡出”，并对自己的角色和行为进行实时关注。在学校智慧校园硬件环境建设的打造中，学校的各个教室配备了 AI 常态录播设备，并辅以课堂行为分析系统，为教师提供了自省的数据支持。

AI 常态录播的课堂行为分析系统能够主动捕捉教师行为和学生行为，如“板书、讲授、师生互动、巡视”等教师行为，以及“读写、举手、听讲、生生互动、应答”等学生行为，并通过 S－T 师生行为曲线图进行分析课堂模式。教师可以通过系统的“视频回播”功能回顾任意教学片段，并借助教学行为分析报告中的数据呈现来反思自己的教学行为，并进行相应的改进。

近年来，学校的多项研究课以及“春华杯”“秋实杯”等教师教学评优活动已

经采用了AI常态录播和分析系统辅助课堂行为分析，以促进教师专业能力的提升，助力打造“活动课堂”。教师通过这些数据的支持和分析，能够更好地认识到自己在课堂中的角色定位和行为特点，进而调整教学策略，实现教学组织由教师中心向学生中心的转变。

(2) S-T曲线辅助下的师生行为分析与改进

在实现“以学生为中心”的课堂中，教师的行为和学生的行为都起着至关重要的作用。通过S-T曲线的辅助分析，教师可以深入了解师生之间的互动模式，从而更好地调整自己的教学行为，使教学组织更加突出以学生为中心的目标。

S-T曲线是基于AI常态录播数据的师生行为曲线图，“S”即“Students”，指向学生学的行为；“T”即“Teacher”，指向教师教的行为。S-T行为分析所呈现的曲线图能够清晰地显示教师和学生的行为特征和变化趋势。教师通过分析S-T曲线，能够了解到自己在课堂中的教学行为是否占主导地位，是否给予学生足够的参与和互动机会。同时，教师也能看到学生的学习态度、参与度以及课堂效果等方面的表现。这些信息对于教师来说是宝贵的参考，可以帮助教师更加准确地评估课堂教学的质量，并及时调整自己的教学策略和行为方式。这种数据支持的教学模式有助于教师更好地实现教学组织的转变，将课堂聚焦于学生的学习需求和个体差异，从而打造一个更活跃、更有趣、更有效的学习环境。

AI常态录播数据支持下的课堂模式分析和S-T曲线辅助下的师生行为分析与改进使教师能够更好地认识到自己在课堂中的角色和行为特点，促使教师在实践中不断调整教学策略和行为方式，从而打造更有活力和成效的学习环境，真正实现“以学生为中心”的教学目标。

3. 教授方式由讲授操练指向多样呈现

在智慧校园建设过程中，信息化工具的应用极大地丰富了教与学的方式，使之呈现出课堂教学的结构性变革。多年前，教师用一本教科书、一块黑板、一支粉笔进行教授，后来发展为一份教案、一个PPT和若干“板贴”。然而，随着教育信息技术的迅猛发展，学校的课堂上，教师利用各种信息化工具创新教学方式，实现了教授方式由讲授操练指向多样呈现的目标。

(1) 基于学情的预习资源推送

教师通过智慧校园平台，根据学生的学情和个体差异，针对即将上课的内容，向学生推送适合的教学视频、课外阅读资料等预习资源。这样的个性化预习推送有助于激发学生的兴趣,提前准备好与课堂相关的知识和思考问题,为课堂的互动和探究奠定基础。

(2) 跨越时空的多彩场景呈现

利用信息化工具,教师可以根据教学要求,调用图片、音效、视频、网页等数据,经过处理,创造出跨越时空的多彩场景,如中华传统文化的重现、世界各地风貌的展示等。这样的场景呈现能够激发学生的想象力和参与度,使他们能够更加生动地体验和理解课程内容。

(3) 直观细致的学习过程演示

教师可以利用智慧校园平台上的教学工具,如电子白板、多媒体投影等,直观细致地演示学习过程。例如,数学教师可以通过希沃白板实时展示作图过程,语文教师在墨水屏演示汉字的笔画笔顺。这些方式可以让学生更好地理解和掌握知识,也可以激发学生学习的主动性、积极性。

(4) 实时更新的过程评价反馈

在智慧校园中,教师可以利用信息化工具对学生的学习过程进行实时评价和反馈。例如,英语教师根据学生在"三个助手"平台的课堂任务完成情况数据反馈,可以在课堂上发布语篇到学生端平板电脑,让学生现场戴着耳机进行朗读,并根据大屏幕反馈的实时机评结果,对发音有困难的学生进行辅导正音。这种实时更新的过程评价反馈有助于教师调整教学策略,确保每个学生都能够得到适当的支持和改进。

(5) 有声有色的作品交流展示

在智慧校园中,学生可以通过各种信息化工具创作和展示自己的作品。例如,音乐教师在智慧校园"音乐唱听"栏目发布长周期任务,学生可选择合适的时间,跟随伴奏,合成音效,上传智慧校园并分享到"班级圈",学生之间可以互相欣赏点评。这样的作品交流展示能够激发学生的创造力和合作精神,促进他们以多样化的形式表现自己,展示才能。

(6) 减负提效的课后任务延展

在智慧校园中,教师可以通过平台发布课后延展任务,进一步拓展学生的学习和思考。例如,语文学科基于墨水屏的开放性习作任务,英语学科基于语音识别技术的配音任务等。这些任务可以是与课堂内容相关的研究性学习、项目作业或社区实践等,能够帮助学生将所学知识应用于实际生活中,培养他们的综合能力和创新思维。

4. 教学评价由单一平面转为多维立体

义务教育课程标准(2022年版)强调“教—学—评”一体化设计。在素养导向的目标下,通过一系列指向教学目标的有效活动的开展,跟进过程性评价,以实现“以评促学、以评促教”,从而形成“教—学—评”互动融合的课堂教学新样态。为使这一理想样态落地,学校基于智能硬件及大数据平台,以“学科核心素养”为依据,以数字校园创建为契机,积极探索新技术支持下的学科评价方式变革。学校课程教学部与信息化融媒体中心经过前期调研,提出假设,场景模拟,试点应用,论证改进,开发了多项教学评价平台,包括日常课堂评价、阶段学业分项评价、期末学科评语库等,初步实现了学科评价的实时化、动态化和伴随化。在此基础上,学校进一步拓展评价呈现通道,通过数据采集和分析,围绕德、智、体、美、劳、特,构建了具有校本特色的“五星五育+”学生综合素质评价体系。最终,通过“成长空间”的方式呈现学生学科综合素质评价的数字画像,实现了评价的个性化与立体化。

(1) 多终端支持下的学习品格评价

学校利用智能硬件和大数据平台,通过智能手机、平板电脑、电脑、电子班牌等多种终端设备完成对学习习惯与学习兴趣的评价。教师通过观察学生在课堂上表现,通过点选“大拇指”与“加油”,选择星级等方式完成记录和评价。各学科通过反复研讨制定的品格评价指标与观测点,减少了因教师主观而产生的评价偏差。

(2) 分项录入支持下的学业成果评价

基于学校教学管理工作,结合各年段、各学科教学特点及学业评价需求,学校开发并运用了分项录入的评价方式对学业成果进行评价。通过智慧校园“教学系统”提供的功能,教师可以将学生在不同学科的学习成果进行分维度的细分录入。例如,语文学科的学业成果分为“识写能力、阅读能力、表达能力”三个维度,各年级在各维度评价所占的比重也因学生所在年段的培养目标不同而有所差异。这种基于学情达分项录入的方式能够更精准地反映学生在不同学科领域的表现,实现了学业成果评价的多维立体。

(3)“成长空间”支持下的表现性评价

学校通过“成长空间”的方式支持学生的表现性评价。“成长空间”是一个数字化平台,学生可以在其中展示自己的课堂作品、研究项目、社会实践等。教师和同学可以通过该平台进行评价和互动,提供具体的反馈和建议。“成长空间”

生动而具体地记录了每一位学生成长的足迹，同时也激发了学生的学习动力，有助于学生自信心的发展。

5. 教学研究由粗放教研走向精准教研

(1) 基于活力课堂建设的网上听评课

数字化智慧校园支持网上听评课。每学期初，各教研组排定公开课或研讨课时间、节次、上课教室后上报课程教学部，由学科主管统一发布公开课信息，执教教师登录平台补全该节公开课信息，包括上传课题、教材内容、教学设计、课件等。听评课当日，听课教师可以通过手机小程序扫码进入当日公开课页面，可实现边听课边查阅教学设计，亦可同时完成课堂评价。课后，执教教师可查看所有听课者对本课的点评与建议。课堂教学评价表结合“双新”背景及学校课程目标，体现以“以问题与情境驱动、以评价与对话推动、以合作与探究策动”为特征的活力课堂建设要求。

(2) 多数据融通下的精准分析与改进

对于需要集体研讨的专题课，教研组或备课组组织基于AI录播回放的课例教研，可定位重点教学环节进行反复回放，观察教师及学生行为并进行研讨。此外，第三方技术提供的数据也是教学研究的重要依据。例如，调用“三个助手”平台记录的学生完成任务的情况，分析学生学习理解的情况，交流该部分教学内容与教学效果的达成情况，研讨改进的措施。又如，调用手环信息，分析学生体育课活动安排的科学性等。对于问题突出的教学案例，学科组或教研组还可跟踪指定班级或特定学生一定周期的睡眠数据、作业量情况、学业质量分项问题分析等，制定针对性改进措施。

(二) 数据驱动下的“学”方式变革实践

1. 学习目标由学习知识转向解决问题

新课程改革坚持素养导向，强化学科实践，主张综合学习。基于这一目标，结合小学生的认知特点，各学科在综合实践活动的开展方面，有意体现游戏性、活动性与探究性。在智慧校园平台上，特设了长周期特色作业，教师通过线下讲解方式动员学生参与，在活动过程中实时指导，提供帮助，给出建议，也鼓励家校配合、伙伴合作等方式的开展，促成活动任务的完成。最后，通过智慧校园“学科活动”“实践活动”等栏目来呈现作品，鼓励学生参与交流与互动。这样的安排促使学习目标由知识学习、技能习得转向实际应用、问题解决的素养培养。

(1) 聚焦解决真实问题的PBL学习

项目化学习(Project-Based Learning)作为一种新兴的学习形态,日益受到教育研究者的关注。项目化学习指向深度学习,强调学习与真实世界的链接,主张解决真实问题,体现以学生为中心的教育理念。基于智慧校园平台的数据收集、展示与互动功能,各学科开展了聚焦解决真实问题的项目化学习活动。例如,数学学科的"非常统计非常爱"活动鼓励学生模拟当家一周,记录家庭每天的支出并制作折线统计图,分析数据的变化原因,并提出合理的建议。这样的活动让学生在实践中运用数学知识解决实际生活问题,培养了他们的数据分析和问题解决能力。

(2) 鼓励体验探究的长周期学科活动

新课程崇尚在体验与探究中学习,新课标提倡通过综合实践活动的开展,培养和提升学生的创新精神和实践能力。基于这一导向,学校多学科基于智慧平台开展了体验探究的长周期学科活动。例如,自然学科的"叮咚小碗琴"活动引导学生观察不同存水量时小碗的声音变化,发现规律并创造特色小碗琴进行展示。学生的作品通过智慧校园平台发布,并在"班级圈"展示。其他学生可以通过点赞和留言的方式进行互动和互相学习。通过这样的活动,学生在实际操作中发现科学规律,培养了观察力、探究精神和创造能力,同时也促进了学生之间的合作和交流。

2. 学习过程由被动接受转向自主学习

网络化信息时代下,传统的灌输式教育已远远跟不上社会的发展,无法满足学习者的需求。智慧校园建设过程中,多项新技术被应用于教学各环节,以激发学生学习的自主性。

(1) 主题式语篇空间助学生自主阅读

英语学科构建"主题式英语语篇阅读学习空间",根据现行教材的学习内容,以主题方式梳理适合小学生阅读的语篇资源,根据小学生英语阅读特点,结合本校学情,制定校本化英语阅读标准,分类分级建立语篇资源库。学生可自选主题语篇进行阅读,读后完成选择或判断等类型的练习,检测理解情况,并得到机评反馈。对于感兴趣的语篇内容,学生还可自制图文阅读报告(Reading report)上传"班级圈",还可以以"阅读圈"角色阅读的方式,在"班级圈"与同伴分享阅读心得。

(2) 分维度评阅系统助学生自主习作

语文学科针对作文评阅无法实现"大规模因材施教"的瓶颈问题,在根据课程标准构建各年级作文评价平台基础上，针对作文教学的重难点进行在线分项评价，借助终端，基于分项评价形成的数据，实现作文的流程重构，提高作文评价的针对性与有效性。同时，基于不同维度的数据分析，针对性地向学生进行微课推送，指导困点和难点，从一定程度上实现类别化指导，满足学生个性化自主习作的需要。

3. 学习内容由教材走向生活

学校的一切活动皆课程，一切资源皆课程。随着课程改革的不断深化，课程资源的开发受到广泛的重视。在智慧校园建设中，课程资源的建设成为一个重要的组成部分。各学科积极组织团队开发丰富多样的课程资源，旨在让学生将学习内容与生活相连接，更好地理解和应用所学知识，增强对学科的兴趣和学习动力。

(1) 理财微课平台引导学生关注生活中的数学

数学学科通过开发“小小理财师”多媒体电子课程，帮助学生建立生活与数学的关联。这样的课程资源以财务管理为主题，让学生了解和应用数学知识解决日常生活中的理财问题。通过真实案例的分析和实践活动的引导，学生能够更好地理解和应用数学知识，培养财商意识和创新思维。

(2) 云端博物馆资源带领学生感受身边的文化

美术学科在智慧校园建设中引进云端博物馆资源，带领学生走近国宝，走近大师。通过数字化展示和虚拟参观，学生可以欣赏到丰富的艺术作品和文化遗产，感受身边的文化之美。这样的课程资源激发了学生的审美意识和创造力，培养了他们对艺术和文化的理解与欣赏能力。

4. 学习空间由封闭走向开放

新时代背景下，教室已不再是教与学的唯一场所了。学校在智慧校园建设中创造了多样化的学习空间，让学生在不同的场景中展开学习和探索。在这样的学习环境下学习，学生的自主学习和创新思维得到激发，他们的合作能力和解决问题的能力得到培养。

(1) 学习时间更为灵活

在信息时代的浪潮下，学生学习的时间变得更为灵活。基于互联网的智慧校园平台使学生可以随时随地获取到各种学习资源。学生可以根据自己的兴趣和习惯选择适合自己的学习材料和方法，自由调整学习的时间和节奏，从而探索更广阔的知识世界，提高学习效果。

学生的一天

早上，学生通过电子测温仪的检测健康入校，在班级门口的电子班牌处刷电子学生证签到，开启一天的学习之旅。体育课上，他们戴着手环驰骋尽情释放；英语课上，他们戴着耳机进行人机对话；语文课上，他们在墨水屏的田字格上练习着笔画笔顺。课间，他们在走廊两侧的数字画廊边，自豪地向同伴介绍自己的美术作品；少先队干部在电子班牌上为同学的行规进行评价。中午，大队部边的星星兑换柜边，学生有序地排着队，用日常争得的星星兑换心爱的礼物。放学后，家长接送有困难的学生，刷卡进入“课后服务延时段”专用教室完成签到，做完作业的他们可以听英语、看视频、人机下棋。周末，他们请爸爸妈妈用拍照或拍视频方式记录并上传自己近日的探究成果，参与长周期活动。

(2) 学习空间更为广阔

在教学理念不断更新与信息技术不断革新的浪潮下，学生的学习空间变得更为广阔。学生可以走出封闭的教室，步入大自然、社区，甚至超市和菜场，也可以利用信息技术进入虚拟世界，与全球学习者互动交流。这样的学习环境能够激发学生的学习热情，提高学习效果。

学生的学习空间

电脑房里，3D打印社团的学生在忙碌于设计工作；小花园里，学生趴在地上，举着平板电脑，兴奋地抓拍昆虫爬行的视频；食堂里，学生与阿姨讨论着本周菜价的变化，用墨水屏记录着数据；操场上，戴着手环的学生正在电子屏前比较着奔跑后自己与同伴的心率差异；图书馆里，有的学生在大型触摸屏上寻找自己感兴趣的书并试读，有的学生刷电子学生证在图书漂流柜完成自助借还书；楼梯口的电子互动屏上围着一群学生，他们正阅读学习着芬兰姐妹校小朋友的读书笔记。

(三) 数据驱动下的教与学方式变革带来的挑战及思考

1. 教与学方式的变革对学校教学管理的挑战与思考

教与学方式的变革对学校教学管理带来了新的挑战，需要学校从多个方面进行思考和调整。

(1) 学校需要重视教师的信息素养的培养

学校可将教师的信息素养培育纳入教师专业发展计划，提供相关培训和支持，帮助教师不断学习和更新教学理念、教育技术和学科知识。从提升教师数据收集、分析等能力逐步过渡到教师对技术的辅助研发与革新。教师信息素养的不断提升是学校进行教与学方式变革的基础。

(2) 学校需要跟进教学管理的变革

学校需要建立有效的教学管理机制,包括教学评估体系、教师发展规划和资源配置等。通过数据驱动的教学评估,学校可以了解教师的教学效果和学生的学习成果,为教师提供个性化的指导和支持。

(3) 学校需要提供环境和资源的支持

在推动教与学变革的实践中,学校应根据需要为教师提供创新教学所需的技术设施和教学资源,以促进教与学方式的变革。

2. 教与学方式的变革对教师能力的挑战与思考

教与学方式的变革对教师的能力提出了新的挑战,要求教师在专业知识、教学方法和教育技术等方面不断学习和提升。

(1) 教师应加强新理念的学习和自培

教与学方式的变革要求教师具备全新的教学理念和教育方法。因此,教师需要积极参与专业学习和研究,不断更新教学理念和教学策略。

(2) 教师应关注教育技术的学习和应用

数据驱动教学方式的实施离不开教育技术的支持。教师需要学习和掌握教育技术工具和平台的使用,包括在线教学平台、学习管理系统和教学资源库等。

(3) 教师应开启团队合作研究模式

教与学方式的变革鼓励教师之间的合作与分享,以促进教学方法的改进和经验的共享。教师可以通过科研或项目立项的方式开展针对性团队研究,也可以通过集团化、学区化教师交流的平台,加强校际合作研讨,以激发教师的创新和学习动力。

3. 教与学方式的变革对教育技术的挑战与思考

教与学方式的变革对教育技术提出了更高的要求,需要教育技术不断革新,以适应教学改革的需求。教育技术在数据驱动教学方式中扮演着重要的角色,为教师和学生提供技术辅助、平台支持和数据支撑。

(1) 教育技术需要加速更新

教育技术领域需要提供更先进、更易用的工具和平台,以满足教学改革的要求。例如,VR 体验、在线协作工具和教学管理系统等技术应用可以有效地支持个性化学习和远程教学,为学生提供更广阔的学习空间和资源。

(2) 数据需要更为精准有效

精准有效的数据可以帮助教师和学校管理者更好地理解学生的学习情况和需求。通过数据分析和挖掘，教育技术可以帮助教师发现学生的学习特点和困难，提供针对性的教学支持和个性化的学习建议。数据的来源、收集、处理与分析技术的革新需要教育技术领域与教与学一线教师反复磨合，不断试点与改进。

信息化正悄然改变着教与学的方式，聚焦“教”，需要思考大数据与教学的深度融合，力求将“教”做到更精准、协同、有依据；着眼“学”，需要思考大数据背后的学习需求，力求将“学”变得更加个性、丰富和智能。

二、数据驱动下的新型作文精准教学与指导①

《义务教育语文课程标准(2022 年版)》指出，教师要发挥大数据优势，分析和诊断学生学业表现，优化教学方式，提供及时、准确的反馈和个性化指导。随着大数据、人工智能时代的到来，信息技术的革命引发了新的教育革命，各类智能终端在学校教育教学中的应用成为信息技术与教育深度融合的焦点。运用教育数据改变教师的教学方式和学生的学习路径，也越来越为大家所认可。

精准教学不同于传统教学。精准教学主要是借助现代化的教学技术，依据课程指导思想，通过数据对教学进行准确定位，并与学生的发展实际相结合，设计精准教学目标、教学内容以及基于生成数据的教学活动等方式，使整个课堂可度量，从而实现个性化教学目标，促进学生综合素质的提高与教师专业化发展。精准教学立足学生需要，精准定位教学设计、高效课堂、教学评价。

小学作文教学是母语教育的一个重要组成部分，是小学语文教学中非常重要的一个组成部分，甚至是关键性的一个部分。作文是学生语文学习综合能力的体现，是学生文化积累和文学积淀的写照。语文核心素养的养成以及阅读习惯的培养，都与个人写作能力密不可分。

(一) 以信息技术为依托，实施作文精准教学的意义

通过学生作文的数据反馈，教师能够清晰地了解班级学生整体写作水平，直观地发现学生在切题与选材、语言与表达、构思与感悟、书写与字数四个维度中

① 本节由金晓燕撰写。

存在的优势和劣势，并从共性问题入手，结合每篇作文的教学重点，调整自己的教学，使作文教学更具针对性和科学性。

于学生而言，他们能够借助数据，追踪自己的写作能力成长态势，直观地看到自己在记事类、写人类、写景类、状物类、想象类等不同类型作文中的表现，有的放矢地自我改进，并结合课堂中教师靶向式的作文教学，在师生的共同努力下，提高写作能力和水平。

(二) 以信息技术为依托，实施作文精准教学的实践

传统的作文教学流程一般是根据单元目标，结合单元课文，进行作文理论教学。学生完成写作训练后，教师再给予作文讲评。而信息技术的发展，让教师打破了传统作文教学的围墙，把作文教学带入一个无限广阔的全新领域，为作文教学流程带来新样态。

在智慧校园建设背景下，通过技术赋能，学校研发了带有学生专属二维码的作文纸取代传统的作文本，学生完成习作和自评，教师完成首轮批阅后，通过高速扫描仪将学生作文快速对应入库，并在平台上进行二次评价。依托智慧校园作文批阅平台，教师可以基于学生的学习数据，快速、精准地定位学生的问题，并基于问题设计教学环节，开展高效教学，落实精准评价，提升教学效果。

1. 基于数据的教学设计

教学设计是根据课程标准的要求和教学对象的特点，将教学中的各个要素有序排列，确定合适教学方案的设想和计划。在以往的教学设计中，教师更多的是从经验出发，重难点一般是根据课程要求进行设置的，很少考虑学生的实际需求。事实上，教学只有聚焦学生的原有认知以及学生亟待解决的问题，才是有效的。因此，学校借助数据，从学情预测、教学目标的设置、学生学习任务的安排三个方面进行变革，让教学设计更精准。

(1) 学情预测精准化

精准教学目标的前提是要准确了解学生的学情。就作文教学而言，教师要了解学生已有的写作能力以及需要掌握的写作能力。只有精准地进行学情预测，教学才能有的放矢地进行。

(2) 教学目标精准化

教学目标是课堂的出发点和归宿，是设计和开展教学过程的依据。精准教学要求以精准教学目标为核心，在了解学情的基础上，根据课程目标制定精准教

学目标。教学目标的精准有助于为学生设计合适的教学活动，有利于学生把握知识的重难点，迅速找出课堂的突破点，提升学习效率。

（3）学习任务精准化

“精准任务”是一堂课的核心，要严格依托“精准目标”，突出重难点，解决学生真实的问题，帮助学生高效融入课堂。教学活动的设计应在教学目标的基础上，充分考虑学生的学情、班情等。

预习在课堂教学实施和课时目标达成中起到了相当重要的作用。教师通过课前数据已经对学生的预习情况有所了解，针对学生的真实学情起点，分析和查找学生学习的难点和误区，在教学设计的过程中，尽可能地做到“以学生为中心”，从而有效地提升课堂教学质量。

2. 基于问题的高效课堂

现行的课堂教学基本上是建立在教师经验基础上的。教师经验主要来自教师自己的教学经历，以及其他教师的教学案例。教师基于经验对教学进行预设，进而在课堂中付诸实践。而真正高效的学习是需要满足学生学习需求的，只有在课堂中聚焦学生的问题，才能在课堂上给学生带来最大的获得感，才能真正实现轻负高质。基于多年的教学实践，总结归纳出了作文教学“三部曲”。

（1）发布指南，推动学生尝试写作

通常认为，课前预习是很重要的。那么写作课前该如何进行预习呢？教师一般会让学生根据教材内容提前构思题材，往往缺乏习作预习指导，也很难知晓学生的预习情况。如何调整习作预习的模式？将教材单元习作要求和习作重点进行梳理，并汇总成表格，作为学生的学习材料。借助智慧校园平台，向学生一键推送相应的习作指南，给予学生课前指导，推动学生尝试写作。

习作指南从切题与选材、语言与表达、构思与感悟、书写与字数四个维度出发，还包括习作重点、学习链接、观察记录表等要素，不仅提示了学生本篇习作的重难点，还提供了学习支架，为学生提供收集材料、构思、写作等支持，帮助学生顺利完成习作预习任务。

（2）初次批阅，聚焦习作核心问题

学生在初次完成作文的过程中，一定会遇到不同的困难。课堂时间有限，很难解决所有的难点。因此，教师紧扣单元习作要素，根据单元习作评价标准进行初次批阅。通过学生作文预习成果的批阅，根据批阅后的数据反馈，教师能够清楚地了解班级学生在单元习作中存在的共性问题和个性问题，为教师确定本节课的重点讲解方向提供数据基础。

教师通过平台批阅，给学生标记问题，以供学生在课堂中针对自己的问题进行个性化学习。

(3) 推送微课，助力学生自主修改

课前的问题标签为课堂的学习节省了不少时间。那么，如何在有限的课堂时间里让教师的指导发挥最大的作用呢？微课视频应运而生。它是单个知识点的教学内容及相应教学活动的综合。利用多种录屏软件制作微课指导视频，用于指导学生在习作预习时出现的一些显著问题。

心理学研究表明，同伴的建议比教师的评语更直观、更易被接受。因此，教师可以将班级学生依据"组间同质、组内异质"的原则划分为多个评改小组，每个小组的人数大致在六至八人。当学生根据个性化需求学习微课后，再内化为自己的理解，通过自评自改的方式进行二次修改。修改完的习作再通过组内互评互改，进行完善。

(三) 基于平台的精准评价

教学评价是依据教学目标对教学过程及结果进行价值判断，并为教学决策服务的活动。教学评价的两个核心内容是对师生教与学的过程评价（过程性评价）以及对学生学习效果的评价（诊断性评价）。这里所指向的是基于智慧校园作文批阅平台，对作文诊断性评价的研究。

传统的作文批阅，一般先是批阅作文草稿，学生誊写到作文本上后，再进行旁批、总评、给予等第。比较负责的教师会找到问题比较多的学生进行面批。但是这样的批改方式费时费力、效率低下，且无法保存与追踪学生的学习轨迹。教师迫切需要改变这样的局面。如何进行改变呢？信息技术提供了一种思路和途径。依托信息技术赋能，借助高速扫描仪这样的硬件终端，通过学生专属信息二维码读取与信息匹配、数据融通等技术手段和方式，颠覆原有作文批阅和资源汇聚的方式。改进后的作文批阅流程如图 3 - 1 所示。

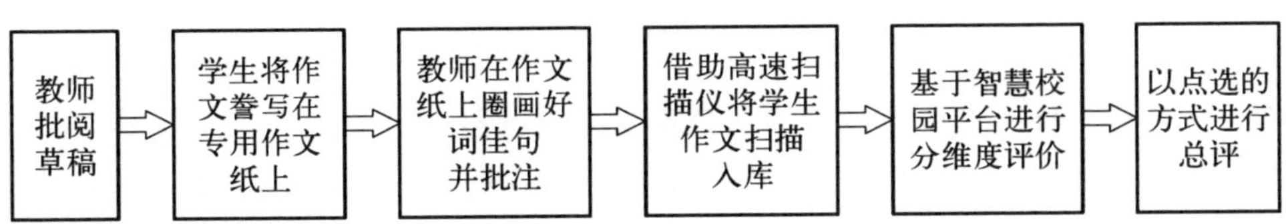

图 3 - 1　改进后的作文批阅流程

教师批阅学生的作文草稿后，学生将修改好的作文誊写在作文专用纸上。教师在作文纸上圈画出错别字和好词佳句，并进行批注。接着借助高速扫描仪将学生的作文扫描入库，上传至智慧校园作文批阅平台，如图 3－2 所示。

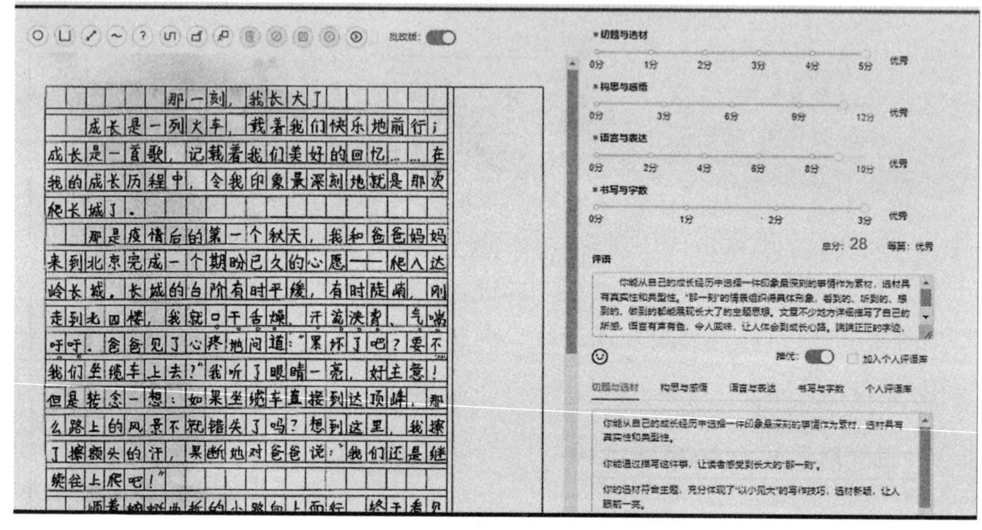

图 3－2 智慧校园作文批阅平台

随后，教师登录智慧校园作文批阅平台，进行分维度评价。最后，教师能从已有的评语库中直接点取需要的评语，并且评语的内容随所评分值的高低进行自动切换，大大节约了教师手写评语的时间和精力，提高了工作效率。

在以信息技术为依托，实施作文精准教学的实践研究中，依托数据支撑，探索精准备课、精准施教。依托智慧校园作文批阅平台，研究精准评价，改变了传统作文教学的方式，激发了学生自主学习、主动探究的兴趣。在信息技术的支持下，作文教学完成"华丽转身"。

在数据分析、诊断的基础上，还有很多方面需要改进：一是完善基于教学重点难点的微课，一键定向推送，实现大规模因材施教；二是基于数据分析的作文教学新范式实践研究。未来，教师和学生可以进一步共享教学资源，学生可以自主选择学习内容，查阅学习痕迹，实现对点推送、靶向学习；教师可以及时了解学生学习动态，借助平台靶向定位，更好开展"痛点"诊断、精准教学。

三、基于“三个助手”的小学数学精准教学研究[①]

《国家教育事业发展“十三五”规划》明确指出，要“鼓励学校利用大数据技术开展对教育教学活动和学生行为数据的收集、分析和反馈，为推动个性化学习和针对性教学提供支持”。《义务教育数学课程标准(2022年版)》指出：“合理利用现代信息技术，提供丰富的学习资源，设计生动的教学活动，促进数学教学方式方法的变革。在实际问题解决中，创设合理的信息化学习环境，提升学生的探究热情，开阔学生的视野，激发学生的想象力，提高学生的信息素养。”

可见，信息技术赋能下的小学数学教学活动，需要由过去传统的、静态的、封闭的课堂向现代的、动态的、开放的课堂转变。教学活动不仅让学生掌握知识，更重要的是引导学生去探索、发现、归纳、总结，即让学生主动参与学习的全过程，启发学生的智力，发展其能力，切实提高学生的全面素质。

在教学实践中，如何运用信息技术推动教学方式变革、提升教育教学质量是值得思考的重要问题。学校以“三个助手”平台为依托，结合学校“信息技术及数据辅助下的精准教研”的创新特色，将改进教学方式作为实践重点与突破方向，以互动工具深化探究体验，以数据分析支持精准教学，尝试数据赋能下的教与学的数字化转型。

(一)“三个助手”教学平台的特征

1. 备课助手，实现资源共享

在运用“三个助手”平台的过程中，备课助手实现了资源共建共享，助力教师轻松高质备课。教师可以选取所需的教学设计与资源，根据学情在原有基础上予以调整，减轻了教师备课过程中寻求资源、制作课件等工作量。教师可以将更多时间和精力投入研究学情和教材中，不断丰富教学资源。同时，备课过程中，教师运用“课时参考”“单元参考”等功能，全面把握教学目标和教学重难点，查阅空中课堂教学设计和课件资源，提升备课质量。完成备课后，一键同步上传至“教学助手”，完成从备课到教学的全部准备工作。

2. 教学助手，助力精准教学

教学助手设置教学课件、互动工具、信息传输、数据分析、结果呈现等功能

① 本节由高非撰写。

模块。依托教学课件与互动工具，优化教师演示讲解，丰富学生探究体验。提供任务完成数据和作答详情数据，支持教师采取针对性教学措施，促进因材施教。呈现过程性信息，体现思维可视化，促进师生有效互动，激发学生高阶思维。

例如，数学组内已开展统计与概率领域的研讨课：三年级的“条形统计图（二）”、四年级的“折线统计图”。三、四年级的青年教师调整“春华杯”的教学设计，利用“三个助手”平台再次进行教学，充分感受到课堂教学的差异，并体会到平台上学件任务的运用对教学的帮助。

3. 作业助手，凸显个性辅导

作业助手可获得学生跟进性的学习资源，运用作业助手中的练习发布、错题分析和同类题推送功能，让学生予以巩固练习。教师根据学生完成练习后反馈的数据信息，在练习课或课堂练习中予以针对性的跟进。

运用晚托的时间，组织实验班学生进行专项练习，学生可根据自己的完成情况，通过例题解析、视频讲解、再次订正等平台功能，实现个别辅导。教师也能通过平台数据，及时了解学生对知识的掌握情况，根据班级整体答题情况进行集体讲解或个别辅导，更有效地帮助学生提升学习效率。

（二）基于“三个助手”的数学精准教学的实施策略

1. 课前——精准设定教学目标，设计教学活动

教师运用“三个助手”中备课助手的相关资源，能准确把握教学目标，在结合教学实际，周密考虑知识点之间的承接关系、学生个性化的学习特点等基础上，精确设定教学目标，师生开展有效的教学活动。教学目标要做到精细，即对学生需要掌握的知识或技能必须有一个可量化的描述。教学目标也要做到精确，所设教学目标必须与学生当前学习需求密切相关且高度匹配。

同时，设计精准的教学活动。以学习者特征为出发点，综合考虑学生的学习基础、学习能力等因素，创设情境或设计探究任务，针对学生的共性学习需求，实施一致化的教学活动。根据学生的个性化学习需求，实施差异化的教学并对学生进行有针对性的指导。

2. 课中——精准推送探究任务，关注课堂生成

（1）构建开放课堂，引领自主探究

课堂是教学的主阵地，“三个助手”平台优化教学方式的同时，也进一步促进

图 3-3

课堂模式的转变,构建开放性“智慧课堂”。在利用“三个助手”平台“教学助手”授课实践中发现,课堂不仅仅是知识和技能的传递,更是学生关键能力、情感态度和自身品格的提升;学生也不再是知识的接收者,他们更多地参与到知识的创造和课堂的推进中,真正实现以学生的发展为根本。

传统的课堂上,教师通过巡视课堂来获取学生的探究情况。利用“教学助手”,学生完成探究后第一时间点击“截屏上传”,教师端即可实时查看每一位学生的探究成果。此外,相较于传统课堂只能选取个别学生的学习成果进行展示,“教学助手”能收集所有学生提交的学习成果,并且能回放学生操作的全过程,为学生课堂展示和交流提供了更多的机会,让每位学生都参与到课堂的全过程中,提升学生的综合素质,助力学生全面发展。

(2) 基于数据采集,动态把握学情

实时获悉学生的学习情况是教师开展精准教学,促进学生核心素养形成的关键,也是确保课堂教学有效性的前提。运用“教学助手”开展常态课实践,通过后台数据监测,利用“自动统计”功能及时生成学生学习数据,教师能实时查阅学生学习数据,结合平台数据统计和分析,辅助把控教学进度。数据赋能课堂教学,为精准教学提供了有效帮助,教师的教学更具有针对性和指导性,更有利于个性化学习的实现。

填空
自动刷新
刷新
返回
第一次作答数据
最后一次作答数据
正确
错误
未提交
34
34
33
0
3
0
3
1
3
第1题
第2题
第3题
全屏
注释
工具
教材
资源
任务
统计
论坛
置换
学生截屏
学习数据

图 3－4

选择
自动刷新
刷新
返回
第一次作答数据
最后一次作答数据
A
B
C
D
29
1
2
0
13
11
4
4
第1题
第2题
全屏
注释
工具
教材
资源
任务
统计
论坛
置换
学生截屏
学习数据

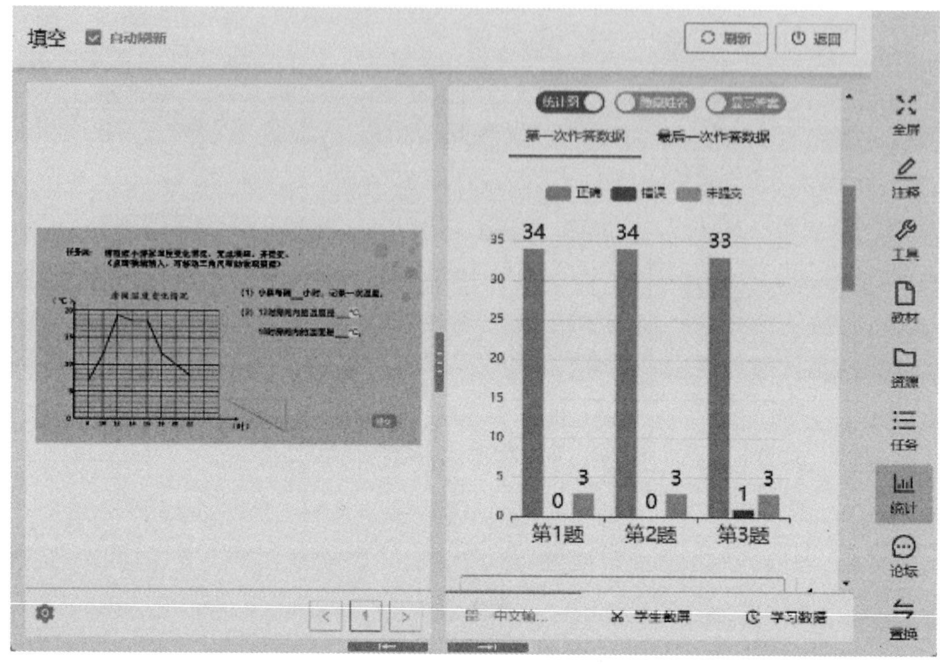

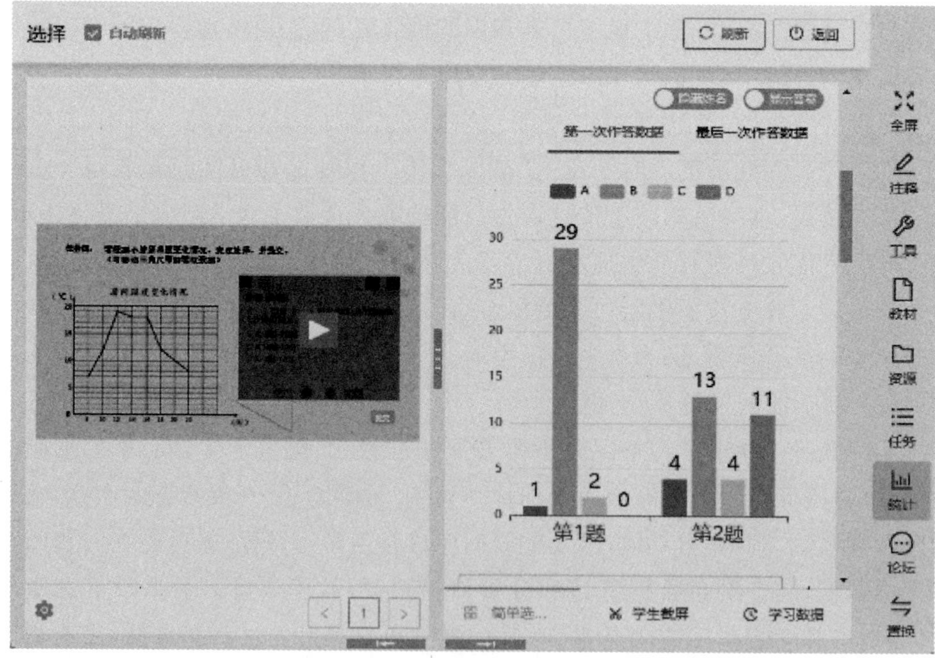

图 3－5

(3) 可视思维过程,助力课堂教学

“教学助手”除收集学生成果之外,还支持“学生操作过程回放”功能,学生解决问题的过程、内隐的思维过程都能被及时呈现在师生面前。这种思维过程可视化的呈现方式可以帮助学生深入思考,加深理解,同时助力课堂教学更灵动,学习方式更多元,给予学生更为丰富的课堂学习体验。

在课堂教学中,教师合理选择学生课堂资源,巧用平台回放功能展现学生操作的全过程,呈现学生不同的思维过程,感受学生思维发展由模糊到清晰、思考方式由无序到有序的过程,逐步递进,探索有序思考的方法。学生在交流分享中体会有序的数学思想方法,在解决问题中逐步养成有顺序地、全面地思考问题的意识。

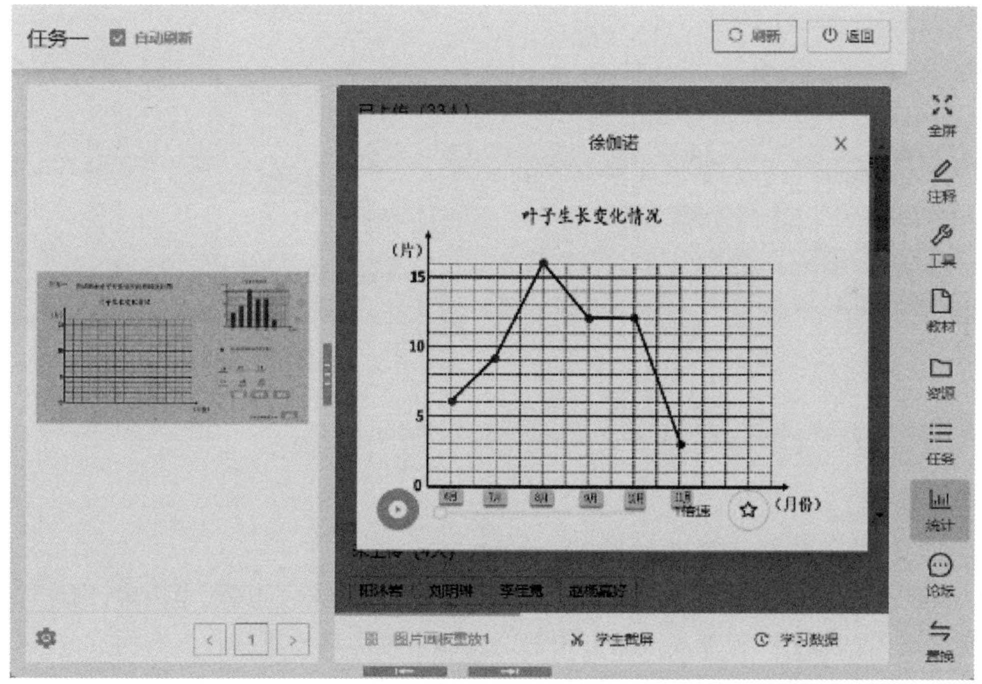

图 3-6

3. 课后——精准评估学习行为,有效教学评价

(1) 跟进辅导推送,提升学习质量

教师依据“三个助手”平台上呈现的反馈内容,进行精准的教学决策与干预。教师可以深入挖掘、分析学生在各个时间段的历史学习表现数据,获取其

学习行为的潜在规律和特点，发现其学习过程中存在的问题与缺陷。同时，教师基于学生的个性化学习特点和学习偏好，有针对性地采取相应的解决措施，跟进后续的辅导推送，以不断完善、优化后续的教学。学生也可以在教师的指导下，选择对应知识点的空中课堂视频切片反复观摩学习，从而提升学习质量。

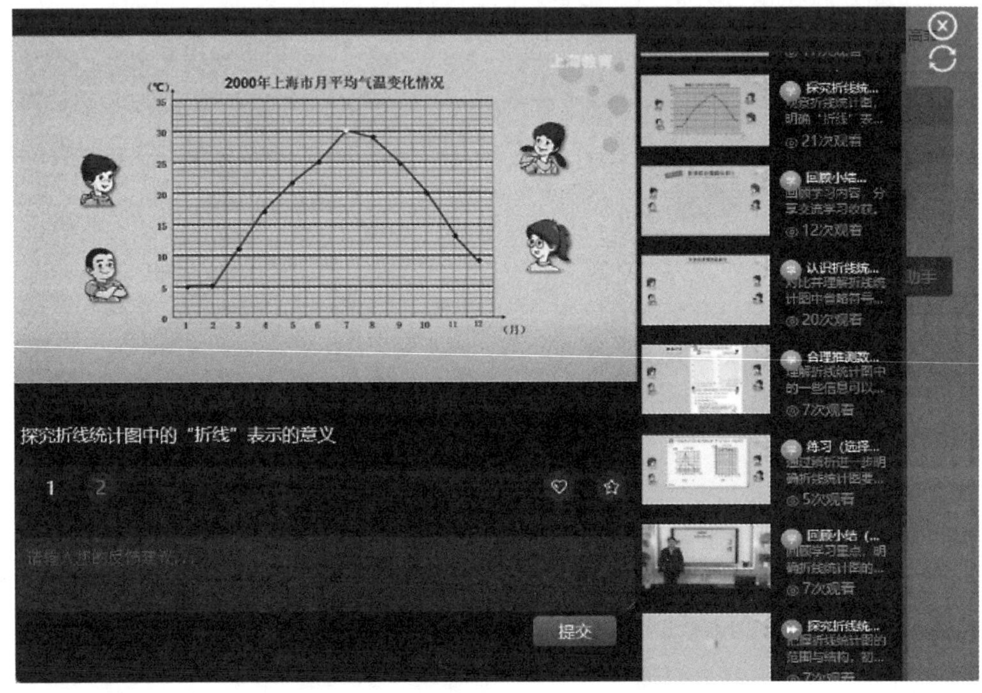

图 3－7

（2）练习数据反馈，个性教学评价

“三个助手”中提供了大量的控件工具，教师可根据不同的教学内容，制作探究任务，再以图片、视频或数据形式予以反馈。教师利用这些收集到的数据，可以精准评估学生的学习行为、学习结果。通过大数据技术采集到的学生学习行为数据，经过严格的数理分析与整合组建，可以全面、精细地反映出学生学习行为的路径，为教师对学生学习表现作出精准评价提供了方便。教师可以根据每一位学生在学习过程中的数据，给予学生精准的教学评价，避免终结性评价只注重学习结果的弊端。

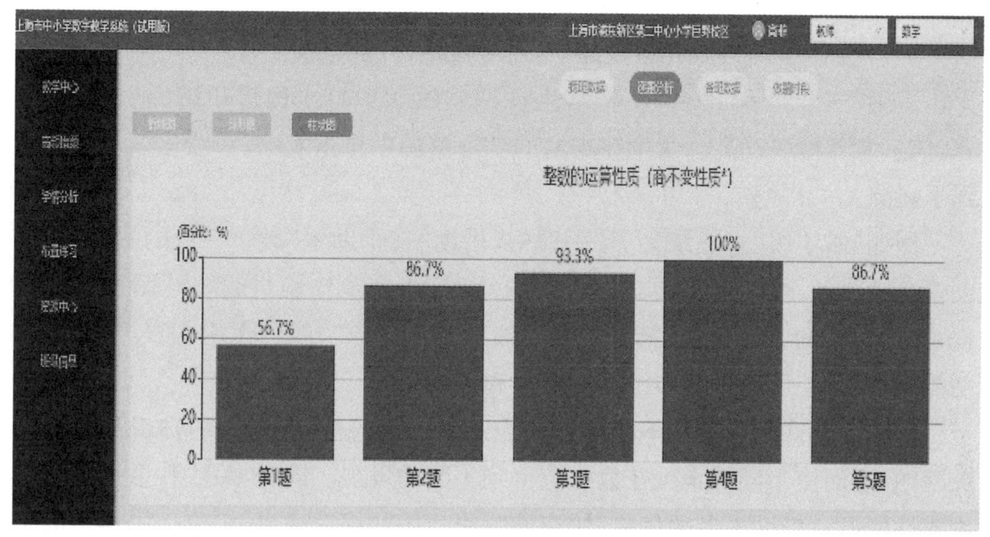

图 3－8

（三）基于“三个助手”的数学精准教学的成效

1. 教师的教学方式得以改变，观念在实践中提升

数字化环境下，教师的“教”已经逐步向学生的“学”转变，构建以学习者为中心的个性化教学方式，尊重每一个学生的个人差异与价值，全面培养学生的学习能力，给每一个学生都创设适合的学习环境、学习资源、学习方式，并构建全新的教与学方式。

在学校组织的教学比武、教学展示等课堂教学研讨活动中，教师运用“三个助手”平台的资源与学件，创设情境，有效设计学生学习活动，让学生经历探究的过程。教师运用学生的反馈，即时予以分析，组织学生讨论辨析，从而发现问题，归纳方法，解决问题。在数字化环境下，正确处理好预设与生成的关系，有效地应变和机智地处理课堂生成资源，形成一个灵动的课堂、生成性的课堂，教师的教学能力在实践中不断地提升。

例如，吴敏教师执教三年级“长方形与正方形的面积”一课，借助“三个助手”平台的控件功能，吴老师制作了“互动学件”，让学生按照自己的思维方式进行思考，在自主探究中去发现问题、分析问题、解决问题并归纳方法。在探究学习的过程中，实现了核心素养导向下的教与学变革。组内青年教师结合“三个助手”

的课堂教学，撰写教学案例，积极参与各级评选。

2. 学生的学习方式和途径趋于多样、灵活、开放

运用“三个助手”平台，支持学生在课堂教学中自主构建知识，能力得到培养、信息素养得以提高。学生在丰富的学习资源中自由发展，个性化学习能力得到了提高。

例如，四年级“折线统计图”一课中，借助“三个助手”教学平台的学件，通过创设互动任务，让学生在尝试画折线统计图中，初步体验折线统计图形成的过程；利用学生的生成资源，精准理解折线统计图中点与线的作用；通过平台的多功能操作，学生可以进行多维度的探索和发现。

教学中允许学生采用不同的方式表达自己的想法，用不同的知识与途径解决问题，进而使不同的学生在数学上得到不同的发展。同时，关注和重视学生的生成性资源。借助平台的优势，快速地收集学生的探究成果，充分运用学生的生成资源，特别关注一些有讨论和拓展价值的生成资源，可以依托这些资源展开新的探究点，让课堂教学更有效。

数字化转型已经成为教育改革进入新时代的标志，依托“三个助手”开展教学新实践，信息技术赋能智慧教学，创新与变革教学方式，实践“以人为本”的教学理念，不断实现教育信息化、智能化和个性化，赋能课堂，提质增效，形成基础教育数字化转型新样态。

四、基于“三个助手”的小学英语精准教学研究[①]

《义务教育英语课程标准(2022 年版)》中指出：“重视教育信息化背景下英语课程教与学方式的变革。充分发挥现代信息技术对英语课程教与学的支持与服务功能，鼓励教师合理利用、创新使用数字技术和在线教学平台，开展线上线下融合教学，为满足学生个性化学习需要提供支撑，促进义务教育均衡发展。”

自 2021 年起，上海市依托上海智慧教育平台(上海微校)，建设中小学数字教学系统，研发备课助手、教学助手以及作业辅导助手(简称“三个助手”)，融入数字教材、“空中课堂”视频课等优质资源，为师生打造线上线下深度融合的教学空间，优化资源配置与服务支持，推动教学方式变革，努力实现公平而优质的教

① 本节由张靖怡撰写。

育。作为上海市教育信息化应用标杆培育校和数字化先行试验校的教师，主要依托由上海智慧教育平台和“三个助手”推进小学英语教学数字化转型的实践研究。

（一）整合共享资源，助力精准备课

“备课助手”可以为教师提供多样化的教学资源，包括教学课件、教学视频、教学设计等，帮助教师准备教材和教具，丰富课堂教学内容。通过在线平台的优质资源共享，实现丰富教学资源的精准推送。教师根据任教班级学生的学习情况和教材内容进行有效整合，助力教师在备课过程中对教学目标进行精准设定，对教学内容进行精准设计与再构。

在运用“备课助手”备课的过程中，教师可从平台资源中挑选适合学生学情的任务直接布置在教学环节中，也可根据学生的知识掌握程度将已有资源的难易程度进行合理优化，还可以根据学生学情，与研究团队的教师进行研讨后新建题包，通过听一听、选一选、读一读、填一填等层层推进的课堂任务设计，引发学生深入思考。“备课助手”为研究团队提供了大量资源，大大提高了教师的备课效率和备课质量，让教师更多地聚焦教学本身，从而为学生提供更优质、更精准的教学。

（二）关注教学方式，实现精准施教

基于“教学助手”的小学英语教学可以提供更加个性化、互动化和有效的教学体验，帮助教师实现精准教学。教师通过“教学助手”的任务发布和学生的答题数据反馈，如学习行为、答题情况和学习时间等，进行实时分析。通过对这些数据的分析，教师可以了解学生的学习模式和困难点，从而有针对性地为学生提供辅导和指导，及时调整教学策略，从而改进学生的学与教师的教。

例如，在图形类单词新授课时，教师可以通过布置听力练习，引导学生在听对话的过程中，观察图形区别，对不同图形的英语表达形成初步印象；在教授单词过程中，教师可通过布置选择题包，在词义匹配中检测学生对图形类单词的掌握情况；在巩固环节时，可以通过填空类型题包加深学生对单词拼写的印象。在查看任务完成情况的过程中，教师可以根据后台的数据反馈，实时查看每位学生的答题情况，对学生的单词词义理解和拼写情况做到心中有数，若大部分学生的情况均较良好，则可在课后对个别有困难的学生作出针对性的指导。若班级情

况反馈不理想，则及时调整教学策略，增加单词拼读或词义解释环节，帮助学生进一步巩固所学知识，实现精准施教。

基于“三个助手”的小学英语精准教学让学生实现自主学习和个性化学习。“三个助手”平台提供了丰富的学习资源和互动功能，学生可以根据自己的学习需求和兴趣主动选择学习内容和学习方式，以此实现自主学习。同时，根据学生的个体差异和学习水平，平台为每位学生即时生成的学习情况反馈，帮助教师针对性地提供学习资源和教学支持。学生可以通过多次完成教师下发的任务以获得高分评价，激发了自身的学习动力，使学习过程变得更有趣、更积极、更有成就感。

（三）推送互动作业，实现精准评价

“作业辅导助手”平台的任务推送功能，能帮助学生完成个性化的课后巩固练习，可以实现小学英语的精准评价，并提供有效的学习支持。教师可以在课后根据当天的教学内容，从平台题库中选择合适的任务题或将任务题优化后进行下发，也可根据学生的课堂学习掌握情况针对性地新建题进行推送，实现线上线下融合的作业方式，通过 AI 口语互动作业，激发学生综合语用能力的提高和深入思考。学生在完成教师下发任务的过程中，可以不受时间和空间的限制，通过平台端或网页端将自己的学习情况及时反馈给教师。教师也可不受空间限制对学生的任务完成情况进行及时分析，做到精准评价。同时，智能 AI 机器人与学生的实时交流互动可以对学生的答案进行实时反馈，指出其错误和不足之处，并给出相应的改正建议。这样可以帮助学生及时发现问题，纠正错误，提高学习效果。教师可根据学生的反馈情况进行个别化指导，并在下次备课时及时调整课堂教学策略。

相比于传统的纸笔作业，“三个助手”平台上的作业模式更加生动、立体。师生可以实现线上作业提交和批改，学生可以通过电子设备在任何时间和地点完成作业，不再受限于传统纸质作业本和课堂作业提交的时间和地点。同时，学生可以根据丰富的练习形式，包括选择题、填空题、听力题、口语题等，全面提升各项英语语言技能。平台还提供实时的作业反馈，教师能够及时查看学生的答案并给予评分和指导，学生可以立即了解自己的学习情况，及时发现错误并进行纠正，促使学生能够更加有针对性地进行学习，也为教师及时调整教学策略提供了有效参考。

（四）实践的成效与思考

在开展基于“三个助手”平台的常态化教学过程中，研究团队的教师不断复盘教学过程，发现问题并及时改进。在备课时，运用平台上的优质教学资源，结合线下的日常教学，及时作优化与调整，实现从试着用、常态运用到尽力用好“三个助手”平台的转变；在课堂教学方面，学生的学习情况被清晰地呈现在平台上，教师通过查看答题完成率、正确率和错误点，进行实时教学策略调整并完成针对性指导；在课后辅导上，教师可融合线上线下作业和平台的统计功能，统计分析学生错误的原因，并通过智能推送，再次鼓励学生查阅回顾自己的薄弱环节，并多加操练。“课前—课中—课后”的闭环管理模式让学生对英语学习的积极性大大提高，从而进一步赋能英语新课堂的提质增效，实现学生英语语用能力的进一步提升。

传统小学英语课堂的教学模式主要以教师为主导。在课堂教学过程中，教师主要扮演知识传授者的角色，在课堂上主要是以讲授知识为主，学生较少参与互动。在课堂教学过程中，教师的教学内容会涉及多个知识点，包括词汇、语法、听力等，学习内容较为分散，学生学习的广度较大，同时，教师较为注重传统的教学方式，如黑板讲解、背诵模仿等，缺乏多样化的教学方法和教学工具，学生的学习兴趣和学习效果可能受到一定的限制。因此，现代教学方法和技术的应用也成了小学英语教学改革的方向。基于“三个助手”平台的小学英语精准教学提供了各种互动学习功能，如语音交流、AI 互动、在线作业等，学生可以积极参与课堂互动，提高口语表达和听说能力。同时，平台提供丰富的学习资源，包括教学视频、练习题、听力材料、课外阅读等，学生可以根据自己的学习进度和兴趣选择学习内容，拓宽自己的学习知识面。“三个助手”教学平台还可以实时记录学生的学习进度和表现，通过自动评估和反馈机制，教师可以及时发现学生的问题并给出指导和改进建议，帮助学生更好地学习，以游戏式的教学方式激发学生学习英语的兴趣和动力，使学习过程变得更加有趣，学生对英语学习也变得更加积极。

小学英语数字化转型是当前教育领域的一个重要趋势。数字化技术的应用可以为小学英语教学提供更多样化的资源和工具，提供更具个性化的学习体验，并提高学生的学习效果。打造教育数字化的生态，是教育数字化转型需解决的关键点。“三个助手”平台为新课程标准指导下的数字化时代小学英语精准教学提供了有力抓手。“三个助手”平台为教师的“教”与学生的“学”创造了更多的可能性，从“教”“学”“评”三个维度推动了精准教学的有效落实。充分考虑学生的个体差异和需求，可以使“三个助手”平台的有效利用与教学深度融合，注重教育的个性化和终身学习的理念，利用信息技术赋能小学英语教学，推进教学方式变革，打造高效课堂。

五、基于运动手环数据的体育精准教学与诊断①

2021 年 11 月 10 日，上海市教委发布《上海市教育数字化转型实施方案(2021—2023)》，为上海整体性推进教育数字化转型、全方位赋能教育综合改革、革命性重塑高质量教育体系、服务国家战略和上海城市发展擘画了新的蓝图。同年，浦东新区第二中心小学作为浦东新区首批智慧校园建设学校，引入了SUNFIT 运动负荷监测系统并配备三套 SUNFIT 运动手环(以下简称“运动手环”)，尝试探索基于学生体育课运动数据驱动下的精准教学。研究组从跳跃和滚翻两个差异度较大的运动项目入手，通过调查法、行动研究法、实验法等研究方法，探究运动手环在这两个项目教学诊断中的效能与方法，总结出运动手环助力精准教学的具体实践方法，促进学校数字化转型的多元性发展以及学生的全面发展。

(一) 教学实践研究框架

1. 实验对象

根据 2021 年体质健康测试结果及体育日常测试成绩筛选出的实验班级和对照班级如表 3-1 所示。

表 3-1 实验班级和对照班级

年　级	实验 A 班	对照 B 班
一年级	巨野一(5)班	巨野一(7)班
二年级	巨野二(1)班	巨野二(3)班
三年级	张江三(1)班	张江三(5)班
四年级	巨野四(3)班	巨野四(7)班

① 本节由薛如慧撰写。

2. 实验地点和时间

在浦东新区第二中心小学巨野校区、张江校区分别进行实验，2021 年 12 月至 2022 年 12 月(国家法定节假日除外)，每周 5 课时(每课时授课时间为 35 分钟)。

3. 实验假设

实验中，两种不同教学设计对学生学习滚翻和跳跃类技能、学习兴趣、学习态度、健康行为、情谊表现与合作精神等方面均会产生积极作用，教学诊断后教学设计的对照 B 班滚翻和跳跃类技能($P<0.05$)、学习兴趣($P<0.05$)、学习态度($P<0.05$)、情谊表现与合作精神($P<0.05$)的差异更具有显著性。

4. 实验处理因子

自变量：教学设计。

因变量：所有测试指标。

控制变量：同年级组班级均佩戴 SUNFIT 运动手环，由同一名教师进行滚翻和跳跃类项目的教学，教学进度完全相同。

5. 实验设计

在滚翻和跳跃类项目的教学运动手环教学诊断效能实验中，对实验 A 班采用根据新课标要求调整过的二次备课教学设计，对对照 B 班学生使用教学诊断后的三次备课教学设计。

6. 实验内容

分别对实验 A 班和对照 B 班学生进行滚翻和跳跃类项目的教学，如表 3 - 2 所示。

表 3 - 2　实验项目

年　级	跳　跃　类	滚 翻 类
一年级	跳单双圈	前滚翻
二年级	跑几步单脚起跳跃过一定高度的橡皮筋	连续前滚翻
三年级	助跑，一脚踏在 50 厘米宽起跳区起跳，双脚落入沙坑	前滚翻分腿起
四年级	跨越式跳高	远撑前滚翻

7. 实验实施

SUNFIT 运动手环的运用主要体现在课程实施中及时调整课堂以及课后进行教学诊断。

课前学生按要求完成运动手环的佩戴，并检测信号源是否正常。教师在教授技能知识、组织学生学练、比赛过程中，通过及时关注运动手环显示的学生心率指标，鼓励积极性不高的学生积极主动参与学练、比赛及展示；提醒心率过高的学生调整呼吸，适当降低运动幅度或速度等。

课后教师可根据系统自动生成的课堂学生表现数据库，取相应指标进行课堂诊断。通过运动手环的课堂诊断功能，修改后的教学设计都将被应用于对照B班，并完成对该班级的课堂数据采集。

学习完滚翻或跳跃类项目的单元后，通过分析实验A班和对照B班课堂采集的数据得出运动手环进行课堂诊断的效能及方法、原则。实验班与对照班的教学流程图如图3-9所示。

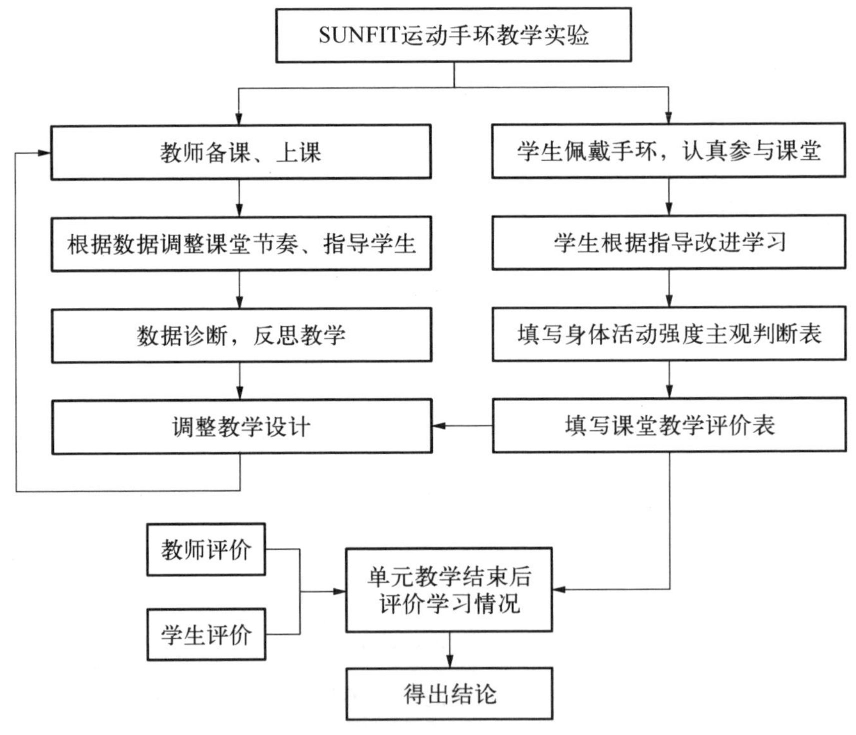

图3-9　实验班与对照班教学流程图

(二) 教学实践数据分析与诊断

在项目教学实验实施中，收集到实验A班学生的课堂运动数据、课堂学习评价表，同时也获取到对照B班学生的课堂学习评价表。进行教学诊断时，主要依据运动手环数据即运动负荷等来进行诊断。以小学体育一年级内容“跳跃：跳单双圈3-2”为例进行说明。

1. 实验前测

表3-3 实验A班与对照B班学生身体和运动能力情况

	人数	身高/厘米	体重/千克	50米/秒	1分钟跳绳/个
一(5)班	38人	122.71±5.44	24.48±3.97	11.57±1.63	72.03±36.06
一(7)班	38人	121.22±5.72	23.74±4.40	11.52±0.94	62.71±32.15
*P*值		0.22	0.48	0.941	0.244

注：$P<0.05$有统计学意义，$P<0.01$有显著差异。

根据学校智慧校园平台采集到的学生的身高、体重情况，结合开学一个月后学生短跑50米、1分钟跳绳摸底情况，运用SPSS系统对一年级(1)班至一(7)班学生数据进行分析，发现一(5)班与一(7)班学生身体及运动能力差异不具有显著性，可以作为实验对象。

2. 课堂诊断

一(7)班学生佩戴运动手环进行完“跳跃：跳单双圈3-2”课程后，其数据及心率表现如图3-10所示。

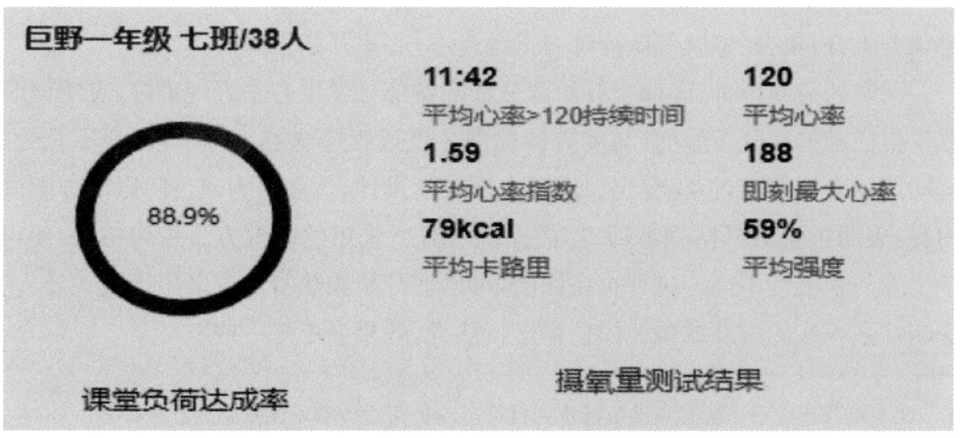

图3-10 一(7)班学生课堂负荷和摄氧量监测结果

从图 3 - 10 得出，本次课堂负荷达成率①为 88.9%，本次课堂实际参与学生人数为 36 人，即 32 名学生运动负荷达到本次运动负荷目标。平均心率为 120 次/分钟，平均心率指数②为 1.59，平均运动强度③为 59%，课堂运动强度不高。

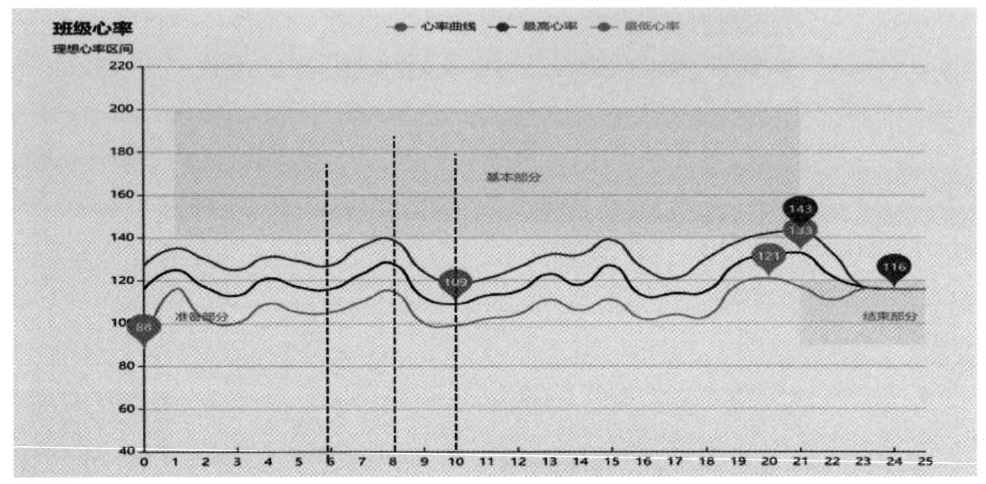

图 3 - 11　一(7)班班级心率曲线图

从图 3 - 11 得出，本课学生心率表现较为平稳，班级平均心率一直在 120 次/分钟上下浮动，说明该堂课教学节奏较为平稳，学生课堂参与度及积极性平淡，教学中没有能刺激学生学练的爆发点，课堂氛围不够活跃，使得学生运动强度整体表现不高。

对比心率图，回看教学设计进行教学诊断。学生快步从教室到操场路上心率稍有上升，集合、整队等队列练习运动量小，心率开始下降。

课堂的前 6 分钟，即课程开始部分和准备部分学生心率表现不好，表明该时段学生活动欠充分，运动参与度有待提高。该过程包含热身环节，热身不充分，运动不安全性提高，值得警惕。回看本课教学设计，该环节为灰色阴影部分圈画内容，表明集合散开队列练习、广播操练习时所采用的教学方法较为枯燥，使得学生参与积极性不高。进行再备课时，可以在开始和热身部分采用情境式导入、趣味性强一些的游戏或韵律模仿操进行热身，效果会更好一些。

① 课堂负荷达成率＝实际运动负荷达到目标运动负荷学生数÷课堂总人数×100%
② 心率指数＝实时心率÷安静心率
③ 运动强度＝实时心率÷最大心率×100%

第 6 分钟至第 8 分钟平均心率一路上升，提升至本课心率表现的第一个小波峰，此时学生开始自主探索单双脚跳的方法，随着学生单双脚跳练习次数的增多，其心率表现直线上升。后随着学生跳跃能力的提升，单双脚跳逐渐对学生失去挑战性。随后借助小圆片等布置场地，进行趣味单双脚跳，原设想该环节学生心率表现会较为亮眼，可作为本课学生参与的爆点。但实际学生心率变化不大，一方面，学生借助器材组内摆出的小圆片跳跃线路要组内讨论思考；另一方面，学生摆放场地需要时间，心率难以有效提升。教师可以先固定几个小圆片摆放次序，学生先来模仿教师设定的线路，同时按照要求进行练习。

跳障碍、蚂蚁爬时学生运动表现不错，心率数据达到了本课的最高点，可以保留使用。

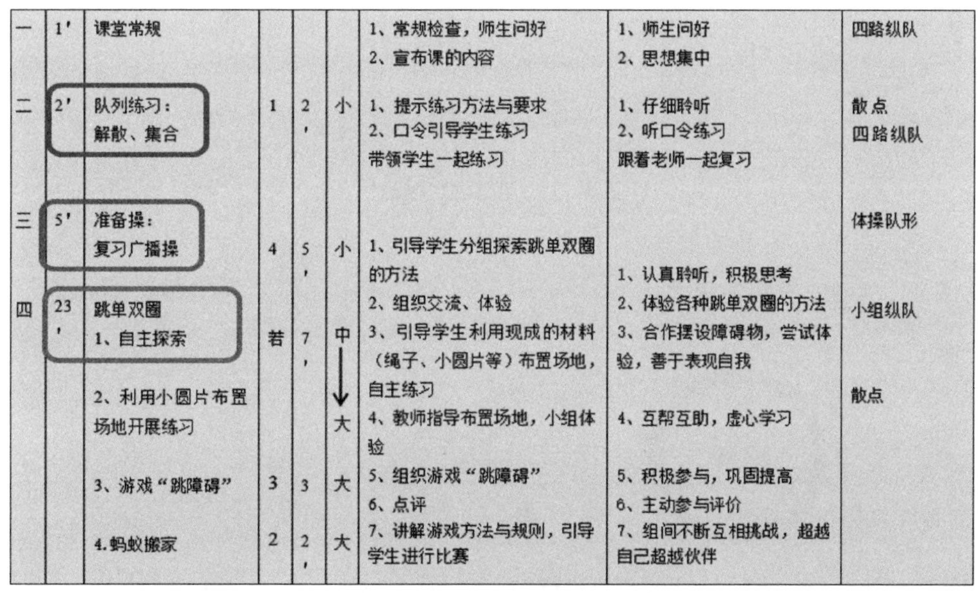

一	1'	课堂常规				1、常规检查，师生问好 2、宣布课的内容	1、师生问好 2、思想集中	四路纵队
二	2'	队列练习： 解散、集合	1	2'	小	1、提示练习方法与要求 2、口令引导学生练习 带领学生一起练习	1、仔细聆听 2、听口令练习 跟着老师一起复习	散点 四路纵队
三	5'	准备操： 复习广播操	4	5'	小	1、引导学生分组探索跳单双圈的方法		体操队形
四	23'	跳单双圈 1、自主探索	若	7'	中 ↓	2、组织交流、体验 3、引导学生利用现成的材料（绳子、小圆片等）布置场地，自主练习	1、认真聆听，积极思考 2、体验各种跳单双圈的方法 3、合作摆设障碍物，尝试体验，善于表现自我	小组纵队
		2、利用小圆片布置场地开展练习			大	4、教师指导布置场地，小组体验	4、互帮互助，虚心学习	散点
		3、游戏“跳障碍”	3	3	大	5、组织游戏“跳障碍” 6、点评	5、积极参与，巩固提高 6、主动参与评价	
		4.蚂蚁搬家	2	2'	大	7、讲解游戏方法与规则，引导学生进行比赛	7、组间不断互相挑战，超越自己超越伙伴	

图 3－12　跳单双圈教学设计

课堂诊断后教案：

课后，观察学生心率表现数据及图表，借用 SPSS 系统，与一(5)班数据进行分析、比对。

从图 3－14 得出，本次课堂负荷达成率为 97.1%，本次课堂实际参与学生人数为 34 人，即 33 名学生运动负荷达到本次运动负荷目标。平均心率为 130 次/分钟，平均心率指数为 1.73，平均运动强度为 64%，课堂运动强度较一(7)班有

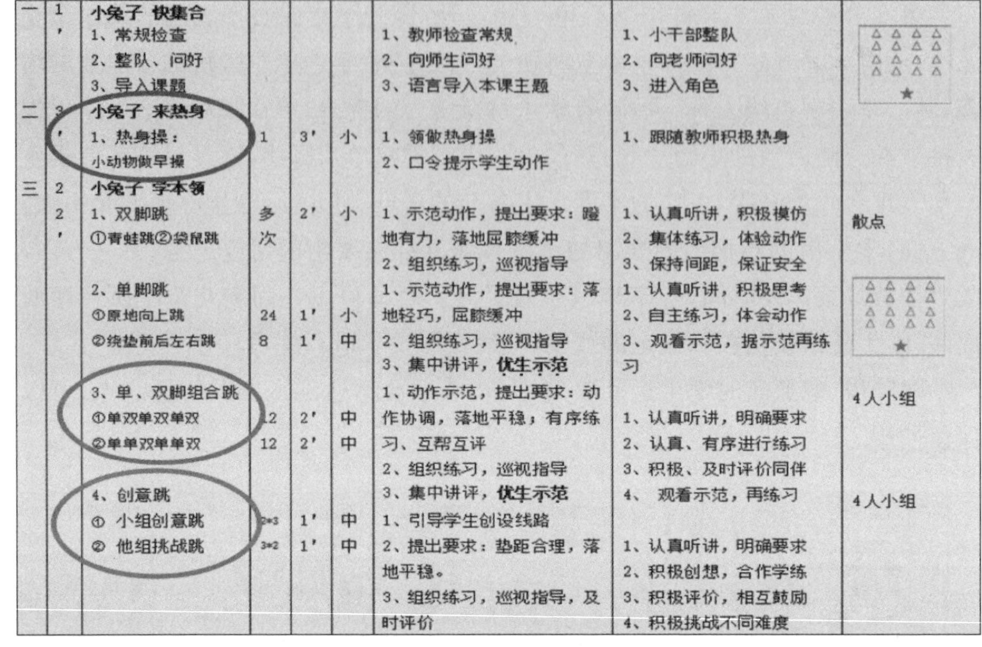

一	1'	小兔子 快集合 1、常规检查 2、整队、问好 3、导入课题				1、教师检查常规 2、向师生问好 3、语言导入本课主题	1、小干部整队 2、向老师问好 3、进入角色	
二	3'	小兔子 来热身 1、热身操： 小动物做早操	1	3'	小	1、领做热身操 2、口令提示学生动作	1、跟随教师积极热身	
三	22'	小兔子 学本领 1、双脚跳 ①青蛙跳②袋鼠跳	多次	2'	小	1、示范动作，提出要求：蹬地有力，落地屈膝缓冲 2、组织练习，巡视指导	1、认真听讲，积极模仿 2、集体练习，体验动作 3、保持间距，保证安全	散点
		2、单脚跳 ①原地向上跳 ②绕垫前后左右跳	24 8	1' 1'	小 中	1、示范动作，提出要求：落地轻巧，屈膝缓冲 2、组织练习，巡视指导 3、集中讲评，优生示范	1、认真听讲，积极思考 2、自主练习，体会动作 3、观看示范，据示范再练习	
		3、单、双脚组合跳 ①单双单双单双 ②单单双单单双	12 12	2' 2'	中 中	1、动作示范，提出要求：动作协调，落地平稳；有序练习、互帮互评 2、组织练习，巡视指导 3、集中讲评，优生示范	1、认真听讲，明确要求 2、认真、有序进行练习 3、积极、及时评价同伴 4、观看示范，再练习	4人小组
		4、创意跳 ① 小组创意跳 ② 他组挑战跳	2*3 3*2	1' 1'	中 中	1、引导学生创设线路 2、提出要求：垫距合理，落地平稳。 3、组织练习，巡视指导，及时评价	1、认真听讲，明确要求 2、积极创想，合作学练 3、积极评价，相互鼓励 4、积极挑战不同难度	4人小组

图 3-13 跳跃教学设计

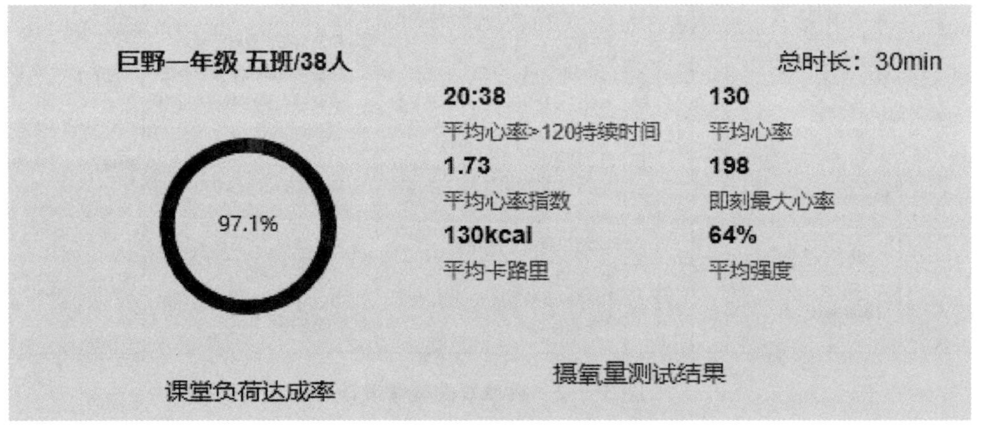

图 3-14 一(5)班学生课堂负荷和摄氧量监测结果

了明显提高。

从图 3-15 得出，本课学生心率表现较一(7)班有了明显的提升，班级平均心率一直在 130 次/分钟上下浮动，说明该堂课教学强度有了显著提升，学生课堂参与度及积极性高，练习密度高，教学能有效刺激学生学练的爆发点，课堂氛围显著活跃，使得学生运动强度整体表现较好。

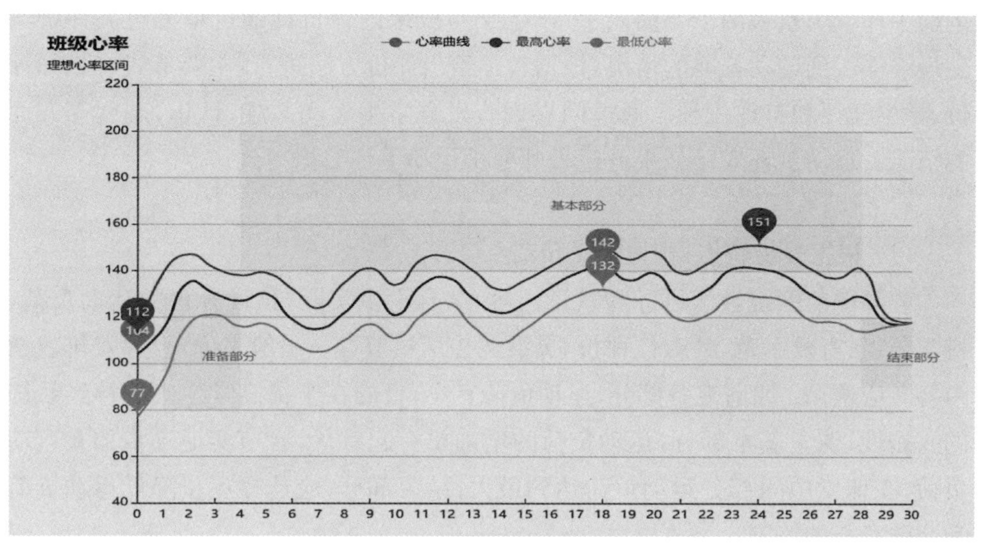

图 3-15 一(5)班班级心率曲线图

借助数据进行课堂诊断,调整教学策略,再次对一(7)班学生跳单双圈进行数据采集,并将两班心率表现进行对比,如图 3-16 所示。

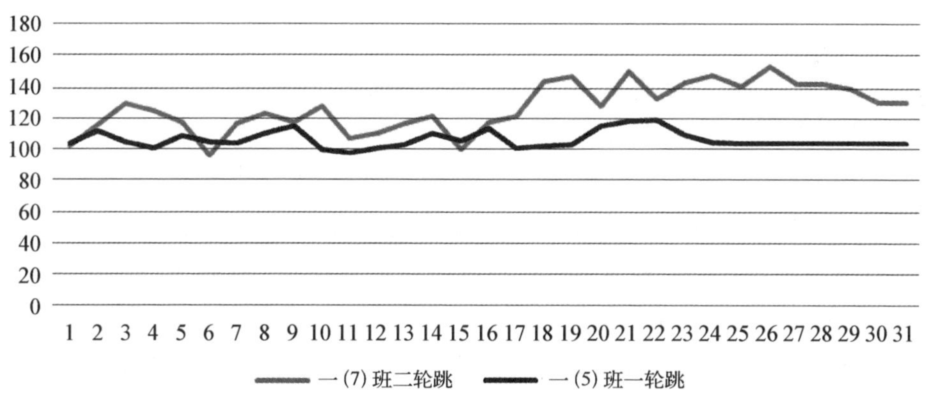

图 3-16 一(7)班与一(5)班跳单双圈平均心率表现对比

课堂诊断后,学生心率表现有了明显的提升,本次课堂诊断在运动负荷方面的有效性得到验证;教学策略调整与改进的方法有效性以及教学诊断分析的方法正确性得到验证。

3. 多元评价

学生是课程的实践者、开发者,又是合作者。本研究主要从学生学习成果和运动手环应用效果两个方面入手，学生学习成果的评价即通过单元过关评价学生最终学习到运动技能的情况，根据教师给出评价方法进行，主要形式有教师评价、学生互评和自评三种。通过问卷调查发现学生运动兴趣、认识、态度等方面的情况。运动手环应用效果通过教师分析运动手环数据得到。

4. 归纳总结

(1) 根据教材特点，预设运动负荷

教师课前围绕教学目标和教学内容，结合学生实际，预设合理的运动负荷，科学分组、有效示范、针对性评价，灵活调控课堂节奏。一般来说，教师安排教学内容时应遵循：课前准备部分，运动负荷宜小，目的在于提高学生中枢神经系统的兴奋性；课堂基本部分，运动负荷的增加要有起有伏，有节奏地逐步加大运动负荷，在课堂中间部分运动负荷达到最大；结束部分，应选择逐步降低运动负荷和活跃身心的练习。

(2) 借助手环数据，课堂精准施教

教师依托运动手环实时数据，通过改变练习的重复次数、延长间歇时间以及变换场地、器材重量、障碍高度、距离长短等有效调整负荷，合理地确定练习强度、重复次数和间歇时间。合理安排间歇时间，使肌肉工作与休息交替进行，让学生取得良好练习效果。间歇时可依据负荷性质、强度及学生训练水平合理分组，保证必要的练习重复次数和合理的间歇时间。

(3) 依托手环数据，精准教学诊断

教师要根据运动负荷监测数据的反馈情况调整教学内容，并采取有效措施调节运动负荷，以求达到最佳的练习效果。通过对运动状态或运动负荷数据进行大数据分析和多维度检测、评价，体育与健康课堂可实现效果可视化、信息共享化以及支持个性化，系统地记录与评价学生体育锻炼过程实施及阶段运动负荷强度水平和运动量，有效保证日常体育教学科学、安全、有效地开展，更好地提升中小学体育与健康课堂教学质量和实效性。

(4) 坚持以生为本，创设活力课堂

学生是课堂的主体，“以生为本”是核心理念，运动手环的应用要面向全体学生，关注每一位学生。因材施教，注重每一位学生的成长，发展每一位学生的个性。每位学生的身体素质和学习能力都存在差异，因而在看待运动手环数据时要以学生的实际情况为依据。教师要多关注课堂心率表现差异大的学生，深入了解后留意其每节课上的心率变化，及时鼓励。

(5) 增强专业培训,保障师资力量

师资是数字化教育教学的基本保障,学校教师自身的信息技术素养存在着巨大差异。教师能轻松驾驭传统的教学方式,但往往欠缺驾驭新型教学工具的经验。因而,组织专业培训显得尤为重要。学校层面要提高重视,积极开展针对性强、简单易上手的培训。在进行培训前,教师也要做好充分准备,讲求效率。

(6) 坚持多元评价,发展核心素养

在手环应用中,实时采集的运动数据为教师对学生进行多元评价提供了便利。多元评价可以是教师评价、学生自评和互评、学生与教师互动评价等,也可以把小组互评与对小组每个人的评价结合起来,把学校评价、社会评价和家长评价结合起来。让学生在评价时能进行对照和比较,既看到自身的优点也看到不足,还能在评价中增进交往,激发学生内在的潜能,提高自我调控能力,主动发展,起到互相帮助、互相促进的作用。

(三) 实践的成果与分析

1. 加深了解运动手环在小学体育中的价值

(1) 全面评估体育教学质量,体育精准教学特色初显

在基于学生体育课运动数据驱动下的精准教学探索中,智能运动手环对学生运动中产生的信息进行实时采集、连续监测、分析,赋能体育精准教学,解决传统体育教学中难量化、难记录、难监测、难分析问题。运动负荷监测系统实现了体育与健康课程关键指标的可视化,以数字化赋能体育教学,使体育教学更加科学。

(2) 大幅度提升学生运动认知,为自主学练提供可能

在项目推进过程中,学生对个人心率数据表现出浓厚兴趣,学习积极性有了显著提高。借助运动手环,学生对于运动负荷、有效运动等抽象概念的理解变得深入化、具象化,明确了运动强度对运动的影响以及合理运动强度的范围及测量、调控的方法。学生体育知识储备有了明显提升,指导个人居家运动的能力也显著增强,有利于促进学生健康行为的养成。

(3) 切实提升教师科研能力,为后续研究提供参考

在进行研究前,参与研究的教师对运动手环项目的开发与教学仅停留在使用的阶段,通过多次的培训、共同体学习、组内教师的研讨以及教学实践,对用好运动手环有了清晰的思路。在项目实践研究过程中,教师的想法得以落地,得出

一些可行性的方法策略。这些方法手段不仅仅适用于运动手环项目,也为学校其他项目的开展提供了参考。

(4) 稳步推进智慧体育校园建设,促进教师信息素养提升

随着运动负荷监测工作逐步深入推进,学校体育进入信息化时代。教师不仅要掌握运动负荷监测方法、运动负荷评价指标分析技术,还要学会科学调整运动节奏等。这让一线教师对运动负荷监测有了更多认识,对课堂教学实效有了进一步的理解,信息素养不断提升,在教学活动中更合理地调控运动负荷。

2. 形成运动手环使用策略

通过调查与实践,总结出运动手环的开发与教学策略。主要包括根据教材特点,预设运动负荷;借助手环数据,课堂精准施教;依托手环数据,精准教学诊断;坚持以生为本,创设活力课堂;增强专业培训,保障师资力量;多样教学,激发学习兴趣;多元评价,促进学生发展。

六、基于"墨水屏"数据驱动下的教学与实践①

(一) 回应新课标教与学的变革需求

1. 重构学习环境 激发学习兴趣

解读义务教育课程方案和课程标准(2022 年版),教与学的目标导向发生了变化,强调了能力培养和核心素养的提升。以学生为主体,由师生共同参与的一系列促进语言、文化、思维融合发展的活动,帮助学生以主动、合作、探究的学习方式,尽可能营造轻松愉悦的学习环境,使学生融入其中,激发学习兴趣。"墨水屏"这一学习工具的使用,实现了人机深度融合,在独立思考的空间里使学生获取知识信息、掌握知识技能,为学生的信息素养导航,培养学生的自主学习意识。

2. 多样化教学工具 创新教学方法

义务教育课程方案和课程标准(2022 年版)提到关于"课程资源开发与利用",鼓励学生根据自己的需要选择学习内容和学习方式;学校和教师积极创造条件,使学生有效利用数字资源。"墨水屏"是教师手中新型的教学工具,以丰富的学习资源包存储在"学习库"中,助力学生更好地理解抽象的语言知识,丰富学生的视听体会,优化了教师的教学设计。

---

① 本节由龚兰撰写。

（二）解决师生教与学过程中的问题

1. 帮助教师精准了解学生的学业成果

传统作业的设计呼应应试教育的学业评价，因此教师在作业布置方面追求数量，最后的学业成果评价也是基于学生的答题结果，单一的“分数”评价缺乏客观性。“墨水屏”的数据呈现，可以有效地记录学生解题思路，聚焦错误概念和混淆知识点，帮助教师及时进行课堂纠错讲解，有效提升学生的学业质量。

2. 帮助学生获取更多的学习资源

信息时代，知识和技能呈现多元化和丰富性，相对来说小学生获取资源的渠道有限，有赖于学校和教师的资源包提供。因此“墨水屏”这一学习工具，可以提供多样化的学习内容，比如阅读绘本、电子字典、儿歌曲库、微视频教学资源等，供学生自主查阅，促进学生培养自主学习的意识。

3. 促进有效的教与学评价

数字化转型下的作业设计与评价，旨在建立一个具有完整、有机和相互联系的学习系统，以实现教师和学生之间有效的交流和互动。使用“墨水屏”这一学习工具，教师需要设计有意义的、有效的作业，使学生能够在自主学习的过程中发现、理解和应用知识。同时，教师还需要采取有效的评价措施，以衡量学生的学习进度和成果，以及改善学习环境。

（三）数据驱动下的“墨水屏”教学实践

1. 目标：实现“精准教和自主学”

“墨水屏”教学实践，采用基于目标导向的精准教学，利用信息化工具切实减轻教师负担，在各教学环节中为教师提供便利，以及诊断分析学生的学习习惯、学习能力和薄弱项。具体目标包括改变教学方式，创造以学生为中心的环境；实现精准施教，提升教师的教学反思能力；实现基于过程的评价模式，时刻洞察学生的学业情况。

2. 各学科实践方法

指导思想：以尊重学生的个性为前提，最大限度地激起学生学习的主动性、创造性，使每一个学生的学科素养都得到发展，把学生置于一个动态、开放的学习环境中，为学生提供多元、综合学习的机会，体现自主开放的学习过程。

语文学科——开放性作业设计，提高学生课后学习的效果

利用“墨水屏”“开放性作业”功能，能有机地将课堂学习延伸到课外，提高了学生课后学习的效果。

(1) 旁批式阅读，记录所思所想

为培养学生的阅读习惯，由课文内容引申课外旁批式阅读，让学生在圈画文章重点内容的同时，将所思所想记录在旁。同伴之间可互相查看、点赞。学生一开始都只会肯定式的批注，通过无时间、无地点限制的交流，旁批视角得到拓宽，旁批思维得到提升，现在逐步出现了质疑式的批注。这一旁批式的阅读方式，大大提高了学生的阅读兴趣，锻炼了学生的阅读思维能力。

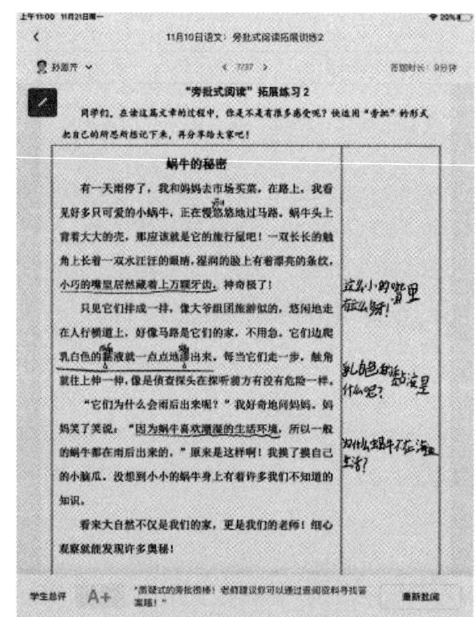

图 3－17　质疑式批注

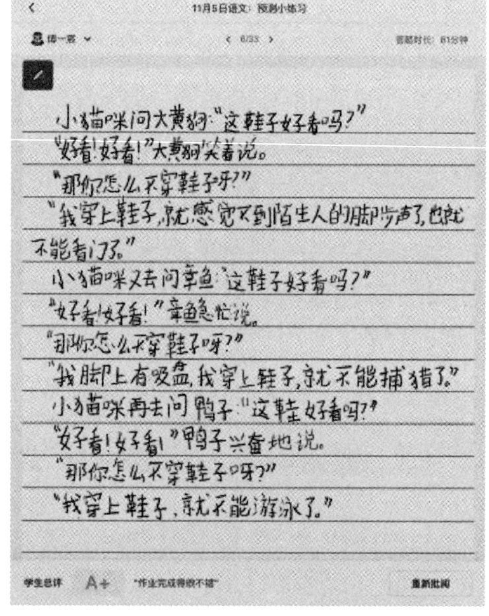

图 3－18　续编故事

(2) 续编故事，锻炼想象思维

学习完预测单元以后，利用“开放性作业”功能，推送相关的课外阅读素材，让学生运用课内所学的预测方法，预测故事的发展和结局。教师也可以组织学生把他们续编课文或续编课外读物的故事写下来，或者讲给班里其他同学听，以此来激发学生对阅读和写作的兴趣。在语文阅读教学中应用这种续编课文的方式，对学生想象力的培养有着极大的作用。“墨水屏”学习工具的使用，更大激发了学生的学习兴趣和思维能力。

数学学科——总结易错题的解题方法，以微课形式辅助学习

课前检测，精准施教。教师利用课前导学功能，发布精准的预习资源，同时通过检测预习效果、收集学生问题，调整并取舍课中的教学内容，多角度、多维度地收取学生的薄弱知识点。

以数学学科“根据商的要求填方框”为例，针对学生练习中的易错点，教师总结同一类题的一般解题方法，制作成微视频推送给学生，学生可以观看微视频加深理解。相比以往教师灌输型的讲解方法，“墨水屏”实现了让学生自主了解解题过程，提高了学生答题的正确率，提高了学生自主学习的能力。

英语学科——激发兴趣，自主完成多样化作业任务

（1）个性化听力训练，实现听力作业带回家完成

小学英语的听力训练作为非常规作业，很难以回家作业的形式推送给学生。而“墨水屏”这一学习工具，可以让学生完成个性化的训练。教师推送听力作业，学生居家完成该作业，提升了学习专注力。而且，根据学生自己的需求可适当回放，不仅提高了学生作业的正确率，听力训练的效果也有显著提升。

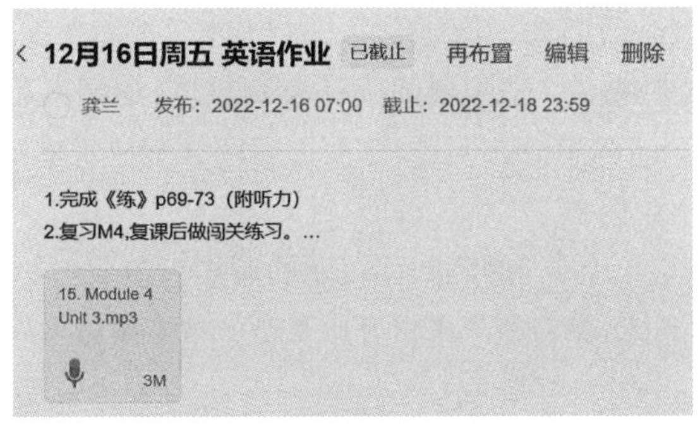

图 3－19

图 3－20

（2）学唱英文歌，提高英语学习兴趣

每节课的两分钟预备铃时间，学生看着“墨水屏”的歌词，一起跟唱，改变了以往教师需要下载好歌词，并分发给学生或者通过大屏幕分享的传统模式。每逢周末学生可以把“墨水屏”带回家，据家长反馈，学生会自觉在家学唱英文歌，并乐于唱给父母朋友听，很大程度提高了学生对英语学科的学习兴趣。

图 3-21

图 3-22

（3）前测训练，激活旧知

教师可根据课堂进度安排预习阅读任务，通过前测阅读习题来检测学生对已学知识的掌握情况，洞悉潜在问题，从而为后续教学提供支持。这种做法还有助于个性化辅导的实施，让教学更具针对性。

前测阅读习题的运用

在第十一周的周五，在两个班级同时布置了一篇前测阅读短文，内容是基于牛津教材 M3U3 Colour，短文标题是 Colourful Spring，以春天多姿多彩的颜色，来引入颜色单词的学习。通过“墨水屏”布置这项作业，以任务驱动的方式，有针对性地激活学生曾学过的颜色单词和季节描述。教师在这篇前测短文中预先录制了一个微课视频，在两个平行班进行差异推送：三(1)班短文＋微课视频，三(2) 班只有短文。

周一英语课分享彩蛋。同一篇短文，有多样性检测题：填空题、单项选择、多项选择、判断题这四种题型。其中填空题和判断题，明确指向微课视频中提到的重难点，结果作业报告显示：三(1)班学生正确率明显更高。因此，未来的预习作业，可以利用翻转课堂，以“前测训练＋微课视频”的形式推送，激活旧知，提高学习效果，学生也表示非常喜欢这样的彩蛋。

图 3 - 23　前测阅读习题

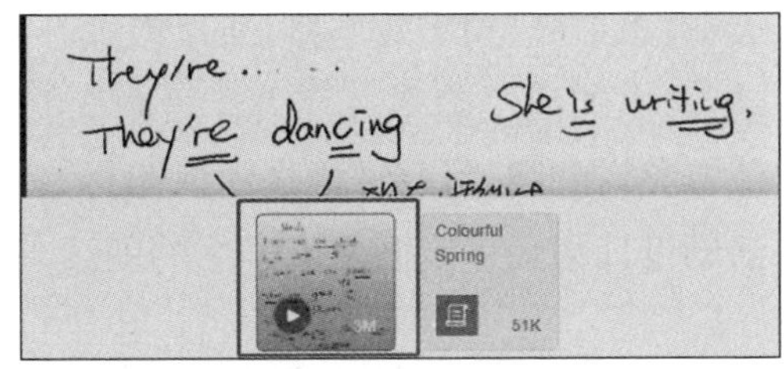

图 3 - 24　微课解析

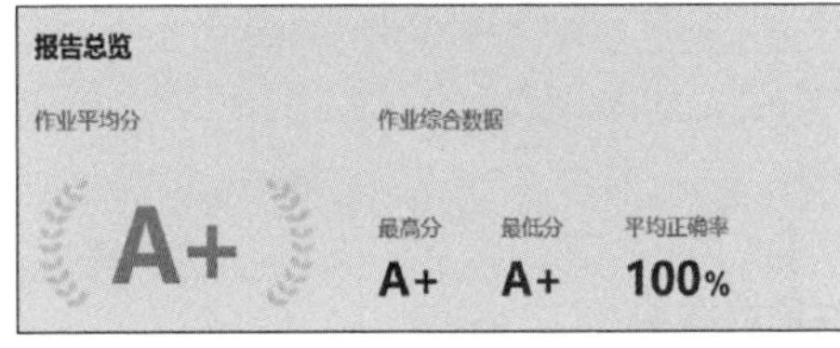

图 3 - 25　三(1)班数据报告

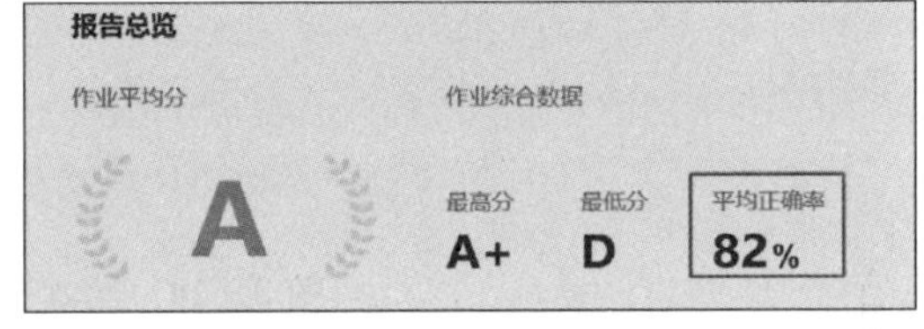

图 3 - 26　三(2)班数据报告

英语学科——分层教学,鼓励学生自适应选择绘本朗读

结合校区"低年级学生阅读品格的培养和实践"阅读项目,开展了绘本阅读活动。

(1) 第一步　"班级资源"中提供不同级别的绘本阅读

在"墨水屏"使用后的第三周,教师在"班级资源"中上传了不同级别的绘本,鼓励学生自由选择适合自己的绘本,数据报告显示学生的阅读量大大提高。

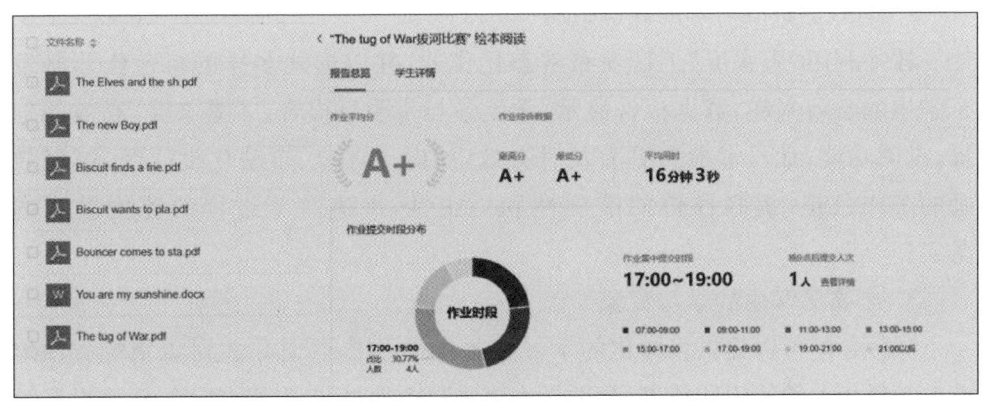

图 3 - 27　绘本阅读作业

(2) 第二步　提供示范音频,鼓励学生模仿跟读

绘本有不同级别,所以学生朗读绘本的水平也存在差异。有的绘本词汇量

大、时态多样、句型较丰富，所以教师开展班级竞选，选拔“优秀阅读小先生”的活动，选出朗读正确率高且语音语调优美的学生，可以到教师办公室录音，作为示范音频，在“朗读任务”推送中以附件音频的方式，供其他小伙伴参考纠音，这一活动设计很大程度激发了学生的朗读兴趣，同时提高了学习效果。

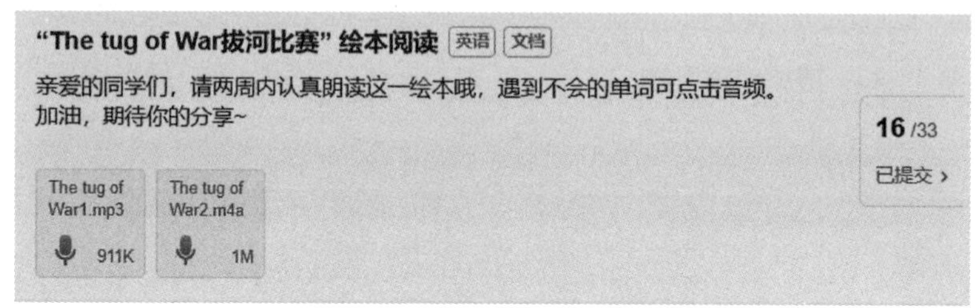

图 3-28　绘本阅读竞选活动

（四）“精准教＋自主学”经验成效

1. 学业质量显著提升

“墨水屏”记录学生的学习过程和学习成果，包括学习笔记、阅读历程、作业、考试成绩等。教师作业发布 300 多次，学生参与课堂互动 2 000 多次，完成课中作业任务 100 多次，课后作业任务 200 多次。开展基于“墨水屏”数据驱动下的教学实践以来，试点班级的课堂效率显著提升。

2. 有效促进教与学的评价机制

教师利用“墨水屏”工具发布常态化作业，并以形式多样的特色作业激发了学生的学习兴趣，数据报告显示，学生参与率明显提升。“墨水屏”高效的扫描、批阅功能，让日常检测更为及时有效，如电子评分、自动化批改等，减轻教师的工作负担，提高评价的准确性和公正性，促进基于过程的评价模式的落实。

3. 丰富了学生的学习资源

“墨水屏”可以提供多样化的学习资源和学习工具，让学生可以更加方便地获取学科相关的知识和信息，帮助学生更加自由地进行学习和思考，从而提高学生的学习兴趣和主动性。通过多样化的学习内容和个性化的推荐，激发学生对学科的兴趣和好奇心，帮助学生更好地理解和掌握学科知识，促进学生的自主学习和探究能力的发展。

七、基于 AI 常态录播数据驱动下的教学实践与评价研究①

2018 年教育部印发了《教育信息化 2.0 行动计划》，要求全面启动"人工智能+教师队伍建设行动"。为落实行动计划，探索尝试人工智能、大数据对教师个人发展、教师队伍建设的促进作用，对提高教学质量的促进作用，学校建设了人工智能课堂教学分析评测系统。通过 AI 常态录播系统，可实现对教学过程中教师、学生行为表现数据进行长期持续性的伴随式采集和即时化分析，教学人员可结合主观教学经验和客观教学数据，实现精准教研，辅助教师改进教学设计，促进教师自我发展，提升学生学习水平，为教育提供实证化的数据服务。

（一）研究意义

1. 打造高效活力课堂

AI 常态录播系统可以提供学生的学习记录和表现数据分析，教师可以根据这些数据制订个性化学习计划。针对每个学生的学习需求和水平制定不同的教学目标和方法，使每个学生都能够充分发挥自己的潜力。教师可以了解学生在哪些知识点上存在困难，并针对性地设计互动活动，鼓励学生积极参与讨论和分享。可以设置小组讨论或在线辩论等形式，提高学生之间的互动合作，激发他们的学习热情，打造高效活力课堂。

2. 促进教学资源共享

AI 常态录播系统为教学资源的共享提供了更多机会和便利，通过 AI 常态录播数据，教师可以回顾自己的授课过程并对教学进行反思和改进。可以共享自己的教学经验、教案、教学设计等，让其他教师从中受益，从而提高整个教育系统的教学水平，有助于加强教师间的合作和交流，提高整体教育水平。

3. 创建新型教学科研

基于 AI 常态录播数据驱动的教学实践与评价研究能够为教育科研提供宝贵的数据资源和方式方法。通过对大量的教学数据进行分析和研究，可以揭示学习和教学规律，为教育创新和改革提供依据和方向。

---

① 本节由吴蓓蕾撰写。

(二) 研究的有效途径与方法

AI 常态录播系统通过应用人脸识别、行为识别、表情识别、文本识别等人工智能技术，实现对课堂数据多维度的采集、分析。授课结束后，系统会自动生成课堂数据报告，主要包括课堂师生行为、课堂参与度及 S－T 行为分析数据。

1. 解读数据　诊断学情

通过 AI 常态录播系统，可以全程记录教学过程，并将录像数据上传到云端存储。同时，利用 AI 算法对录播视频进行分析，提取出学生的关键行为和表现数据，并进行汇总统计和可视化展示。

(1) 解读 S－T 模型，了解课堂类型

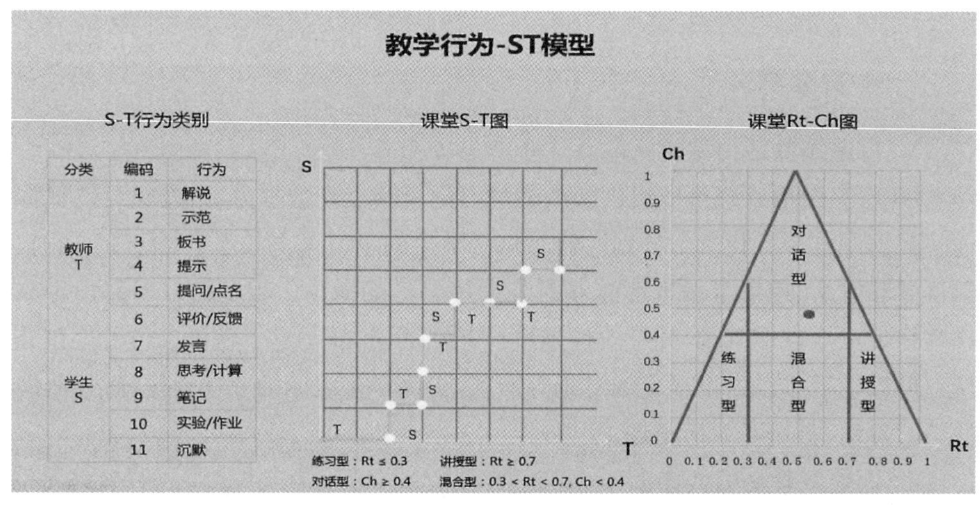

图 3－29　教学行为 S－T 模型示例

如图 3－29 所示，横坐标 Rt 表示教师行为占有率，即教师行为在教学过程中所占的比例。Rt 的数值越高，说明教师活动越多。纵坐标 Ch 表示行为转换率，即教师行为与学生行为间的转换次数与总的行为采样数之比。通俗来讲，就是整堂课中师生互动的频率，Ch 的数值越高，说明师生互动越多。根据 Rt、Ch 的数值，将课堂类型分为练习型、讲授型、对话型和混合型：

练习型：Rt↓，Ch↓(Rt⩽0.3)。

讲授型：Rt↑，Ch↓(Rt⩾0.7)。

对话型：Rt 居中，Ch↑(Ch⩾0.4)。

混合型：0.3<Rt<0.7，Ch<0.4。

利用 AI 常态录播系统采集的语文新授课课例数据，如图 3－30 所示。

教师	课堂类型	教师行为占有率 Rt	学生行为占有率	行为转化率 Ch
教师1	对话型	66	34	41
教师2	混合型	68	31	37
教师3	讲授型	75	25	9
教师4	混合型	57	43	26
教师5	混合型	33	67	38
教师6	练习型	22	78	26
教师7	混合型	59	41	36
教师8	对话型	64	36	47
教师9	对话型	43	57	42
教师10	混合型	34	66	22
教师11	混合型	41	59	31
教师12	混合型	43	57	39
教师13	混合型	56	44	20
教师14	讲授型	83	17	10
教师15	讲授型	73	27	29
教师16	讲授型	75	25	19
教师17	混合型	63	37	31
教师18	混合型	61	39	24
教师19	练习型	2.5	97.5	5

图 3－30 19 节课例 S－T 模型数据分析

在 19 节课例中，分析得出练习型课堂 2 节、讲授型课堂 4 节、对话型课堂 3 节、混合型课堂占比最高，共 10 节。对话型课堂和混合型课堂教学模式是师生活动比例相当的教学模式，但对话型课堂的师生互动频率要高于混合型课堂。由此得出，近 70％的语文教师能够在讲授型课堂的基础上适当增加学生的自主活动（生生互动、读写等），既发挥了教师的引导作用，又提升了学生的主动性。但还有 30％左右的课堂师生互动的频率较低，有待改善。

（2）解读课堂行为占比，分析教学行为

汇总 19 节课例的数据后，取其平均值，如图 3－31 所示。

通过图 3－32 可以发现，学生的学习行为中，听讲比例较高，生生互动的比例较低。其次，主动性的生生互动、应答和举手行为与被动性的听讲、读写行为占比相当，占比之和分别为 57％和 43％，学生应答和举手行为占比之和达到 36％，说明学生的课堂学习积极性和参与度较高。

通过图 3－33 可以发现，教师行为以讲授为主，巡视行为占比也较高，但师

课堂行为占比									
教师	学生行为					教师行为			
	读写	举手	听讲	生生互动	应答	板书	讲授	师生互动	巡视
教师1	9.38	19.96	55.51	2.89	12.26	5.12	70.22	4.19	20.47
教师2	9.55	1.91	45.33	10.03	33.18	2.15	66.81	0.96	30.08
教师3	13.89	5.75	64.98	5	10.38	3.46	76.9	6.73	12.91
教师4	10.25	7.84	41.34	14.06	26.51	2.4	86	1.8	9.8
教师5	8.34	29.41	34.05	4.17	24.02	1.34	73.2	3.8	21.66
教师6	4.99	61.03	22.57	2.14	9.27	1.79	85.95	3.12	9.14
教师7	16.05	5.74	46.7	7.45	24.36	1.15	96.18	0	7.17
教师8	7.52	31.33	47.35	1.51	12.29	1.76	50.61	0.26	47.37
教师9	2.67	34.12	30.03	9.93	23.27	4.21	74.75	0.71	20.33
教师10	32.68	0.28	27.3	10.55	29.19	2.17	87.28	0	10.55
教师11	17.3	13.25	34.03	10.28	25.14	0.55	86.47	0	12.98
教师12	30.72	5	34.51	8.34	21.43	0.48	83.32	6.67	9.53
教师13	28.87	4.55	54.3	0.91	11.37	8.34	80.62	2.03	9.01
教师14	7.34	2.99	74.29	9.18	6.2	3.9	88.3	3.9	3.9
教师15	5.93	14.82	60.97	4.2	14.08	3.51	66.58	0.47	29.44
教师16	19.36	3.92	67.49	2.08	7.15	2.04	76.91	0.46	20.59
教师17	7.95	25	50.92	4.68	11.45	2.23	71.76	2.23	23.78
教师18	6.61	25.87	49.41	1.73	16.38	2.59	63.5	0	33.91
教师19	3.96	40.97	1.24	21.73	32.1	0.48	66.89	30.24	2.39
平均值	12.81	17.57	44.33	6.89	18.42	2.61	76.43	3.56	17.63

图 3－31　课例课堂行为占比平均数值

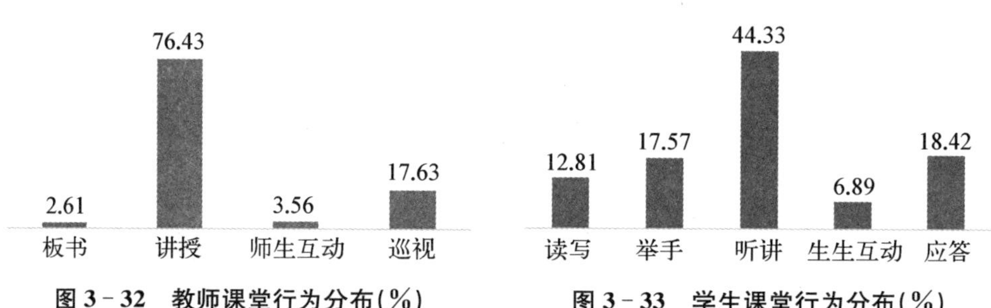

图 3－32　教师课堂行为分布(%)　　**图 3－33　学生课堂行为分布(%)**

生互动行为占比低。可以看出，语文组的教学模式符合新课程标准中强调的以学生为主体，以教师为主导的师生关系。

(3) 解读参与度曲线，关注课堂表现

AI 常态录播系统终端会自动进行间隔 30 秒的采样，采样结果以三种曲线呈现。表现曲线越高，学生的整体行为越一致；参与度曲线越高，学生参与积极性越高；关注度曲线越高，教师教学活动越有吸引力。

通过对 19 节课例所呈现的三种曲线的对比中可以发现，每堂课的关注度曲线一直在接近 80％的位置，说明所有语文教师的教学活动吸引力一直都比较强。从参与度曲线来看，每堂课都在 70％上下略微波动，最高的可达 95％。从表现曲线来看，每堂课的波动幅度较大，随着参与度曲线的变化而变化。根据数

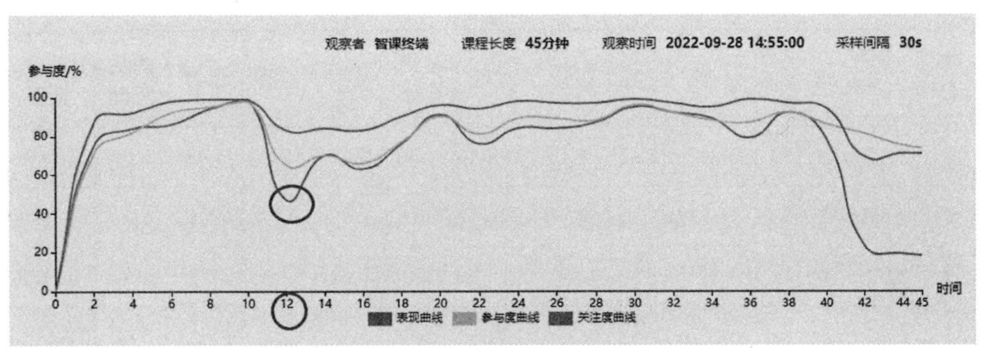

图 3 - 34　课例数据结果以三种曲线呈现

据，将 19 节课例的教学视频和曲线的极大值与极小值进行比对发现，学生整体行为及参与积极性的数据和课堂活动的实施关系密切。

如图 3 - 34 所示的第 12 分钟处表现曲线出现了第一个极小值，回看录播视频，发现是因为该阶段正处于小组讨论环节，班级活跃度高，但学生的行为一致性不高，导致此处表现曲线值进入“谷底”。

2. 分析数据　精准教学

在解读了各类数据后，我们可以通过数据表象进行分析，从而达到精准教学。

(1) 分析教师个体数据，形成风格

通过分析教师个体数据，我们可以对该教师做个体分析，从侧面了解该教师授课风格及教学习惯，为该教师建立个人成长档案。以其中一位教师为例，见表 3 - 4 所示。

表 3 - 4　教师个体数据分析

序号	日　期	举手	应答	听讲	读写	生生互动	板书	巡视	讲授	师生互动	课堂类型
1	2022 - 09 - 23	1.67	17.62	56.90	15.00	8.81	0.00	6.43	77.61	15.96	混合型
2	2022 - 09 - 23	1.12	32.45	9.56	23.12	33.75	0.00	37.56	62.44	0.00	练习型
3	2022 - 09 - 26	12.44	20.00	38.36	17.03	12.17	0.28	29.73	68.63	1.36	对话型
4	2022 - 09 - 26	3.84	18.47	28.30	40.51	8.88	0.00	42.45	57.07	0.48	对话型

续 表

序号	日 期	举手	应答	听讲	读写	生生互动	板书	巡视	讲授	师生互动	课堂类型
5	2022-10-09	0.82	27.57	27.03	34.03	10.55	2.17	17.03	80.80	0.00	混合型
6	2022-10-09	1.68	18.43	34.69	34.91	10.29	1.68	23.69	68.40	6.23	混合型
7	2022-10-10	0.82	31.80	46.17	16.31	4.90	1.64	19.30	74.71	4.35	混合型
8	2022-10-11	0.29	17.25	65.50	13.51	3.45	0.58	8.34	91.08	0.00	讲授型
9	2022-10-11	0.82	21.63	37.27	31.09	9.19	0.28	20.00	77.55	2.17	混合型
10	2022-10-12	0.24	17.15	33.10	43.79	5.72	3.10	14.53	82.13	0.24	混合型
	……										

该教师的教学模式较为多样，以混合型和讲授型课堂为主，也有部分对话型和练习型课堂，这在一定程度上有利于促进学生的个性化发展。在教学行为方面，以教师讲授和学生听讲为主，师生互动和学生举手行为占比低，应答和读写数据较高。反映出该教师在学生刚步入小学的初期阶段，采取了“教师主导—学生跟随”和“学生主体—教师引导”相配合的教学方法，帮助学生尽快转变和适应小学学习生活，培养学习习惯，同时教师在教学思想上尊重学生，给予学生较多的自主表达和练习的机会，也符合语文学科注重培养学生听、说、读、写能力的学科特点。

(2) 分析学生个体数据，因材施教

基于 AI 常态录播数据，教师可以对学生的学习情况进行实时监测，并根据学生的表现提供个性化的学习支持。例如，教师可以通过观察学生的表情和动作，了解他们的专注度和理解程度。同时，根据学生的问题和困惑，教师可提供相应的解答和指导。

姓名	2s	4s	6s	8s	10s	12s	14s	16s	18s	20s	22s	24s	26s	28s	30s	32s	34s	36s
庄	0.00	0.67	0.20	0.67	0.00	0.00	0.00	0.33	1.00	1.00	1.00	0.50	0.00	0.33	0.67	0.00	0.00	0.00
张	0.00	0.00	0.00	0.00	1.00	0.00	0.00	0.00	0.00	0.00	0.00	1.00	0.50	0.00	0.00	0.00	0.00	0.00

注：S 代表分钟。

图 3-35 某学生在语文课上的参与数值

姓名	2s	4s	6s	8s	10s	12s	14s	16s	18s	20s	22s	24s	26s	28s	30s	32s	34s	36s	38s	40s
张	0.00	0.00	0.00	0.00	0.00	1.00	0.00	1.00	0.00	0.00	0.00	0.00	0.00	0.00	0.00	0.00	1.00	0.00	0.00	0.00
呼	0.43	0.11	0.83	0.85	0.79	0.81	0.88	1.00	0.60	0.67	0.75	0.43	0.60	0.43	0.64	0.83	0.83	1.00	0.83	0.33

注：s 代表分钟。

图 3－36　某学生在英语课上的参与数值

以其中一位学生为例。图 3－35 和图 3－36 是该学生在语文课和英语课上与其他学生进行的数据比对。其他学生在此时间点上都有数据起伏波动，而该学生一堂课上只有 3 个时间点凸显，显示这个学生几乎没有参与到教师组织的大部分活动中。教师会及时跟进观察课堂实录，选取这一时间点进行确认。类似这样的异常数据会及时提醒教师，今后要更多地关注这个学生。

3. 依托数据　教研相长

AI 常态录播系统将数据作为核心驱动力，更有助于教研工作和学习的相互促进。

（1）数据比对，实现精准教研

在教研活动中，教师通过解读、分析数据后就会发现自己在教学中的一些不足。以其中一位教师为例：她从“师生互动指数”中发现自己课堂上师生互动比较少，是因为她站在讲台上的时间比较多，对学生的巡视指导不足，这都是以往被她忽视的地方。因此，针对本次大数据分析，她通过精简课堂提问、改变课堂站位、关注学生活动等方式，不断地实践、反思、再实践，取得很大进步。

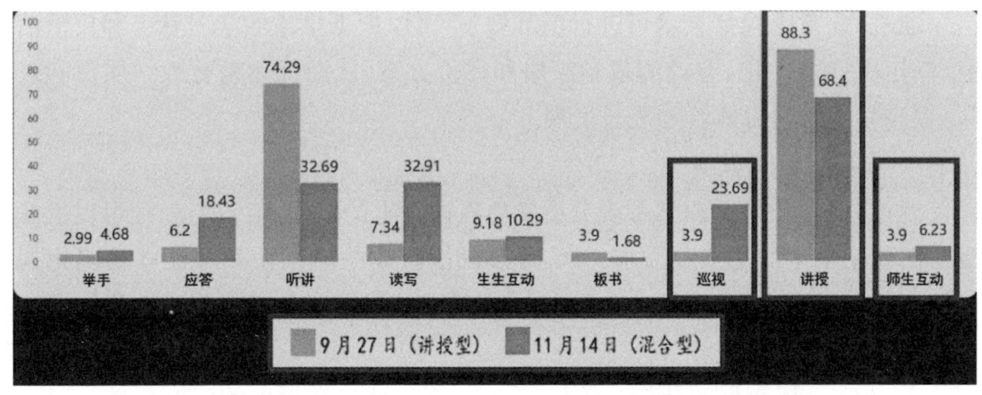

图 3－37　某教师前后两个时间段的课堂教学行为数据比对

从图 3－37 中可以明显看到教师行为占比中，讲授的比例大幅度减少，巡视的比例大幅度增加，师生互动的比例从 3.9%提高到 6.23%，课堂类型从讲授型蜕变成混合型，有了质的飞跃。

(2) 数据跟踪，提升教学能力

教师可以通过数据比对后发现，从学生参与度曲线的高低，可以分析出课堂提问的有效性和针对性；从 S－T 分析模型中可以找准新的落点，即提升师生间的交互；通过 AI 人脸识别功能，对某些学困生进行听课情况、练习情况、参与度等数据进行跟踪，结合学生的课后作业数据，设计有针对性的辅导计划。同时，教师从自我的教学行为数据比重中，分析出本节课的某个环节的实效，从而反思自己的教学设计中的不足，在后续的补充练习或者其他班级教学中调整比重，提高课堂教学效率。

(3) 数据导向，解决教学问题

教师可以以数据为导向，针对报告中呈现的数据，发现问题，解决问题，进行多种形式的教学变革。课堂教学中关注学习活动，秉承在体验中学习、在实践中运用、在迁移中创新的语言学习理论，强调学生应该围绕真实情节和真实问题，激活已知，学习和运用语言；在设计活动的时候，选取贴近学生生活的学习内容，这样更容易被学生接受和理解，更容易引发共鸣；借助情境设计，借助提问，渗透育人目标，帮助学生树立正确的人生观、个人价值观和择业观；鼓励学生在练习中动起来，让学生多参与，在生动、形象、直观的情境下轻松、愉悦地掌握知识。

（三）研究实践的成效

通过 AI 常态录播技术可进行精准教学，可以根据学生的学习状态和反馈信息，制定更加个性化、有效的教学策略和评价方案，从而优化教育教学质量和效果，提高学生的学习体验和成长发展。

1. 丰富个性化教学

通过 AI 常态录播教学系统分析学生在课堂上的表现和行为，教师可以更好地了解每个学生的学点和需求。AI 常态录播数据的应用使教师能够精确把握每位学生的学习进度、困难点和疑惑，并采取相应的教学策略进行个性化指导。

2. 优化多元化评价

AI 常态录播数据的分析也能够帮助教师及时获取学生的问题反馈。通过检测学生的疑惑和错误答案，教师可以快速发现并纠正学生的误解，确保学生在学习过程中不会积累错误理解。同时，教师还可以根据学生的学习情况动态调整教学进度和内容，以满足不同学生的学习节奏和需求。

3. 助力专业化发展

AI 常态录播数据的应用可以帮助教师在教学实践中实现专业成长。AI 常态录播数据将课堂教学完整地记录下来，教师可以通过观看自己的录播视频回放课堂情景，深入分析自己的教学策略、教学方法以及学生表现。这有助于教师发现自身的优势和改进空间，并进行针对性的反思，也可以根据这些指导来调整自己的教学策略，提高教学效果。

未来，还可以对该模式进行进一步优化和完善，结合虚拟现实技术、增强现实技术等技术，为学生提供更加综合、立体的学习体验和支持。同时，还需要加强对教师和学生的培训和支持，促进教育教学信息化建设的深入发展。在数字化转型的教育变革中，依托基于 AI 的常态录播，通过数据驱动下的活力课堂，能够最大限度地激发学生的主观能动性和创造能力，培养学生良好的思维品质，提升学生核心素养，实现品质教育的跨越式发展。

八、实践案例

案例一 运动手环在减脂社中的应用与建议①

学校重视评价改革，开展"基于智慧校园平台的'五星五育＋'学生综合素质评价"的实践研究，围绕德、智、体、美、劳、特六个维度，整体架构学生综合素质评价体系，通过对评价维度、评价指标、评价流程和评价反馈的场景重构，实施以争创红色"雅行星"、蓝色"智多星"、橙色"健体星"、紫色"创美星"、绿色"巧手星"为主的"星星总动员"评价改革，依托技术赋能，实现跨平台、跨终端学生成长数据的过程性记录，形成学生个性化综合素质报告，精准呈现综合成长表现和成果。学校通过改进结果评价，强化过程评价，探索增值评价，健全综合评价，助力学生全面健康成长。

在学校中，有许多肥胖的儿童，儿童肥胖会产生较大危害，相关数据显示，如果儿童肥胖没有防控好，70%—80%的儿童肥胖会延续到成年期。为了学生健康，学校组建了减脂社，利用运动手环实时监测学生的身体健康数据。运动手环的融入更是为学生的体质健康管理提供便利，在张江校区的减脂社中，运动手环的应用帮助教师更好地监测学生的心率以及运动情况，及时发现心率高以及心率不足的学生，根据学生的心率情况，更好地、有针对性地进行减脂运动。例如，

① 本案例由朱啸天撰写。

体育课上，肥胖的学生在进行跑、跳等运动时，受到的伤害可能会比一般的学生要大，运动手环的应用可以帮助教师及时地关注学生的身体状况。课后，教师还可以观察分析每位学生的课堂练习消耗以及统计有效的锻炼密度，为下节课的练习内容做好准备。

(一) 运用运动手环及时检测心率

在学生进行运动的过程中，运动手环时刻监测学生的心率，教师观察学生的生理状态，适当地增加或者减少运动。例如，3 000 米跑测试中，教师可以通过智能手环收集学生的跑步时间、心率和速度曲线等信息，再利用大数据对学生进行精准评价以调动学生的运动积极性。运动手环实时提供每位学生的心率数据，当观察到学生的心率过高时，教师可以及时安排学生休息或者进行运动量低的项目，调整学生心率，保护学生的安全。

(二) 运用运动手环观察学生的能量消耗

在学生运动时，可以运用运动手环观察每一位学生的能量消耗情况。根据不同的学生所消耗的能量情况，可以更有针对性地布置练习内容。同时，根据学生的能量消耗可以更加直观地看到学生今日的运动量是否达标。根据运动量的大小布置不同的课后练习，及时上报情况，让减脂更有成效。

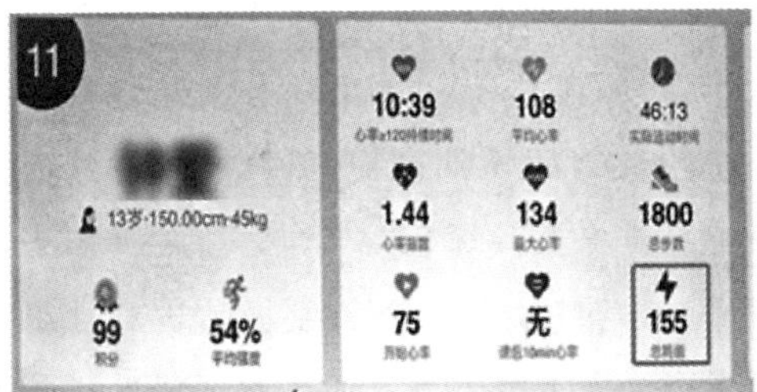

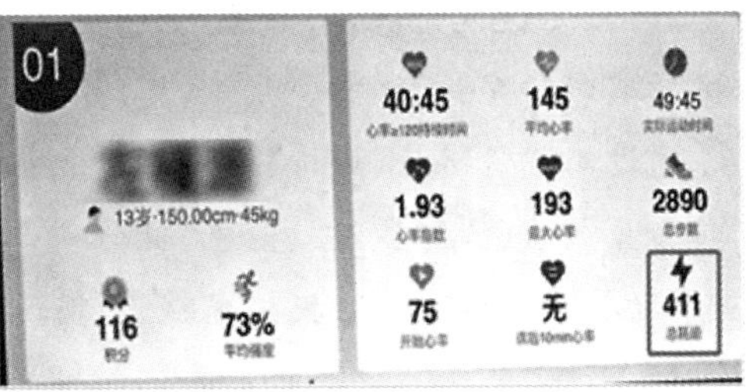

图 3－38　运动手环收集的数据

(三) 根据锻炼习惯制订特殊训练计划

运动手环的应用能够帮助教师分析每位学生的运动习惯，教师可以为每位学生安排特定的训练计划，促进学生积极锻炼，养成运动习惯，有效地将学生体质健康纳入学校体育教育管理和监控范围之内。

(四) 实践的成效与不足

主要成效：

运动监测。对学生在运动过程中的心率变化进行实时监测和实时显示。系统满足对多名运动的学生进行数据采集和数据处理，结果可以快速展示。

实时显示。对采集的大量实时数据进行统计分析，能够及时呈现给教师并且给予学生以运动反馈。同时，对于超过运动强度的学生进行预警，帮助学生及时发现运动风险。

监测数据存储。对学生运动监测系统数据可以进行大量数据的存储、调用、查找、分析和呈现，有助于教师对学生体质健康的监控和管理。

主要不足：

需要进一步完善智慧体育环境的智能感知功能。以体育智慧平台为基础支撑，应用大数据、5G网络信息、云计算、元宇宙、物联网等科学技术建设智慧体育教室、智慧操场、智慧网络等设施。提供可以全面感知的物理环境、识别青少年的基本特征和生理特征，更好地实现体育智慧平台的效果。

模块还不够完善。例如，不能添加饮食计划，减脂过程中，训练跟饮食需要相辅相成。可以设计一个模块“每日饮食”，系统根据每位学生的身体情况、今日锻炼数据等提供科学健康饮食方式。再如，优化“每日锻炼数据”模块功能，学生可以上传每日锻炼数据与视频，系统自动分析出学生消耗的能量。

进一步构建学生运动反馈家校互动联合机制。结合学生实际情况，提出包含运动干预和营养膳食的多维发展方案，形成学校、家庭联动的多维发展策略和基于现代信息技术的监测、评价、管理等多维监管机制，从而推动以健康、积极生活方式为核心的学生家庭锻炼指导。

学生拥有健康的体质是我国未来高速稳定发展的重要保障。学校可以从体质测试、体育课和课外体育锻炼三个方面着手，通过运动手环了解学生的运动状态，指导学生科学运动，培养学生的运动兴趣和习惯。

案例二 基于AI常态录播数据分析下的小学英语课堂实践①

日常课堂的教学反思是教师提升个人专业发展必不可少的路径。如何更科学、更高效、更有针对性地进行课堂教学反思，如何将信息技术与课堂教学深入融合起来，是值得研究的课题。传统的录课方式，只能帮助教师回顾课堂，凭记忆与经验判断课堂中的不同片段下的教学效果，没有数据分析支撑，教师的反思只是泛泛而谈，无法真正突破个人教学瓶颈。因此，课后反思也只是片面的、主

① 本案例由张晶尔撰写。

观的、低效的。面对这些问题，学校从 2021 年开始建设基于人工智能的课堂教学分析评测体系，探索大数据对教师个人发展以及学生评价体系的促进作用。AI 常态录播系统的应用，能为教师采集课堂中的实时数据，比对不同时段的学生行为，寻找阶段性和规律性的特征，从而发现教学中存在的问题，实现精准有效的教学反思，优化教学模式。

数据的产生来源于课堂的反馈，而活力课堂的打造又离不开数据的依托。因此，在智能教育的背景下，探索基于 AI 常态录播数据驱动下的课堂实践与教学反思不仅培养了教师的数据意识，同时也加快了教与学变革的脚步。

学校三个校区已有二十多间教室装有 AI 常态录播设备，教师采用自行约课的方式进行实时记录，对单节课或多节课的数据图例进行分析与解读，从数据采集和行为对比的模式中，实现精准教学研究，从而全方位提高教师的专业发展水平。例如，在 2022 年第一学期"春华杯"教学基本功评优活动中，学校组织青年教师进行基于 AI 常态录播数据的活力课堂教学片段分析，其中记录了 2A M3U1 In the playground (P2)的课堂教学，下面分别从课堂行为占比、参与度曲线以及 S－T 分析模型对系统产生的数据报告进行分析。

(一) 课堂行为占比

序号	观察维度	行为	比例(%)
1	学生行为	读写	8.31
2		举手	7.74
3		听讲	63.88
4		生生互动	4.88
5		应答	15.19
6	教师行为	板书	3.44
7		讲授	90.53
8		师生互动	0.29
9		巡视	5.74

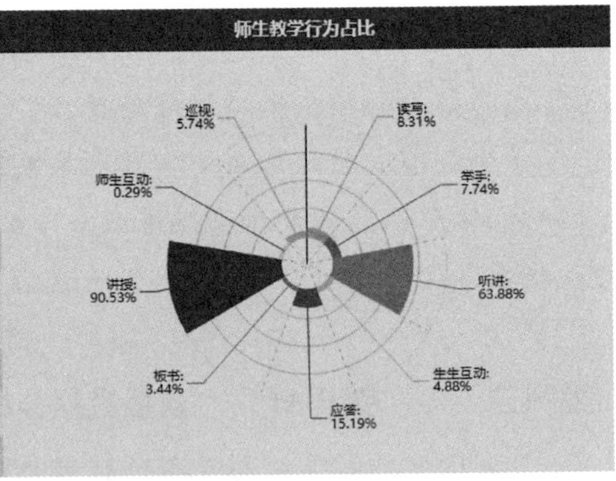

师生教学行为占比

巡视: 5.74%
读写: 8.31%
师生互动: 0.29%
举手: 7.74%
讲授: 90.53%
听讲: 63.88%
板书: 3.44%
生生互动: 4.88%
应答: 15.19%

图 3－39 师生教学行为占比图

从师生行为分布来看，占比最重的分别为讲授与听讲，教师讲授占比为 90.53%，学生听讲占比为 63.88%，反映出课堂内容丰富翔实，教学过程双方认真投入，也从侧面说明教师教授过多，学生参与过少。课堂中，生生互动占比为 4.88%，而师生互动占比仅为 0.29%，反映出教师在课堂中缺乏与学生的互动。

此外，在学生的课堂行为中，应答占比为15.19%，举手占比仅为其一半，为7.74%，说明教师可能采用点名提问的方式居多，或是教师设计的教学任务不够有吸引力。

教学反思：

1. 在进行新授教学时，应适当放手，提高师生之间的互动，关注学生自主学习的积极性。

2. 在进行教学设计时，增加开放性问题的设置，便于覆盖到更多学生的参与。

（二）参与度曲线

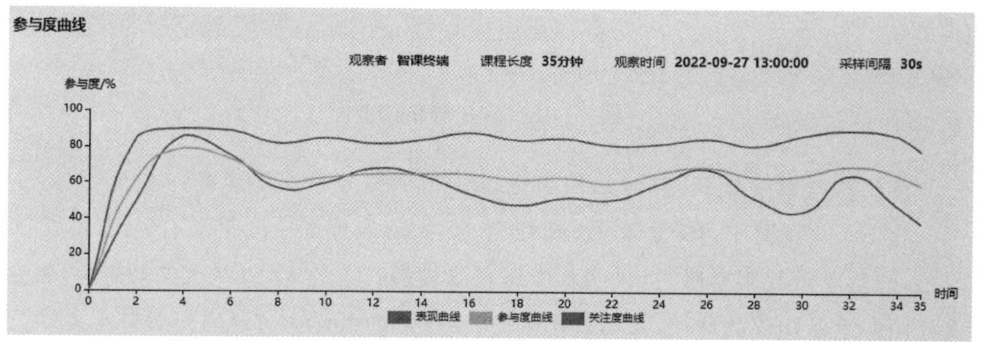

图 3-40 参与度曲线

在课堂开始后的一小段时间内，课堂表现、参与度、关注度三条曲线上升速度明显，响应极快，表明导入环节较为成功，情境创设激发了学生强烈的学习兴趣。

在课堂中间，参与度曲线和关注度曲线都趋于平稳，平均值都处于较高水平，说明课堂质量佳，学生基本保持了良好的专注度和参与度。但在课堂的前期和后半段，表现曲线有下降的趋势，但下降幅度不大，且有起伏。通过回顾课堂录像，发现学生在一些需要独立思考或是分角色创编对话的阶段，表现力有所浮动，这是新授课中的正常现象。同时也提醒教师，在今后的教学任务设计中，不仅要根据学生的不同水平进行分层，也要面向全体学生。

教学反思：

1. 在教学任务设计中，尽可能地面对全体学生，引导学生进行自主学习和探究。

2. 在实际教学中，根据学生实际情况反馈，适当调整教学环节的时间，使得课堂节奏更加紧凑。

(三) S－T分析模型

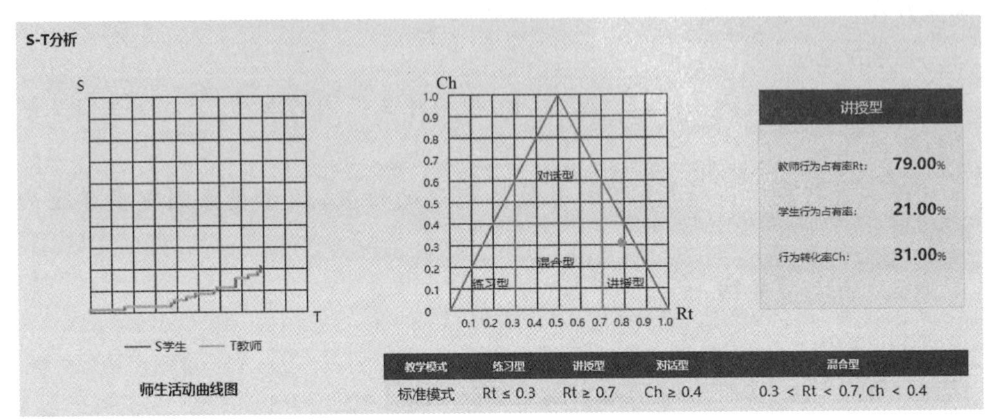

图 3－41　S－T分析模型

师生曲线贴合度高，双方协同共进，联系紧密，显示出高度的一致性。

在 Rt－Ch 图中，本堂课中，教师行为占有率为 79%，学生行为占有率为 21%，并落于讲授型象限内，说明本次课程以教师行为为主，以师生互动为辅，课堂设计倾向于新知识的传授，互动教学略少，在今后的教学中可适当增加师生互动。

教学反思：

1. 在今后的实际教学中，教师应注重教学模式的优化，采用丰富多元的教学任务，培养学生自主学习的能力。

2. 通过增加互动教学的方式，激发学生的课堂表现力，尝试由讲授型课堂到混合型课堂的转变。

(四) 实践的成效与不足

主要成效：

通过对以上数据的分析可以看出，AI 常态录播系统能够采集并分析得到一些有价值的课堂数据。

1. 诊断教学情况，让教学设计有据可依

在传统的教学模式中，教师大多是按照教材“照本宣科”，很难细致全面地观察整个班级的上课情况以及进行系统的课后反思。因为教师没有第三视角来审视自己的课堂教学情况，也无法关注到每位学生的表现情况。而 AI 常态录播系统能够完整记录课堂，呈现出班级的学情，教师在进行教学设计时，可以由此根据班级不同层次学生的特点对教材进行灵活处理。教师可以根据 AI 常态录播系统数据的反馈,反思自己的教学。例如,如何稳定地维持学生的专注度、怎样才能更有效地提高学生的课堂参与度等问题。只有不断分析与总结教学中的得与失,找出需要改善的方向,积累足够的教学经验,才能让自己的教学设计更加合理高效,从而提升课堂教学品质。

2. 实施互动直播,实现英语共享课堂

传统的听课形式是其他教师亲自来到教室,这种方式或多或少会干扰到授课教师的讲课、学生的学习。而 AI 常态录播系统作为一项新兴的教学技术,能够以全自动录播的方式,实现视频的实时直播。就算是没有到现场的教师,也能借助网络服务器看到授课教师的讲课状态和学生的学习状态,还可以更清晰地看到课件内容。实际上,这种形式的听课模式,能够更有效地引导听课者进入沉浸式学习。因而,学校可以通过定期地推荐优秀教师课例,或是同课异构的课例,促使教师学习更多的优质公开课,提升教学素养,提高课堂效益,实现英语共享课堂。

3. 利用追踪功能,完善教学评价体系

教学评价,是英语教学活动中必不可少的重要环节。在传统教学模式下,教师主要通过个体的课堂表现以及作业情况来展开教学评价。这样的评价形式未免有些单一和片面,也存在一定的主观性,评价误差也较大。而 AI 常态录播系统产生的数据反馈,能有效提高评价的精准度,也能客观地提供数据支撑。教师可以尝试在录播视频中,对不同学生的课堂学习情况进行监测,可以选取一周甚至一个月的样本进行分析,也可以通过不同的图表仔细观察,分析每个学生的课堂参与度、专注度以及活跃程度,并将其列入评价机制中,以此更加客观、精准、多元地完善学生的评价体系。

主要不足:

1. 持续开发数据,实现全面分析

只有课堂数据还不能对一个学生作出全面客观的分析,还是会出现分析与实际情况不符的现象,这时候就需要其他系统数据的支持,比如兴趣、特长、阅读、社交等,把各个系统的数据能够汇集起来,建立一个更加完整的数据库。如果成功建立数据库,对教育教学将会起到更加有效的促进作用。

2. 建立多重模型,实现多元评价

人工智能技术在课堂教与学方面的应用还不够深入,需要各方加速推进 AI

常态录播系统的研发，建立多重分析模型，实现学生的多元评价体系，为提高教育质量、促进教育公平作出更大的贡献。

在数字化转型的教育变革中，在AI常态录播系统的数据驱动下，通过诊断教学情况、实施互动教学、提高评价精度等形式展开积极实践。在显著提升教学质量、激发学生主观能动性，以及实现课堂共享的基础上，完善其教学评价体系，全面实现打造高效英语课堂的教学目标。

案例三　基于AI常态录播数据驱动下的课堂行为分析研究①

教师的教学行为分析与学生的学习行为分析是教学过程反思和评价的重要内容，亦是促进教师专业成长、学生个性化学习以及教与学方式变革的重要途径。在传统课堂教学中，研究者往往会通过观察师生的课堂行为表现，运用经验分析的方式来评价课堂成效。传统课堂大都采用理论驱动的教学模式，有着重教法轻学法、重理论轻实践、重灌输轻探究等显著的问题。随着信息技术的到来，掀起了一股课堂教学模式变革热潮，给教育注入了新的生机和活力，大数据就是这个信息时代的产物。在大数据驱动背景下，使得教与学的全过程行为数据可视化成为可能。

《义务教育语文课程标准(2022版)》对教师的教学提出"关注互联网时代语文生活的变化，探索语文教与学方式的变革"的建议。在新课程改革指向学生的核心素养发展的理念下，结合信息技术工具，开展基于AI常态录播数据驱动下的课堂教学，还原真实课堂的数据采集，丰富教学评价内容，追踪教师和学生的成长轨迹，探索教学新范式。通过数据报告，采集教师的教学行为，提升教师的教学反思能力。同时，诊断学生的学习行为，规范学生的课堂听课行为。

(一) 基于AI常态录播系统，采集课堂行为数据

一堂课的教学活动主要是以教师的教授和学生的学习组成，因此基于AI常态录播数据驱动下的教学活动采集的是教师的教学行为数据与学生的学习行为数据。通过采集教师行为数据和学生行为数据，进行精准的数据处理，形成课堂行为数据，它包括课堂行为占比、参与度曲线和S-T模型。

(二) 基于课堂行为数据，分析师生行为表现

1. 课堂行为占比

以统编语文一年级上册《口耳目》一课为例，从课堂行为占比数据可以看出，

---

① 本案例由黄晓蕾撰写。

学生的应答与举手分别为10.38%和5.75%，说明课堂中教师没有留给学生充分的思考时间，只顾着教学环节，在提出问题后，急于让学生给出答案，大多数学生还没考虑周全，导致较少学生主动举手。另外，教师行为当中的讲授高达76.90%，学生行为中的听讲占比达64.98%，说明在课堂上以教师讲授为主，教师表达时语言清晰、条理清楚，音量、速度适中，注意了音调的抑扬顿挫，大部分学生能保持注意力集中，大大提高课堂学习效率，培养了学生专心听讲的学习习惯。

序号	观察维度	行为	比例(%)
1	学生行为	读写	13.89
2		举手	5.75
3		听讲	64.98
4		生生互动	5.00
5		应答	10.38
6	教师行为	板书	3.46
7		讲授	76.90
8		师生互动	6.73
9		巡视	12.91

师生教学行为占比

巡视: 12.91%　读写: 13.89%　举手: 5.75%　听讲: 64.98%　生生互动: 5.00%　应答: 10.38%　板书: 3.46%　讲授: 76.90%　师生互动: 6.73%

图3-42　课堂行为占比

2. 参与度曲线

学生课堂参与度曲线(图3-43浅灰色曲线)显示学生的参与度平均为80%。在教学过程中，教师深入了解自己的学生，把握学情，制定符合自己学生的教学过程，调动学生的积极性。另外，信息化技术为教学提供了很多便利，课堂上运用多媒体课件、视频、动画等，提高学生对整堂课的参与度。

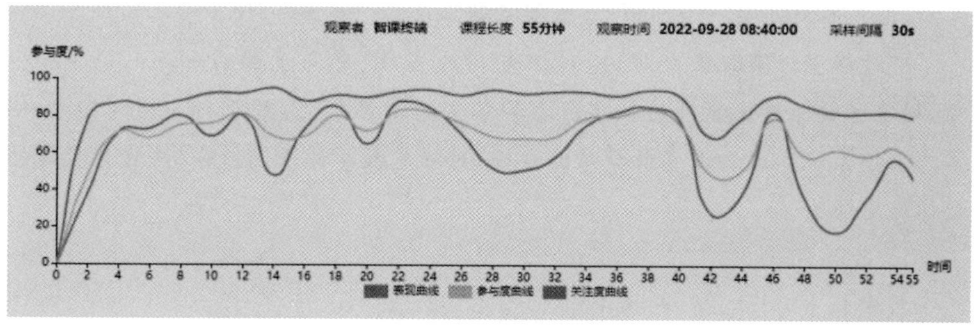

图3-43　参与度曲线

从学生课堂表现曲线(图 3-43 黑色曲线)可以看出，班级活跃度高，多处最高值达 80%。课堂中师生行为多数时间能保持一致，学生能按照教师的要求，完成相应的学习任务，但有多处出现了起伏，起伏阶段属于学生游戏活动阶段，游戏化、生活化的教学方式恰好适合一年级学生的年龄认知特点，使课堂变得生动有趣，有效激发学生探索知识的好奇心，提高学生自主学习的积极性和主动性。

3. S-T 分析模型

从师生活动曲线图中可以看出，教师行为多于学生行为。从 Rt-Ch 图中可以看出，教师行为占有率为 75%，明显高于学生行为占有率 25%，行为转化率 Ch 为 9%，落点在讲授型教学模式的边界线附近。本课为识字教学课堂，尽管教师能调动学生参与课堂的积极性，能鼓励学生间积极互动，教师的行为占比显著高于学生的行为占比，教育课程改革的核心是变革课堂教学模式，教学中没有创新课堂教学互动环节，以至于学生的课堂主导地位不够凸显。

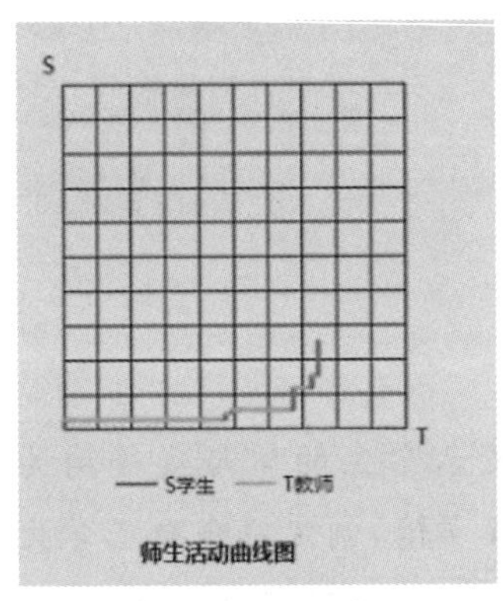

图 3-44 师生活动曲线图

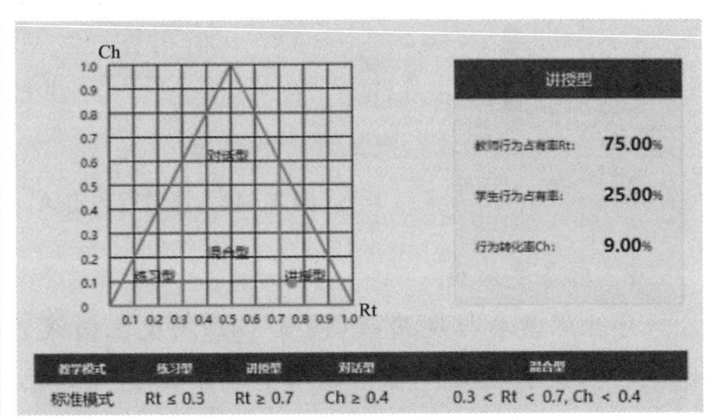

教学模式	练习型	讲授型	对话型	混合型
标准模式	Rt ≤ 0.3	Rt ≥ 0.7	Ch ≥ 0.4	0.3 < Rt < 0.7, Ch < 0.4

图 3-45 Rt-Ch 图

(三) 基于师生行为问题，反思课堂教学片段

透过课堂观察记录数据，通过课堂行为占比、参与度曲线和 S-T 分析模型，精准了解课堂上教师的教学行为和学生的学习行为，基于行为问题回看 AI 常态录播系统生成的课堂教学录像片段，对课堂教学片段进行分析，提升教师的教学反思能力。

1. 教学片段一

教学起止时间：28 分 56 秒—30 分 25 秒。

教学实录：

师：这是手。请你们来看黄老师的手，(指手心)这个部位是什么？

生：手心。

师：(动手指)这一根根的是什么？

生：手指。

师：(指整个手掌)整个面是什么？

生：手掌。

师：(比画手背)把手翻过来是什么？

生：手背。

师：我们在吃饭前要先洗手。“洗手”是表示手部动作的词语，请你们联系生活，说一说还有什么“手”？

生 1：擦手。

生 2：握手。

生 3：拍手。

生 4：挥手。

生 5：搓手。

师：同学们都能联系生活，真厉害！是呀！我们都有一双灵巧的手。

(1) 设计意图

教师边指着手的各个部位边说词语，“手心、手指、手掌、手背”，引导学生给生字“手”组词。教师边做洗手的动作边说词语“洗手”，启发学生联系生活，学会举一反三，让学生在师生合作中认读正音。

(2) 教学反思

给生字“手”组词时，采用集体授课的形式，创设问题与情境，过于强调教师的主导作用，忽略了学生的主体地位。

(3) 教学改进

采用小组合作的形式，落实活力课堂要点“合作与探究”。小组四人之间边做动作边说词语，激发学生的创新思维和主动探究意识。在生生合作中，巩固生字，提高课堂行为占比中生生互动的比例，降低教师行为中讲授的比例，把学习的自主权交给学生，激发课堂活力。

2. 教学片段二

教学起止时间：44 分 18 秒—45 分 50 秒。

教学实录：

师：谁来评一评，这位同学的“口”字写得怎么样？

生：他的这个“口”字写得很漂亮。

师：那“口”字漂亮在哪里呢？

生：他的“口”字写得四四方方。

师：你点评得真棒！我们在写“口”字时，要注意写得四四方方。

师：再来看看，他这个“目”字写得怎么样？

生：“目”字写得很好看。

师：好看在哪里呢？

生：他写的“目”字中间两横靠左不碰右，而且间距相等。

师：是呀！他做到了书写规范、端正、整洁，老师给他打三颗星。

(1) 设计意图

教学时重视对学生写字习惯的培养，要求学生学会观察关键笔画在田字格中的位置，写得不端正就及时改进，养成减少用橡皮擦的习惯。促进师生互评、生生互评，在评价中学会倾听他人发言，从中汲取他人的经验，学会把字写得规范、端正、整洁。

(2) 教学反思

小学低年级教师需要意识到写字对提升学生核心素养的关键作用，恰当安排教学环节，加强对学生的示范指导。小学低年级学生由于刚刚开始学写字，所以难免会出现错误的握笔姿势，要逐一给学生纠正，以打好学生规范写字的基础。在书写评议时，教师只关注了书写优秀的学生，对于书写不规范的学生，可以提供个别化指导。

(3) 教学改进

书写评议时，针对个性化问题，采用个别化学习的形式。学生之间点评，指出不足之处，教师加强示范指导，个别学生进行改正。提高课堂行为占比中生生互动、师生互动的比例，降低教师讲授的比例，让学生做课堂的主人。关注学生的个性发展，促进学生写字水平的发展，在互动交流中养成良好的语文素养，营造融洽的学习氛围，构建活力课堂。

(四) 实践的成效与不足

主要成效：

1. 熟悉 AI 相关技术，提升教师专业素养

AI 常态录播系统是通过人脸识别、行为识别、表情识别、文本识别等 AI 技

术,实现对课堂中产生的师生行为数据进行多维度的采集、分析。通过采集数据,教师在熟悉AI相关技术的基础上,学会对产生的数据报告进行解读。透过数据图表,通过课堂行为占比、参与度曲线和S-T分析模型,精准了解课堂上教师和学生的行为表现,结合AI常态录播系统生成的课堂教学录像,有助于教师反思自己的教学过程,从而根据学生实际情况改进教学活动设计,实现教师的专业成长。

2. 精心设计教学活动,培养学生核心素养

每一堂课的教学活动都承载着学习任务,因此教师在设计教学活动时应循序渐进,指向学生思维品质的发展。让学生在学习活动中发现问题,在小组合作讨论中解决问题,勇于提出自己的想法,在探究中获取新知。在教学活动中提升师生互动、生生互动的比例,提高学生的整体参与度,使学生学会自主发现问题、分析问题、解决问题,培养学生核心素养的发展。

3. 数据驱动精准教学,赋能传统教学变革

基于AI常态录播数据,了解课堂中学生学习的全过程,诊断学生学习的成果。通过对学生行为数据的采集和分析,从多样本学生数据中提炼和归纳各自特有的学习行为,进而提供个性化的学习支持。在数据驱动下,改变教学流程、优化教学策略,满足学生的个性化学习需求。确定课堂上教师重点关注的对象,有针对性地提问相应的学生,充分利用课堂上的时间与学生进行面对面的对话,进行个性化的点拨与指导。

主要不足:

1. 师生的数据之间缺乏关联性

本研究关注的是课堂上师生的行为表现,而较少地探究其行为产生的原因和背后的教育意义。课堂上,教师的语言是对学生行为产生影响的途径,教师的行为是对学生产生学习兴趣的导向,教师的情感是营造课堂学习氛围的基调;学生的语言是其对知识掌握的反馈,学生的行为是课堂学习状态的体现,学生的情感是课堂学习效果的呈现。因此,尝试搭建多模态数据下的课堂教学评价体系,探究教师和学生数据之间的关联,挖掘师生课堂行为表现背后的教育意义,应当是AI技术赋能智慧课堂教学评价改革的发展趋势和追求。

2. 各主体对数据需求有差异性

在教育领域中,各个不同的主体对数据的需求也是不同的。教师通过数据解读希望了解自己的教学效果,学生通过数据解读希望了解自己的学习成果,家

长通过数据解读希望了解学生的学习状态。综上都需要精细化的图表来解读实现，数据呈现的可视化、可读性有待进一步提高。

(五) 总结与展望

基于 AI 常态录播数据驱动下的课堂教学，透过数据图表，能够更加全面地还原课堂教学，使得教师能精准了解课堂上自己的教学行为和学生的学习行为。基于行为问题回看课堂教学录像片段，对课堂教学片段进行分析，切实提升教师的教学反思能力，基于学情改进教学活动设计，让学生成为学习的主动者，培养学生核心素养的发展。

1. AI 数据追踪学生成长轨迹

记录每一堂教学活动中的学生行为数据，确保数据之间的连续性，形成学期成长数据，实现学生学习成长轨迹追踪。通过每一堂教学活动的数据对比，引导学生反思自己的学习行为，培养独立解决问题的能力。透过连续性的数据变化，学生在点滴中进步与成长，语文核心素养得到提升。

2. AI 数据促进教师精准教研

传统意义上，一堂课的教学设计是一个教师团队备课的成果。大数据驱动背景下的集体教研的革新在于由教案设计转向问题探讨。基于数据的支撑，引领教师团队更加关注教学过程，从教学过程中反思教学行为，聚焦教学问题。问题探讨不仅能提升教师精准教研的能力，还能培养教学创新的思维。

3. AI 数据助力实施分层教学

当前，教学活动中产生的数据已经从单一的文本数据转化为图像、音频、视频、行为、表情等多模态数据。利用多模态数据之间的关联性，通过对师生的细微行为的记录和观察，开展基于多模态的课堂行为分析，更加精准、全面地判断教学成果。教师根据学生的多模态行为数据给学生分成不同的小组，为学生布置差异化的学习任务，一组是基础型学习任务，一组是拓展型学习任务，根据数据反馈给予学生相应的指导，实现精准化分层教学。

案例四　基于墨水屏终端的小学语文旁批式阅读教学的实践①

语文是一个重积累、再创造的过程。传统的积累方式就是用纸质的本子摘抄好词好句，几年下来，本子虽然已经记了厚厚一大沓，但摘抄的内容并没有被

① 本案例由王颖盈撰写。

吸收和内化。如何有效地进行语文积累呢？这无疑是一个巨大的难题。但是，当今世界是大数据时代，人们可以借助信息技术进行教学变革。

墨水屏是一种新型的智能护眼学习终端，类似于纸张的电子显示屏，是一个绿色封闭的学习系统。打破空间的局限性、数据生成的及时性和资料保存的集中性是墨水屏赋予教学的三大功能，对小学语文旁批式阅读教学的变革起着举足轻重的支撑作用。笔者利用墨水屏的“开放性作业”功能，提高长期积累学习活动的学习效率。根据三年级上学期的学习内容，笔者开设了“旁批式阅读”长周期作业，旨在提升学生的阅读和习作素养。

(一) 赋能群文阅读

学生在学习完课文后，其感觉、认知、情感肯定比初读时有新的提高，在这个时候适时拓展相关主题或近似写法的文章进行旁批，不只是对原来旁批的补充、订正、加强和提高，又能作适合的拓展，用来查验旁批效果，提高阅读能力。比如，在讲完《搭船的鸟》一课后，随即让学生完成《翠鸟》这篇同类型的课外阅读，可以进一步体会静态描写和动态描写的不同与妙趣。

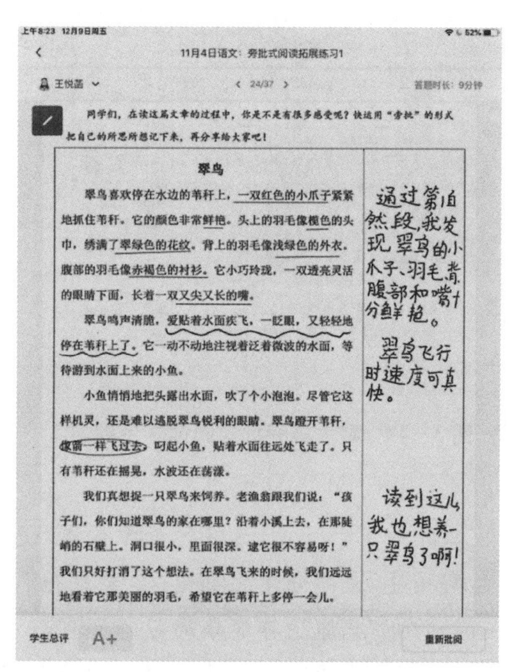

翠鸟

翠鸟喜欢停在水边的苇秆上，一双红色的小爪子紧紧地抓住苇秆。它的颜色非常鲜艳。头上的羽毛像橄榄色的头巾，绣满了翠绿色的花纹。背上的羽毛像浅绿色的外衣。腹部的羽毛像赤褐色的衬衫。它小巧玲珑，一双透亮灵活的眼睛下面，长着一双又尖又长的嘴。

翠鸟鸣声清脆，爱贴着水面疾飞，一眨眼，又轻轻地停在苇秆上了。它一动不动地注视着泛着微波的水面，等待游到水面上来的小鱼。

小鱼悄悄地把头露出水面，吹了个小泡泡。尽管它这样机灵，还是难以逃脱翠鸟锐利的眼睛。翠鸟蹬开苇秆，像箭一样飞过去，叼起小鱼，贴着水面往远处飞走了。只有苇秆还在摇晃，水波还在荡漾。

我们真想捉一只翠鸟来饲养。老渔翁跟我们说：“孩子们，你们知道翠鸟的家在哪里？沿着小溪上去，在那陡峭的石壁上。洞口很小，里面很深。逮它很不容易呀！”我们只好打消了这个想法。在翠鸟飞来的时候，我们远远地看着它那美丽的羽毛，希望它在苇秆上多停一会儿。

图 3-46　墨水屏旁批式阅读学生练习 1

以“墨水屏”为载体，进行“课文教学 1+X”的群文阅读活动，学生能习得一些单篇阅读中很难理解的阅读策略，多文本的独特优势得以充分发挥。学生一旦掌握了多种阅读策略，思考复杂情境中的问题的能力就会得到相应的提升。

(二) 赋能旧知巩固

通常，人们知道预习时要旁批，上课时要旁批，殊不知还有复习式旁批。“复习式旁批”，顾名思义就是在复习的时候进行旁批，达到巩固知识点的作用，一般在课后或测验前进行。

以往复习都是翻阅语文书、练习册等，但上面都是密密麻麻的笔记，学生复习时难免只是扫一眼就自以为已经掌握，容易遗漏知识盲区。然而，“开放性作业”是教师发布一篇课外阅读，将近期若干个知识点进行有机整合。学生以旁批的形式，把知识点再次进行梳理，进而达到扫除知识障碍的目的。

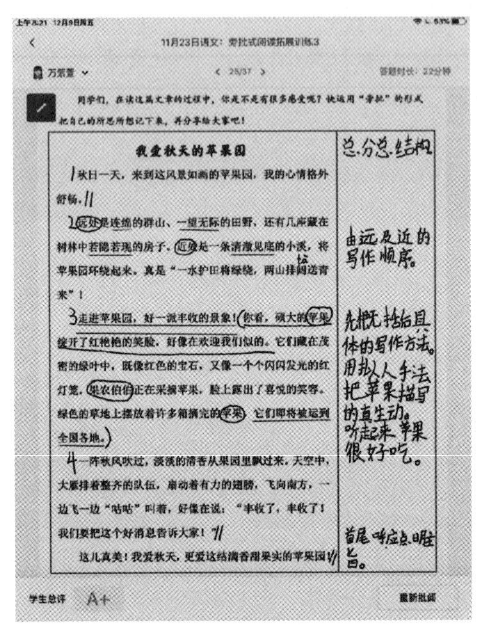

图 3-47　墨水屏旁批式阅读学生练习 2

例如，三年级第一学期第五单元和第六单元分别是写动物和写景色的课文，里面涉及的文章结构、写作方法等知识点基本完全一致。在进行单元练习前，笔者将“总分总结构”“由远及近的写作顺序”“先概括后具体”“中心句”等一些知识点融合在一篇自编的《我爱秋天的苹果园》一文中。通过“复习式旁批—互评点赞—交流分析”的环节，复习巩固要点，然后次日再进行单元练习，让学生能及时弥补自己的知识薄弱点。

(三) 赋能习作指导

常规的习作教学，都会采用范文指导的教学策略。教师一般引导学生读一读、说一说，然后归纳习作要求，就算完成指导了。可是，这样的教学模式，受众面少，学习时间有限，只有部分尖子生能够接受，大部分学生都是“雾里看花”，未能发挥习作课的指导作用。通过“开放性作业”就能改善现今的习作课现状。例如，三年级上学期第七单元习作《我有一个想法》的谋篇布局和以往学生接触过的文章类型大不相同。如果继续采取传统的教学策略，效果肯定更加甚微。为此，在课前，笔者将这篇文章的习作要点进行整合，将一篇课外阅读进行改编，让学生一边听课一边旁批，明确了习作要求——“先现象后建议”。最后，全班此次习作的行文结构和详略布局无一人出现问题，成效斐然。

(四) 实践的成效与不足

主要成效：

1. 告别传统簿本，激发学习兴趣

进入小学以来，学生都是用纸质簿本，两年写下来，对写作业这件事早就避之不及了。“墨水屏”作为一种新颖的电子纸，大大激发了学生的使用欲望。几乎所有学生在练习时的表现都比用纸质簿时的训练更为认真，作业质量也更好。

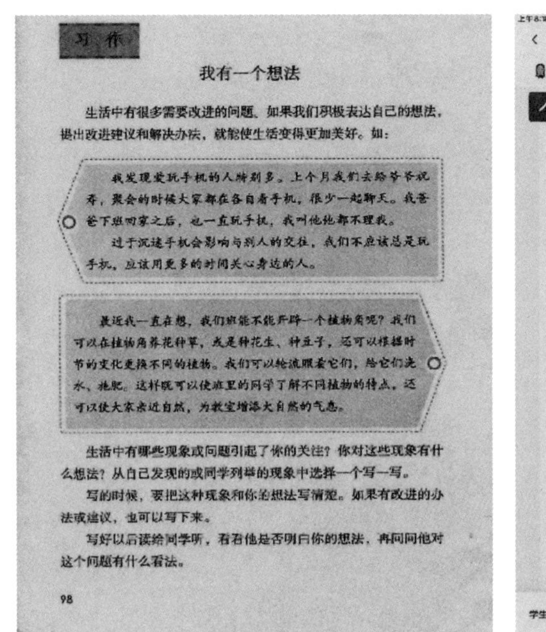

习作

我有一个想法

生活中有很多需要改进的问题。如果我们积极表达自己的想法，提出改进建议和解决办法，就能使生活变得更加美好。如：

我发现爱玩手机的人特别多。上个月我们去给爷爷祝寿，聚会的时候大家都在各自看手机，很少一起聊天。我爸爸下班回家之后，也一直玩手机，我叫他他都不理我。

过于沉迷手机会影响与别人的交往，我们不应该总是玩手机，应该用更多的时间关心身边的人。

最近我一直在想，我们班能不能开辟一个植物角呢？我们可以在植物角养花种草，或是种花生、种豆子，还可以根据时节的变化更换不同的植物。我们可以轮流照看它们，给它们浇水、施肥。这样既可以使班里的同学了解不同植物的特点，还可以使大家亲近自然，为教室增添大自然的气息。

生活中有哪些现象或问题引起了你的关注？你对这些现象有什么想法？从自己发现的或同学列举的现象中选择一个写一写。

写的时候，要把这种现象和你的想法写清楚。如果有改进的办法或建议，也可以写下来。

写好以后读给同学听，看看他是否明白你的想法，再问问他对这个问题有什么看法。

98

图 3－48 《我有一个想法》习作要求

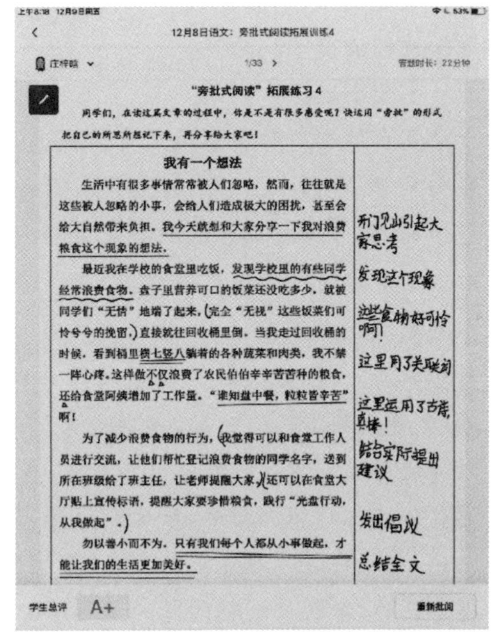

12月8日语文：旁批式阅读拓展训练4

“旁批式阅读”拓展练习 4

同学们，在读这篇文章的过程中，你是不是有很多感受呢？快运用“旁批”的形式把自己的所思所想记下来，再分享给大家吧！

我有一个想法

生活中有很多事情常常被人们忽略，然而，往往就是这些被人忽略的小事，会给人们造成极大的困扰，甚至会给大自然带来负担。我今天就想和大家分享一下我对浪费粮食这个现象的想法。

最近我在学校的食堂里吃饭，发现学校里的有些同学经常浪费食物。盘子里营养可口的饭菜还没吃多少，就被同学们“无情”地端了起来，(完全“无视”这些饭菜们可怜兮兮的挽留，)直接就往回收桶里倒。当我走过回收桶的时候，看到桶里横七竖八躺着的各种蔬菜和肉类，我不禁一阵心疼。这样做不仅浪费了农民伯伯辛辛苦苦种的粮食，还给食堂阿姨增加了工作量。“谁知盘中餐，粒粒皆辛苦”啊！

为了减少浪费食物的行为，(我觉得可以和食堂工作人员进行交流，让他们帮忙登记浪费食物的同学名字，送到所在班级给了班主任，让老师提醒大家。)(还可以在食堂大厅贴上宣传标语，提醒大家要珍惜粮食，践行“光盘行动，从我做起”。)

勿以善小而不为。只有我们每个人都从小事做起，才能让我们的生活更加美好。

图 3－49 墨水屏旁批式阅读学生练习 3

2. 改变交流方式，提升综合素养

传统的交流模式，一般是课上请几个学生进行讨论，或者做一张小报张贴在黑板上，学生的参与面太小。很多学生因没有得到交流展示的机会，逐渐丧失学习兴趣。“开放性作业”则兼具了及时性和全员性这两大特点，能让每个学生都有交流分享和互相学习的机会，大大提高学生的学习积极性。

每当完成“开放性作业”后，学生就能点阅班级其他学生的作业，并会点赞互动，激发学生的学习欲望。学习成果的展示能提升学生的自信心，使其更会阅读、更爱阅读。评价主体多元化，从以往单一的师生评价到增加了生生评价，有助于激起学生的学习热情，引导学生感受学习成果。生生评价的过程更有利于学生“取人之长，补己之短”。比如，一开始旁批时，学生大多只会肯定式的旁批，通过多次无时间、地点限制的交流，旁批视角得到拓宽，旁批思维得到提升，现在逐步出现了质疑式的旁批。

墨水屏的应用还能锻炼学生对是非的判断能力和口语的表达能力，提高学习分析问题、思考问题的综合能力。比如，生生评价环节中，学生一开始只给做得好的同学点赞，到后来变成课后称赞同学做得好的地方。再到最后，部分同学俨然成了小老师，除了关注做得好的同学，还能主动关注做得不好的同学，课后还给他们提出修改意见。

主要不足：

墨水屏应用的整体规划有待提高。经过一学期的实践有了一定的成效，但每个学习活动的设计都较为单独、割裂，没有根据单元或者本课目标进行前期的整体规划，未能发挥墨水屏的最大功效。学习活动过程包含课前、课中，以及课后。三个时间段的学生内容应呈现一种递进的阶段性。比如，课前，学生通过墨水屏完成预习任务单，进行自主学习，教师则及时查收学生提交的作业，进行充分的课前分析，通过数据反馈发现易错、疑难点；课中，学生利用墨水屏进行作答，教师则利用有关功能，实现当堂练、批、讲和巩固，精准评价学习效果；课后，教师使用智能学习终端批改作业，并根据练习情况录制相关的微课视频。同时，通过个性化的知识图谱，精确定位每一位学生的薄弱知识点，进行点对点的跟踪辅导，定期推送学习资源，为每一个学生提供个性化的学习支持。这样提前做好整体设计，串联三个时间段的学习活动，可以使教学内容前后关联，互为补充，形成一个完整的学习能力纵向系列，提高学习效率。

本案例中，笔者主要重点介绍了墨水屏“开放性作业”这一功能的应用，有效克服了传统课堂下的长期积累学习活动的困难与不便。“开放性作业”不只重视对知识的巩固，更是以学生为中心，以尊重学生个性为前提，以学生思维与创新能力的发展为目标来促进学生全面发展。

案例五　基于智慧校园平台的小学语文习作指导实践①

面向教师、学生和教学教研管理人员，智慧校园平台提供开放的资源使用与分享系统、专业的教学工具与应用系统、互动的课堂教学系统。智慧校园平台是利用教与学过程数据的采集与分析，优化教与学过程，提升教与学效果的数字平台。学校积极探索智慧校园平台在教学中的实际应用，力求通过智慧校园平台的应用提升优化教学效果。笔者之所以积极倡导智慧校园平台在小学语文习作教学中的应用，是基于智慧校园平台为小学语文习作教学带来强大的“能量”。

① 本案例由曲瑶华撰写。

对于绝大多数学生而言，语文学习中丰富的故事、有趣的事件叙述、优美的环境描写等都会引起学生的兴趣。大部分学生都非常喜欢学习语文，但一提到写作文，学生就犯了难，长期以来受应试教育的影响，写作教学往往以教师单纯的教学过程为主，学生在学习过程中处于被动状态，写作实践难以得到有效实施。在智慧校园平台支持下，教师可以结合数据整理和分析，及时发现学生在写作中存在的问题，并在相关的教学中调整教学方法、改变教学策略，进而达到提高教学效果的目的。

评价依据是习作评价的基础，它决定了评价标准和评价方法。在智慧校园赋能下的习作评价中，评价依据包括多方面的因素，如“切题与选材”“构思与感悟”“语言与表达”和“书面语表达”。精准的评价有利于教师从不同维度对学生习作进行量化和分级的评价，有利于学生思考此次习作应注意的方面以及具体落实到提纲撰写、谋篇布局、规划结构、语言表达等方面。通过自评有利于提升学生的自省和总结意识，有助于最终达成提高自己写作能力的目的。

(一) 如何教

习作单元介绍

本单元为习作单元，安排了五部分的内容，每项内容的安排目的都指向学生习作能力的培养。“精读课文”主要功能是通过具体的语言文字让学生感受表达的特点，从阅读中学习习作方法；“交流平台”结合精读课文的分析，梳理总结从课文中学到的习作方法；“初试身手”初步尝试用学到的习作方法进行表达练习；“习作例文”为学生提供习作范例，继续体会习作方法；“单元习作”引导学生运用学到的方法进行习作实践，培养完成单元习作所需要的习作能力。本单元的语文要素是“了解课文按一定顺序写景物的方法”，本次习作要求是“学习按游览的顺序写景物”。学生在三年级和四年级上册已经初步学习了通过观察描写一处景物、介绍一个景点。为此，从对学生基本能力的培养出发，本次作文训练目标定位于按一定顺序写景并选择印象深刻的景物进行重点描写，写出景物的特点。

笔者通过智慧校园平台，查阅班级学生在四年级上册的习作《推荐一个好地方》的数据。

由图 3－50 发现，学生在“切题与选材”的优秀率占比为 80%，在“构思与感悟”“语言与表达”方面优秀率分别是 40%和 50%，还有三位学生的“语言与表达”仅为合格。笔者结合以往类似习作的评价数据，可以明确学生在介绍景点和景物特点时，如何将语句描写得更生动还有待提高。因此在《游____》的习作指

巨野校区 四年级1班 语文课 • 习作：推荐一个好地方 作业评价

学科作业列表 / 分项维度与等第

学号	姓名	切题与选材	构思与感悟	语言与表达	书写与字数	总评
1		优秀 (4)	优秀 (10)	优秀 (9)	优秀 (3)	优秀 (26)
2		优秀 (4)	良好 (8)	优秀 (8)	优秀 (3)	良好 (23)
3		优秀 (4)	良好 (7)	良好 (7)	良好 (2)	良好 (20)
4		优秀 (5)	良好 (9)	良好 (7)	优秀 (3)	优秀 (24)
5		优秀 (5)	优秀 (10)	优秀 (9)	良好 (2)	优秀 (26)
6		良好 (3)	良好 (7)	合格 (4)	合格 (1)	合格 (15)
7		优秀 (4)	优秀 (10)	优秀 (8)	优秀 (3)	优秀 (25)
8		优秀 (4)	合格 (6)	合格 (5)	合格 (1)	合格 (16)
9		良好 (3.5)	合格 (6)	合格 (5)	良好 (1.5)	合格 (16)
10		优秀 (5)	优秀 (10)	优秀 (9)	优秀 (3)	优秀 (27)

图 3－50　作业评价

导时，教师结合习作例文，将教学重点落实在“抓住特点”和“表达生动”上，教学过程如下：

师：我们打开课文第 72 页《七月的天山》第 2 自然段，快速默读思考作者写了哪些景物？它们有什么特点？（学生读完后，交流）

师：作者主要抓住了哪些景物来写？

生：作者主要从“蓝天、雪峰、雪水、溪流、鱼群”这些景物来进行描写。

师：天山除了这些景物，就没有别的景物了吗？看来这些景物都是令作者印象深刻的，把令自己印象深刻的景物作为重点进行描写是我们写这段话要掌握的第一个方法。再看作者写的这些景物，你有什么发现？

生：我发现作者的观察顺序是从上到下。

师：对。我们的同学在写重点段落时也同样要做到言之有序，这个顺序可以是从高到低，也可以是从远到近，还可以是从动态到静态。

师：那么，再看看作者怎样把这些景物写清楚的呢？

生：作者描写了景物的颜色、形状等特点，还结合了相关的活动。

师：那么我们在写景物时还可以抓哪些特点？

生：可以抓住数量、姿态、变化等。

师：看看作者是怎么把这些特点写得生动的呢？

生：用了很多的修辞手法，比喻句、排比句、拟人句。

师：是的，那么同学们知道该怎样写重点段落了吗？

（板书：按照一定顺序来写 用上合适的修辞手法）

（二）如何写

按照以往的教学，教师在对单元习作作了相关的指导后，便会要求学生在课堂或者课后写一篇作文草稿，然后教师进行修改，修改的方法有面批或者是在学生的作文草稿上给出相应的修改意见，学生结合教师给出的修改意见再作修改。这样的过程少则一两次，多则三四次，到最后作文草稿通过后，学生再誊写到作文本上。

在写《游____》的习作之前，笔者先将这次习作的评价标准整理成量表，让学生结合自评表再一次明确写作的要求、方法等。

学生在习作完成后，再一次结合自评表中各项评价标准，作出修改或给出自评结果。充分还原学生的主体学习地位，让他们对自己的学习进行评价的同时，帮助其掌握更多的学习技能，丰富自身写作知识，提升学习思维能力和综合运用能力，积极调动其学习积极性和自省力。

（三）如何评

教师将学生誊写在作文专用纸上的习作，通过高速扫描仪扫描后上传至智慧校园平台，平台会将学生的作文按学号自动排列好。教师可以通过智慧校园平台查看所教班级学生的作文，并结合评价标准，拖动鼠标便可给出相应的分值。还可以在评语栏中输入教师评语或是直接选择评语库中的评语，作出相应修改后形成教师个人的评语。

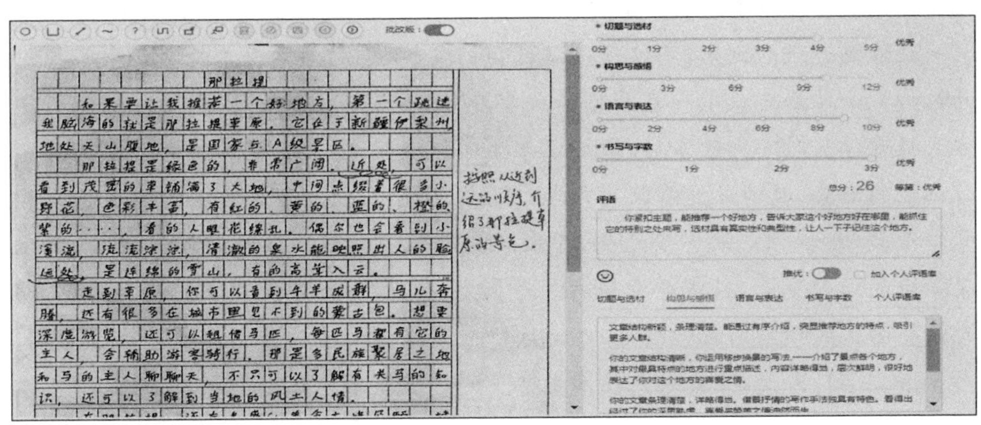

图 3－51　智慧校园教师批改版

将所有学生的习作批改结束后，查阅《游____》作文的数据，可以与之前作文的数据作出比较。

在教师借助智慧校园习作平台基于问题的教学和学生借助智慧校园习作平台基于评价的写作后，学生在“构思与感悟”“语言与表达”两个方面的学习都有了相应的提高。

（四）实践的成效与不足

习作教学是小学语文教学的重要组成部分，不仅要求学生有扎实的基础，还要求他们有较强的逻辑思维能力。另外，习作教学是集基础知识和综合训练于一体的深入性教学内容。教师应结合学生的学习需求和学习现状，紧随新课标教学发展方向，结合大单元任务，运用新的教学方法加强对学生习作能力的培养。利用智慧校园平台让学生自评的方法，不仅能激发学生学习的积极性和主动性，还能让他们对自己的写作水平有更清晰的认识，对习作要求和评价标准有更彻底的理解，逐步提升自己的习作水平。

案例六 利用AI数据进行小学语文课堂教学变革的案例研究①

《新版课程标准解析与教学指导·小学语文(2022年版)》中指出语文学科是一门学习国家通用语言文字运用的综合性、实践性课程，它认为语文课程的多重功能和奠基作用，决定了语文课程在九年义务教育中的重要地位。《义务教育语文课程标准(2022年版)》要求语文教师不仅要注重语文基础理论知识的传授，此外，还需要使学生获得语言表达能力、合作交流能力和实践能力，为促进学生全面发展和终身发展打下基础。

大数据时代的到来，不仅促进了社会的发展，也对小学语文教学产生了积极的影响。小学语文教学一直面临着许多挑战，如部分教师仍然沿用传统的教学方式提升学生对字词的掌握，锻炼了学生的机械记忆，却忽视了对学生理解式学习记忆的培养；教师过度依赖某种单一的信息技术，没有增强自身的创新思维和文学修养，教学方式缺少多元化，导致学生降低了对语文学科的学习兴趣，弱化了学生的学习感受，造成学生选择性学习的局面，大大降低了语文教学的效率，无法全面达成预期的教学效果，也无法进一步提升学生的语文核心素养。因此，对于语文学科来说，探索信息技术支持下的课堂教学方式变革是必要的。

---

① 本案例由宋倩撰写。

(一) 学生学习积极性和参与度分析

运用 AI 技术,能够科学地、有针对性地观察与分析教师的课堂教学。借助 AI 技术及时记录并分析师生在课堂中的行为语言表现,从而达到促进教师提升教学效果的目的。以小学语文五年级上册《搭石》一课为例,从课堂行为占比数据图可以看出,教师在课堂上,比较关注学生群体,学生的主体地位凸显得比较明显。但同时,也可以看出学生积极性和参与率不高,课堂气氛比较沉闷,教学过程中缺少学生合作学习以及师生合作的环节。从参与度曲线看出,课堂中师生行为大多数时间能保持一致,学生能按照教师的指令完成一些任务,但有多处出现了起伏,说明学生在课堂中的整体活跃度较低。

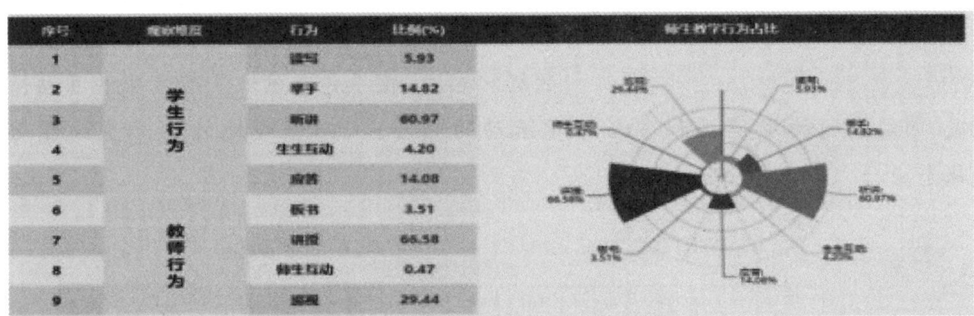

序号	[illegible]	行为	比例(%)
1	学生行为	读写	5.93
2		举手	14.82
3		听讲	60.97
4		生生互动	4.20
5		应答	14.08
6	教师行为	板书	3.51
7		讲授	66.58
8		师生互动	0.47
9		巡视	29.44

图 3 - 52　课堂行为占比图

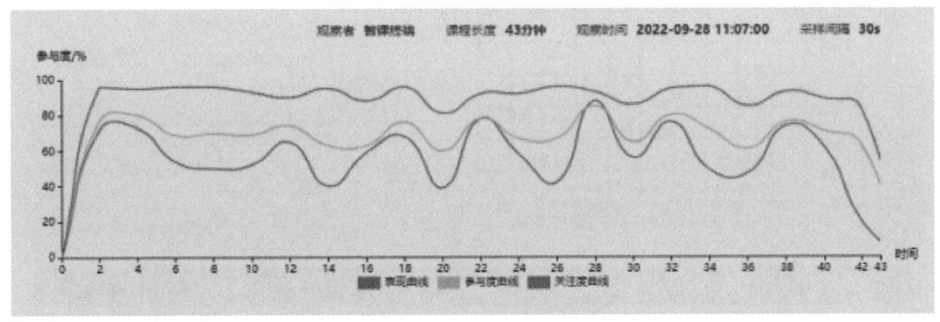

图 3 - 53　参与度曲线图

(二) 教师教学行为分析

从 S-T 师生活动曲线图可以看出,教师行为多于学生行为;再根据 Rt-Ch 图数值,可以判定本课为讲授型课堂,教师行为明显高于学生行为,师生交互较不频繁,全程偏重于教师讲授知识点。结合师生行为数据来看,尽管教师能调动

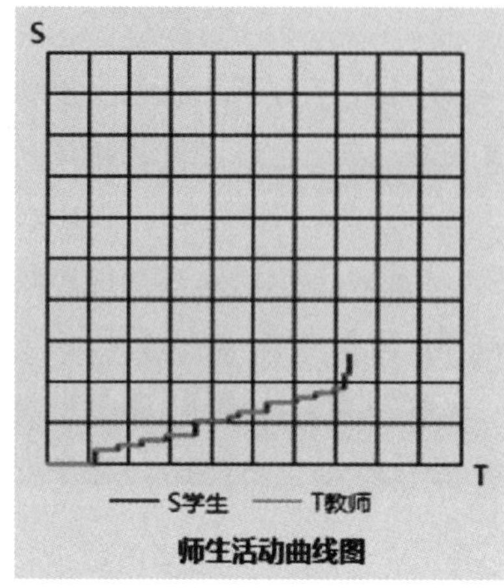

图 3－54　师生活动曲线图

学生参与课堂的积极性，能鼓励学生间互动，但整体来看，教师的行为占比依然高于学生的行为占比，学生的课堂主导地位不够凸显。

(三) 实践的成效与不足

主要成效：

1. 为客观评估学生行为提供有效辅助

在日常教学活动中，教师面对庞大的学生群体，往往难以准确地评估每个学生的参与度、专注度和互动情况，因此有可能忽视一部分学生的个体学习情况。这种情况下，AI 数据的应用为教学带来了积极的变化。通过 AI 数据的辅助，教师更准确地了解学生的互动情况、回答问题的准确性和参与课堂活动的频率，从而客观地评估学生的学习状态。

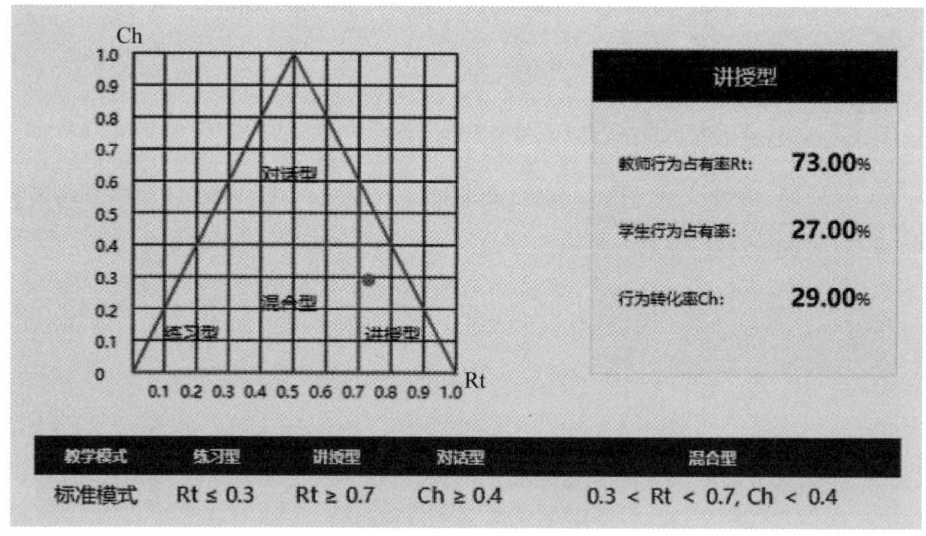

图 3－55　Rt－Ch 图

2. 为个性化教学提供有力支持

AI 数据在教学中的应用，尤其在学生学习情况分析方面，为教师提供了宝贵的观察数据。通过对学生行为和学习数据的分析，教师可以深入了解学生的学习特点和问题所在。例如，AI 数据可以指示学生对某类教学方法的偏好。通过数据，教师可以根据不同学生的需求，有针对性地调整教学策略和教学内容，以提高学生的学习效果。

3. 为改进课堂评价提供数据支撑

AI 数据在改进课堂评价方法方面发挥着重要的作用，它提供了更多的数据来源和深度分析，使评价方法更客观、全面和个性化。通过收集学生在课堂上的多种表现数据，进行多维度评估，全面了解学生的学习情况，避免单一指标的片面评价。针对学生的学习特点和学习模式进行分析，实现个性化评价。不同学生在学习上可能有不同的需求和优势，个性化评价能更好地满足学生的学习需求。

主要不足：

1. 如何保证数据准确性

AI 数据的准确性受到数据收集和处理的影响。如果数据源不完整或错误，可能导致分析结果不准确，进而影响教学决策的准确性。

2. 过度依赖 AI 数据

过度依赖 AI 数据可能导致教师对自己的教学判断力和经验的削弱。教学是一门复杂的艺术，教师应当在科技工具的辅助下继续发挥专业判断。AI 技术可以为语文课堂教学变革提供新的思路和方法。基于人工智能数据驱动下，通过智能评估和反馈系统，教师可以收集学生的学习数据和教学数据，分析学生的学习习惯和问题，更好地了解学生的学习情况和需求，并及时给予反馈和建议，为教师提供更精确的评估数据和分析报告，为学生的语文学习提供更好的支持和帮助。AI 技术的实施可以清晰地反映出教师在教学过程中的优劣之处，为教师改进课堂教学提供科学依据，为教师总结经验、提高教学水平提供有力支撑。同时，AI 技术的实施能够促进教师与学生之间的互动和交流，将学生的学习成果与教师的教学经验相结合，提高教育教学质量。

案例七　巧用“三个助手”助力英语精准教学①

《义务教育英语课程标准(2022 年版)》中指出，要重视教育信息化背景下英语课程教与学方式的变革，充分发挥现代信息技术的功能，开展线上线下融合教

---

① 本案例由徐漪撰写。

学，为满足学生个性化学习需要提供支持。教师要坚持“以人为本”的原则，聚焦课堂改革的要求，积极探索基于信息技术的教学新模式，进一步反思教学方面的创新发展，努力提升学生的素养，为教学赋能。

上海市依托上海智慧教育平台(上海微校)，建设中小学数字教学系统，研发备课助手、教学助手以及作业辅导助手(简称“三个助手”)，融入数字教材、“空中课堂”视频课等优质资源，为师生打造线上线下深度融合的教学空间，优化资源配置与服务支持，推动教学方式变革，努力实现公平而优质的教育。本案例结合牛津上海版 3B M3U2 Colours 第二课时，巧用“三个助手”，助力英语精准教学，打造课堂生动新模式，满足学生个性化学习，做好教育数字化转型背景下的新时代探路先锋，展现数据驱动下的教与学方式变革。

作为学校数字化转型“三个助手”项目参与的教师之一，笔者负责三年级试点班级的英语教学。与此同时，还任教另一个不参与该项目的班级。这样的任教组合让教师能够从日常教学中获取真实数据，作出对比，积累经验，探索教与学方式的变革。通过“三个助手”平台的日常运用，提高了教师的教育教学水平，提高了学生的学习兴趣和学习能力。

(一) 备课助手助力资源个性化

备课助手设置了教学设计、课件资源、习题资源等功能模块。其中，课件资源板块共享了精美课件，省去了教师重复性的备课工作，减轻了教师日常备课负担，可以将更多精力投入研究教材和学生学情分析中。在下载了课件资源后，教师可以根据自己班级学生的学情进行适当的修改，能够将课件资源更好地应用到日常的教学中去。例如，根据班级学生实际学情判断，将本课课件中的原有的 Let’s read 略作调整，加深一定难度，让学生发挥主观能动性，进行语篇的朗读与填空，更好地复习巩固第一课时的学过的知识内容。

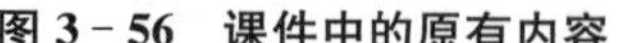
图 3－56 课件中的原有内容

图 3－57 调整后的课件内容

(二) 教学助手助力课堂动态化

教学助手适用度很高，可以任意匹配与之相关的课堂教学需要。通过提供个性化、高自由度的英语听说训练模式，实时反馈学生学习数据，再根据数据做好下一步教学分析。可以说，这样的教学更个性化，也更有针对性，同时避免了“一刀切”的教学情况，学生的学习状态一目了然。在课前，教师预估课中活动所需时间，并进行推送。在教学时，使用并观察学生使用情况，读取并汇总数据，可根据数据情况进行重难点的强调和进一步讲解。

例如，在教 3B M3U2 Colours 第二课时的时候，笔者设置了课中活动 Let's dub。学生对此活动兴趣颇高，利用耳机和平板电脑学习设备进行相关对话的配音。在此过程中，学生避免了日常教学中同桌互相角色扮演表演对话的囫囵吞枣或者哑巴英语的窘境，人人拿出配音的专业架势，耳机一戴，话筒摆正，从发音标准、语音语调和人物性格特点等全面发展，完成该课堂活动操练。并且通过实时数据的生成，很容易了解到学生需要关注的重点词汇。在此基础上，再对相关重难点进行讲解，有的放矢，更好地达成本课时的教学目标。而这些，都是日常传统课堂中相对欠缺的部分。

(三) 作业助手助力学习智能化

对于作业助手，在日常的教学使用中也找到许多可圈可点之处。教师基于学生的课堂学习情况，从作业库中选择具有针对性的课后作业，并进行智能推送，通过作业助手的自动批改和数据采集，能够很轻松地了解学生对于本课时内容的理解和接受程度，并能为教师在下一课时的教学及时指明方向，改进教学内容。

例如，在教完 3B M3U2 Colours 第二课时后，教师可以推送相关作业，紧密结合本课时教学内容，让学生有针对性地复习巩固。图 3-56 的作业意图就是对于单词和句子的复习巩固，用学过的内容进行填空。图 3-57 的作业意图是希望学生通过本课时学习，能够熟练运用相关词句进行描述，有意识地拓展积累更多知识。传统的英语课堂作业与数据关联甚少，很难精准反馈学生实时学习情况，而作业助手中的数据从学生个人和班级整体不同维度都能进行精准分析，对应的作业都有迹可循，从实际出发更好地展现作业的实用性和适用性。与此同时，为学生的个性化学习提供了可靠的支持。作业助手经过数据采集，有效促进教师教学反思，进而提供教研依据，帮助教师确立教研主题，及时检验教研实效，从而提高备课精准度，可谓是一举多得。

除此以外，“三个助手”平台中有一位 AI 智能机器人——Alix 老师，他支持学生与之进行半开放式及全开放式对话，并给予学生评价。教师在课上发布AI任务，如让学生扮演Alice，学生则与Alix进行交谈，通过观察图片、复习巩固词句的表达方式，达成语用任务。在经过多次尝试后，学生觉得这样的学习模式很新奇，纷纷表示喜欢这样的学习方式，面对AI老师，感觉没那么紧张了，胆子也变大了，更加愿意开口说英语。Alix也能做到智能地及时纠正学生的发音或语法等错误，帮助学生进行及时评价和反馈。人工智能元素的加入，为学生提供贴近真实的学习环境和实际运用，让他们在与人工智能机器人的不断对话交流中发现学习英语的问题，并及时解决问题，积累经验，达到有效学习和运用。

（四）实践的成效与不足

在进行了一段时间的实践运用后，“三个助手”平台能够从学生角度出发，注重数据与学生实际使用，真实可靠地反映出学生的学习情况，打造课堂生动新模式，满足学生个性化学习，做好教育数字化转型背景下的新时代探路先锋，展现数据驱动下的教与学方式变革。

同时，教师在教学内容建设、教学资源设计、“教—学—评”一体化处理、数字技术应用等方面的专业素养得到了提升。通过“三个助手”平台在日常教学中的运用，呈现了数字化技术与小学英语课堂深度融合，启发了教师如何让数字化技术真正地为我所用，为英语教学所用，提供多模态的教学手段、平台和空间，不断提升英语学习的效率。通过“三个助手”平台的日常运用，让教师的信息素养得到提高，自身专业素养、课堂执行力和创新力等综合素养也随之提升。通过备课助手开展备课活动，整合丰富的平台资源，助力资源个性化，实现高效备课；在多路径推送的教学助手学习资源支持下，以多元化的形式打造动态化课堂，增加师生互动、生生互动体验；以数据为驱动，实现自适应学习，运用作业助手布置针对性跟进练习，提升教学效率，助力学习智能化。

案例八　基于“三个助手”的数学精准教学①

如何让数字化赋能“双减”政策？如何增强师生教学的体验感？如何借助大数据快速获取学生情况？自2021年起，上海教育的改革方向是深化推进中小学教学数字化转型，通过打造数字基座，创新教育场景示范应用；通过提升数字化与智能化水平，推动信息技术与学科教学的深度融合，促进基础教育的优质均衡

① 本案例由黄舒平撰写。

发展。为推进基础教育教学数字化应用场景建设工作，上海市教委于2021年开始在小学四年级数学和英语两门学科开展依托“三个助手”平台进行数字化转型的教学实践研究。本案例以沪教版四年级第二学期的“垂直”这一课为例来介绍笔者使用“三个助手”平台的做法、感受及思考。

(一) 借助备课助手设计教学内容

课前，研读备课助手的教学资源，把握内容结构关联。借助备课助手板块中提供的课程标准、教学参考，将第四单元“几何小实践”中的单元教学目标进行整理和分析。基于学情，结合平台提供的空中课堂等资源，利用备课助手重整教学内容，编辑课堂资源；借助备课助手，便捷地选用、个性化地调整备课模板资源，制作适合课堂教学的学习任务，并在课前发布任务给学生。

图3-58　借助平台制作与发布的学习任务

(二) 借助教学助手实现个性化学习

课堂上，通过教学助手，让每个学生实现个性化学习。例如，对于“任务一：找一找”，引导学生使用教学助手里面的三角尺、画笔等小工具，通过自己动手在平板电脑上用三角尺去验证哪些是直角并标记直角符号，然后说出哪两条马路相交成直角。一些学生只找到一组相交成直角的马路，一些学生找到了好几组相交成直角的马路。让学生在建立垂直概念的过程中，借助三角尺测量验证直角，从而理解同一平面内两条直线的特殊位置关系，通过找两条相交成直角的马路，体会“垂直”的含义。既复习了二年级时学习的直角的知识，又让学生通过动手操作在脑中建立“垂直”的表象为后续学习做准备，学生在动手操作中也能享受到学习数学的乐趣。

利用教学助手的统计功能，能够及时地对学生的课堂数据进行反馈，了解学生对于本节课知识的掌握程度，进行合理化教学，这些在传统课堂上是做不到

图 3－59 学生展示交流

的。例如，“任务四：辨一辨”和“任务五：选一选”。

“任务四：辨一辨”中，学生对于垂直的概念掌握得还不够清楚，错误率有点高，只有说两条互相垂直的直线相交的交点才叫做垂直。针对错得多的题目，教师也可以有针对性地多花一点时间进行分析讲解，开展有针对性的指导、点拨、交流。相对较高的错误率也可以让教师在课后进行自我反思，是否在新授课环节讲授垂直概念时还不到位，之后还可以采取怎么样的方式帮助学生加深印象，更清楚地掌握什么是垂直呢。这些都值得课后深入思考。

“任务五：选一选”是垂直与生活实际相结合的一道多项选择题，学生通过自己动手操作拨动钟面上的时钟都选择出了正确的答案。教师在分析讲解此题时就可以很快地带过，把有限的课堂时间花在更有意义的题目上。

（三）借助作业辅导助手培养解决问题能力

课后，利用作业辅导助手精心挑选部分习题，布置数学作业，在复习中让学生展开分析、交流，提高学生综合运用知识解决问题的能力。

（四）实践的成效与不足

借助“三个助手”平台进行教学，突破传统课堂，实施教学创新。通过此平台，教师能更好地把握教学与学生的学习特征，更加有效地实现资源的精准推送，从而落实因材施教。在一节课的开始，合理地创设情境的重要性是显而易见的。好的情境创设不仅能够引出课题，更重要的是解决本节课的教学需求，让教学与生活相贴近。依托“三个助手”平台，学生通过自己动手在平板电脑等移动终端上用三角尺去验证哪些是直角并标记直角符号，然后说出哪两条马路相交成直角。既复习了二年级学习的直角的知识，又让学生通过动手操作在脑中建立“垂直”的表象为后续学习做好了准备。在应用“三个助手”平台的过程中，教师也发现教学与技术的融合需要教师有一定的数字素养和应用的意识，而且功能的便捷性也很重要。“三个助手”平台的功能与体验感还有待进一步提升。

案例九　巧用“三个助手”打造高效英语课堂①

《义务教育英语课程标准（2022 年版）》中指出要重视教育信息化背景下英语课程教与学方式的变革，深化信息技术与英语课程的融合，开展线上线下融合教学，为满足学生个性化学习需求提供支撑，提高英语学习效率。学校作为上海市教育信息化应用标杆培育校、数字化转型实验校，基于对备课助手、教学助手和作业辅导助手的应用，率先开启了依托“三个助手”平台的数字化教育教学转型的实践和探索。然而，在数字化转型初期，教师正面临着教学资源选择、教学活动设置、作业批改和反馈等一系列相关新问题。本案例将结合英语教材（牛津上海版）3B M3U1 Shapes 第一课时，阐述如何利用“三个助手”平台资源和功能，融合小学英语学科日常教学场景，优化教学内容，变革教与学的方式，打造高效英语课堂。

（一）如何利用“三个助手”备课

基于平台资源，优化教学内容。在本课时的备课过程中，教师通过备课助手平台下载了 3B M3U1 Shapes 第一课时的备课资源包，内容包括单元教学建议、分课时教学建议、课件资源、习题资源等。结合平台提供的课件资源和习题资源，教师对资源进行重组、加工和开发，最终形成了适用本班学情的个性化资源包。

1. 调整活动顺序，强化核心内容

本课时的主要教学目标是基于“了解图形”的语境，知晓、理解、朗读、识别形状类词汇 circle，square，triangle，star，rectangle，并初步运用核心句型 I have... 来表达自己拥有的形状。在平台提供的课件中，核心对话文本的整体呈现只有一次，即在 Post-task activities 环节。若核心单词、句型的复现频率过低，学生对

① 本案例由孙莉撰写。

于学习内容的掌握难以扎实有效，不利于综合语用的输出。因此，教师重新调整了活动顺序，且增加了一次核心文本的整体呈现：在 While-task activities Scene 1 环节中，学生先通过聆听录音的方式提前感知完整文本，并在“What shapes do they have?”的问题引导下识别、提取形状类词汇信息。随着文本内容的推进，学生围绕着核心词句逐步进行学习活动，并在 Look and say 环节再次整体朗读核心文本，强化对核心内容的掌握。

2. 重构练习文本，丰富语篇素材

在本课时的资源课件中，文本大多是以对话的形式呈现的，且内容较局限于围绕教室中的形状、物品展开。为更好地建立主题语言知识与其他生活场景的联系，教师将原课件中的文本“A beautiful house”再构为“A beautiful Pudong”，并在文本结尾加入了“How beautiful!”的赞美语句。课中，教师借助教学助手下发阅读任务，用建筑剪影和文本相结合的方式向学生呈现阅读语篇。“A beautiful Pudong”的文本再构，不仅充实了本课时的文本内容，还丰富了主题语篇的表达类型，向学生展现了“美丽浦东”的城市样貌。

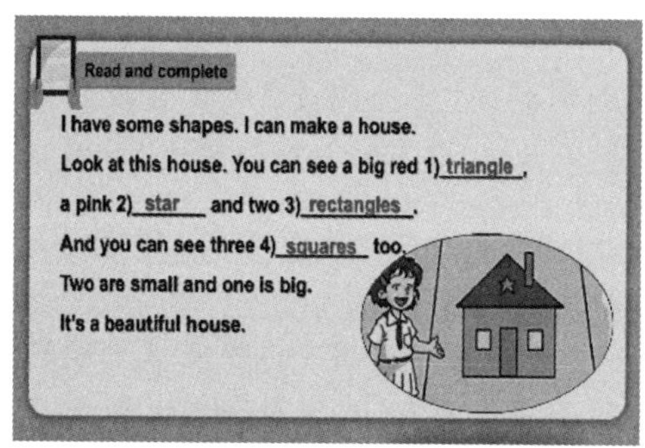

图 3-60 原资源包中的练习文本

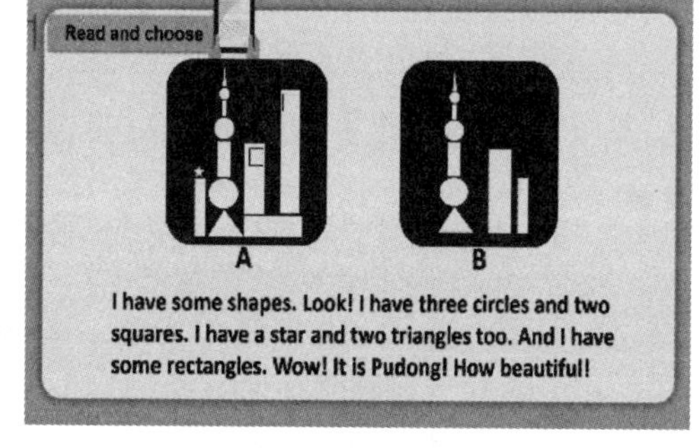

图 3-61 教师重构后的练习文本

(二) 如何利用“三个助手”上课

依托助手功能，变革教学方式。“三个助手”平台不仅提供优质素材性资源，为教师的备课过程减负增效，它强大的助手功能也为教学活动的开展提供了有利的条件性资源。在本课时的教学过程中，教师借助教学助手演示课件、组织活动、发布任务，通过各类数据实证和各种功能的关联，推动教学方式的变革，提升学生学习效率。

1. 借助正音纠错，完善语音评价

语音是语言教学的重要内容之一。知晓辅音字母组合-ff 在单词中的发音，能根据其发音规律正确朗读含有其发音的单词，这是本课时的语音教学目标。在传统课堂中，面对大班额的全员线下教学，教师很难在日常英语课堂中实现全员正音。“三个助手”平台提供的正音功能，打破了班级授课制的限制，为每一位学生提供了大量听音、模仿和练习的机会。课前，教师利用备课助手创建习题并生成 giraffe，office 等词汇的音频。在 Pre-task preparation 环节，教师进行了语音教学并借助教学助手发布对应的随堂练习，学生利用平板电脑和耳机进行作答。基于学生的练习表现，学生端会即时提供可视化的发音反馈，与此同时，教师也能通过平台的统计功能动态获取班级整体和学生个体的数据分析，并借此调整后续教学策略，实现以评促学、以评促教。

2. 融合智慧工具，促进多维互动

在单词 circle 的新授课环节中，教师融合希沃授课助手和“三个助手”双平台的功能，开展互动学习活动，引导学生将 circle 与生活中的圆形物体建立联系。首先，教师以“I have a circle. The face is a circle.”进行举例示范，并借助开放性问题“Look at the things around us. What is a circle?”激发学生的创意想象。接着，教师邀请三位学生来到讲台前，利用希沃的白板功能在课件留白处进行创意涂鸦，并运用所学的语言知识对自己的画作进行分享，如“I have a circle. The clock is a circle. The coin is a circle...”。随后，这三位学生分别以 Little teacher 的角色带领全体同学完成相应单词、句型的操练。双平台的教学工具融合，使学生在活跃的课堂氛围下进行语言知识的学习，不仅提升了学习活动体验，更是促进了师生、生生、人机间的互动交流。

图 3-62 字母组合-ff 朗读练习

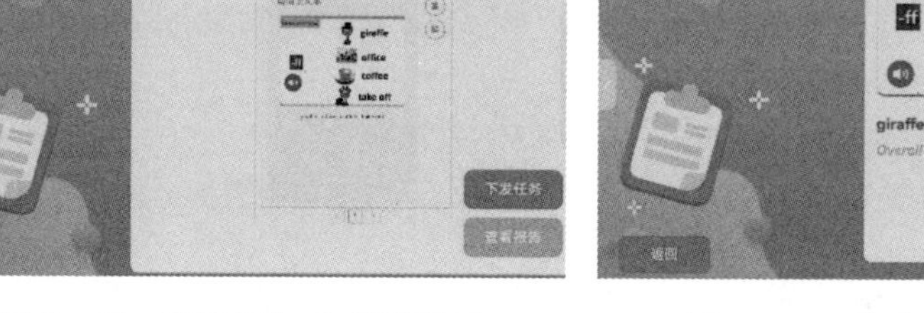

图 3-63 学生朗读练习情况反馈

（三）如何利用“三个助手”复习

应用数字作业，助力持续学习。基于学生的课堂学习表现，教师通过线上线下融合的方式进行作业设计。其中，作业 1 Read the story 为教师针对学习内容新创建的习题，作业 2 Read, look and write 为教师直接从资源包中取用的习题。值得一提的是，在后续的课时学习中，AI 智能机器人——Alix 老师会围绕 Shapes 主题与学生进行半开放式及全开放式的对话练习，助力学生综合语用能力的培养，满足个性化学习需求。有别于传统形式的纸质作业单，兼具语音、图片、文本的立体化作业为学生延伸了课后学习空间，且让完成作业的过程具有一定的趣味性。课后，教师通过作业辅导助手向学生推送数字化作业，通过平台的自动批阅功能，学生在完成作业后能获得作业辅导助手的即时评价与指导。此外，依托分析报告等功能，教师也能精准把握学生的学习情况，为后续教学及个性辅导提供实证依据。

（四）实践的成效与不足

在传统教学中，教师为了寻找适切的教学资源，往往要花费大量的时间和精力，且教学资源质量存在参差不齐等问题。“三个助手”平台提供的优质资源包，高度契合日常教学需求，帮助教师更好地理解与把握教学内容、要求和方法，且在较大程度上减轻教师的备课负担与压力。在本课时的备课过程中，教师参考了“单元教学建议”，借此厘清单元与单课之间的关系。基于“三个助手”平台提供的优质资源包，教师高效地完成了活动设计与课件制作，形成了适用本班学情的个性化资源包。

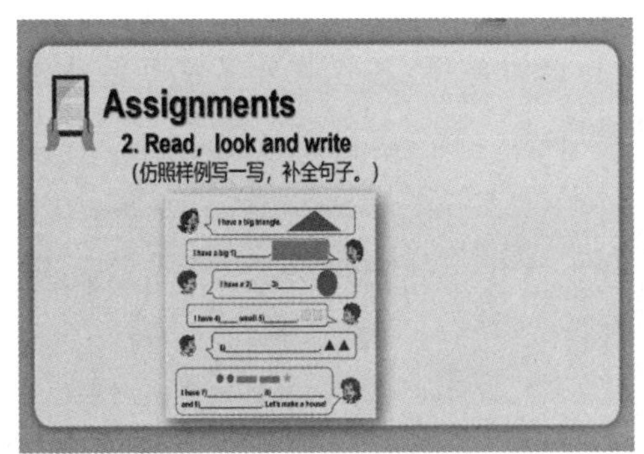

图 3－64 教师新创建的课后习题

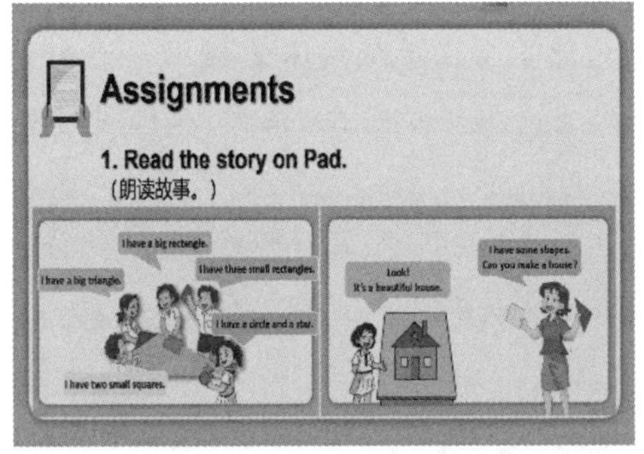

图 3－65 资源包中直接选用的课后习题

依托教学课件与互动功能，“三个助手”平台不仅优化了学习过程中教师的演示讲解，更是丰富了学生的学习、探究体验。此外，强大的助手功能还为学生打造了课后学习空间。借助线上线下作业方式的有效融合，激发学生深入思考，注重对学生的个性化辅导，助力课堂延伸。

在本课时活动中，教师借助正音纠错、完善语音评价，融合智慧工具、促进多维互动，应用数字作业、助力持续学习，推动教学方式的变革，为小学英语课堂提质增效。“三个助手”平台融合小学英语日常教学场景的实践优化了教学内容，推动了教与学方式的变革，为师生带来了可持续性的思考与收获。数字化教学能够助力教学质量的提升，能够让师生共同成为教育改革的建设者和受益者，它将为小学英语课堂装上“数字化引擎”，实现教学课堂的数字化变革。

案例十 依托墨水屏数据分析的教学实践初探①

大数据时代的到来，为精准教学的落实提供了可能。大数据技术与精准教学二者的整合，解决了精准教学在数据记录与处理方面的难题，使精确的教学测量和详细的学习过程考查均成为可能。大数据背景下精准教学的意义重大，促进了教师教学的精准化，保障了学生学习的个性化，也实现了教育管理的智慧化。

例如，腾讯教育精准作业管理系统基于教学资源、智能化评价体系和教育专属 AI 能力，通过腾讯作业君智能电子纸（墨水屏）为教师提供智适应推荐、智能批改、学情分析等服务。其中，墨水屏可记录日常作业中的过程性行为数据，从作业时长、作业轨迹、作业质量等多维度分析日常作业的合理性和有效性，帮助教师个性化监管学生的作业时长和学习习惯。墨水屏终端在不改变学生书写习惯的同时，还能保证视觉的舒适性体验，培养学生养成信息化环境下良好的学习和用眼卫生习惯。

在数学课教学环节中，授课教师可以以墨水屏为工具，实时获取学生的学习情况和进度，并针对学生习题中的难点和重点进行针对性讲解。

（一）数据分析获取学生作业学情

作业是为帮助学生达成学习目标而设置的，对于学生的数学知识学习来说，教师可以通过有效的作业促进学生进入良好的学习状态，并且促使学生能够在完成作业的过程中，有意识地提高自己的综合能力。通过设计系统性作业，可以帮助学生及时理解所学，并通过灵活应用使学习更有深度。

以三年级第一学期“用一位数乘除”学习内容为例。教师在墨水屏作业端布置了列式计算的作业，作业反馈的数据表明，第(4)题和第(5)题的准确率较低，如图 3－66 所示。教师随后重点查看这两题的学生答题情况，发现造成错误的

① 本案例由胡梅华撰写。

主要原因是学生审题错误，造成列式错误而并非计算错误。通过这个分析，教师明确目前需要培养学生读题审题的能力。

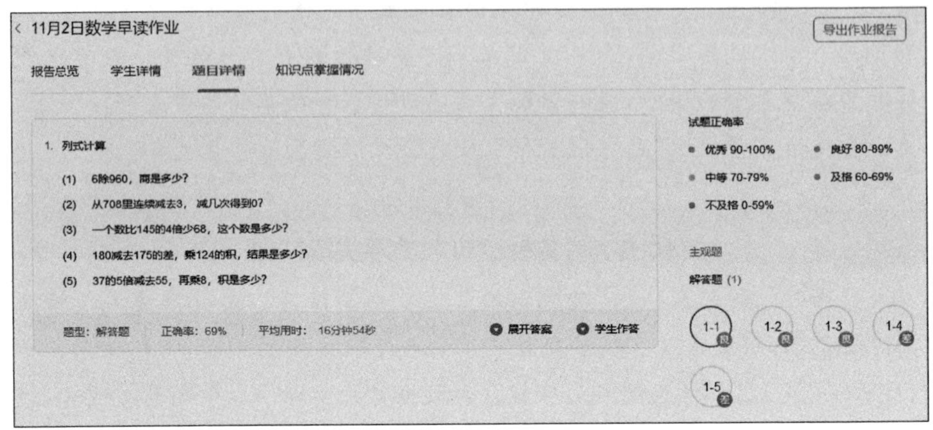

图 3－66

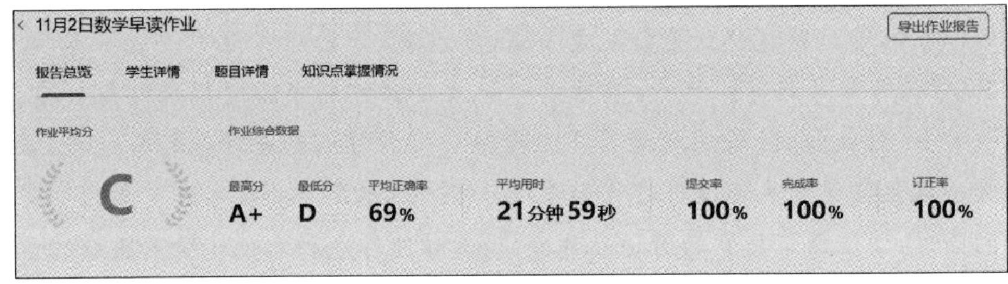

图 3－67

随后，教师在课后作业中多次布置针对性练习并讲解，同时提醒学生认真读题，思考后再列式，并在作业端布置类似题型，进行效果检验。

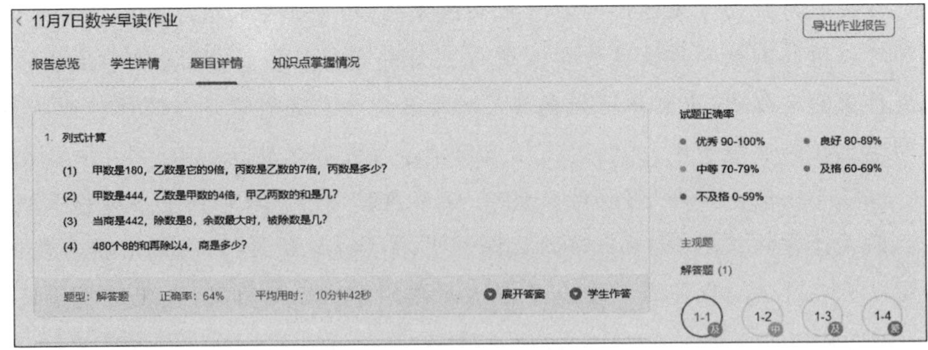

图 3－68

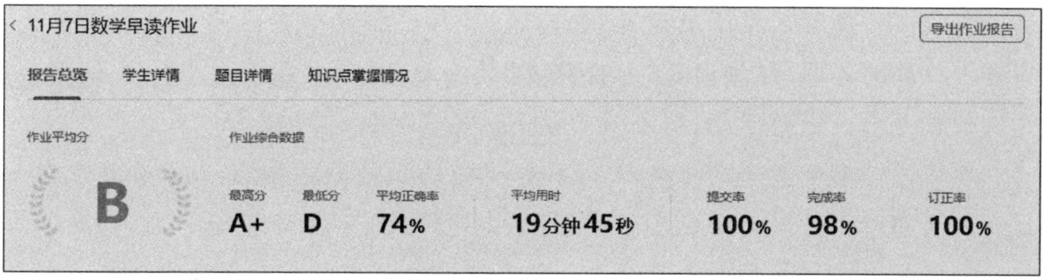

图 3-69

数据表明，经过针对性作业设计，学生在列式计算题型中的准确率在逐步上升，同时作业速度也有明显提高。

(二) 数据分析掌握学生学情

线上教学过程中，教师最大的困难就是在课堂教学中无法直接了解学生学习情况。直播课中，只有少数学生能与教师面对面回答问题，更多的学生特别是平时上课就不主动发言或数学学习有困难的学生在直播课上与教师的互动极少。这样就让教学效果大打折扣，给今后的教学带来困难。

利用墨水屏作业提交及时性以及数据分析的特点，能提高线上教学学生参与度，让教师少了一些后顾之忧。

线上教学复习课期间，课前，教师将本节课复习的作业发布到墨水屏上。直播课堂上，学生根据教师的要求完成相应练习后提交，教师在移动端收到学生提交的作业后马上就能进行批改，并反馈给该学生，如果有订正，学生就能立即订正提交，直至完成该练习。教师则通过学生提交作业的准确率数据，判断哪些题目是学生容易做错或还没掌握的，可以在直播课时及时讲解，提高教学时效性，让直播课的效果得到提升。平时数学学习上有困难的学生，也因为在课上及时完成练习得到教师反馈和辅导，在线学习的效果也没有受到很大的影响。

课后，教师还能根据作业总体数据，对每个班级下节复习课的内容进行调整，让复习课真正为班级学生量身定制。对于学习有困难的学生，教师也能进行分层练习的推送。

(三) 数据分析调整教学方法

以“两位数除两位数和三位数”竖式教学为例，用两位数除的关键是试商，所以教材分三个层次编排。首先安排整十数除两位数和三位数，商是一位数的笔算，重点解决“怎样用整十数试商”的问题，然后安排两位数除两位数和三位数，商是一位数的笔算，继续解决“怎样试商”的问题，最后安排两位数除多位数，商是两位数或三位数的问题，解决商的最高位与商的位数问题。

在学习了整十数除两位数和三位数，商是一位数的笔算后，大部分学生对于试商以及商所在位置的确定已经掌握，那么两位数除两位数和三位数，商是一位数的笔算可以怎样教学呢？学生自己能否通过尝试来掌握试商的方法呢？

于是每节课前，笔者将本节课的例题推送在墨水屏上，讲例题前，都让学生自己尝试做一做，看看大家掌握程度到底是多少。

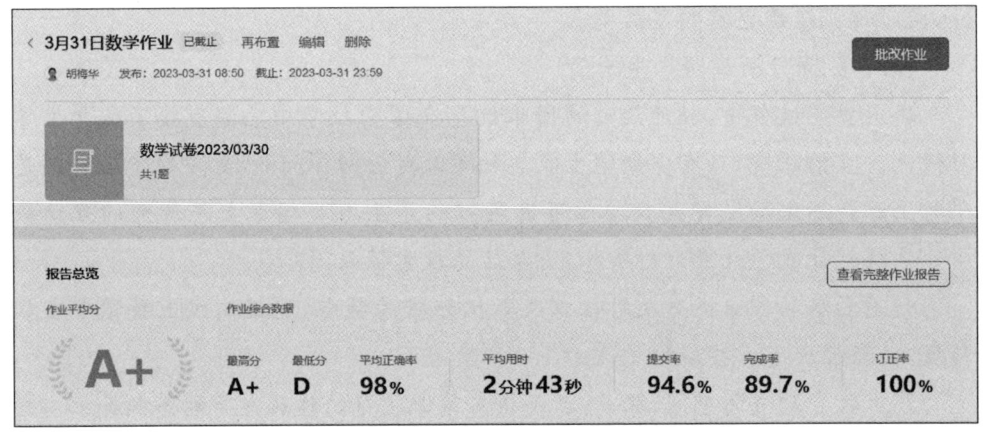

图 3－70

通过数据反馈发现，在学习了整十数除两位数和三位数除法后，学生对两位数除两位数和三位数的除法掌握是很好的，计算准确率普遍很高。那课上对于计算的方法就可以少讲、略讲，重点要讲授的就是总结试商的方法，提高计算速度了。因为学生在计算上错误较少也增加了他们的自信心，非常愿意分享自己试商的方法，想让同学尝试。大家分享了“四舍五入试商”“首位试商”“同头无除商 9、8”等方法，让那些盲目试商的同学也有了方向，学习尝试后，计算速度提高了不少。

因为学生能较好掌握两位数除两位数和三位数的除法，所以课堂上，教师讲解试商方法的时间大大减少，学生练习的时间大大提高，而除法的计算就是通过不断练习而逐渐熟练，提高准确率的。正是因为有数据提供支持，才让课堂教学的效果得到了很大提高。

（四）实践的成效与不足

主要成效：

教师可以根据学生作业后的数据信息，了解课堂教学是否有效，作业设计是否符合学生实际。教师可以根据数据信息，为下节课设计有效的教学活动和教学方法，为学生推送有针对性的习题，提高学习效率。

主要不足：

目前只是针对全体学生在作业推送方面做了一些尝试，为自己的课堂教学提供帮助。对学生个体而言，还没有进行数据上的关注。对学生个人数据进行统计，可以更有效地根据学生个性问题推送练习，达到精准教学的目的。

大数据教学是对传统教学的一种革命，它能够帮助教师更好地站在学生的角度上教学知识。教师利用数据信息，优化课堂教学，达到精准教学的目的，从而提高课堂教学的效果，更好为学生答疑解惑。墨水屏的实验，将在作业推送基础下，在课堂互动中继续推进，基于数据驱动下的互动课堂也将更有活力，更有成效。

案例十一　应用运动手环开展精准教学实践①

在数字化转型背景下，学校以“建设智慧校园文化，促进五育融合发展”为主题，在“互联网＋”与智慧校园平台支撑下，从校园数字化平台管理、互联网建设、智能化学习、新颖课堂开发、教与学等各方面进行了改变，认真落实教育信息化应用标杆培育校建设目标，以信息化技术赋能教育教学数字化转型，在智能环境下，对学校管理、教与学的方式、学生综合素质评价等进行实践，改善传统体育课教学模式。

借助智能手环穿戴设备进课堂是学校体育教学改革的一项重要内容，运动手环将学生在课堂中的实时心率、运动负荷、运动状态等数据进行实时的采集与监测，通过 AI 算法分析显示在屏幕上，方便教师及时调整课堂教学安排和运动强度。教师在课后还可随时分析学生课上运动数据，以直观真实的数据来反思、调整教学内容及运动负荷，进行科学有效的分析与调控，优化课堂教学安排，实现信息技术支持下的因材施教，改善传统体育课教学模式。

在体育课上进行教学实验，以一年级和四年级学生作为研究对象，分别选择

① 本案例由李荆诚撰写。

两个班级，每个班级一次课，在课前5分钟给学生佩戴好运动手环，记录学生在整堂课中的实时心率。对以上四个班级开展小学运动技能教学，最终目标以《义务教育体育与健康课程标准(2022年版)》为要求，并结合教师的专项，使学生以初步掌握一些简单的动作和成套的技术动作为主。按照阶段水平划分，分为低学段(一年级)和高学段(四年级)两个学段进行教学，将各学段学生的心率变化进行收集和分析，通过实验了解基于心率监控手段的不同教学设计对促进各学段学生体质健康的影响。

一(1)班和一(2)班练习内容以弓步、马步、仆步等基本功练习为主。

四(3)班和四(5)班练习内容以武术基本功为辅助组合动作练习为主。

(一) 低学段学生心率变化分析

研究数据表明：低学段班级学生平均心率(运动负荷)均符合区间标准。学生的课前心率均在90—101次/分钟区间，课上的热身活动后需要学生的有效心率达到110次/分钟以上，原定设置的5分钟热身时间，在第4分钟的时候还有一部分学生未达到有效心率，教师调整热身内容增加热身量进行了1分钟原地小碎步跑冲拳。根据数据显示，5分钟时所有学生达到有效心率。基于低学段学生以掌握基本功和趣味性运动为主，进行步型、手型的练习。在原地练习时，学生心率均在110次/分钟左右，无明显的起伏，加大练习密度和强度，学生心率又很快提升，放松练习时学生心率逐渐递减。学生心率曲线图在基本练习中呈双峰趋势，学生心率缓慢降低后又能很快实时上升，说明练习内容使低学段的学生一直保持在较高的兴奋状态下，使他们保持持续的运动参与。

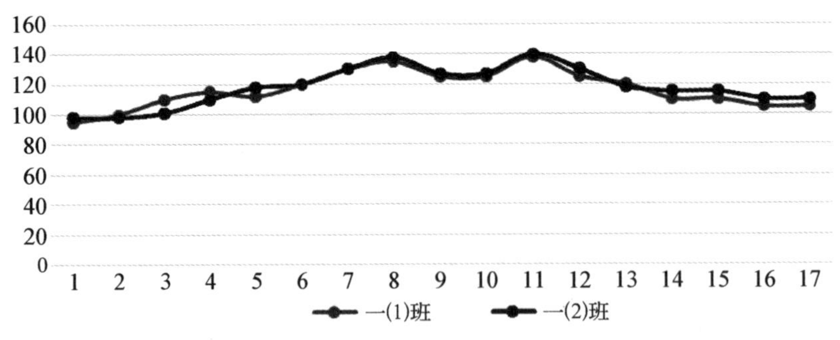

图3-71 低学段学生心率变化

(二) 高学段学生心率变化分析

根据数据分析，高学段学生心率曲线符合正常人体运动生理心率曲线，在准备活动时，心率曲线呈较小幅度递增，热身活动建议以热身操进行，帮助学生复习基本功，5分钟时学生心率处于110—120次/分钟区间，与低学段学生对比，数据表明热身操能更有效地使学生达到准备活动阶段的有效心率，基本功部分以组合动作为主，学生心率随着积极性和运动量的提高实时上升，10分钟时四年级学生实时心率上升到130—138次/分钟区间，处于本节课的最高点，心率曲线呈递增状态。

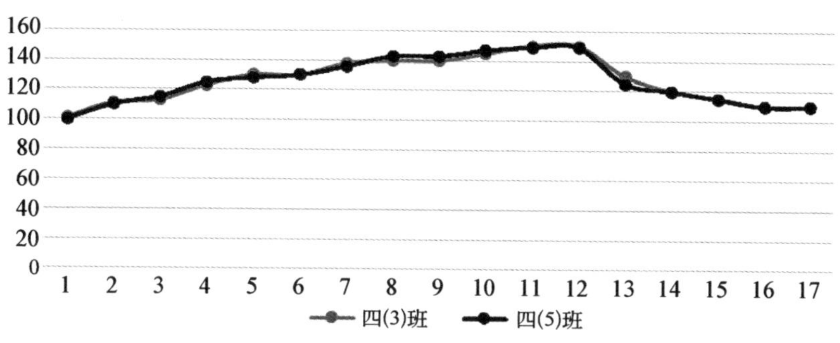

图3-72 高学段学生心率变化

（三）教学实验中最大心率的对比分析

只有运动的时间和负荷量都在合适的范围内，心率在健康的数值上，才会让运动产生有效的作用。根据指标评价与标准，最大心率≤200次1分钟即为合格，不能超过200次/分钟。武术课上教师内容安排合理，在运动密度、运动强度都达到标准的情况下有效地保障了所有学生的安全，后台监测数据发现，每个学段的合格率均为100%，以往教师只能以肉眼观看运动量是否足够，在课堂里教师充当起了监督者的责任。科学地分析掌握学生在不同情况下的心率数值，根据实际出发以此来整体把控学生实际负荷。而关于学生的心率峰值的控制，则是其中的关键部分，因为只有将最核心重要的数据控制在手，才能使得学生的安

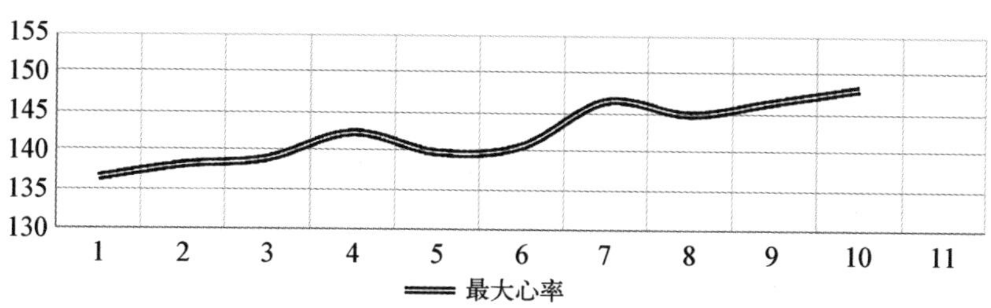

图3-73 教学中最大心率对比分析

全得到更大的保障。

(四) 实践的成效与不足

主要成效：

将体育课堂与信息技术融合，使课堂更具有活力和新颖力，通过信息化赋能提高教学能力，让心率监测能辅助科学地调控课堂，保证教学内容合理化的情况下还能达到运动强度，并促进了学生的体质健康发展，在合理地安排不同阶段课程内容后，科学地调控运动负荷，构建新型教学模型，精准地掌握了学生练习强度，各阶段学生均达到了负荷标准，促进了学生体质健康和运动技能的发展。

1. 心率监测优化了课堂教学

通过运动手环监测心率对不同阶段学生所表现出的不同状况有实时反映，合理地控制运动强度的大小，做好基本功练习。在学生心率上不去的情况下，进行针对性动作趣味强度教学，来达到负荷标准。根据心率曲线，观察学生在增大运动强度后的心率变化，把控强度持续时间，并将其控制在标准负荷区间。通过对心率的动态监控，数据分析结果直观地呈现出学生心率负荷和课堂参与度，使教师精准掌握课堂节奏，调整教学设计，个性化指导学生。

2. 心率监测促进了学生发展

学生对运动手环具有一定的好奇心，学生本人也能够观察到自身的心率变化，促进了学生在练习中的参与度。当学生心率缓慢下降后又能很快上升，练习过程中心率曲线呈双峰趋势，心率呈递增状态，中等运动强度的持续时间达到25分钟，教师将各个阶段的平均心率控制在130—160次/分钟区间时，在保障了学生安全的情况下又有较长持续时间的强度，使学生最大效率地达到了强身健体作用。在对各阶段学生的不同教学内容的心率测量中，得出了科学合理的运动负荷，直观了解到学生运动强度和参与度，为教师提升课堂质量、促进学生发展提供了依据。

主要不足：

运动手环对网络和续航有着较高的要求，手环没电、网络连接出现问题，以及学生佩戴方式有误，都会导致这堂课无法监测到数据，班级人数众多，戴手环、取手环也很浪费时间。上课前提前做好保障措施，会更好地保证课堂质量。

学生在体育课中的运动负荷不达标，对促进学生发展的效果几乎为零，体育课失去意义，但在课堂中，教师教学内容的安排和学生运动状态在没有数据的支撑下很难进行准确评估。虽然国内关于心率监控技术的掌握已经非常成熟，但大多是应用于专业运动训练领域，在小学体育课堂的教学中的应用非常少，现在心率监控手段能应用于体育教学中，教师能通过监测学生实时心率对课堂进行把控，根据学生课中运动状态及时调整运动强度的大小，提升教学质量。在运动数据驱动下精准教学的探索中，将改善传统教学难量化、难记录、难监测、难分析的问题，这也是教师需面临的一次教育变革，需要重构课堂教学，不断创新教学应用。

案例十二　智慧校园习作平台在习作教学方面的应用①

信息技术的发展和应用对人们的生活和工作产生了巨大的影响，同时也对教育产生了巨大的冲击，促使教育发生一场深刻的变革。《义务教育语文课程标准(2022 年版)》指出评价应根据不同年龄学生的学习特点和不同学段的学习目标，选用恰当的评价方式，抓住关键，突出重点，注重评价主体的多元和互动以及多种评价方式的综合运用，充分利用现代信息技术，促进评价方式的变革。在目前的小学语文教学中，数字化教学资源所能发挥的作用大多停留在单线、静态层面。学生不知道怎么写作文，害怕写作文；教师如何教会学生修改作文，如何高效地进行习作评价是急需解决的问题。那么，如何在教育数字化转型背景下让习作教学变得更加高效呢？本案例基于智慧校园的习作平台以统编语文教材三年级上册第一单元习作《猜猜他是谁》为例，浅谈数字化教学资源在语文习作教学方面的应用。

统编语文教材三年级上册第一单元习作《猜猜他是谁》是小学阶段学生接触的第一篇习作，部分学生和部分新教师在第一次面对习作时显得有些无所适从，智慧校园的习作平台就能够在预习、修改、评价三个阶段给学生及教师提供帮助。

(一) 预习时，习作指南弄清要求

教学时，笔者发现在布置《猜猜他是谁》习作预习任务时，学生没有方向，课文的预习方法不适用，习作的具体要求也不了解，预习的效果不佳，部分学生产生了畏难情绪，开始害怕习作任务。习作指南很好地解决了这个问题。布置预习任务的同时下发习作指南，指南将从“切题与选材”“构思与感悟”“语言与表达”和“书写与字数”四个维度让学生知道本单元习作的要求以及重点。此外，指

① 本案例由徐宇岚撰写。

南还会根据各单元习作教学的需要附上学习单，如习作《猜猜他是谁》的重点是写出人物的外貌和特点，根据教学重点，可设计学习单，方便让学生在预习时构思这两部分内容。学生在预习时有了明确的任务，在上习作指导课时也更容易抓住重点，提升学习的效率。

表 3-5 统编语文教材三年级上册第一单元习作《猜猜他是谁》学习单

<table>
<tr><th colspan="2">习作《猜猜他是谁》学习单</th></tr>
<tr><td>他/她的外貌</td><td>画一画：</td></tr>
<tr><td rowspan="2">他/她的特点
（性格、爱好、品质等）</td><td>1.</td></tr>
<tr><td>2.</td></tr>
</table>

(二) 修改时，针对问题推送微课

习作指导课后，学生提交作文草稿。区别于传统的逐份提出具体的修改建议，教师在本次批改时需要找出学生习作中出现的问题，之后便可通过大数据筛查得到学生的学情反馈。教师在批改习作《猜猜他是谁》草稿后，经大数据筛查可以得知学生习作中主要出现以下两个问题：一是外貌描写不生动，二是人物特点不突出。之后，教师可以根据学生习作的共性问题运用 PPT、录屏软件等制作微课，并完成点对面的推送，也就是一节微课推送给习作中出现此类问题的所有学生。统编语文教材三年级上册第一单元习作《猜猜他是谁》“人物特点不突出”微课部分内容，如图 3-74 所示。

针对性的微课指导能够让学生明确知道自己的问题所在，例文解析的形式对于学生而言也易于接受，学生在学习微课后可以自行完成对习作的修改。微课点对面推送的形式节约了教师对于同类问题作文逐份讲评的时间，提高了教学效率。

(三) 评价时，四个维度个性贴切

学生上交习作后，教师可将学生完成的习作通过高速扫描仪输入进智慧校园“学科作业”中。之后教师会通过习作平台从“切题与选材”“构思与感悟”“语

人物特点不突出

原因1：没有具体事例或事例不够典型

【问题呈现】《猜猜他是谁》片段

他积极阳光，能关注到身边同学的小情绪。当我不开心的时候他就会马上安慰我。有时候他自己受了批评，也不会抱怨，反而会更加努力，更加上进。

作者在写这一段话时只用了"当我不开心的时候他就会安慰我"这一句话来表现他能关注到身边同学的小情绪的特点，显然这并不是一个具体的事例。

【解决方法】先用**一句话概括描写对象的特点**，再选择一个**合适的事例**来说明这一特点。在写这个事例时，要写清楚事情的**起因、经过、结果**。

例如：

他积极阳光，能关注到身边同学的小情绪。那一天，单元练习的等第出来了，成绩并不理想的我趴在座位上，把头埋起来，开始轻声抽泣。这时，他走了过来，坐在我的座位旁，用手抚了抚我的背，安慰道："你不要伤心，俗话说'失败乃成功之母'，一次失败并不代表永远的失败，我们应该努力朝更好的成绩走去，而不是在这里哭泣，你应该知道哭是什么用都没有的，继续加油，下次好好复习，你一定能考好的。"听了他的话，我又恢复了神采。

在这段文字中，作者先用一句话概括了他的特点——**积极阳光，能关注到身边同学的小情绪**，再通过**他安慰情绪不好的我**这件事来说明这一特点。在写这件事情时，作者**先写了自己情绪不好的原因，再写他是怎么安慰的，最后写自己的情绪发生了改变**。事件有头有尾，让人读完就能够感受到他是一个特别暖心的人。

图 3－74

言与表达"和"书写与字数"四个维度对学生习作进行批改与评价。区别于传统的一篇习作一个等第的评价方式，多维度的评价可以让学生更清楚地了解自己在每个方面的优势与不足，并在之后的习作中进行针对性的练习，让自己的习作水平稳步提升。

以习作《猜猜他是谁》为例，教师在智慧校园平台批改习作时，可以通过拖拽的方式对该习作的每一个维度进行评分。完成评分后，系统会从评语库（如图 3－75 所示）中自动匹配符合该等第的评语，教师可在多条评语中选择最切合该生习作的评语，所有被选择的评语会统一出现在评语区域。教师也可以自己编辑专属于该生的评语，"表情包"功能的出现让教师的评语显得更具有亲和力了。当教师完成所有批改后，家长与学生就可以在智慧校园的小程序或者网页端看到反馈了。

"推优"功能激发学生的写作热情。教师可以点击"推优"按钮选择一单元中的 1—2 篇优秀习作进行推优。被推优的习作将会在学校走廊的大屏上进行展

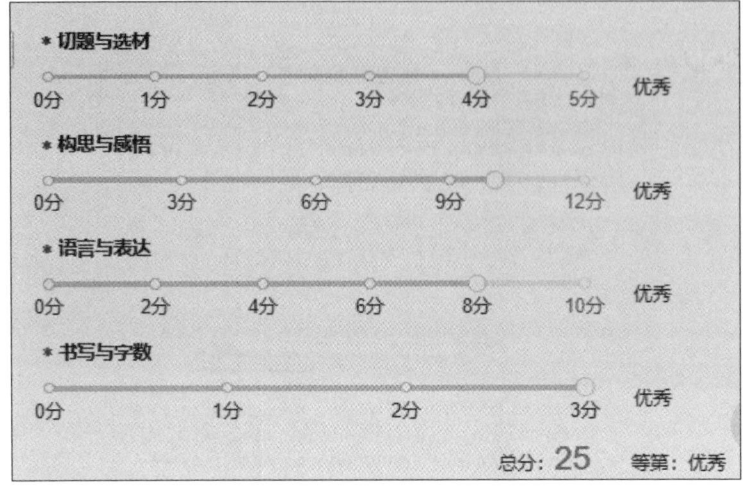

图 3－75　多维度评分操作栏

评价维度	教师评语			
	优秀	良好	合格	须努力
切题与选材	1、选材非常恰当。能从同学的外貌、性格、品质、爱好等不同的角度中，抓住一两点特别的地方，给人留下深刻的印象。 2、通过一个非常典型的事例，写出了人物的品质，特征明显，虽然文中没有出现他的名字，但是老师一下子就猜出你写的是谁。 3、你真是一个选材小能手，选择的人物很有特点，事例也很典型，能够体现出人物的性格或品质。 4、你紧扣主题，让人猜一猜他是谁，你能够告诉大家他的外貌、他的性格品质等等，让人一下子猜出他是谁。 5、你在选择恰当的写作对象后，能围绕他的特点，创设特定情境，把他的形象写得鲜活、有趣。	1、选材较恰当。能较好地从同学的外貌、性格、品质、爱好等不同的角度中，抓住一两点特别的地方，给人留下印象 2、通过一个比较典型的事例，写出了人物的品质，特征明显，虽然文中没有出现他的名字，但是老师能猜出你写的是谁。 3、你能根据文章的主题，围绕自己的写作对象，选择合适的素材来写出它的特点。 4、你有不错的选材能力，写作的对象、选择的事例都比较符合《猜猜他是谁》这个主题。 5、你在选择写作对象后，能围绕他的特点，选择比较合适的事例，把他的形象写得比较鲜活、有趣。	1、选材一般。 如果能从同学的外貌、性格、品质、爱好等不同的角度中，抓住一两点特别的地方，给人留下印象，那就更好了。 2、文章写了一个事例，虽然老师能猜出你写的是谁，但事例还不够典型，人物的品质特征表现不明显。 3、你选择的写作对象较为普通，没有特别之处，可以再思考一下，在选材上可以再独特一点。 4、你能围绕写作对象，大致写出他的一些特点，部分素材选择恰当。 5、你的选材基本恰当。但是人物的特点是什么？通过哪些事例能体现这个特点？还须再斟酌一下。	1、选材不恰当。没有具体的事例，虽然写了同学的外貌、性格、品质，但没有特别之处，平平淡淡，老师猜不出你写的是谁。 2、若能围绕写作对象的特点来选择具体事例就好了。 3、选材还要再花些功夫，所选素材要符合《猜猜他是谁》这个主题。 4、若能描写自己熟悉的同学，抓住这个同学的特别之处来写，就更容易让人猜到他是谁。

图 3－76　习作《猜猜他是谁》“切题与选材”维度评语库

示，学生在欣赏这些优秀习作的同时，既学到了优秀习作的写法，也能看到教师对这篇优秀习作的批注和评价。通过这种推优方式，激励学生，鼓励学生对自己

图 3-77 评语区域

的习作进行修改,而教师对于学生的每一次修改,都要给予表扬和奖励,给予学生更多写作的信心。

传统的习作批改大多在文稿纸或作文本上进行,学生较难将自己写的习作保存下来,智慧校园平台上下载的电子版更方便保存,学生可以将之前写的习作与现在写的习作进行比较,直观地看到自己在表达能力上的进步,更易有成就感。此外,智慧校园平台的期末综合素质报告中也有习作板块,可以记录学生在习作方面的成长足迹。

(四) 实践的成效与不足

利用智慧校园习作平台,三至五年级的语文教师已经将该平台的应用常态化,能够熟练使用该功能对扫描上传的学生习作进行多维度评价。每篇习作的评语库中的评语也在不断地增加、优化和完善。未来随着"习作指南""微课推送"等功能的不断上线,将大大提高教师的教学效率,大大方便学生的习作学习。大数据时代的到来,为习作的精准教学的落实提供了可能。大数据技术与精准教学二者的整合,解决了精准教学在数据记录与处理方面的难题。教师可以根据每一位学生的习作在不同维度上的表现,给予学生精准的教学评价,避免了整体性评价的弊端。在大

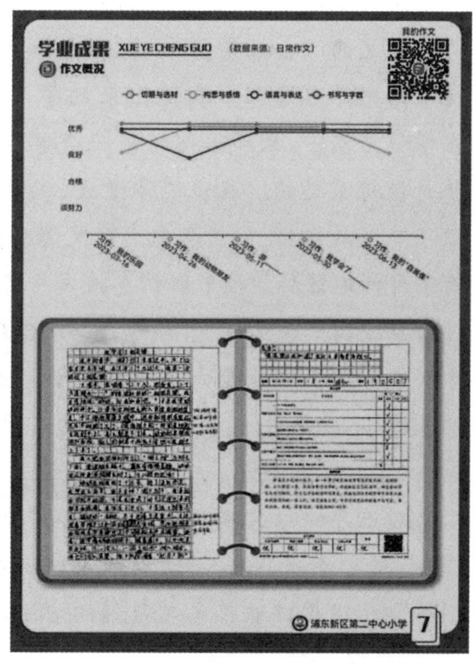

图 3-78 学生综合素质报告习作部分

数据支持下的习作精准教学不仅能锻炼教师的教学能力,提升信息素养,而且可以促进教师与学生之间的合作,提高学生的自我学习能力。

案例十三 利用智慧校园平台构建语文学科活动[①]

(一) 实践背景

艾青说:“诗是人类向未来寄发的信息,诗给人类以朝向理想的勇气。”部编教材对诗歌给予了高度的重视,在小学10册书中循序渐进地让学生从欣赏现代诗到创作现代诗。四年级上册语文教材明确地提出了现代诗的概念。四年级下册语文教材第三单元将现代诗作为一个单元进行系统性的学习,并在这个单元后编排了“综合性学习:轻叩诗歌大门”活动,要求学生在收集、创作诗歌的基础上,能合作编小诗集,举办诗歌朗诵会,用不同的方式展示综合性学习的成果。例如,学校四年级语文教研组结合综合性活动的要求,展开了为期近一个月的语文学科活动——“我是星宝诗社小诗人”,旨在激发学生创作诗歌的热情与兴趣,并学会留心观察生活中的事物,通过诗歌的形式抒发自己的情感。

《义务教育语文课程标准(2022年版)》提出评价要真实、完整地记录学生参与语文实践活动的整体表现,关注学生在活动中表现出来的沟通、合作与创新能力。语文的综合性学习中,教师更加要注重过程性评价,过程性评价重点考查学生在语文学习过程中表现出来的学习态度、参与程度和核心素养的发展水平。在学科活动中,教师如何对每一个学生和小组在不同阶段给予指导和有效的帮扶是值得深思的。在班级体量大、教学进度紧凑等因素影响下,智慧校园平台提供了有效的支持。《义务教育语文课程标准(2022年版)》课程实施部分指出“鼓励有条件的地区和学校采取信息技术手段丰富评价资料搜集和分析的途径”。在学校智慧校园平台支持下,教师可以结合后台数据和学生上传的资料,及时发现学生个人或小组在学科活动中存在的问题,并在学科活动的过程中关注到每一个学生的表现,不放任自流,在学科活动的不同阶段中及时给予学生有效的评价和指导。

(二) 主要做法

以四年级语文项目化学科活动“我是星宝诗社小诗人”前三个子任务为例。“我是星宝诗社小诗人”活动以部编四年级下册语文教材第三单元内容为依托,引导学生运用诗歌单元学习到的方法,学习诗歌的创作,表达自己的情感。围绕

① 本案例由王海瑶撰写。

如何成为“星宝诗社小诗人”这一驱动性问题，展开探究性学习。

本项目旨在培养四年级学生的语文学科核心素养，加强其信息收集与整合能力，提高表达能力、动手实践能力、合作探究能力，加深学生文化传承意识，培养审美鉴赏与创造能力。本项目以诗歌单元创作方法回顾为起点，借助智慧校园“班级圈”，通过朗诵诗歌、收集确定诗歌主题、制作童心诗集、诵诗歌展风采的四个子任务，在线上线下相结合的交流与评价中完善小组作品，成为优秀的“星宝诗社小诗人”。

第一阶段

在学习《短诗三首》之后，笔者创设真实情境，宣布学科活动的开始，并在智慧校园平台发布学科活动的第一个子任务：

师：同学们，诗歌是人类最美的语言。近期，我们将举办“我是星宝诗社小诗人”语文项目化学习活动，请同学们以 4 人小组合作编一本诗集，诗集编好后，我们将评选出最美书名奖、最美目录奖、最美诗歌奖、最佳诗集奖！最终将颁发“我是星宝诗社小诗人”的聘书给在本次活动中表现最优异的同学，期待同学们都能登上颁奖台！

图 3-79

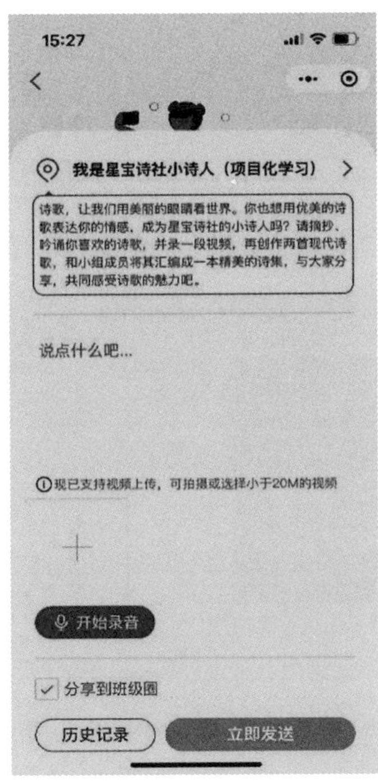

图 3-80

子任务一

1. 填写现代诗阅读单，小组完成现代诗阅读单评价量表。

2. 有感情地朗诵现代诗阅读单中的诗歌，录制视频（可配乐）上传至智慧校园“班级圈”。

在子任务一中，学生通过朗读、想象，体会诗歌的韵味和情感，多途径搜集、赏读进一步感知现代诗的特点。教师通过分析学生在智慧校园上传的现代诗阅读单的亮点和不足，在课堂交流中引导学生关注摘抄时可以根据需要丰富分类、拓展搜集的途径、关注摘抄时的细节等，通过诗社成员间的互动分享促进交流和评价，为下一阶段汇编小诗集做好准备。

学生在积累了一定数量的现代诗的基础上，选择自己有感触或是喜爱的篇目上传朗读视频至“班级圈”。为了让学生更全面地了解自己的朗诵情况，进一步完善自我，完成视频上传后，学生根据现代诗阅读单评价量表进行自评和互评，除了星级评价也可以用文字进行更详尽的评价。教师可以通过在“班级圈”观看学生的朗诵视频对个性化的问题直接在“班级圈”下进行点评，对共性的问题在课堂教学中进行指导，为后期的朗诵诗歌展风采做铺垫。同时，能让教师了解和关注到每一个学生的朗诵水平，弥补了线下时

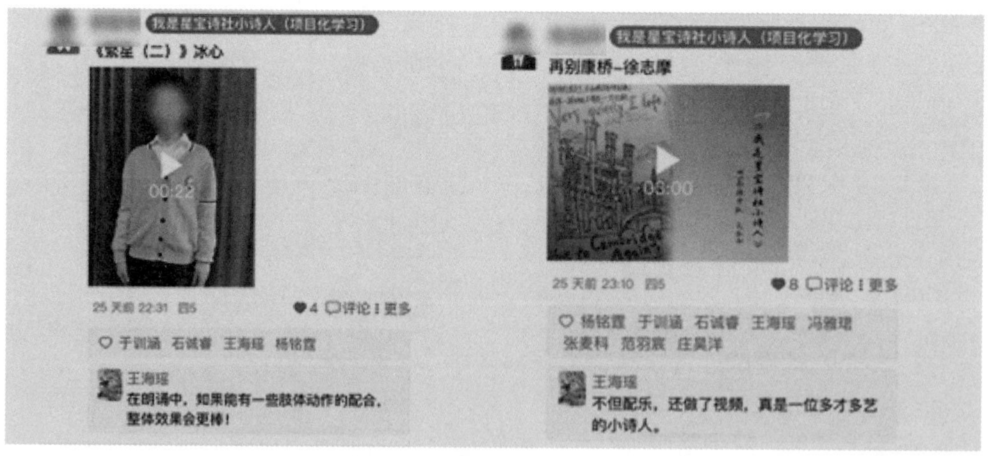

图 3－81

间紧张、班级体量大、教师无法面面俱到关注到每一个学生朗诵情况的问题。

在点评过程中，教师可以从这几个方面进行点评：是否诵读出诗歌的节奏和韵味，是否表达了真情，体态、表情和动作是否自然大方，形式是否有特色和创意等，来帮助学生完善自己的朗诵表演。

第二阶段

教师布置子任务二：

师：通过一个单元的学习，同学们已经摘抄了一定数量的现代诗，对现代诗有了更深入的了解。在这个子任务中，请同学们以小组为单位，梳理现代诗的特点，将想要编入小组诗集的诗歌篇目罗列出来。

子任务二

1. 填写现代诗特点梳理单，上传至智慧校园“学科活动”中“我是星宝诗社小诗人”栏目。

2. 明确诗集主题，初步确定编入诗集的篇目。

教师根据“班级圈”中组长上传的小组的讨论成果，发现部分小组梳理的现代诗特点不够清晰，所以确定的诗歌主题模棱两可，为后续的诗歌创作和诗集编排带来困难。教师结合学生在智慧校园上传的任务单，建议学生将收集到的现代诗进行分类梳理，了解诗歌写作特点，完成思维导图。可根据诗人、诗歌内容（动物、植物等）、表达方式（叙事诗、抒情诗）等进行分类，梳理现代诗的类型，可参考的主题有美好童年、致敬抗疫英雄、母爱、自然现象、四季之美、田园风光、可爱生灵等。在学生再次上传的任务单中可以发现，当学生通过思维导图来进行诗歌特点的梳理，帮助他们认识了现代诗，从而为自己的诗歌小组确定了较为明确的主题，为后续的诗歌创作做好了铺垫。

修改前：

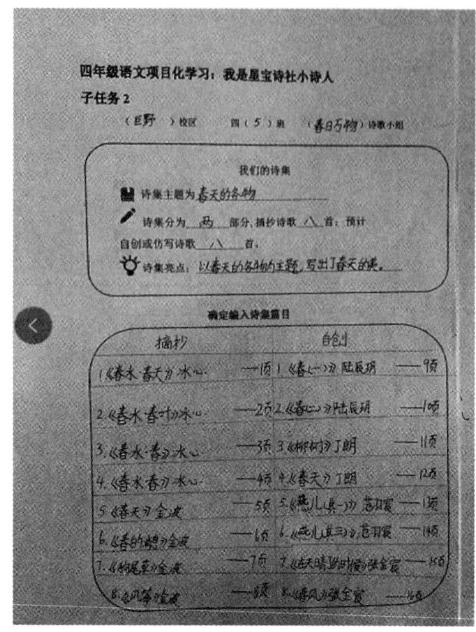

四年级语文项目化学习：我是星宝诗社小诗人

子任务 2

（巨野）校区 四（5）班 （春日万物）诗歌小组

我们的诗集

诗集主题为春天的各物

诗集分为两部分，摘抄诗歌八首；预计自创或仿写诗歌八首。

诗集亮点：以春天的各物为主题，写出了春天的美。

确定编入诗集篇目

摘抄	自创
1.《春水·春天》冰心 —1页	1.《春(一)》陆辰玥 —9页
2.《春水·春叶》冰心 —2页	2.《春(二)》陆辰玥 —10页
3.《春水·春》冰心 —3页	3.《柳树》丁朗 —11页
4.《春水·春》冰心 —4页	4.《春天》丁朗 —12页
5.《春天》金波 —5页	5.《燕儿(其一)》范羽宸 —13页
6.《春的消息》金波 —6页	6.《燕儿(其二)》范羽宸 —14页
7.《狗尾草》金波 —7页	7.《春天晴朗的时候》张金宸 —15页
8.《风筝》金波 —8页	8.《春风》张金宸 —16页

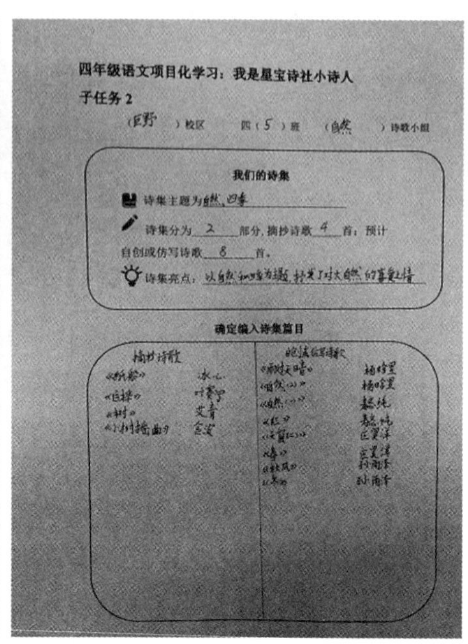

四年级语文项目化学习：我是星宝诗社小诗人

子任务 2

（巨野）校区 四（5）班 （自然）诗歌小组

我们的诗集

诗集主题为自然、四季

诗集分为 2 部分，摘抄诗歌 4 首；预计自创或仿写诗歌 8 首。

诗集亮点：[illegible]

确定编入诗集篇目

摘抄诗歌

《帆船》 冰心

《白桦》 叶赛宁

《树》 艾青

[illegible] 金波

图 3 - 82

修改后：

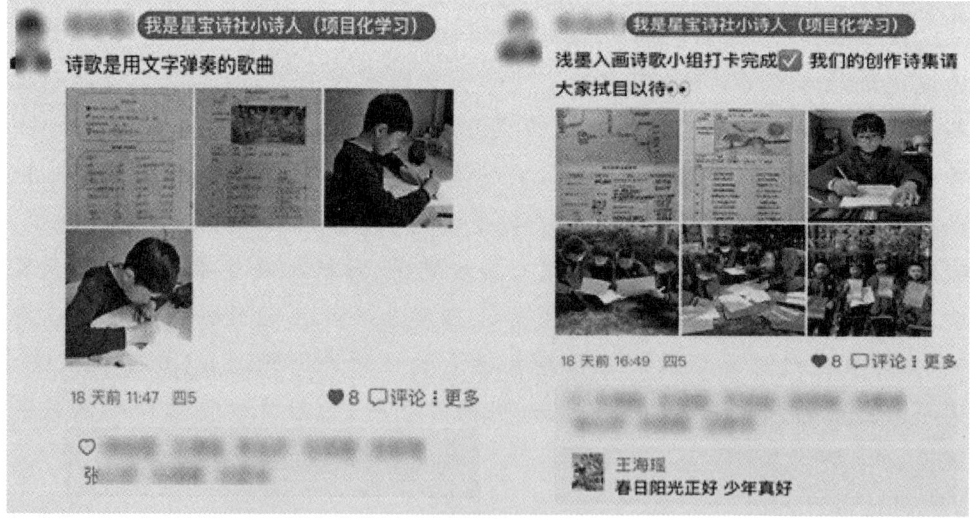

图 3 - 83

四年级语文项目化学习：我是星宝诗社小诗人
子任务 2
（巴野）校区 四（5）班 （四叶草）诗歌小组
我们的诗集
诗集主题为 大自然
诗集分为 2 部分，摘抄诗歌 8 首；预计
自创或仿写诗歌 8 首。
诗集亮点：
确定编入诗集篇目
摘抄
自创/仿写
四年级语文项目化学习：我是星宝诗社小诗人
子任务 2
（巴野）校区 四（5）班 （春日小诗社）诗歌小组
我们的诗集
诗集主题为 四季
诗集分为 2 部分，摘抄诗歌 8 首；预计
自创或仿写诗歌 12 首。
诗集亮点：读起来朗朗上口。
确定编入诗集篇目
摘抄
《春水·春》（冰心）
《春水·春夜》（冰心）
《春水·夏夜》（冰心）
《礼赞冬天》（冰心）
自创
《冬》（朱思然）
《冬风》（朱思然）
《冬天的阳光》（朱思然）

图 3－84

摘抄：
《成功的花》
《春天》
自创：
《春天·绿》
《春天·蓝》
《春·在天晴了的时候》
春
夏
摘抄：
《繁星（一二七）》
自创：
《夏天·蓝》
大自然
摘抄：
无
自创：
《秋天》
《红秋》
《秋》
秋
冬
摘抄：
《下雪的早晨》
自创：
无

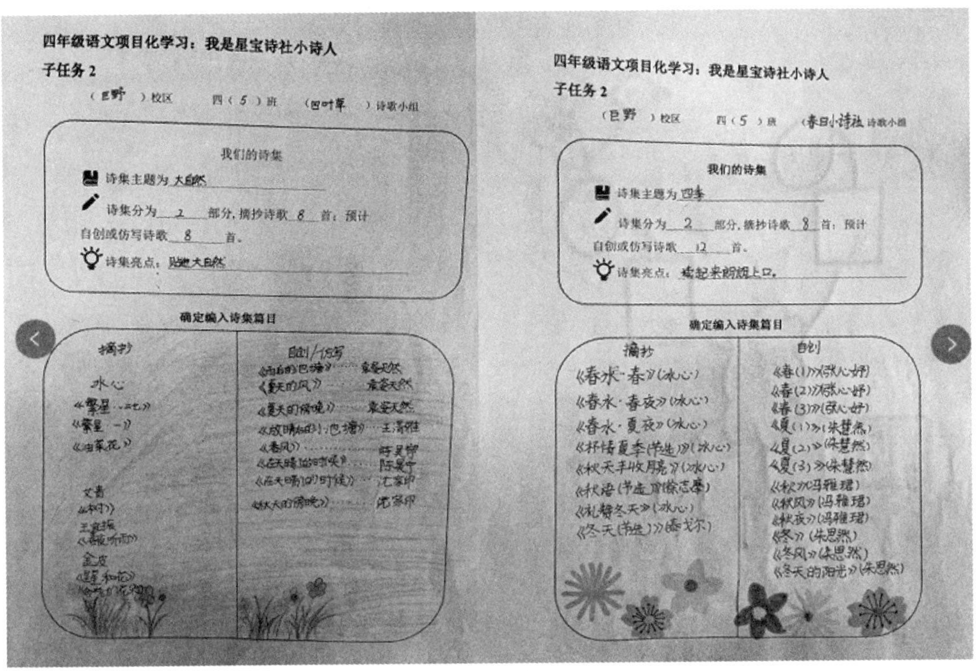

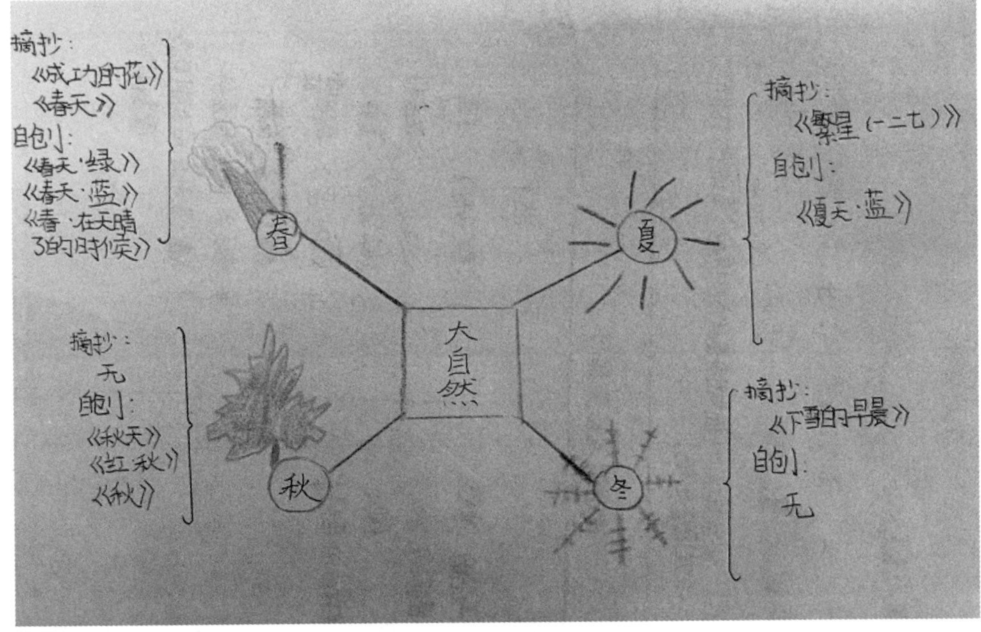

图 3－85

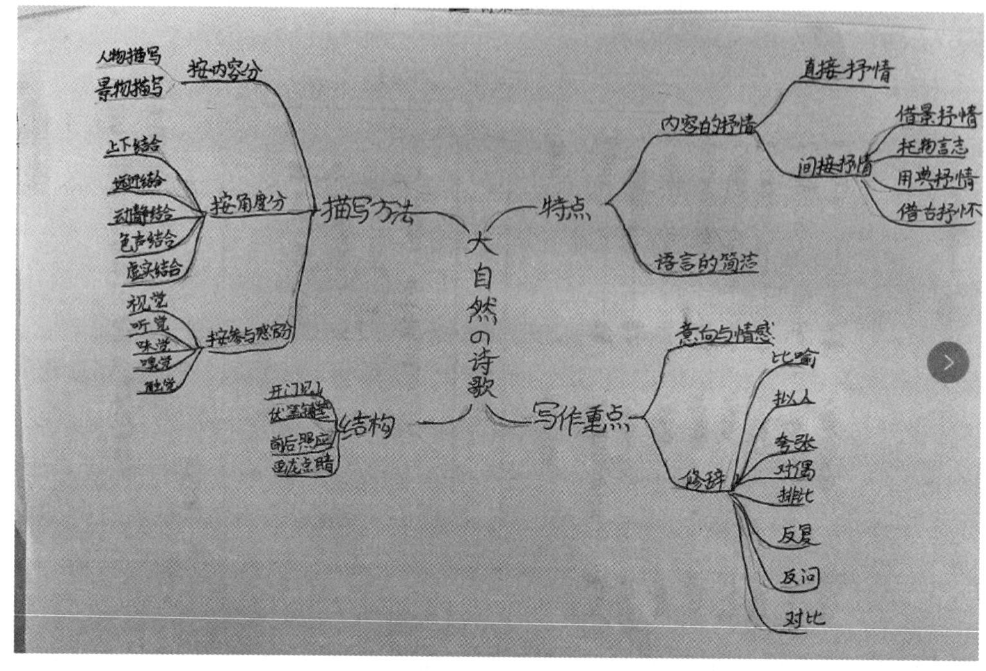

图 3－86

第 三 阶 段

子 任 务 三

1. 根据小组拟定的大主题，个人填写诗歌创作活动单后，创作诗歌，上传至智慧校园“学科活动”中“我是星宝诗社小诗人”栏目。

2. 完成后小组交流讨论，进行修改，最终确定选入小组诗集的诗篇。

3. 以小组为单位，汇编小组诗集。

在子任务三中，请所有学生在小组内诗歌主题统一后，自创诗歌，并且上传至“我是星宝诗社小诗人”栏目。教师在智慧校园平台中可以查看到每一个学生的创作单，可从语句通顺、文字新颖、是否使用拟人、比喻等修辞手法、想象的丰富性等方面来给予建议和指导。学生创作的诗歌质量参差不齐，教师请学生在智慧校园平台欣赏组内其他成员的诗歌创作，经过小组讨论后精选出节奏鲜明、情感真挚、想象丰富的优秀诗歌放进诗集中。能力较强、语文素养较高的学生可以给组内的其他同学提提建议，说说修改意见。

教师在学科活动中的每一个阶段，都对每一位学生作出了点评和指导，并且组织学生进行互评。最后学生根据组长分配的任务，以小组为单位汇编诗集。在这个过程中，每一组的组长在“班级圈”上传诗集制作过程中小组讨论、制作诗集以及诗集最终稿的内容。在智慧校园平台中呈现学科活动的过程以及汇编诗集等学习成果，其设计并不仅仅指向最终显性化的成果，而是展示了学生自主分工、认领任务、整理资料、相互合作作为学习的重要过程。学科活动依托智慧校园平台，在整个活动周期中体现了教师的过程性评价，让每一位诗社成员的能力尽量得到展示与发挥。又能进一步让学生在读诗、写诗、诵诗等活动中激发对现代诗的兴趣，更真切地了解现代诗。

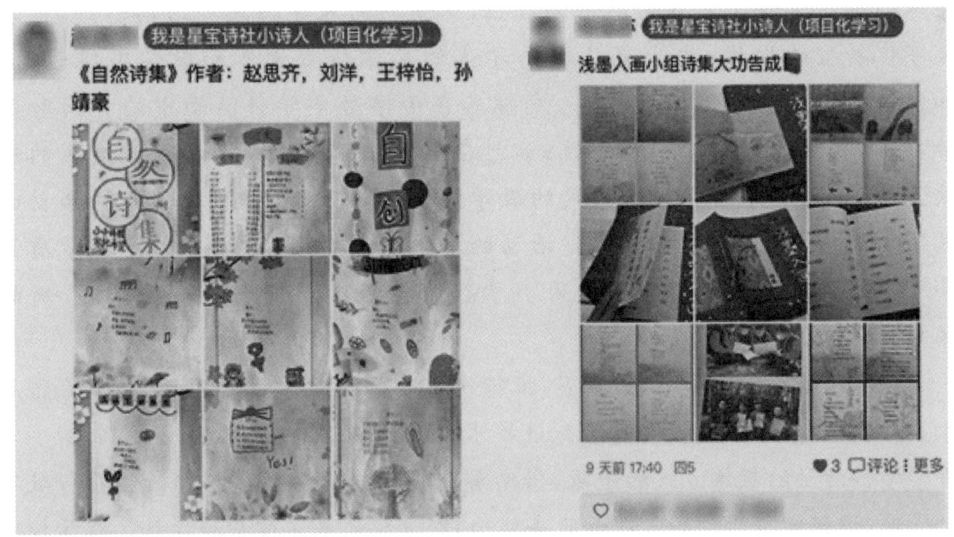

图 3－87

（三）实践的成效与不足

兴趣是最好的老师，是求知的前提。当语文学科活动有了智慧校园平台的支持，教师可以通过师生互动、生生互动，互相启发、相互学习，加深学生对现代诗的认识，提高学生对诗歌的兴趣。当学生对现代诗产生浓厚的兴趣时，进而就会转化为乐趣和志趣，最终上升为理性认识。这样为学生的发展建立了良好的基础，有利于学生的学习，也有利于学生情操的陶冶。但是，本次学科活动教师点评和学生互评环节，平台的功能还不够方便，如果能够优化学科之间的区别筛选，对各个学科的活动进行分类，可以使基于智慧校园平台的学科活动更加便捷、高效。

在"互联网＋"时代背景下，信息化正推动学校从"数字校园"到"智慧校园"，教师依托智慧校园平台，正在逐步实践"智慧教育"的探索，语文学科活动也正从传统的教学方式向现代的信息化教学方式转变，尊重学生的个性化发展，促进学生全面综合地成长，让学生成为学习的主人。

案例十四　智慧校园赋能下的数学学科活动①

在数字化转型的背景下，小学数学教育面临着新的挑战和机遇。一方面，数字化教育技术使得教学更加丰富，互动性更强；另一方面，数字化教育技术的应用加快了教育信息化的进程，探索新的教学模式和活动形式，紧跟数字化转型的步伐，才能有效提高学生的数学核心素养和数学思维能力。如何有效应用数字化教育技术，发挥其在小学数学学科活动中的作用和优势，增加教学的吸引力和趣味性；如何在数字化环境下维护和促进学生的有效互动，确保小学数学学科活动的教学效果；如何推进小学数学学科活动的数字化转型，提升小学数学学科活动的水平和质量，最终提升整体教学质量和效率。这些都是数字化转型为小学数学学科活动带来的新的机遇、新的课题、新的挑战。

在学校智慧校园平台赋能下，推行线上小学数学学科活动，促进教育信息化。引入虚拟现实、增强现实等先进技术，改变传统的线下活动形式，创新小学数学学科活动的教学方式和手段，借助智慧校园平台对数学学科活动推行数字化管理，增强学科活动的管理和服务能力，提升整体教学质量和效益。智慧校园平台为数学学科活动带来了全新的可能性，本案例以 2022 学年第二学期的数学学科活动实践为例进行分析。

（一）一年级：感受 100 到底有多大

数出 100 个豆子、花生、纽扣、围棋子……，在数数过程中感受 100 的数量，体会数量的含义。

要求：用多种方法数 100，可以一个一个数、两个两个数、五个五个数、十个十个数……，只要能正确地数出 100。（将数数过程拍视频并上传智慧校园平台

① 本案例由孙立华撰写。

"百"变造型)

用数出的100(可以另加材料)发挥想象力,自由设计和创作,描绘出富有创意的"百"变造型作品。小组合作,也可以独立完成。在智慧校园平台进行展示。

(二)二年级:我是小小规划师

二年级:根据提供的学生动物园地图,按任务说明和要求,运用所学的时间知识,规划安排一天的活动行程,设计一张"一日游安排表",并对安排表和地图进行适当的美化,制作一份图文并茂的出游攻略。(拍照并上传智慧校园平台"小小规划师")

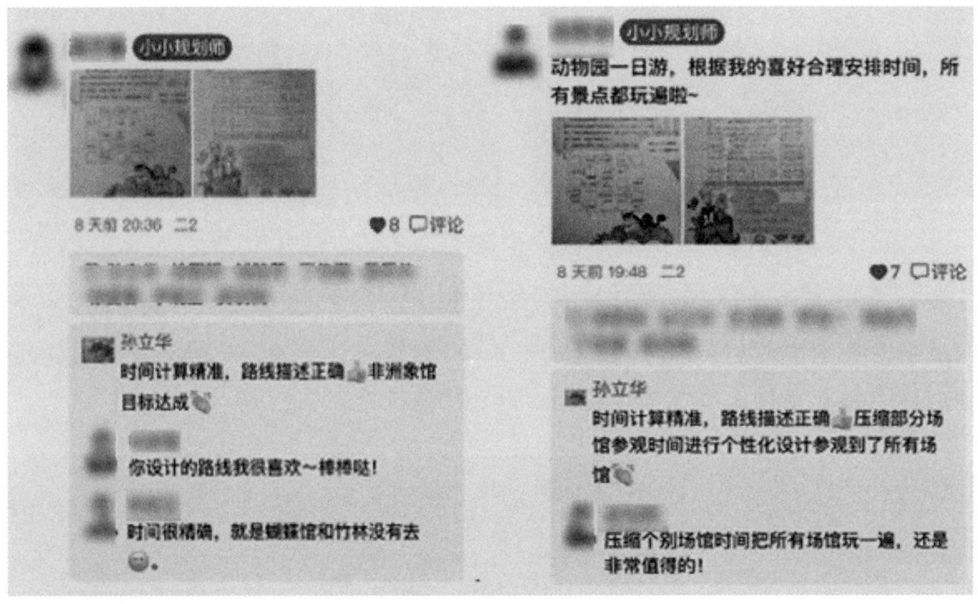

图3-88

(三)三年级:年、月、日的秘密

1. 我的一天时间规划:用24小时计时法设计制作周末某一天的时间规划,将时间规划上传智慧校园平台"年、月、日的秘密"进行展示交流。

2. 年月日知多少:查找关于年、月、日的由来,以及历史故事、历法发展,设计制作生活中的应用知识小报,上传智慧校园平台"年、月、日的秘密"进行展示交流。

图 3 - 89

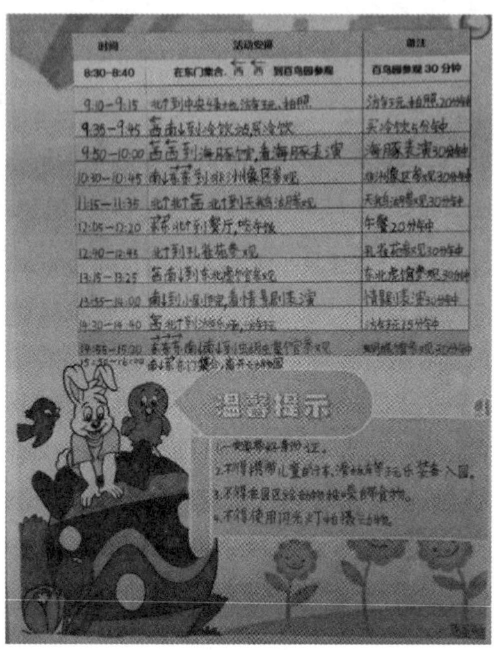

图 3 - 90

3. 制作月历牌：选择有纪念意义的某年的一个月，设计制作一张月历，并说说它的纪念意义。例如，自己出生的月历牌、奥运会召开的月历牌等。将制作的月历牌上传智慧校园平台“年、月、日的秘密”展示交流。

图 3 - 91

(四) 四年级：非常统计非常爱

1. 学生模拟当家一周，用记账的形式先记录家庭一周的所有支出(水、电、煤除外)。

2. 将家庭一周7天的总支出制作成一张折线统计图。(将折线统计图拍照并上传智慧校园平台“非常统计非常爱”)

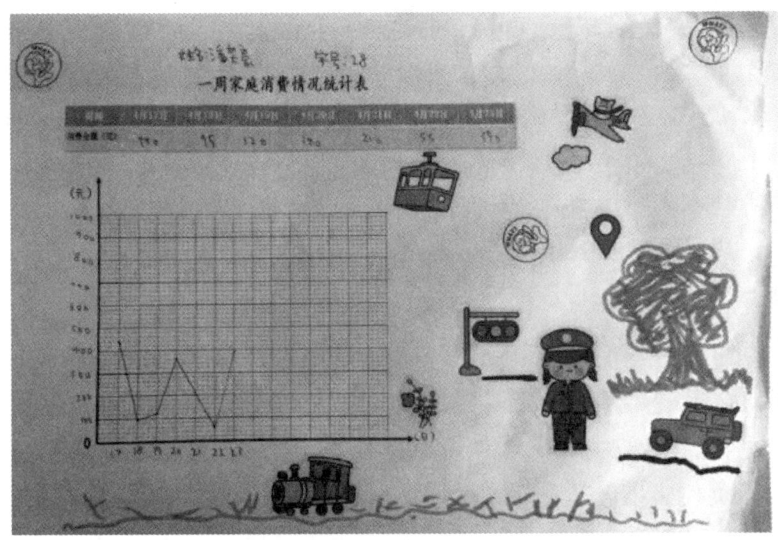

图 3－92

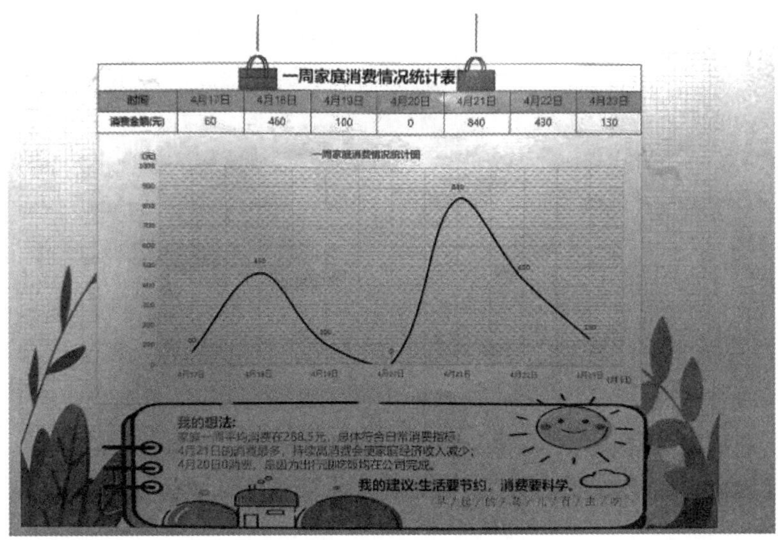

图 3－93

3. 将家庭一周的总支出和总收入作一个对比，然后根据账本和折线统计图分析数据变化的原因。

4. 发表自己一周当家的感想和所受到的一些启发和教育，提出合理的建议。

(五) 五年级：小小校园设计师

任务一：

怎样来设计使用我们校园的闲置场地?

在校园平面图上标注出校园内需要改进的场地。

要求：

1. 可以直接在电子版校园平面图上用各种符号或者方框标注，也可以将校园平面图打印在图纸上标注。

2. 保留图片，需要上传智慧校园平台“小小校园设计师”。

任务二：

根据你选出的场地，进行设计和改造。

要求：

1. 在教师提供的设计模板上画出设计图，并写下你的设计意图。(注意在设计图右下角标明比例尺)

2. 保留图片，需要上传智慧校园平台“小小校园设计师”。

图 3 - 94

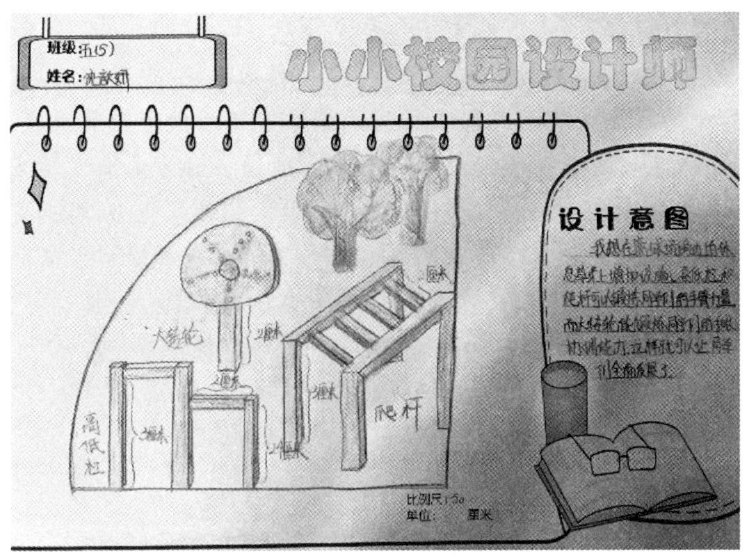

图 3－95

(六) 实践的成效与不足

主要成效:

智慧校园赋能下的小学数学学科活动通过丰富多彩的活动形式,激发学生对数学的兴趣和热爱,提升学生的数学知识和技能水平,加深学生对数学知识的理解和掌握,大大提升了学生数学核心素养。另外,教师通过设计出符合学生认知特点、兴趣爱好和数学知识要求的数学学科活动,激发学生的学习兴趣和参与热情,从而提高教学效果,提升教师的教学水平。最值得一提的是通过智慧校园平台的数学学科活动,很好地搭建了家校合作的桥梁,学校可以与家长一起配合引导学生学习数学,协同培养学生对数学学科的兴趣与能力。

主要不足:

通过智慧校园赋能下的小学数学学科活动实践也发现了一些不足之处。第一,活动设计不够精细。针对学生的不同认知特点、具体需求和学业能力进行差别化的活动设计尚需加强,以充分发挥活动的教育价值。第二,活动内容不够多样化。学科活动涉及的活动类型相对单一,需要进一步拓展活动类型,以满足学生在数学学科中的多元需求,激发他们的学习兴趣。第三,活动参与方式灵活性有待提高。目前的数学学科活动对学生参与的前提较为苛刻,缺乏灵活性,需要开发更多的参与方式,以提高学科活动的吸引力和影响力。

在智慧校园赋能下，小学数学学科活动得到了更好的开展。学科活动是小学数学学科的重要组成部分，它能够帮助学生巩固知识、提升能力，也能够促进教师教学水平的提高。智慧校园赋能下的数学学科活动形式更多样，内容更丰富，能针对不同年级的学生找到适合的活动。通过多种方式激发学生的学习兴趣，提高了学生的学习积极性，进一步提升了学生的数学能力，特别是逻辑思维能力、计算能力及问题解决能力。学科活动作为小学数学学科发展的一项重要活动，应该借助智慧校园平台，在多方的关注和支持下不断发展壮大，为小学生的全面素质教育作出更大的贡献。

本章小结

数据使用在近年来已经成为教育的一个关键领域。无论是国家战略还是区域规划，不仅是学校管理还是教育教学，教育数据逐步成为驱动教育变革的重要力量。运用教育数据驱动教学变革是大数据时代教育发展的必然诉求，也是充分发挥教育数据资源潜在价值的重要表现。数据驱动的教与学方式的变革，重构了教学的各要素及其之间的关系，促生了新的教学范式，促使从经验型常态教学到智能化常态教学的转变。

本章通过学校在数据驱动下的教与学方式变革实践，全面阐释了学校在推动教学改革过程中的方法、思路、问题、案例和展望。主要从教学设计、教学组织、授课方式、教学评价、教学研究等维度呈现了数据驱动下“教”的变革，促使教师走向不断反思和改进的决策过程。从学习目标、学习过程、学习内容、学习空间等维度呈现了数据驱动下“学”的变革，促进学生形成更加科学的学习常态。作为一种全新的教学范式，需要教师、学生等多方的参与，特别是对教师带来了教学价值观念与思维方式的冲突和挑战，亟须提升教师的数据素养，增强数据驱动教学效能感，提高数据决策的能力和水平。

在语文学科方面，主要介绍了数据驱动下的新型作文精准教学，从学情预测、教学目标的设置和学生学习任务的安排总结了基于数据的教学设计方式，并从基于问题的高效课堂展示了数据驱动下的作文教学三部曲，最后以智慧校园作文批阅平台的精准教学评价为主线，阐述了作文批阅的技术赋能新模式。数据驱动的作文精准教学，为每位学生个性化教育提供了便利，可以更好地培养学生自主学习能力，提高学生的写作能力。同时，也为教师提供科学的数据支持，以更好地满足学生的需求和提高教学质量。

在数学和英语学科教学方面，主要介绍了依托备课助手、教学助手和作业助手“三个助手”教学平台开展的相关教学和探索。基于数据驱动，实现了“课前、课中、课后”三段式教学改革，创新了教学模式，改变了学习方式，优化了作业模式。课前，教师利用历史学生数据和分析来更准确地设定教学目标和教学活动，确保教学目标、教学活动与学生需求密切相关。课中，关注课堂教学数据，精准推送探究任务，数据的实时采集使教师能够精准推送探究任务，满足不同学生的学情需求，同时可视化学生思维过程有助于深入思考。课后，精准评估学生学习行为，数据分析帮助教师提供个性化的教学评价和反馈，助力教师推送互动作业，以进一步提高学生学习质量。

在体育教学方面，主要介绍了运动手环在体育精准教学与诊断中的应用和研究，详细阐述了教学实验的设计、实施和分析过程，通过对学生课堂负荷、摄氧量检测、班级心率等数据来分析学生学习成果和运动手环应用效果，并形成了运动手环应用的具体策略。通过对实验效果的分析与总结，可以发现在基于学生体育课运动数据驱动下的精准教学，可以解决传统教学中难量化、难监控等问题，有助于提高学生的运动认知，有利于促进学生养成健康的体育行为。

在信息化教学工具方面，主要介绍了“墨水屏”软件的应用实践。“墨水屏”是一款教学软件，内置了丰富的学习资源，提供了多样的学习工具，可以发布常态化作业，能够很好地记录学生的学习过程和学习成果，包括学习笔记、阅读历程、作业、考试成绩等。基于“墨水屏”软件，不同学科进行了相应的实践，包括语文学科进行了开放性作业的设计与实践、数学学科进行了精准检测与施教、英语学科进行了多样化作业任务推送和分层教学等。

在人工智能技术应用方面，介绍了学校自主开发的人工智能课堂教学分析评测系统，该系统主要通过 AI 常态录播系统实现课堂教学中教师和学生的行为表现数据的采集与分析，并自动生成包括课堂师生行为、课堂参与度和 S－T 行为分析数据的课堂数据分析报告，以此促进教师将主观教学经验与客观数据相结合，更优地改进教学设计，更好地用数据佐证教学，进而改进学生的学习表现，提高教师的教学水平，实现更有效的教育。该系统的应用，对于学校打造活力课堂、促进资源共享、创新教学科研等方面都具有较为明显的促进作用，拓展了教育创新和改革的方向和思路。

教育数字化转型背景下的教师专业发展

一、总述：数字化转型背景下学校教师专业发展平台的架构①

现代学校制度建设的中心工作是健全学校管理体制和运行机制，即实行以校本管理为基础的学校自主发展。从发展主体来看，学校发展包括三个层面，即学生的全面发展、教师的专业发展和学校的可持续发展。归根结底，靠的是教师发展。因此，持之以恒地实现教师专业发展，不仅是教师个人成长的事情，而且也是事关学校发展和教育整体改革与创新的关键性问题，具有积极而鲜明的意义。

党的二十大报告提出，要实施科教兴国战略，强化现代化建设人才支撑，办好人民满意的教育，强调要推进教育数字化，建设全民终身学习的学习型社会、学习型大国。教师是教育发展的第一资源，是提升教育质量的根本保障，实施人才强国战略，必须重视教师队伍建设。

在学校的发展规划中，学校将培养一支爱生活、精专业、会合作、能创新的智慧型教师队伍，努力将“有思想的行动者、有智慧的教育者”作为教师专业发展的目标，并提出实现目标的五条路径：学习教育理论，在理性认识中丰富自己；反思教学实践，在总结经验中提升自己；尊重同行教师，在借鉴他人中完善自己；坚持教学相长，在师生交往中发展自己；投身教学研究，在把握规律中端正自己。

如何让“学习—反思—借鉴—实践—研究”的成长路径转化为可操作的策略与方法？作为浦东新区首批智慧校园建设学校之一，学校根据教育信息化发展目标和学校信息化工作基础，对智慧校园建设进行了校本化设计与实践，将智慧

---

① 本节由陈洁撰写。

校园作为助力学校“智慧教师”发展的重要形态和支撑系统，通过构建基于智慧校园平台的“五星魅力教师”专业发展系统，积极探索促进教师专业发展的新机制，构建教师管理的新常态。

基于智慧校园的“五星魅力教师”专业发展平台以“德、能、研、养、绩”五维发展为目标，以教师梯队和研修共同体为社群，以教师工作室为基础，通过定向显性的任务驱动，体现以目标任务明晰、过程资源佐证、任务达成显性、考核评价及时为特征的“学习圈”管理平台。

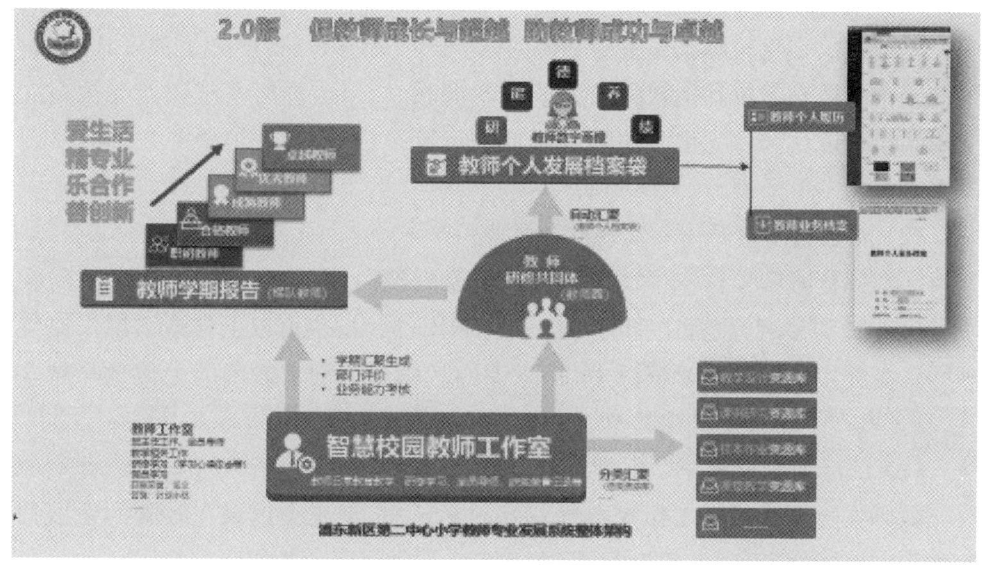

图 4-1 浦东新区第二中心小学教师专业发展系统整体架构

(一) 以多元角色构建教师工作室

运用信息技术开展学习和基于资源的知识管理，是智能时代提升教师教学能力的重要途径。学校充分利用智慧校园的互联网络、资源平台，为教师提供了泛在的学习空间。根据教师在学校中教学者、学习者、研究者、管理者、指导者的五种角色，对数字化教师工作室空间进行了设计与构建。

1. 构建教师发展档案

根据学校教师队伍现状，将不同职业发展期、不同职业发展水平、不同职业发展定位的教师群体分成五个梯队，即职初教师(一星)、合格教师(二星)、成熟教师(三星)、优秀教师(四星)、卓越教师(五星)，同时明确了各梯队教师专业发展任务与要求，并按不同类别设计校本研修的主题、内容、形式、载体，明确不同教师各自不同的发展侧重。每学期以任务单的方式在平台发布，使各梯队的教师发展有目标，成长有抓手。例如，见习教师处于习业入门阶段，发展目标是掌握基本教育教学方法，形成规范。学校以见习教师规范化培训项目为主，以规范化培训任务作为平台构建内容，通过撰写师德故事、课堂教学设计、教育教学随笔、听课实录、访谈优秀教师等近三十项任务的构建，使目标任务清晰明了。

2. 互联互通业务数据

(1) 协同备课——实现精准推送

教师在数字化教师工作室中备课时，由于系统对教材课题做了关联，因此系统能够精准推送学校其他教师已完成的本课教学设计，同时系统还能对被多次引用的教学设计和评为优秀的教学设计进行置顶推荐，更好地服务教师的备课需要。

(2) 课堂教学资源——实现共建共享

在数字化教师工作室中准备上课用教学资源时，系统会对本节课已有的教学资源按类别呈现，教师上课时可以及时调用；同时，也可以上传本人制作或整理的资源充实到本课教学资源中，每堂课的教学资源随着教师的上传越来越丰富，真正实现了资源的共建共享。

(3) 课后教学反思——实现经验分享

教师在数字化教师工作室中撰写好教学反思，系统会记录在教师的发展档案袋中，其他教师可以方便地查阅和浏览，实现教学经验的实时分享。

3. 建立校本资源中心

学校结合教学流程实施精细化管理，要求教研组将集体共研课、教师将个人公开课、研讨课的教学设计、教学资源、教学课例等上传资源库，形成了可以按学科、年级、课题进行检索的教学资源库，为教师根据班情和学情进行有效教学设计提供了保障，也进一步拓宽了教师的学习空间。

(二) 以五维内容形成教师档案袋

学校从“德、能、研、养、绩”五个方面架构学校校本培训的“M. L 魅力研修课程”框架，按照“按需定制、分层推进、内外合力、整体发展”的学校教师培训策略，教研与科研培训相整合的课程化培训模式，开展校本研修，建立基于移动互联的教师参与校本研修的考勤、考核、评价系统。

学校不定期发布网络研修内容，围绕职业素养、专业成长、专题学习、读书活动等开展网络研修，可提供视频、PPT 等学习资料，教师学习后回复学习心得体会，实现专业能力有效提升。

学校建立以项目为载体的研修共同体，教师利用系统建立研究小组，共享研究资料，记录研究过程，发布研究成果、论文以及个人荣誉，并实现研究成果的同步展示。

教师在完成各项工作的过程中，系统主动推送优质资源，并全面、真实地记录下了教师的各方面资料，自动形成教师的个人发展档案袋，与教师个人发展规划相对应，并以此作为规划达成度自评与校评的依据。

（三）以数据分析形成数字画像

在互联环境的支持下，同步采集教师学习、发展过程的实时数据，为教师了解自身的专业发展提供依据，为学校对教师的发展状态作出客观评价提供了参考，也为教师个体和群体的数字画像奠定了基础。

1. 根据发展需求构建任务模型

围绕“德、能、研、养”四个维度构建教师发展任务模型，“德”包含师德修养、职业理解，“能”包含教学能力、育人能力、技术应用，“研”包含课题研究、成果发布，“养”包含阅读研修、特色发展，根据各梯队教师的发展目标，将涵盖以上内容的任务对应发布，平台系统对生成的数据进行梳理归集、协同分析，形成教师成长大数据应用。

2. 根据任务完成进行个体评价

每学年期初，各部门通过平台发布定向显性的专业发展任务，使每个梯队的教师明晰年度个体专业发展的目标和任务，并根据时间节点逐一落实完成，同时生成每一项发展任务的过程性资料和资源。相关部门根据各梯队教师专业发展的考核要求，可以随时查看，作出相关提示和评价，教师也可通过平台及时了解个人学习任务的完成情况和评价结果。管理者和教师同步了解进程与评价，既减少了日常管理中上通下达的环节和因检查需要造成的资源浪费，同时又提高了个人和部门在完成任务和职责时的透明度，充分体现了目标任务明晰、过程资源佐证、任务达成显性、考核评价及时的平台特征。

3. 根据数据分析呈现发展态势

基于学校数字基座的大数据分析能力，将存储的数据进行数据清洗和数据治理，构建完善数据算法模型，再通过对这些核心指标的对比分析，直观反映教师的现状和发展趋势，形成符合教师梯队发展、全面客观的个人和群体成长数据报告，完成每一位教师的个性化、多维度、立体的“数字画像”，并实时动态给出发展过程中的预警和建议，为学校管理者提供更多有效数据，便于掌握教师的教育教学情况，调整完善管理策略，实现数据支持下的精准评价。

二、数字化转型背景下学校教师空间建设的思考与实践①

党的二十大报告对“推进教育数字化”作出重要战略部署，教育数字化转型的核心是数据的价值体现及其对教育的赋能，通过数字技术融入教育全要素，重构要素关系，推动教育系统数字化改造与智能化升级。教育改革发展和教师队伍建设迎来重大历史机遇。教育数字化大力推进，在新的战略定位中，教师的地位愈发重要，对教师队伍数字化建设提出了新的更高要求。

在区域层面的整体推进过程中，学校需要不断反思，借助先进技术手段优化教育数字资源体系，着力推进高素质专业化创新型教师队伍建设，推动学校教育走向优质高效、个性灵活的高位发展。

（一）教师空间建设的意义

为加强数字化助推教师队伍建设、提升教师队伍信息化素养的实践探索，学校针对当前教师空间建设自主性不强、教师个性化研训的需求很难得到满足、教学资源相对匮乏等普遍问题，基于教育数字化转型背景，依托教育信息化应用标杆培育校创建的契机，在原有教师工作室的基础上，构建集课程、教学、研修、评价于一体的教师空间。

（二）教师空间建设的实施

教师空间是在教师网上工作室的基础上，围绕教师在学校中教学者、教育者、学习者、研究者、管理者、指导者的六种角色，开发基于教学、教研、研修、班级管理、办公管理等多功能于一体的应用实践平台。教师在完成各项学校工作的

---

① 本节由黄军撰写。

过程中，教师空间可以全面、真实地记录教师的各方面资料，自动形成教师的个人发展档案袋。

1. 优化空间架构，支撑教师业务高效协同

学校结合智慧校园建设，构建了统一数据管理，实现跨终端、跨平台、可协同办公的教师学习空间。教师学习空间围绕教师在学校中的不同工作场景、不同工作任务承担的六种角色，基于学习空间开展各个模块的业务工作。同时，结合研究课题、研究项目形成校内学习共同体，参与教师可以个别提问、共同学习、协同研讨，过程性记录教师参与课题、项目的参与情况及贡献值。

在完成各项工作的过程中，教师学习空间系统、全面、真实地记录教师的工作痕迹和研究成果，自动形成指向教师"德、能、研、养"四个维度的个人发展档案袋。教师学习空间经过数据的清洗、汇聚，生成教师个人履历和自己的业务档案。在此过程中，学习空间还会为处于不同梯队的教师生成学期诊断报告，助力教师更精准地认识自己，促进教师的个人成长与超越。

2. 基于不同角色，实现深度融合应用

教师在学校的不同角色与身份，让其承担了不同的任务。例如，教师 A 既是三年级数学教师，又是三年级(2)班的班主任，且兼任三年级的年级组长。三重身份分别在课程教学部和学生发展部两个部门的管理和指导下开展工作，研修任务分别对应了教师发展规划框架下的"德、能、研、养"四个维度。

学校教师发展空间充分支持这样拥有多重身份的教师高效完成任务，并自动记录和汇聚该教师的工作痕迹和成果，实现深度融合应用。

(1) 人机联动，支持高质量协同完成任务

教师空间支持多重通道和多重交互方式完成相应的任务，极大程度发挥了优质教师资源的作用，促进不同梯队教师高效协同完成任务。

协同备课——实现精准推送。由于系统对教材课题做了关联，因此在教师空间备课时，系统能够精准推送学校其他教师已完成的本课教学设计作为参考，同时系统还能对被多次引用的教学设计和被评为优秀的教学设计进行置顶推荐，更好地服务教师的备课需要。

协同教研——实现智慧碰撞。学校规模的快速拓展，给教研组、备课组的教研活动带来一定的挑战。在教师空间，可以实现跨地域、跨校区的教研。教研组长发起教研活动后，组员可以共同参与、发表意见，所有教研痕迹以视频、图片或文字形式留存于平台。因工作冲突无法及时参加教研活动的教师可以选择回看

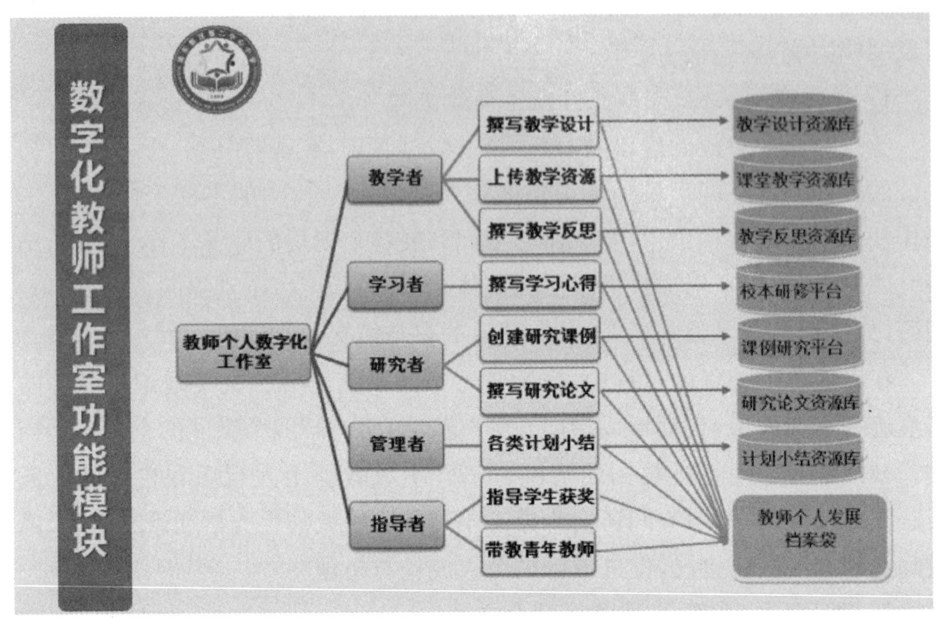

图 4－2　数字化教师工作室功能模块

和补充发表意见。同样，教研组长可以选择集中式教研活动形式，也可以选择一段时间内的零散式教研活动形式，让教师基于不同的教研任务，有更多思考、沉淀的机会。

协同科研——实现经验共享。当下的教师发展，需要教师更多地总结经验、提炼方法，在群体中互相借鉴、形成成果，提升科研能力。在教师空间系统的支持下，不同群组的教师可以因共同的教学研究关注点组成研究团队，通过合理分工、共享研究资料、记录研究过程，发布研究成果、论文以及个人荣誉。

协同研修——实现基于同一任务的跨学科、跨校区研修。学校不定期发布网络研修内容，围绕职业素养、专业成长、专题学习、读书活动等开展网络研修，可提供视频、PPT 等学习资料，教师学习后回复学习心得体会，实现专业能力有效提升。同时，学校建立自主协同研修机制，以基于任务的项目组组长为研修共同体组长。目前，已建成近 20 个研修共同体，涉及三个校区全学段各类课程及活动。188 名教师参与其中，形成集组织运作、跨校区合作、智慧共享为一体的新型研修方式。

研修社区——实现研修自由。随着众多研修团队的建成，研修社区自动形成，教师不仅可以在自己的研修团队中参与研修活动、分享研修成果，同时可以选择以“游客”身份进入其他研修团队学习、旁听和参与。

（2）自动汇聚，形成高质量校本资源中心

校本资源的建设是学校教育信息化发展的重中之重，建设具有学校特色的校本资源库也是学校在新一轮发展中重点内容。通过教师空间的日常积累，利用技术汇聚功能和系统中对有效数据的关联，动态形成具有学校特色的校本资源中心。

教育教学资源——实现共建共享。借助教师空间的建设，对学校三段六类教师明确要求，制定相应制度规范文本，并采取月度检查、学期考核的方式，逐步积累校本特色的教学设计、教学反思、课堂教学资源、学生自主学习资源、试卷、评课、一师一优课教学课例、教学微视频等特色资源库，同时结合教师的身份认证实现优质资源的精准推送。教师在空间中准备上课用教学资源时，系统会对本节课已有的教学资源按类别呈现，教师上课时可以及时调用；同时，也可以上传本人制作或整理的资源，每堂课的教学资源随着教师的上传越来越丰富，真正实现了资源的共建共享。

特色项目资源。教师空间的应用为学校项目研究积累了具有学校特色的校本资源，教师在项目研究的同时及时上传研究成果，形成相应的特色资源。例如，学校日常积累的拓展型课程资源，已经成为学生选修第二拓展课程甚至第三、第四拓展课程的特色优质资源。不仅为学生提供了更为丰富的课程资源，也让教师的研究成果得以最大化被利用。

（三）教师空间建设的应用成效

通过学校教师空间的建设，构建了泛在的教师学习环境，变革了教师研修与工作的方式，实现了学校管理的流程再造，也真正构建和实现了“人人通”，并利用大数据为学校教育教学决策提供真实数据。

教师空间还实现了包括专题教育、教师能力提升工程、教师教育管理等数据的实时汇聚和分析，可进行个体及群体数字画像。它支持不同角色用户在同一空间的身份切换，实现“一人一空间”；支持不同角色用户的互联互通，实现信息沟通与数据交换；支持各类公共应用服务的汇聚与调用，实现服务贯通。

1. 以数据汇聚实现高效管理

教师空间能全面记录教师职业生活中有关教育教学的动态信息，形成教师个人发展档案和画像，同时形成教师群体画像。学校管理者基于画像的分析、诊断和策略的制定，促进学校的全面高效管理。

2. 以数字素养促工作变革

教师教学数字化转型是教育数字化转型的关键，提升教师数字素养成为教育数字化转型过程中教师专业发展必须面对的时代问题，是推进智慧教育、构建教育新形态的必然选择。在数字教学空间中教师能够根据需要调用各类数字教育资源，教育数字化转型直接推动了数字教育资源的多类态演进与虚实融合教学空间的建设，促进了教师工作方式的变革，提升了教育教学的实效性。

3. 以问题诊断促反思改进

学校利用教师空间中有关教学设计和教学反思以及教学研究课例等信息，诊断教师在教学中存在的问题和困难，以帮助教师及时调整和改善自己的教学，一方面培养了教师反思性实践的习惯，另一方面利用技术推送功能，为教师提供针对性的学习，让学习反思成为教师的职业习惯。

4. 以多元评价促发展进步

学校以教师个人空间形式，展示教师优秀的教案设计、精彩的课堂教学、富有思想深度的教学反思以及教育教学中所获的荣誉和成就，以此反映教师教育教学中个人的专业发展和进步。基于教师职业生活翔实丰富的信息，学校能发现并帮助教师认识到自身短处和不足，形成教师自主发展的内驱力，促发教师专业发展的意识，激励教师进一步发展。

(四) 教师空间建设实施的思考与展望

学校将继续深化以教师空间的优化助推教师队伍建设行动，利用教师数字档案，初步构建“教师大脑”，实现对学校教师基础信息、教学、教研、培训、课题等数据的全过程记录，构建教师专业能力画像，分析教师专业发展的优势与不足，为教师提供更精准、更有效的发展性评估与指导。

在此基础上，探索构建“学校教育大脑”，创新机制体制，优化教育治理体系，建立教师群智发展协同体系、教师数字化贡献评价与激励机制等，实现技术创新和机制创新双向驱动，通过对教师群体分析，科学诊断教师队伍状况，为教师引进和流动提供决策支撑，夯实数字化管理基石，助推更大规模教师队伍高质量发展。

三、数字化转型背景下教师信息素养能力提升思考与实践①

随着数字化转型的深入推进，教育产业同样也需要从传统向现代化、数字化转型。学校借助智慧校园建设这一数字化工具，从根本上实现学校管理、教育教学及师生转变的过程。而教师信息素养能力提升就成了推动数字化教育发展的重要保障之一。教师信息素养的提升可以使其更加深入全面地了解信息时代背景下的科技应用与管理策略，并借助各种信息技术工具和管理模式完成自身教学职能。学校借助智慧校园的建设，通过建立教师信息素养的培训机制，推动教师课堂教学数字化转型，运用数字技术促进教学管理升级的实践来提升教师信息素养能力。

教师信息素养（Teacher's Information Literacy）是指教师应该具备信息应用知识和技能，包括信息意识、信息获取、信息评价、信息利用等方面。在数字化转型的背景下，教师信息素养不再是单一的技术操作能力，还包括对数字文化、数据驱动决策、知识建构和创新等方面的理解和应用能力。

教师信息素养的提高对于一所学校来说非常关键。在数字化转型背景下，教师需要适应新技术的改变并利用这些技术来促进学生的学习。此外，教师培训还应高度重视如何将数字化存储与评价教学质量相结合，并不断更新和提升自己的教育知识和技能。“互联网＋”教育的发展推动着传统教师角色向数字化教师发展，数字化素养成为教师的新素养组成要素。数字化教师是指处于大数据时代的大环境中，愿意接触和了解新的信息技术，不断更新教育观念，实现教师专业发展，并能够融合新技术、新理念、新方法，不断提高教育教学效率的开拓型、创新型教师。从专业发展角度看，数字化教师要在信息社会里具有数字化学习和工作的能力，要具备教学信息技术、信息化教学法知识和信息化学科教学法的知识，能够将新技术与知识迁移到新的教学情境中，能够利用信息技术开展协作化的教学。

教师正经历着学科知识与数字化、信息化的深度整合，其所具有的特征也发生转变，从知识的占有者转变为学习活动的组织者，从知识的传授者转变为学习

① 本节由徐敏撰写。

的引导者,从知识固守者转变为终身学习。

(一) 教师信息素养现状分析

自教育信息化应用标杆培育校创建至今,学校坚持在硬件环境、软件平台、教学实践、综合评价四个方面开展实践研究,一方面促进了学校管理流程的规范与优化,如日常考勤管理、人事课务安排、家校沟通联系、跨校区网络教研等,大部分教师能熟练应用学校开发的各类应用小程序,熟练掌握各种平台操作、移动终端操作、多媒体设备操作;另一方面,部分学科通过技术赋能进行教学变革,运用智能技术开展个性化教与学的研究,初步实现了数据驱动下的精准教学,部分教师已具备采集数据并运用数据开展学习设计、实施的能力。此外,在全面实施"五星五育+"学生综合素质评价的过程中,全体教师利用数据开展综合评价的意识和能力得到了提升。

本研究中进行了"教师信息素养现状调查问卷",回收 128 份有效问卷,经调查分析,发现学校注重促进教师数字化信息应用素养水平的提高,但是教师信息素养能力的分布情况仍然不尽相同。

(1) 教师运用信息技术的认知、意识越来越明显,但在应用层面上,依旧存在局限性:在数字化信息应用方面,一些教师并没有按照其课程需求选取最适用的优质信息化工具,并未把信息化工具的创新应用与教学融为一体。

(2) 许多教师对于互联网信息安全的保护和安全管理仍有欠缺和放松态度。教师对电子档案的管理严重不及时或者不规范。随之而来的风险包含电子内容泄露、数据篡改、教育云盘数据丢失等情况,更会对师生利益和教育教学安全底线形成不可逆的冲击。

(3) 一些年龄较大的老教师或知名的教师对计算机工具使用方式不太熟悉,这也影响到他们在课程编写、备课以及作业等方面的效率。

导致当前情况的原因可能与以下几个因素有关:

数字化转型进展缓慢。数字技术还没有完全实现与各行各业的深度融合,在教育领域,传统教师能力仍占主流。许多教师难以得到适宜的实践物质条件,其对数字化的认识有限制并存在反对情绪。

教育管理不健全。自我管理体系逐渐通过现代化手段展开和拓展,但专业人才建设、考核、评价和奖励标准仍未完备。由此产生的结果是,现在的学校在发掘和选拔优秀教师方面仍然存在很多困难。

因此，在数字化转型背景下，学校应该通过集纳资源、创造流畅进修的机会、推广更高层次的评价方式等多种途径来帮助教师提升信息素养。同时，应加强对教师职业道德教育的培训和引导，殊不知在数字化时代里发挥好教师自身优势，利用科技手段提高自己的教学效能，让学生从中获益，也需要教师有相应的职业基本功和操守。只有这样才能够更好地适应数字化转型的发展趋势，打造更为智慧和创新的教育体系。

学校作为上海市教师专业发展学校，已经形成较规范的校本研修模式和策略，确立了部门联动、任务驱动、双向互动的专业发展机制，建立教师信息素养能力培训体系。从帮助教师掌握技术知识与技术工具、开展基于学习元的网络研究、通过个性化培训及创建学习共同体四个途径着手教师信息素养能力的培养。

（二）掌握技术知识及技术工具

这个时代的教师成了“数字化教师”，必须具备数字化素养，现代教育技术条件下教师需掌握的知识内容，要具备学科教学知识、整合技术的学科内容知识、整合技术的教学法知识，即“整合技术的学科教学知识（TPACK）框架”，同时，还要学会使用备课、教学、学生管理等技术工具。学校制定了“浦东新区第二中心小学教师信息技术应用能力提升 2.0 工程推进方案”，促使教师在发展技术知识结构时培养技术工具素养，在信息技术与课程整合中有效应用信息技术的优势来更好地达到课程学习目标，培养学生的信息素养、创新精神与实践能力。

学校智慧校园平台开发的数字化教师专业发展的工具包括教师工作室、教师专业能力成长档案袋、协作教研类工具、教师评价和反思类工具，这些工具能够有力支持教师开展教研活动，进行协作发展、个人反思等，从而促进教师信息素养能力的提高。

例如，教师利用智慧校园研修平台，开展协作教研、集体备课、听评课、观摩课等形式的教师专业发展活动，为提高教师的教学能力、实现教师的成长搭建了平台。教师利用任务管理工具、班级管理平台，有效帮助管理任务、作业等，分享想法给学生，收集班级照片、学生作品等组成画廊展示。教师利用评价工具，如数字档案袋、学科作业评价等收集学生在学习过程中的参与度、兴趣度、文档、作品、视频或写真集等各种教学行为成果，帮助教师有效实施评价。通过智慧校园的班级建设平台等建设班级文化，提高班级凝聚力，建立教师与家长之间的联系，让家长每天都了解自己孩子在学校的情况，也可以让家长随时随地向教师提出建议或反映学生在家里的表现。

（三）基于学习元的网络教研

学校每学年开学初制定个性化的教师培训课程体系，利用智慧屏、智慧校园转播平台开展在线培训，允许教师自主选择培训时间、培训内容、学习路径等，提高培训效率和效果。为使每次教研达到"深度对话"的效果，学校借鉴基于学习元的区域网络教研培训模式开展教研活动。

表 4－1　基于学习元的区域网络教研模式

教研阶段	自我对话	同伴交流	专家对话
理论学习（网络）	文献笔记	交流心得	文献推荐、点评心得
案例研析（网络）	推荐优秀案例	分享案例	点评案例
协同备课（网络）	撰写学习设计	互评分享	备课、点评
区域观摩（面对面）	课堂实践	观摩评课	点评、总结
反思小结（网络）	教学教研反思	点评	评价、小结

教研活动分四个阶段：

第一阶段：理论学习，教师根据学习平台发布的与培训主题相关的文献资料自主学习、交流学习心得。专家会对教师阅读体会进行相关的点评和反馈。

第二阶段：案例研析，在理论学习和分享后，根据推荐的相关优秀视频案例网站，教师各自创建一个学习元，分享、推荐案例片段，并撰写案例推荐相关理由。

第三阶段：实践应用，在学习、积累他人经验的基础上，教师开始尝试在自己的教学中实践应用，教师进行协同备课，开展教学观摩课，进行听课、评课交流学习，并将评课意见、反思提交到各自学习平台上。

第四阶段：反思小结，每个教师根据前几个阶段的教研学习和实践应用，进行教研小结。在最后阶段，每个教研组由一个教师代表进行总结汇报，形成特定的主题培训 PPT，向所有教师进行教研心得和成果分享。

（四）个性化培训提升培训效率

积极参与及主动发展是促进教师成长的关键。学校的培训项目应该把教师的需求放在首位，满足教师个性化培训，是提高教师信息素养能力的有效途径。为实现教师个性化培训，学校通过调查分析、需求细化、个案追踪、成效评价四个方面确定教师个体所需，为教师提供个性化培训与指导。通过智慧校园平台的教学技术诊断，诊断教师提交的教学方案、教学课件、教学反思等，找出问题症结，有针对性地设计或推荐培训活动，实质性地帮助教师解决问题。

面向问题的个性化培训是指每个月根据教师的不同需求及不同梯队教师的学习要求，推送不同学习内容，实现个性化培训。例如，每月根据平台录课系统对教师课堂教学进行诊断，找出问题所在，根据问题有针对性地设计培训活动，实质性地帮助教师解决教学中遇到的问题。

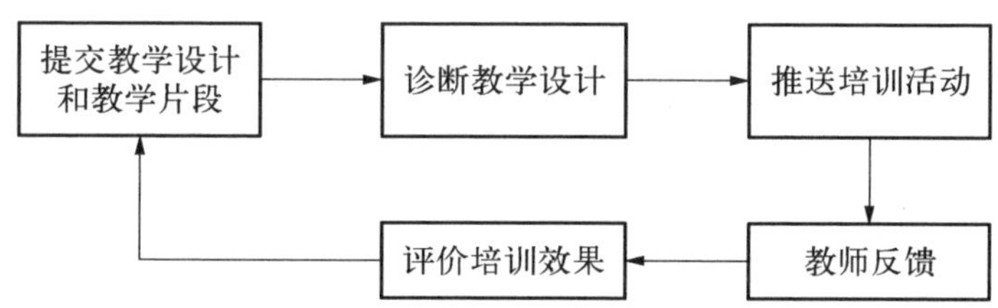

图 4-3　基于问题的个性化培训流程

每个教师个体之间都存在差异，基于学校智慧校园的教师学习管理平台，针对每位教师的需求，推送特定的培训内容，对症下药，在一定程度上实现个性化培训。这种培训方式让教师有针对性地接受培训，而且学习得更加深入，培训效果更好。

同时，借助智慧校园手机端的开发应用，加之应用 App 与微信的深度融合，充分借助数字媒体，对教师开展“微培训”，能够有效地利用教师的零散时间，广泛应用现代信息管理技术作为支持手段，为教师提供整体性知识，辅助教师隐性学习，提升教师信息素养及能力。

（五）创设教师学习共同体

“学习共同体”是指由一个学生及其助学者共同构成的团体，彼此之间经常在学习过程中进行沟通交流，分享各种学习资源，共同完成一定的学习任务。学校通过智慧校园平台开展网络教研，建立了教师学习共同体，打破了教师的孤立学习，让他们在自己实践经验的基础上，通过比较和协作共同创建问题解决方案。基于学校智慧校园平台，以网络为手段开展的各种教研培训，跨越时空，实现专家与教师、教师与教师间的互动，它以一种开放、共享、平等、共进的活力与交流方式，为教师的专业成长和能力提高搭建了一个学习共同体，高效地促进了教师信息素养能力的提高。

例如，基于智慧校园平台中的自主录课教学分析协同听评课，教师在平台上申请使用教学录课系统，上传教学设计，选择一节随堂课同步录课；录课完成后上传到智慧校园，发布听课邀请；其他教师在收到邀请后观看录像，记录听课笔记，与上课教师分享评课记录。上课教师本身可回看课堂录像，借助教学分析系统的数据分析，找出自己课堂教学存在的问题，结合同伴的互助，达到互相学习、相辅相成的效果。

总之，数字化转型背景下学校教育将迎来更开放、更个性化、更多样化并重视技术和实践能力的趋势，引领着学校和教育走向更精准、更优质的目标。学校要及时调整观念、加强管理，不断推进教育现代化，紧扣科技创新和发展的脉搏，营造一个积极、创新并有适应性的教育环境。

四、智慧校园平台下的研修共同体建设①

校本研修是学校内部进行教师专业发展活动的主要手段，随着近年来研修内容和方式的不断丰富与完善，学校不同层次类型教师的研修需求逐渐出现分化，形成了不同的研修共同体，如教研组、年级组、课题组、项目组等，通过不同共同体的校本研修活动，旨在提升教师的教学能力、教育教学水平和专业素养，以促进教师的专业化发展。

研修共同体的核心目标是改善学校教育实践和推动学生学习成果的提高，它强调教师之间的互动和合作，在集体智慧的基础上寻找创新解决方案和最佳实践。通过定期会议、小组讨论、观摩授课、共同设计课程等活动，研修共同体成员可以相互支持、鼓励和挑战，共同探索、改进和应用有效的教学策略。

① 本节由童荣俭撰写。

(一)学校建设研修共同体的意义

1. 提升教师专业能力

"研修共同体"是一个专门为教师提供持续学习和专业成长机会的平台。在这个平台上,教师可以与其他同行进行深入的交流和学习,分享他们的教学经验和学习心得,从而不断提高自己的教学水平。

研修共同体的核心是合作学习。教师可以在这个平台上分享自己的教学案例、教学方法和教学策略,与其他教师一起探讨和反思,从而得到更好的反馈和建议。此外,研修共同体还提供了一个机会,让教师可以相互学习和交流,分享自己的教育知识和教学资源,从而提高自己的教学水平。

研修共同体的另一个重要特点是持续学习。教师可以通过参加研修共同体的活动,不断学习和更新自己的教育理念和教学方法,掌握最新的教育技术和工具,从而更好地适应教育变革。

2. 促进教师交流与合作

学校的研修共同体为教师提供了一个相互交流和合作的机会,让教师可以共同学习和成长。在这个共同体中,教师可以相互观摩课堂,了解其他教师的教学方法和教学策略,从中汲取灵感和经验。此外,研修共同体还提供了一个机会,让教师可以参与研讨会,与其他教师一起探讨和分享教学心得,共同解决教学中遇到的问题。

研修共同体的另一个重要特点是合作研究。教师可以一起开展合作研究,共同探讨教育领域中的前沿问题和热点话题,从而促进专业成长。通过合作研究,教师可以共同探索新的教学方法和教育技术,创新教育理念和模式,提高教育质量和效益。

3. 共享最佳实践经验和教学资源

通过研修共同体,教师可以一起分享和借鉴最佳实践和教学资源。在这个集体学习的平台上,优秀的教师可以慷慨地分享他们的成功经验和有效的教学策略,为其他教师提供宝贵的指导与建议,帮助他们提升教学效果。

除了能够获得同行的指导和启迪,共同体成员还可以相互分享丰富的教学案例、活动设计等资源。这种资源的交流不仅会促进教师之间的合作与交流,也将丰富教学内容,使教学更加多样化和富有创意。例如,一个教师可以分享他们设计的一堂生动活泼的课程,另一个教师可以借鉴并在自己的教学中进行改进和运用。这种共享将大大提高教学效果，让学生受益终身。

此外，研修共同体还能够帮助教师建立互助互补的关系网，形成良好的团队氛围。他们可以共同战胜困难，共同成长。在这个共同的学习环境中，教师会互相激励，不断追求进步，并通过充满活力的学习氛围来提高自己的教学能力。

4. 强化学校文化

研修共同体建设是一种重要的教育改革模式，可以在学校中强化学习和创新文化。通过研修共同体，教师可以积极参与共同学习和合作，形成良性竞争和协作机制，从而促进学校整体教育质量的提升。

首先，研修共同体为教师提供了一个资源共享和经验交流的平台。在这个平台上，教师可以相互学习借鉴，分享教学经验和教育资源，探讨教学方法和教育理念。通过与其他教师的交流和碰撞，教师的专业素养和教学水平得以提高，也增强了他们解决问题和创新思维的能力。

其次，研修共同体的建设可以推动学校形成积极的学习氛围。当教师参与到共同学习和合作中时，他们会不断激发内在的学习动力，努力追求教育研究和专业发展。这种积极的学习态度会逐渐渗透到学生身上，激发学生内在的学习动力和兴趣，使他们更加积极主动地投入到学习中。同时，研修共同体的合作机制也可以培养学生的合作意识和团队精神，提高他们的交流能力和解决问题的能力。

5. 适应快速变化的教育环境

现代教育领域发展迅速，随着教育技术的不断更新和教育理念的变革，教师需要不断学习、更新自己的知识和技能，以适应快速变化的教育环境。而研修共同体建设可以帮助教师及时了解最新的教育理念和教学模式，更新教学方法和教育技术，提升自己的专业能力，保持专业竞争力。

学校研修共同体建设的意义在于多个方面。首先，它可以提升教师的专业能力，使教师能够更好地应对教育变革和挑战。其次，研修共同体可以促进教师之间的交流与合作，共同探讨教育问题，分享最佳实践经验和教学资源，促进教师的专业成长。再次，研修共同体可以强化学校文化，形成共同的价值观念和行为规范，增强学校的凝聚力和竞争力。最后，研修共同体可以使学校能够与快速变化的教育环境保持同步，提供更优质的教育服务，满足学生和家长的需求。

（二）学校建设研修共同体所面临的问题

学校虽然重视研修共同体的建设，不断地进行改进和完善，但仍然面临很多问题。

1. 参与度不高

学校现有教师近两百名，覆盖老、中、青不同的年龄层，有些教师对研修共同体的参与度不高，可能由于缺乏时间或兴趣等原因，但这可能导致研修共同体活动的效果受到影响，难以实现预期的目标。

2. 组织和管理困难

学校目前有三个校区和一个办学点，地域跨度较大，这对研修共同体的组织和管理提出了更高的要求，如何利用信息化手段和技术解决研修的时间和空间问题，降低研修活动的时间成本，需要学校思考与研究。

3. 缺乏评估和反馈机制

有效的评估和反馈是监测研修共同体成效的关键，如果缺乏适当的机制和工具，将难以作出科学的评估和改进。

4. 持续发展的挑战

研修共同体需要持续不断地发展和改进，以适应不断变化的教育环境和专业需求。然而，保持成员的长期参与和兴趣，以及提供多样化的学习机会等方面都是挑战。

不同的学校所在研修共同体建设中可能面临的问题有所不同，需要通过积极的解决方案和沟通，不断改进和完善研修共同体的运作，以实现更有效的专业发展和教育改善目标。

（三）智慧校园在研修共同体建设中的实践

在学校智慧校园建设的过程中，如何利用数字化技术促进研修共同体的发展问题，是学校一直在研究与思考的问题。

1. 促进在线交流和合作

学校有校内腾讯通和企业微信即时交流系统，为学校信息发布、家校在线联系和研修共同体的沟通，提供一个便捷的在线交流和合作的平台。成员可以通过建立不同的工作群，讨论交流、共享文档、编辑协作等功能进行即时沟通，并共同协作解决问题，分享经验和资源。

2. 提供学习资源和课程内容

智慧校园平台能根据研修主题随时新建研修活动，供教师上传和共享教学资源、教案、课程设计等资料，其他成员也可以随时获取资料和借鉴，为研修共同体提供丰富的学习资源和课程内容。

3. 支持远程培训和学习

学校在现有的三个校区和一个办学点，共配备了7套智慧屏电脑，用于实时互动的研修活动。另外，各校区均安装有互动转播系统，支持在任意一个校区开展的研修活动或专题讲座，可以同步转播到其他校区，实现了远程同步培训。同时，智慧校园平台的研修活动管理，可以根据教师所在的校区、梯队等不同情况，设置研修活动的提醒，并在会议室、阶梯教室等研修场所门口设置了人脸识别签到功能，方便了研修团队的管理。

4. 收集和分析数据

智慧校园平台不仅可以帮助研修共同体收集相关数据，还具有强大的数据分析功能。平台收集到的各类数据，不仅可以用于分析统计，也是教育数字化转型过程中，提高教师数据意识和素养的重要内容，智慧校园的常态录播师生行为分析系统、语文作文批阅系统、五星五育学生综合素质评价系统等，将教育教学中的点滴数据汇聚起来，供教师研究分析，进一步迭代更新并改进。

5. 个性化学习和发展

信息化平台在教育领域的应用可以根据教师的需求和兴趣提供个性化的学习和发展机会。平台通过分析教师的兴趣爱好以及他们过去的学习经历，能够推荐与其相关的学习资源和活动，帮助教师定制适合自己专业发展的路径。这种个性化的教师发展模式有助于促进教师的专业能力提升和教育教学水平的进一步提高。

信息化平台能够根据教师的需求和兴趣进行精准匹配，为他们提供符合自身发展方向的学习资源和培训机会。例如，对于对某一特定教学方法感兴趣的教师，平台可以推荐相关的学习材料、案例研究和专家讲座，帮助他们进一步深入了解和掌握这一教学方法。

此外，信息化平台还可以与学校、教育机构等合作，开设在线课程、工作坊和研讨会等活动，为教师提供更加丰富和多样化的学习机会。教师可以根据自己的需求和时间安排参与适合自己的学习活动，提升专业素养并拓宽知识面。

随着学校智慧校园平台功能不断完善，研修共同体建设将朝着更加紧密的交流和合作、更加深入的研究、更加广泛的合作、更加规范的研究、更加创新的实践的方向继续发展。

五、数字化转型助力“五星魅力”梯队教师发展的思考与实践①

随着信息技术的快速发展和普及，教育数字化转型已经成为教育领域的一个热点话题，对学校教师的专业发展更是提出了新的挑战和要求。上海市浦东新区第二中心小学作为一所承载着深厚文化底蕴的百年老校，对教师发展尤为重视，并不断思考教师专业发展机制的完善、策略的调整、内容的重构和形式的创新等问题，以“五星魅力”教师发展规划为导向，不断推进梯队教师的成长与发展。学校作为上海市教育信息化应用标杆培育校，得益于雄厚的教育信息化发展基础，深度思考在数字化转型背景下“五星魅力”教师发展规划的落地与实施，助推教师队伍建设数字化转型，助力教师队伍高质量发展。

（一）部门联动，聚焦教师与学校发展的共同目标

学校持续坚持“任务驱动、双向互动、主观能动、平台联动”教师发展策略，围绕“厚爱尽责、笃行善思”的专业发展目标，形成“五星魅力”教师发展梯队，组建由校长室牵头，联动部门包括由党支部、工会、课程教学部、学生发展部、人力资源部和

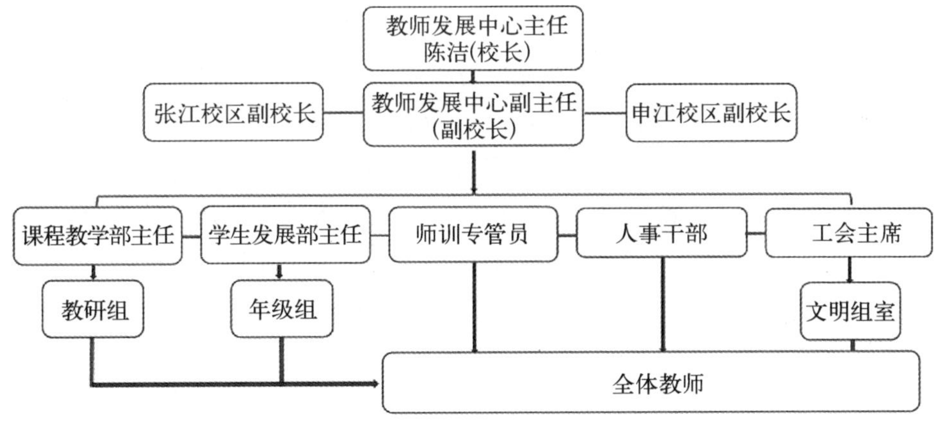

图 4-4　多部门联动组织架构

① 本节由陈慧灵撰写。

师训部组成的非常设机构以及教师发展中心(教师专业发展聘任委员会)。

教师明确各自所属梯队、目标及任务,在学校发展规划的指引下,依托平台推送的智能问卷,根据各自发展需求制定个人三年发展规划,提出学年专业发展计划。

(二) 构建平台,形成教师与管理部门的联动机制

学校依托智慧校园的建设,提升学校管理团队系统思考、整校推进、顶层设计,利用信息技术治理学校的能力,从"德、能、研、养"四个维度,架构浦东新区第二中心小学校本培训的"M. L 魅力研修课程"框架,按照"按需定制、分层推进、内外合力、整体发展"的学校教师培训策略,教研与科研培训相整合的课程化培训模式,由各主管部门组织开展校本研修,在已有的数字化教师工作室基础上,迭代构建纵向以"五星梯队"、横向以"德、能、研、养"为内容的"教师圈"管理平台,形成以规划目标显性、过程资源佐证、任务达成自评、部门考核反馈为闭环的教师管理新常态。

1. 基于平台的教师空间,多维满足不同梯队教师发展需求

学校自 2015 年起,自行研发、架构基于平台的教师空间。教师空间的设计是基于教师网上工作室,围绕教师在学校中教学者、教育者、学习者、研究者、管理者、指导者的六种角色,开发基于教学、教研、研修、班级管理、办公管理等需求的模块。

为更好地支持教师学习与工作,学校在原有的教师空间基础上不断迭代与完善,满足教师的不同角色身份在完成各项学校工作中,全方位、真实地记录教师的学习、工作行为,自动记录所有过程性资料,形成教师个人发展档案袋。

其深度融合应用主要体现在协同备课、课堂教学资源共建共享、实时分享教学反思、研究成果同步展示、网络研修等方面,系统将所有教师上传的资源进行自动化汇聚形成教学设计、教学课例、教研实录等校本资源库,不断迭代优化,并支持不同梯队教师群体的实时共享,形成了学校优质资源的高质量内循环,推动教师梯队的高质量发展。

通过教师空间的建设,学校构建了泛在的学习环境,变革了教师的工作方式,推动了教师的高效成长与发展,实现了学校管理的流程再造,也真正构建和实现了"人人通",并利用大数据为学校教育教学决策提供真实数据。

教师空间还实现了专题教育、教师专业能力提升工程、教师研修共同体等数

据的汇聚和分析，支持不同角色用户在同一空间的身份切换，实现“一人一空间”；支持不同角色用户的互联互通，实现信息沟通与数据交换；支持各类公共应用服务的汇聚与调用，实现服务贯通。

2. 基于数据的教师评价，精准反馈教师不同领域专业能力

基于教师的发展对应于教师发展中心的各个管理部门，每学期期初，学校各主管部门将根据学校发展需求和教师个人发展规划，通过智慧校园平台根据“五星魅力”教师发展规划中对各梯队教师的发展目标推送相应任务，设置完成方式、要求和时间节点。

学校各部门主管可对教师完成的多项任务实现同步评价，评价数据汇聚后可用于对教师不同领域专业能力的诊断与分析，清晰地反馈教师在所属梯队中的成长与发展态势。

3. 基于平台的教师画像，精准助力教师成长发展

学校有良好的前瞻性思考和实践基础。自 2015 年起，学校已经建成教师空间，对教师的备课、教研、获奖荣誉等所有过程性成长数据做了完整的采集与保留。自 2019 年起，这些数据被完整汇聚到新的智慧校园平台，聚焦教师梯队教师管理，实现全校 175 名在编教师“德、能、研、养、绩”等五个维度发展全生命周期数据的融通，为全校教师提供数字画像与智能应用服务，并在教师画像平台搭建、发展规律算法两个方面展开深入探索，希望通过汇聚分析教师动态数据，赋能教师精准评价。主要分两步走：

一是融通数据制画像。学校已经完成教师基础信息的采集、教师专业经历采集与管理平台和教师个人数字货架系统的开发，完成了各类数据接口的接入打通，从而支撑各类业务场景的数字化赋能。

二是研定算法促导航。实现多维异构数据梳理、建模，结构化重塑教师专业能力和应用能力评测模型，形成多维、实时助推教师队伍成长机制。

目前，学校已经收集不同梯队教师、在不同维度的发展数据，以见习教师为实践抓手的群体模型建构在建中。

（三）协同实施，建立梯队教师成长的良性循环

通过身份认证，主管可清晰地看到分管条线对应的动态数据信息，针对教师在校的学科教师、班主任、导师等不同身份，发布不同的学习、发展和研修任务，并在教师完成任务后及时给予针对性评价和建议。这些过程性数据将自动形成

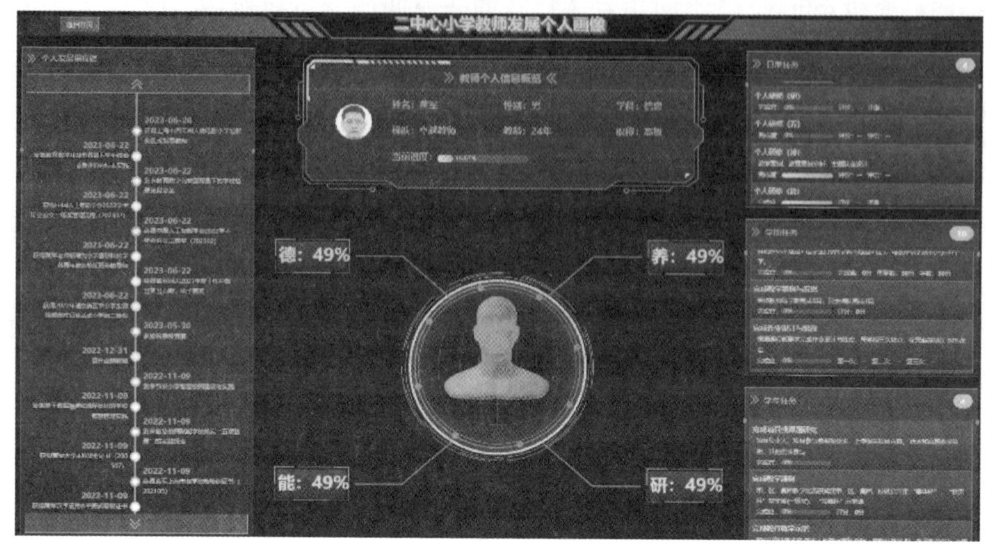

图 4－5　教师“德、能、研、养”画像

教师个人发展档案，支持梯队循环发展需求。

基于不同梯队教师发展的任务和阶梯式成长需求，各主管部门还可将数据分析、预警等用于教师发展性指导，为学校梯队教师形成良性发展循环提供有力保障。多维度、多层次的数据用于支持各部门主管的利用教师空间中有关教学设计和教学反思以及教学研究课例等信息，进行多元评价诊断教师个体和群体在工作中存在的问题和困难，以帮助教师及时调整和改善；用于展示教师优秀的教案设计、精彩的课堂教学、富有思想深度的教学反思以及教育教学中所获的荣誉和成就，以此反映教师教育教学中个人的专业发展和进步，促发教师专业发展的意识，激励教师进一步发展；还可用于发现并帮助教师认识到教师的短处和不足，形成教师自主发展的内驱力，促使教师进一步发展，指导学校的全面高效管理。

（四）思考与展望

基于平台的教师发展，数字化转型支持下的不同梯队教师发展目标更明确、任务更清晰。学校各部门协同聚焦的教师智慧评价，高效提升教师评价的科学性和精准性。未来，学校将通过探索教师梯队成长激励机制，助力教师高质量发展。

1. 夯实数字化管理

在通过构建教师个体画像，分析教师专业发展的优势与不足的基础上，加强对教师群体画像的构建与分析，科学诊断教师队伍状况，为教师引进和流动提供决策支撑，夯实数字化管理基石。

2. 夯实激励性机制

基于教师数字化档案建设成果，出台《浦东新区第二中心小学教师综合评价指导意见》，探索教师专业成长的激励机制，对基础工作量、教学业务、教学能力、教学业绩、等维度进行赋分，管理者可实时掌握学校教师的发展动态，据此调整考评管理制度。教师通过了解自身优势与不足，激发内在活力，提升工作效能。最终形成梯队晋级激励机制。

3. 夯实工作机制

在深入推进教师队伍建设的过程中，学校继续积极探索部门协同推进模式，凝聚各部门力量，对学校教师进行全面科学评价与精准诊断，并给出积极的发展指导意见。同时夯实四项工作机制：一是做好顶层设计，优化基础环境；二是创新管理机制，成立多维度管理共同体，统筹协同推进；三是压实工作责任，每季度一推进，每学期一总结；四是实行预算与奖励并行，制定经费保障方案和奖励办法，对于优质发展的教师，进行专项奖补。

六、基于智慧校园背景下的学校教师专业发展场景建设①

随着时代的变迁和科学技术的快速发展，信息时代应运而生的互联网、物联网、大数据、云计算、人工智能等新技术正在不断走进教育领域，教育信息化发展已成为推动教育现代化的必然趋势。《中国教育现代化 2035》和《共享泛在智慧的教育新家园：2020 上海基础教育信息化发展蓝皮书》的发布，进一步明确了教育信息化的目标，即教育信息化要从“隐形”走向“引擎”，从“新鲜感”走向“常态化”，从“简单应用”走向“深度融合”。

智慧校园建设，作为推动教育信息化进程和教育数字化转型的一种实践样态，主要聚焦六大领域：互联感知可交互的智慧校园环境、丰富多样可选择的智慧课程资源、多元实时自适应的智慧评价模式、泛在深度可持续的智慧学习发展、专业创新高素养的智慧教师队伍、系统高效全方位的智慧学校管理。

---

① 本节由陈洁撰写。

学校作为浦东新区首批智慧校园建设学校之一，根据教育信息化发展目标和学校信息化工作基础，对智慧校园建设进行了校本化设计与实践，积极探索信息化赋能学校教育的变革，将智慧校园作为助力学校"智慧教师"发展的重要形态和支撑系统，着力建设智慧教师发展新场景。

（一）"四维四力"发展目标

为了使场景建设更符合教育信息化对教师专业发展提出的新要求，学校在教师"德、能、研、养"专业发展目标基础上，提出了"四维四力"的新目标。

学习维度，提升数字化学习能力。因为传统的学习方式已经不能完全适应知识迭代更新的速度，亦无法承载近乎爆炸的海量内容，运用信息技术开展学习和基于技术的知识管理，将成为教师与时代同行并持续优化自身知识结构的重要能力。

研修维度，提升网络研修和社群协作的能力。开展基于网络的备课与研修，进行资源传递、知识分享与思想交流，将帮助教师从个体劳动走向群体联合与协同。

教学维度，提升混合式教学能力。学生的一部分学习已经在网络上发生，教师应具备"线上＋线下"的教学能力以及数字化教学设计与网络课程开发的能力。

评价维度，提升数据分析与数字化评价能力。基于大数据的可视化报表将越来越多地呈现在教师面前，教师应具备数据思维的意识与数据分析的能力。

（二）智慧教师发展新场景

围绕"四维四力"目标，从五个领域建设智慧教师发展新场景。

1. 创设教学应用新形态，实现教与学方式的变革

运用技术支持实现教学变革，在课程教学中创造出新的技术应用形式，成为智慧校园建设过程中推动教与学方式深层变革实践的应有之义。

场景一：基于电子纸的精准教学研究

学校通过多方比较，选用了不影响学生视力的腾讯墨水屏，作为精准教学研究的载体，开展基于课前学生学情数据、课中学生课堂练习数据、课后个性化作业数据分析后的精准教学实践研究，并在多学科实施课中基于墨水屏的师生、生生交互式学习，探索数据驱动下大规模因材施教的教与学方式变革。同时，充分

开发腾讯墨水屏的隐藏功能，制作基于重难点的微课，满足学生个性化学习需求。

场景二：基于标准的作文评改

学校语文教研组针对传统作文评阅中的问题进行评价改革，教师围绕切题与选材、构思与感悟、语言与表达、书写与字数四个维度建立标准评价分项库和评语库。在学生完成习作自评、互评的基础上，利用高速扫描仪将学生作文快速对应入库，教师借助平台标准化评语进行个性化修改后完成学生作文评改，让评价更全面、更精准、更具指导性。将评改后的作文对应进入个人作文集和校级分类作文库，实现了“精准指导、追踪态势、分类成库”的目标。基于数据，教师可追踪学生习作能力在不同维度的成长态势，根据学生弱项推送优质资源，满足个性化精准指导。

场景三：基于运动手环数据的体育教学

为解决传统体育教学中“难量化、难记录、难监测、难分析”的问题，学校体育课借助智能手环，对学生在体育课运动中产生的数据进行实时的采集、连续监测、AI分析，赋能体育精准教学，准确评估课堂运动负荷和学生运动目标达成效果。新技术在体育学科教学中的应用，改变了传统的教学模式，让校园体育课堂搭上技术快车，跑步进入体育课数据可视化阶段，通过大数据、AI分析让体育教学更安全、更智慧、更有成效。

2. 构建教师研修新范式，实现个体与群体智慧的连接共享

教师的职业发展，需要个体与群体，尤其是与其中优秀个体进行有效互动和协作，享受不同教师的智慧和教学成果，智慧校园建设创设了多层次网络研修共同体，便捷连接和充分共享教师群体智慧。

场景四：基于华为智慧屏的多校区教研

学校具有三个校区和一个办学点的规模，给教师日常教研带来诸多不便。为提高校本研修的效率，我们选用了华为智慧屏，它具有的多地协同、低延时、白板互动等功能，被有效利用在各学科教研活动中，实现了高效的全景网上教研。

场景五：教师听评课系统

为实现听评课的及时性、共享性和共研价值，我们开发了手机端听评课小程序。在全面优化听评课活动的召集、组织的基础上，听课教师能提前获知学校的公开课信息和相关的教学设计，听课后在线提交课堂评价。授课教师能够在课后即时查看参与听课教师的评价。同步汇聚的评价，不仅为个人的教学反思提

供了参考,也实现了对教师课堂教学能力的过程性评价,达成网络空间共研的目的。

3. 丰富教学诊断新路径,实现更有效的教学反思

课堂是教师教学的主阵地,也是教师提升专业能力的重要平台。在录播教室日益普及的今天,开展基于可见的、真实的教学行为的自我诊断,从而实现更有效、更有针对性的教学反思。

场景六:基于AI常态录播的自诊式教学观察

学校三个校区建设了26间标准化的常态录播教室,满足教师通过自行约课进行常态录播的需求。根据学校教师梯队发展的目标任务,学校对青年教师提出了开展"自诊式教学观察"的要求,利用常态录播设备进行课堂实录。课后,系统通过AI人工智能数据分析,汇总教学中教师4种教学行为和学生5种学习行为,并出具一份课堂诊断报告,作为授课教师反思教学的参考。AI常态录播功能同时被运用于问题追踪式行政调研课。

4. 夯实智能时代新基建,实现教师教学能力的提升

运用信息技术开展学习和基于资源的知识管理,是智能时代提升教师教学能力的重要途径。智慧校园的互联网络、资源平台等,为教师提供了泛在的学习空间。

场景七:以教学环节为重点的资源平台

学校结合教学流程精细化管理,构建了基于教学环节的课堂教学资源库,各学科教研组教师在共建背景下建成并充实资源库,并将公开课、比赛课等优质资源及时上传,形成了可以按学科、年级、课题进行检索的全学科教学资源库,为教师根据班情和学情进行个性化有效教学设计提供了保障。资源平台在教师共同完成常态化工作的无感状态下不断自动完善、更新和迭代。

5. 构建智慧教师评价新模式,实现教师个体和群体的数字画像

在互联网环境的支持下,学校可以同步采集教师学习、发展过程的实时数据,不仅为教师更加全面地了解自身的专业与发展提供依据,也为学校对教师的学习过程、发展状态评价提供参考,为教师进行数字画像的制作提供数据支撑。

场景八:工作室支持下教师专业发展档案袋建设

围绕教师在学校中教学者、研究者、学习者、管理者、指导者的多重身份,学校构建了数字化网上教师工作室。教师在工作室中开展的办公事务、教育教学、网络研修、班级管理等所有工作数据都被记录,形成系统的教师个人专业发展档

案袋,与教师个人发展规划相对应,并以此作为规划达成度自评与校评的依据,同时形成教师数字画像,为学校推动教师发展提供可视化参考。

基于智慧校园背景下的学校教师专业发展场景建设,给教育带来了生态新图景,正在深刻地影响着学校教师发展的内涵、途径与方式,也进一步加速了教育信息化赋能教师发展的进程。

七、实践案例

案例一 创建智慧校园 赋能师生成长①

互联网的普及与飞速发展,以高速率、低延时、广连接著称的5G时代的到来,势必推动教育方式方法发生巨大变化,毋庸置疑,多媒体、信息化、数字化、智能化将是未来教育的主旋律。网络互动、优质资源共享、翻转课堂等都对传统教育教学产生了深刻影响。智慧电子学生证、智慧电子班牌、智慧黑板等智能设施已走进中小学校园。在探索智慧教育的过程中,笔者深深感受到了智慧校园建设带来的巨大影响和变化。

(一) 面临的问题和挑战

1. 数据资源多,教育信息传播难

随着大数据时代的到来,网络信息中的资源传播系统不断增大,对教育资源的可见度形成了一定的限制。在网络环境下,宣传的信息主要包括社交媒体信息、权威发布信息、物联网及传感器形成的信息等,因为信息来源大不相同,用处也存在一定差异,从而对教育信息的可见性造成了影响。所以,在建设智慧校园时,必须对此问题有明确的认识,通过优化处理信息,提高教育信息的可见程度。

2. 信息种类多,教育宣传效果差

信息传播的范围、速度、受众群体的差异不容小觑。目前,在校园信息传播过程中,依旧存在着传播方式过于单一化的现象,从而使得教育信息难以满足多元化发展需求。例如,学生通过移动端浏览教育资源,信息获取过程比电脑端更为烦琐,这是因为移动端的教育资源相对较少,而且伴随着其他数据环境的影响,导致一些教育资源难以及时被发现。

---

① 本案例由张晶晶撰写。

3. 信息传播快,教育平台难度大

在大数据背景下,多元化信息数据不断显现,其对数据传输速度和处理速度的要求也随之提高。学校在构建信息资源时,信息传播途径和渠道过于狭窄,使得信息查询备受限制,从而导致信息资源难以有序、有效传播。

(二) 智慧授课,提升课堂效率

在智慧课堂构建中,笔者使用智慧黑板和 AIclass 智慧备授课系统进行授课。例如,字母书写是英语学习的重要部分,英语字母书写小工具可以让学生直观地看到字母书写的笔顺、笔画,针对重点笔画还可以重点展示,这样可以更准确有效地进行生字教学。此外,小学生上课专注力保持的时间较短,笔者在教学中把课堂知识以游戏竞赛的形式让学生参与学习,学生学习的热情可以说是空前高涨,充分实现寓教于乐,快乐学习。

智慧黑板可以录制屏幕,方便教师制作微课。整节课上所有的屏幕动作都可以被储存,并进行多次回放,确保每个学生看清楚、弄明白。它还可以连接电子展示台,每个学生可以清晰看到教师展示的优秀作业和各种实物,观察到细枝末节。另外,智慧黑板能够连接摄像头、录像机等设备。每个教室都可以进行直播教学。在学习 shadow 这一课时,以学生的生活经验和教师的口头讲解是很难让学生理解影子随着时间的各种变化的,于是我用智慧黑板的直播功能进行演示,学生都能够直观地看到整个教学活动,学生顿时就明白了,还能够把这节课相关知识点牢牢地记在心里。

(三) 智慧校园,丰盈智慧管理

为提高智慧教育效率,学校配备了智慧校园平台和智慧电子学生证,它们为学校智慧校园建设提供硬件保障。

首先,实现了无纸化校园通知。节约用纸是我国生态发展的重要工作,学校更是用纸量超大的地方,减少用纸是非常有必要的。挂在班级门口的电子班牌,可以替代校园的所有纸质通知,包括校园通知、调课通知、课程表、学生评价、班级文化、校园环境等,一切以往需要用纸质通知来通告师生的环节,都可以被智慧校园平台所替代。

其次,实现了高效智慧教务管理。电子通知替代了纸质宣传,学校的公告能更快地让师生知道,所有的管理措施都能快速地实施,这让学校的管理得到进一步的提升。除了高效的智慧教务管理之外,电子班牌还能帮助教师更好地进行教学工作,备课、办公、管理班级,智慧校园平台都能协助完成。在班级里,教师会把学生日常学校生活精彩瞬间捕捉下来，实时上传到智慧校园"班级圈"。例如，有一次，笔者把学生专心致志做手指操并取得了优异成绩的视频上传到智慧校园"班级圈"，学生下课后都热心地围成一圈，点击浏览。从他们一张张洋溢着喜悦的脸上，我看到了智慧教育的无限魅力。在日常校园生活中像这样的例子不胜枚举，智慧教育给我们带来的不仅是教学方式的变革，更是一种全新的教育治理体验。

最后，实现了智能家校互通。智慧校园电子学生证是一种智能硬件，它能记录学生的在校身份信息，比如姓名、班级、学号等，还可作为学生安全信息的感知端，如实时定位功能、SOS紧急求救、校园考勤、进出危险/安全区域警告等功能。不仅方便学生的在校生活，同时解决家长与学生的通话需求，也能更好地保证学生校内校外的安全出行。

（四）智慧教研，促进教师成长

智慧校园平台为教师提供了海量的线上优质教育资源，让一线教师更好地了解电子教材以及结合网络资源备课的重要性。作为一线教师，必须要掌握最新最优的教育教学资源与资料。学校教师根据课堂教学内容，集体研究，共同设计适合本年级学生的教学方案，参考资源库中的优质资源，形成独具特色的校本教学资源库。

首先，由教研组长在智慧教育云平台创建本年级学科教研组空间，然后利用平台进行网络教研和网络协同备课，所有成员都可以看到发布的通知和教研任务，本教研组专题研讨和网络协同备课都在教研空间内完成。此外，智慧校园平台还提供了网络专题研讨，各组参加成员通过文字在线修改实现意见和建议的发表，最终形成具有集体智慧的备课资源，并实现在线分享。

总之，智慧校园建设使教师之间、教学资源之间形成了更广范围的连接，也使学校、家庭教育无缝连接，相信在我们的不断探索和完善中，智慧教育将为学生健康成长撑起一片蔚蓝的天空。

（五）实践的成效与不足

1. 培养智慧型人才

在大数据与移动互联网技术日新月异发展态势下，以线上线下相融合为基础的智慧型人才培养模式势必会成为主要趋势。在以大数据背景为基础的智慧校园人才培养过程中，知识管理、在线教育、社交网络都将会成为主要平台。在此平台中，教师备案工作直接打破了传统的时间、空间、知识等方面的限制。教师可以根据各种教学资料、同行教学信息、学生所反馈的大数据信息，具有针对性、可行性地进行教学准备工作。

2. 传承并创新智慧文化

构建具有良好吸引力的校园网虚拟社区，对学生开展思想政治教育，积极交流思想文化，创建健康的网络文化，改善先进文化，并对学校网络思想政治教育阵地建设进行创新，以此促使文化传承得以创新。

3. 提高智慧校园的服务水平

智慧校园建设需要学校具备较高的服务水平。其一，就学校后勤来讲，充分发挥智能感知与物联网技术的优势，进行技术化、现代化管理，并强化网络信息平台建设，在服务信息上，实现校内信息共享与交流。而对于教学楼、实验室、食堂等而言，通过网络技术进行动态化监测，特别是要注重对校园建筑内部安全进行实时监测，提高整体服务水平。其二，对各种服务资源进行整合，以此为师生教学、生活提供方便。

4. 积极开展智慧科学研究与开发

就数字研究来讲，在数字校园建设中，主要是为师生提供资料检索和数字图书文献等，具有一定的局限性。但是，在智慧校园建设中，需要及时改变这一现象。通过智慧校园建设，在课题申报、科学研究、项目结题等各环节，充分发挥作用。另外，在科学研究过程中，智能仪器设备可以在线使用，并对实验数据信息进行智能感知和自动收集。高效的科研项目管理、丰富的研究支持工具、较高的管理服务水平等，都促使学校师生的科学研究过程开始不断协调，进而大大促进了科研项目质量的提高。

5. 进一步加强智慧决策的多元化管理

在数字校园中，虽然可以切实解决学校日常管理的信息化问题，但是由于信息系统孤立、数据不能互通等，使得学校各部门之间的沟通不顺畅。所以，智慧校园应该更好地面向资源管理与调度，为学校管理提供支持，实现各部门之间的业务协同发展。在此基础上，为学校智慧决策管理提供更加多元化的优化方式。

智慧校园创建的终极目的是为了推进学校各项工作更好、更快发展，实现智慧化的教学、智慧化的学习、智慧化的管理，以更好地实现育人目标。以人为本是学校智慧校园创建的出发点，让每位教师和学生都能得到发展是学校智慧校园创建的最终归宿。

案例二　教育数字化转型背景下的教师发展方向[①]

当前,信息技术与课程整合已成为我国推进新一轮基础教育课程改革和教学改革的突破口,随着网络技术的不断成熟和发展,校园网络的建设在学校已经非常普遍,"数字化教学"已经成为教育教学改革的主旋律。地方学校正如火如荼地开展数字化环境下的教学研究,数字化教学资源作为教学资源组织的一种有效形式,已经成为推进信息技术与课程整合的有效途径,应用数字化教学资源是必然的途径,具有深刻的意义。同时,在数字化教学资源被广泛应用于小学学科教学中时,教师也面临很多问题亟待解决。

当前,我们正处在互联网时代,未来我们将步入人工智能、生物科技等新时代。我们这一代人将亲历多个时代,我们的学生也是如此,他们需要经历多个时代的更新与迭代。因此,如何拥有符合新时代的学习能力,甚至具备跨时代迁移的能力与品格,成了教育工作者培养下一代人才的重大挑战。站在今天,我们设想未来教师的模样,他们的工作和我们现在一样吗?他们会关注哪些新的领域、拥有哪些新的技能、发展哪些新的能力?面向未来,回归教育本质,笔者认为,未来教师需要努力提升自己,掌握更多技能。

主要做法:

(一) 和学生一起拥抱新技术

我们的学生并不和我们出生在同一个时代。他们一出生就在数字化时代,拥有智能设备、互联网、虚拟现实等一系列数字化环境。他们自然而然会觉得那些数字化工具就是生活的一部分,不可分割。因此,我们需要换一个视角,可以和学生一起拥抱新技术,将新技术运用到学习中来。

有的时候,当教师觉得新技术难以在课堂内外使用的时候,不妨问一问学生的想法,说不定他们可以给你很多不同的方案。可能是一个个不同的学习平台或应用程序,也可能是他们运用互联网探索新知的经验,这些都可以融合到你的教学设计中。

当然,也不仅仅是用学生熟悉的新技术,更需要大胆地面向真正具有变革性的技术。学生真正需要的是与他们无穷想象力相契合的技术。未来教师,需要和学生一起拥抱新技术。

---

① 本案例由焦云磊撰写。

（二）借助互联网成为终身学习者

未来教师是一个终身学习者，不断学习是未来教师唯一不变的属性。面对层出不穷的新领域、新观点，面对与时俱进的新思维、新工具，如果教师不学习，那又怎么理解学习本身，怎么设计学习任务与学习评价呢？

教师的学习不仅仅是让自己知识丰富，更是让自身处于一种学习、创造、探索的状态，这种状态会感染每一位学生，也会更懂得设计学习。无论在何时何地，互联网开启了教师不断深入学习的大门。未来的校园不仅仅是学生学习的地方，也应该是教师学习的地方。我们将面对一种“教师好好学习，学生天天向上”的新现象。

与此同时，未来教师不再是孤立的个体，而是拥有更多的协作与合作，教师将跨班级、跨学校开展更多的合作。有研究表明，高创意的专业群体正在形成一种在面对面合作之前就已彼此了解的状态。这表明了未来合作的新趋势，就是每一个学习者都不断分享，成为一位终身分享者。在互联网上拥有每一个未来教师的节点，他们正在形成新的终身学习群体网络。

（三）构建多元的渠道与空间

未来教师是一位能够构建与定义多个空间、开展混合学习、关注学生个体差异的教师。未来校园是一个混合学习的地方。混合式学习旨在重新思考课堂时间，发挥线上与线下学习的不同优势，将线上线下教学时间进行整合设计。

混合学习打破了时空限制，未来教师在课堂内熟练地使用各种技术，尝试基于技术的新教学。让学生通过智能设备，开展自主、合作、探究。随着空间的扩展，培养学生数字化学习的能力与习惯也将备受关注。随着渠道的多元化，一种新的师生关系正在形成。未来教师更像一位随时就在身边的学习陪伴者与未来引路人。

（四）设计学习，构建多元化课程

未来教师从关注教转向关注学，从关注知识的回忆与再现、技能与概念到培养学生面对问题、解决问题的综合能力，再到关注学生核心素养的培养。

未来教师更像是学习的设计师，构建多样化的丰富课程，设计学习的过程，定义学习的目标，开启核心的问题与内容，激发学习者的内动力，引导一个个学习任务与活动，在过程中识别学习的状态，评价学习的过程。设计学习让未来教师更具挑战，也更专业、更懂学生、更有创造力。例如，教学“条形统计图”，制作课件时进行加工，处理后配上声音，制作成图文并茂、声色俱备的数字教育资源。

上课时将其应用到课堂教学中,学生就能很清楚地了解统计图中每一部分的作用,学生也可以自己在平板电脑端进行构图,移动图形,学生会更有兴趣,能更好地体会到数学的乐趣。

(五) 虚实之间探索世界,找到自我

无论是增强现实、虚拟现实还是混合现实,各种各样新兴技术都在为我们营造一个真实与虚拟相互交融的世界。未来教师需要和学生一起在虚实之间,观察世界、认知世界、创造世界。这种新的融合也正在模糊虚拟与现实的界线,创造出全新的学习体验。

在真实的世界中,可以通过增强现实、叠加虚拟的信息,让虚拟的信息与现实紧密关联,让生活与学习联系起来。而沉浸于虚拟现实中,学习到知识与技能、过程与方法,甚至情感态度价值观也将迁移到现实的世界中。未来教师要把握学生在虚拟世界与现实世界中新身份的融合与分离,帮助学生在虚实之间探索世界,找到自我。

(六) 引导学生多维度解决问题

在未来,学生将更加快速、更加便捷地找到各种问题的答案。不用说简单的知识概念题,就连程序性问题也能够快速找到答案。但是,这个时候如何引导学生多维度地探索问题、如何让学生真正深入地理解问题就变得至关重要。当一个学生在互联网上找到答案越来越容易,提问就显得越来越重要。

未来教师要不断引导学生多维度地解决问题。有些问题来自周遭的真实生活情境,有些问题来自学科探索的典型抽象情境,无论面对哪类问题,学生要真正构建起自己的认知,阐述自己的理解。未来教师在引导学生解决问题的同时,还要引导学生像科学家一样做科学,像艺术家一样做艺术。

(七) 实践的成效与不足

在现阶段中,数字化教育会给学生带来有趣的体验,学生学习会更有积极性,参与度更高。当然,数字化教育作为一种新的教育形式,在现阶段仍存在诸多问题需要解决,比如,教师前期需要大量准备工作,短短的一堂直播教学看似容易,实际上需要教师前期完成大量的准备工作,包括课件的制作、教学内容框架的设计、直播的预演、课后习题的准备等。

如今,我们不断强调创造力的重要性,但是,当我们回到课堂中,我们有多少时间在创造?当我们去反思属于创造的时间的占比,仍然会觉得非常低。用相同的仪器,参照科学的步骤,遵循教师的要求,得出一样的结果,仍然是现在的教

学常态,如何跳出这个定式寻找新常态?

学习者不仅是知识的消费者,也是知识的生产者与分享者。体验学习的最大挑战在于如何迁移所学的知识,并在不断应用中加深对知识的理解,甚至重构知识本身。未来教师越来越需要鼓励学生拥有不同想法,把这些想法和创意进行产品化。这种学习不仅注重学习者在学习过程中的多次自主"输入",更强调学习者在学习过程中的不断创意地"产出"。

案例三　教育数字化转型背景下的小学数学课例研究①

推进教育数字化转型,促进教育教学方式创新,以信息化辅助教育教学已成为教学的新趋势。在今后的教学中,教师已不再满足于单个软件工具的熟悉与使用,而是根据教学要求、教学目标、学生情况进行工具组合、资源整合的应用。同时,利用智慧校园平台的数据对教学工作进行不断的完善、改进,也对教师提出了更高的教学要求。

(一) 背景与挑战

教育数字化转型背景下,更加强调以人为本,围绕"立德树人"构建数字化、科学化、终身化教育体系;更加注重应用为王,构建教育新生态,服务差异化教学、个性化学习和精细化管理;更加凸显技术赋能,促进新兴技术与教育深度融合,助力实现"人人皆学、处处能学、时时可学"的学习型社会。

利用现代信息技术支持教育在育人方式、办学模式、管理体制、保障机制等方面创新,推动教育流程再造、结构重组和文化重构,改变教育发展动力结构,促进教育研究和实践范式变革,最终实现人的全面、自由、个性化发展。

在六年的职业生涯中,笔者对新课程教学理念下,由"学科教师"向"导师"角色转变有自己的一些心得体会。通过在智慧校园平台,基于AI数据的活力课堂教学片段,分析学生在课堂中产生的各项数据,形成习题资源库,从而协助教师开展具有针对性的个性化教学。借助AI技术展开因材施教,基于学生数据的精准练习设计,从而有效地提高教师的教学策略。

(二) 实践的主要感受

作为小学数学教师,在智慧校园平台中,主要以数字化平台为主要工具,以数据为主要研究素材,通过项目实施者的观察、讨论与分析,在可视化的数据呈

① 本案例由陈佳撰写。

现中获得有效的结果与结论,让教研基于学习数据的分析走向精准;让精准的教研提升教学的精准性,使教学活动更有科学性、针对性,用数据收集、解读、经验与数据分析结合等方法,来提升教研和教学的精准性,从而来改进教师的行为,提升课堂教学的效率。

(三) 实践的成效与不足

主要成效:

1. 学生独有的个人档案

通过在智慧校园平台中得到的数据,可以全面掌握学生的学习情况,运用这些数据使我们的教学更加高效。同时,这些数据也是学生独有的个人档案,数据可以更客观、更直接地反映出学生对知识的掌握情况,方便教师进行因材施教,经过数据分析后,教师也能有据可查,可以根据这些数据来改进自己的教学,完善课堂以达到更好的预期,提高教师的教学策略。

2. 智慧活力课堂教学分析给教学带来便利

学校引入的基于AI数据的活力课堂教学分析帮助教师得到更多的数据,通过教学课堂中师生的课堂行为占比、参与度曲线、S-T分析可以直观地分析出课堂中哪一环节是学生高度参与的、哪一环节是需要改进的、课堂中教师是否讲授得过多、练习时间是否适中、课程完成度如何,这些都能从AI数据分析中得到,数据驱动下以学为中心的小学数学教学能帮助教师更高效、更全面地改进课堂。

(1) 形成以学为中心的两节具有典型特征的研究课例

确立教学主题为"工作效率、工作时间、工作总量"。

教学设计:把教研主题放在数量关系的教学方法研究,建构数量关系单元,思考和研究这一单元内容教学的共性特点和学生学习中的困惑和难点,通过研究提升数量关系单元教学的效益。借助数据的解读,研究数量关系教学在学生学习中的真实状况和学习特点,提出数量关系教学的假设,并运用假设于教学实践,提升教学的精准性。

课堂观察:借助录播设备,把课堂上讲课的画面录制成视频,并对教师、学生进行精准定位分析他们的语言和行为,整合电子白板、计算机屏幕等多媒体教学设备,将教学课件清晰完整地展示在后期视频中。

课后研讨:共同研讨视频中的每一个环节、每一道习题、每位学生的不同表现。结合市级教学资源平台的习题数据,进行教学改进。

课例研究报告:教师通过课堂实践和课后练习,进行找数据、用数据、分析数据，从而形成基于学生数据的精准练习设计，形成课例研究报告。

(2) 基于 AI 数据的活力课堂教学片段分析

课堂行为占比数据分析：

学生行为：读写占比为 12.91%、举手占比为 55.08%、听讲占比为 12.91%、生生互动占比为 6.37%、应答占比为 12.73%。本节课中，通过生活中熟悉的问题情境，学生举手占比达 55.08%，说明学生能够积极地表达自己的观点。

教师行为：板书占比为 0.91%、讲授占比为 64.89%、师生互动占比为 1.10%、巡视占比为 33.10%，本节课中结合树状算图分析数量关系，经历从抽象到具体的学习过程，学生要会画树状算图，并且能表达出三者之间的数量关系式，所以练习题较多，教师巡视占比达 33.10%。

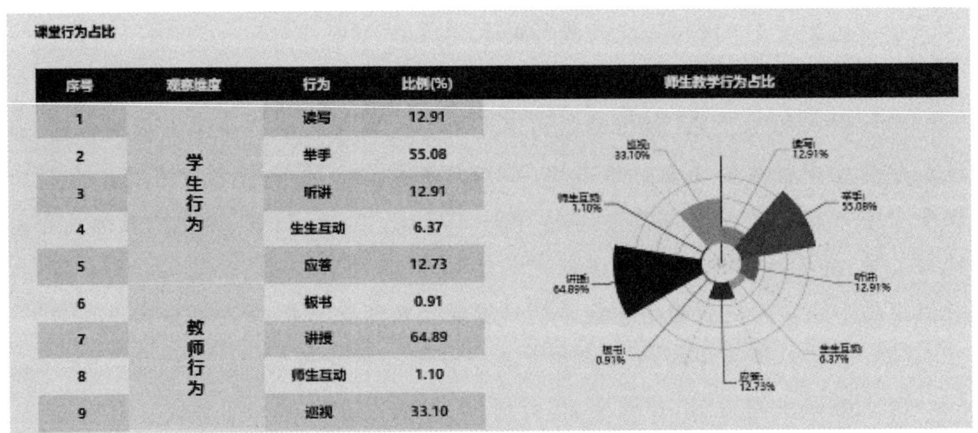
课堂行为占比

序号	观察维度	行为	比例(%)
1	学生行为	读写	12.91
2		举手	55.08
3		听讲	12.91
4		生生互动	6.37
5		应答	12.73
6	教师行为	板书	0.91
7		讲授	64.89
8		师生互动	1.10
9		巡视	33.10

图 4-6　师生教学行为分析

参与度曲线数据分析：

从课堂表现曲线(深灰色曲线)可看出，课堂中师生行为绝大多数时间能保持一致，学生根据教师的要求完成相应的任务，但有多处出现了起伏，也许该阶段属于小组活动阶段，所以班级活跃度高。如参与度曲线(浅灰色曲线)所示，学生个体参与度较高，也比较平均。最后，如关注度曲线(黑色曲线)所示，学生关注度均值都较高，整体教学设计不难，全体学生对整体课堂的听讲都是较好的，课程完成度很高。

S-T 数据分析：

从本课例的 Rt-Ch 图中可看出，教师行为占有率达 17.00%，学生的行为占

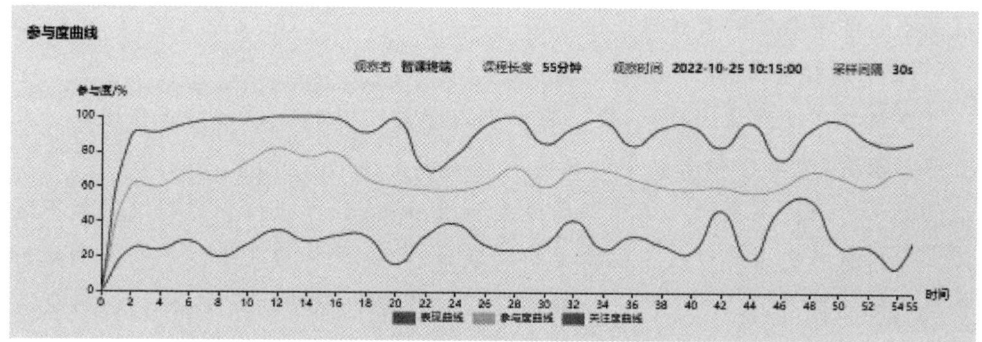

图 4-7 参与度曲线

比为 83.00%，师生转换率 Ch 值为 19.00%，落点在练习型教学模式的边界线上。

结合师生行为数据来看，教师能调动学生参与课堂的积极性，能鼓励学生间互动和表达，并且新授的练习完成度很高。结合整体来看，学生的行为占比高于教师的行为占比，学生的课堂主导地位凸显。

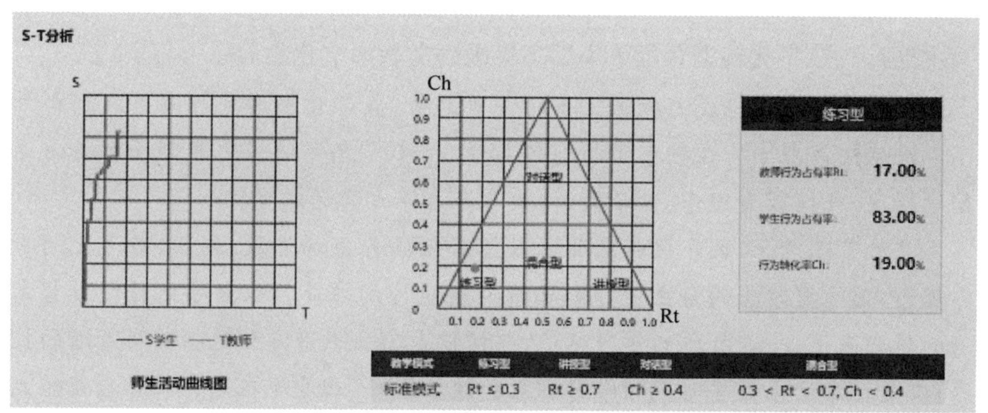

图 4-8 师生活动曲线图

教学过程中的数据无处不在，课堂教学中某个知识点的教学及在线习题反馈、课后作业中每个学生对每个题目的作答信息、一次考试后形成的试题分析报告和成绩统计信息等，都蕴含着大量有价值的鲜活数据，但却往往被忽略。如何收集这些常态化的教学数据，并应用数学统计、数据挖掘等技术手段，进行深入有效的分析挖掘，发现规律，找到问题，既形成一些共性的教学策略，又提出一些个性化的学习建议，让数据为教学服务，就显得很有意义。这种有目的、有意识的教学数据收集与分析，可以帮助教师找准最近发展区，进行精准化教学，从而提高整个学校教学的有效性。

(四) 总结与展望

在科技高度发展的今天,数据驱动下以学为中心的小学教学正在逐步普及至基层教育,大数据带来的革新教育有着不容小觑的气势,更高效的课堂、更精准的教学可以提高教师人工测评的速度和准确率,让学生得到更精准的教育资源。学科教师的专业成长不仅需要脚踏实地,还需要仰望星空。一个人的视野会决定他能走多远。专业阅读是教师开阔自己学科视野的最重要的途径,也是教师专业发展的基本保障。

作为教师,基于对"教—学—评"一体化和学生高层次思维品质培养的理解,如何充分使用好平台,调动好学生的学习兴趣和积极性,凸显出在线教学可以充分发挥技术和人的优势,利用好平台进行在线教学已经是每位教师的必修课,依托人工智能技术和大数据分析等技术为教师节省出大量的时间用于学情分析,推动并促进了学生高层次思维品质、数学学科核心素养的发展。

案例四 数字化转型背景下小学高年级语文教师文化素养思考与实践①

数字化转型已经成为教育改革的重要趋势,数字化教学也逐渐普及到小学高年级语文教育中。在数字化转型的背景下,小学高年级语文教师面临着一系列的挑战,包括教育理念、教学模式、教学资源等方面的转型。

在教育理念上,数字化教育要求教师必须具备更加开放、创新、多元化的教学理念,更注重学生的自主学习和思维创新能力的培养。从数字化转型教育本身的特点来说,一是智慧的学习环境,包括技术、装备、资源和这些互联互通的技术;二是适应这个数字时代的学习方式和教学方式;三是现在这种教育治理的制度,大数据能够作出支持决策,教育教学的理念是创新的,智慧教育将成为未来教育的重要组成部分。

在教学模式上,数字化教育要求教师必须掌握基于数字化技术的教学模式和教学方法,通过数字化手段实现个性化、差异化、协作化的教学。可以设立教研共同体,作为具有共同愿景的组织或个体构成的教研团体,可以由跨区域结对共建共同体、主题引领共同体、名师引领共同体,进行优质资源共享,扩大资源辐射范围。在共同体内,以问题为导向,将现实问题转换为课题研究。教师围绕主

① 本案例由史焰礼撰写。

题灵活搭建研修支架，将听课评课、评审活动、教学研讨、经验分享等环节在平台上灵活组织与搭配，为后期有计划、分批次、有侧重地推进活动提供范式。此外，教师还可利用平台留存每一环节的成果，实现顶层设计与实践落地相结合的闭环式教研。通过共享名师空间，不同层级的优秀教师围绕研究主题提出各具特色的视角分享，帮助教师从不同角度读懂课题设计，了解未来发展模式。

在教学资源上，数字化教育要求教师必须能够熟练地利用数字化教学资源，包括网络教学资源、数字化教材、多媒体课件等，为学生提供更加丰富、多样化、个性化的学习资源。数字化语文教学资源的构成：一是数字化语文课本，二是数字化语文授课系统，三是数字化语文备课系统，四是数字化语文学习系统。学习系统，必须是双向互动的。数字化语文教学的巨大价值：从学生方面说，利于使学生产生快乐情绪，增大学习的容量，提高学习效率，不仅使学生获得基本的语文素养，更是要交给他们一张“数字时代的通行证”。从教师方面说，教学能得到“逸而功倍”的效果。

（一）加强数字化素养培训

为了适应数字化转型的趋势，作为小学高年级语文教师需要加强数字化素养培训。教师可以利用各种培训机会，包括线上线下的培训课程、研讨会、讲座等学习机会，来熟练掌握数字化技术和教学方法，了解数字化教学资源的应用。教师数字素养中最重要的部分是数字化应用，指教师应用数字技术资源开展教育教学活动的能力，服务于教学设计、教学实施、学业评价与协同育人等教育教学全流程。该维度既是教师数字素养的核心体现，也是教师实现数字化教育教学的核心要素。在新型教育生态形成的当下，面对更智能的教学环境、更开放的教育资源、更灵活的教学模式，教师更需要提升自身数字化教育教学应用水平，以教育教学全过程的实际需要为出发点，充分发掘并利用优质数字教育资源，将数字技术资源融入教学设计、环境创设以及学业评价中，优化教学流程，提升课堂活力，实现学生自主、探究、协作学习，还应关注数字技术资源对学生数字素养与身心健康的影响，以数字化赋能“五育并举”。

（二）借鉴数字化教学模式

作为小学高年级的语文教师，可以借鉴数字化教学模式，包括个性化教学、协作学习、游戏化教学等。通过数字化手段，让学生更加积极主动地参与到课堂中来，提高学习兴趣和学习效果。在信息技术高度发达的今天，利用网络进行学习、授课已经是教育发展的一个大趋势，也是大部分教师都会做也想做的一件事。这不只是辅助教师完成教学内容,同时也教育学生要掌握现代化信息技术。最大的好处就是推动了学生学习的积极性,对于教师来说更能直观地进行教学。另外,多媒体演示的课件中画面形象生动,图文并茂,声音悦耳动听,对学生的感官刺激很大,能够吸引学生的注意力,激发学生的兴趣,大大提高了课堂教学的效果。智慧校园平台的使用,在教学中不仅能够随时调动学生的学习兴趣,更有助于加深学生对知识的理解,有利于高质高量地完成教学任务。

(三) 创新教学内容和方式

在数字化转型背景下,作为小学高年级的语文教师,需要创新教学内容和方式,注重培养学生的思维能力、语言表达能力和信息素养。例如,可以借助数字化教学资源,开展多媒体教学、网络教学等方式,以此来拓宽学生的知识面和视野。在数字化背景下,教学媒体由作为教师的讲解工具转变为学生的认知工具。强调学生的主体性,要求充分发挥学生在学习过程中的主动性、积极性和创造性。学生被看作知识建构过程的积极参与者,学生从接受灌输的被动地位转变为有机会参与教学、参与操作、发现知识、理解知识、掌握知识的主体地位,从“要我学”转变为“我要学”。例如,在学习《花钟》一文的时候,教师利用数字化教学设计,使整个过程游戏化,符合学生的认知特点,通过提示,让学生自己点击,学生就会发现,一天之内,不同的花开放的时间是不同的。与传统教学相比,用数字化教学除了能让学生观察花的开放过程之外,还能让学生感知不同的花在不同的时间开放。教学过程中通过引导性的评议进行教学,学生就能在教学游戏中找到答案,操作对于学生来说有互动性,通过移动花钟中的指针就能看到不同的花开放时的闪烁回应,教学生提高互动,引发学生的学习兴趣,激发学生的学习主动性。整个活动过程中,不仅让学生自主地置身其中,而且让学生更加自信,学生乐于积极主动地参与其中,形成“学中玩、玩中学”的氛围,增强了学生进一步学习的兴趣。

(四) 建立数字化教学档案

作为小学高年级语文教师,我们应当建立数字化教学档案,记录自己的教学经验和教学成果,以此来总结教学经验,改进教学方法,提高教学效果。

(五) 实践的成效与不足

数字化转型对教师文化素养的提升具有重要意义。在数字化教学的实践中,感觉自身的教学效果得到了提升,学生的学习兴趣和学习效果也得到了明显的提高。但是,也存在一些不足之处,主要包括:自身数字化素养不够高,教学方法和手段不够丰富和多样化；数字化教育资源丰富，但是由于品质参差不齐，在选择和使用上存在一定的困难；自己面临着数字化转型带来的心理压力和时间压力，需要更多的支持和帮助。

数字化转型已经成为教育改革的重要趋势，数字化教学将成为小学高年级语文教育的重要组成部分。因此，作为小学高年级的语文教师，需要不断提升自身的数字化素养，积极探索数字化教学模式，创新教学方式和内容，以此来提高教学效果和学生的学习兴趣。同时，也需要加强数字化教育资源的筛选和使用，注重对数字化教学实践的总结和反思，以此来不断改进和完善数字化教学。未来，数字化转型将会持续深入推进，教师将需要在数字化教学中不断提高自身的素养和实践能力，适应数字化转型的趋势，为学生提供更加优质的教育服务。

案例五　智慧校园的“班级圈”让学科活动更加多元化①

（一）实践背景

学校每学年开展英语学科活动，它可以激发全校学生学英语、用英语的兴趣，营造浓厚的英语学习氛围。让每个学生都能深入挖掘各自学习英语的潜能，增强自信心。同时，将英语学科活动与教材内容结合起来，进行整合。通过展示交流，努力培养学生的创新精神和实践能力，丰富校园生活。让学生觉得学英语是很有趣的，激发他们的学习兴趣。开展英语学科活动有利于培养学生热情、开朗的性格和良好的情趣。开展英语学科活动有利于激发学生丰富的想象力和强烈的创造意识。开展英语学科活动有利于激发学生旺盛的求知欲，培养竞争意识和集体主义精神。多年来的实践证明，每年开展的英语学科活动让全体学生都动起来，从动脑、动口、动手等方面提高了学生学习兴致、活跃了学生思维；激发学生的学习兴趣，独立探索，发挥全体才智，让学生在自觉、主动的学习中发现知识，培养了学生的观察力、记忆力、思维能力、口头表达能力与创新能力，提高自身素质。

但在活动实施过程中，教师发现一些学科活动存在的局限性。笔者以一次三年级的学科活动方案为例来介绍。

一次三年级的学科活动方案

同学们，今天我们迎来了三年级“Fun reading”活动主题——“Shapes Show”。努力发挥出你最棒的想象力，利用我们正在学习的不同的图形拼搭出

---

① 本案例由张维燕撰写。

你的创意图案，并自己组织语句来描述你创作的这幅图案。

具体要求：统一采用横版A4纸，有图片创作，有文字描述，语句不少于5句，自行排版，写上大标题“My Shapes Show”。可以用电脑绘制，也可以手动书写或绘画，作品必须为彩色的。活动日期为4月24日至4月26日，独立完成作品。

同学们制作完毕图案之后，教师还要利用平时的课堂时间让每个作品都有展示的时间。但是课堂时间有限，不能一一让学生在课堂上来描述自己的作品，只能通过书面文字语言，这就需要学生抽空去看每一个同学的作品，如果学生真的要做到认真参与评选，整个活动过程很耗费时间。另外教室中也没有足够的地方可以公开展示每一份作品。于是有些学生几乎不去看具体内容，只通过一些图片来随机进行评选。评选的公平性就不能得到保证了。这样学科活动也就演变成了一种形式，学生并没有从同伴身上学到任何东西，没有真正达到举行学科活动的意义。

（二）实践的主要感受

1. 智慧校园“班级圈”为学科活动提供了良好的平台

有了智慧校园的“班级圈”，学科活动就能顺利地开展。它就像微信朋友圈一样，大家都能在“班级圈”上传自己的作品。而这些作品可以从单纯的图片展示拓展到图片和音频，甚至是视频展示。学生可以在展现图片的基础上加上自己语音的描述，能更清晰、更加完整地表达自己的设计理念。同时，学生还能听到其他同学的语音和语调，以及语句的表达。展示了学生多方位的英语能力和素养，并让学科活动更有实际意义。然后每位学生都能全方位地看到其他同学的作品。甚至可以多次观赏，也可以在家和爸爸妈妈一起评选，实现家校互动，让家长也能了解全班学生的作品。教师也可以看到每位学生的作品并进行专业点评。这就让这次活动变成学生、家长、教师共同参与的活动。学生有了展示的平台，就会激励自己认真地完成作品，让他们的潜力发挥到最大化，让这次学科活动的评选也更公开透明，有助于学科活动的顺利开展。

2. 智慧校园“班级圈”能精准地给出评选结果

以学科活动小结为例。

活 动 小 结

各位同学，我们的“Fun reading”活动主题——“My shapes show”活动已经圆满结束啦。在这次活动中，我们班一共有37位同学参与了活动，占比为80%。我要表扬这些积极参与的同学，你们给了自己一次展示自我的机会，充分发挥了你们的想象力和英语表达写作能力，同时我也看到了大家的美术功底。另外，也要表扬认真阅读每份作品，然后认真评选而给予点赞的同学。是你们让这次活动产生了前十名的优胜者。下面公布获奖名单，他们分别是张涵月、唐菓、厉恩琦、刁鋆妍、彭语熙、俞雨彤、蔡德方、姚邹子、梁济衡、沈珺彦、俞快，共11位同学(票数并列第8名的有4位同学)，我们一起祝贺他们获奖。为了鼓励另外26名参与的同学，我将给予他们参与奖，也会有奖品。同样，在这里也表扬他们。另外还有8位同学没有参与活动，我觉得有点遗憾。希望今后每位同学都能积极参与活动，体现自己的英语能力，寓学于乐，让大家看到更多好的作品。再次感谢各位同学的配合和参与，也感谢各位家长的支持。我们下次活动再接再厉!

可见，对于这次活动的参与过程和评选结果大家都是有目共睹的。尤其是它的精准性和全面性，让教师省去了统计这一步烦琐环节。

(三) 实践的成效与不足

有了智慧校园平台，这次活动取得了良好的效果。学科活动是在教师引导下，学生自主进行的综合性学习活动，是基于学生的经验，密切联系学生自身生活和社会实际，体现对知识的综合应用的实践能力。

1. 通过“班级圈”参与活动的过程，更能促进学生回顾、整合并运用已有语言知识进行表达、交流，培养阅读兴趣，锻炼听、说、读、写等语言能力。

2. 通过“班级圈”参与活动的过程，更能激发学生的想象力，鼓励学生利用不同的形状拼搭出创意图案，并自己组织语句描述这张图案，体现对跨学科知识整合的能力。

3. 通过“班级圈”参与活动的过程，更充分地利用线上学习的网络资源，促进学生用英语进行成果展示、互动交流和合作学习，提升学习体验。

同时，也有一系列的思考摆在教师的面前。例如，有些学习能力不强的学生，他们的作品也会被展示出来，有了对比之后他们可能会出现一些自卑的心理。这就需要教师及时跟进，也要告诉学生，你们每一个人都是有个性的个体，只要自己在进步，通过这次活动知道了自己的不足，同时也能找到自己的亮点，发挥每个人的长处。

“今天的教育缺失的不是理论、理念，恰恰是方法、操作。”的确，作为教师，我们从不缺理论、理念，但是关于教学方法的操作，却是一个需要我们在工作中，一边教学一边不断摸索并不断改进的过程。有了智慧校园这个平台，作为一线教师，深刻体会到了数据的魅力，深刻体会到了技术的赋能。

案例六 数字化转型背景下的小学英语作业设计[①]

(一) 实践背景

在教育数字化转型的背景下，新技术在英语教学中的应用为学生营造了一个开放式的环境，大大提高了英语课堂的教学效率。通过声音、图像、视频、网页等一系列的数字化教学资源，将大量的知识信息以一种新颖独特的方式呈现给学生，从传统的教学方式向现代的信息化教学方式转变，让学生变成学习的主体。而在此过程中，如何有效地实施数字化转型背景下的小学英语作业设计，在教学中应用多形式的、创新型的作业模式，真正做到因材施教，让每一个学生都能适应性学习，是每一位教师在数字化转型道路中需要不断探索、实践的。

同时，基于对义务教育英语课程标准的研读，新课标背景下的作业有四个性，即课堂学习的延续性、学生个体的操作性(学生是否能完成)、师生共同的检测性和单元学习的整体性。新课标的颁布让教师有了新的思考，而如何构建和设计将课程标准通过我们自身落实到教学中，尤其是在深化数字化转型的新征程上。这对每一位教师的专业素养提出了更高层次的要求，同时也对有效的小学英语作业设计带来了新要求。本着帮助学生实现个性发展以及身心健康成长的目标导向，结合“双减”背景下对小学英语作业设计提出的新要求，在智慧校园环境下的作业设计应做到：落实线上作业设计的实用性；作业设计要抓重点、分层次；作业形式多元化，能实现线上线下相融合；作业内容应做到精炼、灵活、有趣，让学生能获得沉浸式的英语学习体验，实现玩中学、学中玩，循序渐进地提高学生在作业完成上的能力水平，不断发展学生在英语学习上的核心素养。

基于以上背景，笔者在教学实践中借助学校智慧校园平台，结合学校“以数据驱动教与学变革，用评价看见每一个学生”的创新特色，探讨有关数字化转型背景下的小学英语作业设计，得到其设计策略和实施总结。

(二) 实践的主要感受

在传统课堂模式下的小学英语作业设计中，通常会出现以下问题：作业缺乏趣味性与多样性，传统的英语作业设计过于单一，侧重于机械的抄写、背诵类任务；作业评价笼统，作业批改方式往往只是简单地打一个“√”或者“×”，或是直接用等第来评价，缺乏对学生有针对性的指导、鼓励和建议；另外缺乏发展性与个性化，忽视了不同年龄阶段学生的特点，对学生思维品质的培养以及对学生

① 本案例由俞澜撰写。

文化意识拓展方面的不足等。针对以上作业设计中存在的问题,基于教育数字化转型的背景,笔者在小学阶段的英语作业设计中从培养学生必备品质和关键能力两个宏观角度出发,依托学校的智慧校园学习平台,希望能实现减负、提质、增效的教育目标,推动学生英语学科核心素养的形成。因此,我以牛津英语教材 1B M1U2 Listen and hear 的作业设计为例,探究其在作业实施方面的有效性。

1. 结合学科特点,设计可视化的有声作业

在英语课程标准中提到,听、说、读、写训练是小学英语阶段英语教学的重点。听说练习是读写的基础,听懂、会说也是学习英语的最终目标,因此听说能力的培养在小学英语教学中显得尤其重要。而所谓的可视化,不仅仅是指用眼睛能看得见,这里更加强调的是学生对于知识的可理解性和可操作性。可视化的作业设计,运用数字化信息技术,不同于传统的书面作业形式,打破了常规作业模式的限制,聚焦于作业设计的多样性、创新性和智能性,提高了学生完成英语作业的积极性与兴趣。

围绕以上所提到的作业目标,智慧校园平台为作业的有效设计和实施提供了很强大的辅助功能。在此基础上,笔者选择了牛津英语 1B 教材主题“Listen and hear”,使一年级学生通过画一画农场小动物头饰,学一学小动物的声音,以此来巩固本单元所学知识,激发学生在英语学习中的兴趣。在作业实施过程中,关键的一点是需要学生完成动物头饰制作后,在智慧校园平台上能运用学过的动物模拟发声并结合所学句型进行自我介绍,来表达自己所扮演的一种动物形象,如 Oink... Oink... I am a pig. I am ... (颜色/大小等)。在此项作业的实施中,成果展示的形式为“语音+图片”,通过在智慧校园“班级圈”中的展示,学生不仅能展现自己的作业风采,还能欣赏到其他同学的作业成果并进行个性化评价。在作业实施和完成的过程中,一方面夯实了学生的听说基础,另一方面培养了学生的英语学习兴趣。同时教师还能借助平台和数据,梳理和整合英语教学资源,为每位学生形成个性化的学习资源库。

2. 借助角色形象,培养创造性思维

如何培养学生具有初步创造性思维和创新精神是英语学科核心素养的重要目标之一。教师在英语作业的设计中,抓住小学低龄段学生好奇心浓、求知欲强的年龄特征,充分发挥数字化作业的创新特色,聚焦于作业设计的趣味性和创新性,发展学生的思维品质。例如,在教材 1B M1U2 Listen and hear 的课文中,小动物形象的出现让学生在学习过程中产生了浓厚的兴趣。因此,在作业设计中

充分利用角色形象，比如让学生选择一个自己喜欢的小动物并进行模仿，试着说一说、演一演。而学生在智慧校园平台上展示学习成果的同时，既能锻炼自己的语言表达能力，还能培养学生的想象力与创造能力，不断发展学生的英语学科核心素养，从而真正实现有效的英语作业设计。

(三) 实践的成效与不足

通过数字化背景下实施小学英语作业设计的研究实践，能深刻感受到数字化让教育更智慧。随着教育信息基础设施建设的发展，学校和教师都在积极为学生打造更多展示自我的舞台。相较于以往单一、枯燥的作业形式，多样化的教育数字资源、创新性的作业形式更能够让学生对英语作业产生较强的参与感和学习兴趣。在利用学校智慧校园平台进行作业设计的创新与改革时，一方面实现了作业设计的线上、线下相融合，帮助每一位学生构建个性化的学习资源库；另一方面加强完善教师自身对信息化技术手段的学习与应用，提升了教师的专业发展，在对数字化的探索之路上切实保障师生能够共同就作业有效设计的实践进行互动交流，让学生在作业中发现乐趣，学有所得。

在进行实践、反思和总结后，笔者发现在借助智慧校园平台进行作业设计的创新之路上，教师对英语作业的形式和内容进行精心化设计，也可以利用信息化手段的优势，不断完善作业的评价方式，让评价更关注学生的发展过程，让学生在学习过程中也能体验成就和收获。基于智慧校园平台的智能性和开放性，让教师、学生和家长都能参与到作业的评价中，把传统的单一评价变为多元评价。学生在参与评价的过程中，能够学会正确地评价自己与他人作业完成的质量，学习别人的长处，改善自己的不足，更加客观公正地评价自己、认识自己，这样学生对待作业的态度就会由“要我做”变为“我要做”，由“我要做”变为“我想做”，由“我想做”变为“我乐做”。

作业是教学中的重要一环，在这样的时代背景下，如何利用数字教育资源优化英语作业设计，让学生在作业参与与实践的过程中能够进一步有效掌握和运用所学知识，同时也能够全面提升学生在英语学习方面的核心素养，这对教师是一个全新的挑战和考验。作为教师，需要我们不断提升自己的教学设计能力、课堂实施能力、教学研究能力和学科专业能力，在数字化转型背景下的教学新模式中不断实践、反思、总结、再实践，成为有思想的行动者、有智慧的教育者。

案例七 智慧校园赋能师生成长①

(一) 实践背景

互联网的到来,无疑给教育领域注入了新鲜的血液,相较于以前,一块黑板、一支粉笔的传统教学模式正在大幅度地发生改变。利用自媒体时代的便利条件和手机技术、互联网技术打造智慧校园、做智慧教师已经成为新型教育研究的一个必然趋势。智慧校园是以互联网为基础的智慧化的校园工作、学习和生活打造的一体化环境。针对教室场景,通过电子班牌管理系统,整合了教师教学办公、学校对外宣传、课外学习延伸、日常互动交流、课堂考勤、德育宣传等功能,实现智能化教学管理、家校互动等。通过管理后台、微信公众号和电子班牌,实现家校的互联互通。

智慧校园建设集成了大数据技术,这有利于学校收集各个部门的信息数据并进行分析,为制定校园管理决策提供重要的数据支持。智慧校园建设有利于实现数据共享。智慧校园的建设目标之一就是要实现学校各项业务的信息化管理,搭建各部门间信息共享的桥梁,保证学校各项数据的权威和质量,为学校领导的决策提供数据支持。智慧校园建设有利于提高工作效率和教育信息化应用水平构建。智慧校园应用系统,将有利于突破传统的工作方式,提高工作效率,实现部门之间和部门内部的数据、资料、文件等的共享,有利于提高教职工自身的信息化应用水平。智慧校园建设有利于推进教育改革,提升教学质量。智慧校园的建设,将推动教学手段、教学方法和教学工具的变革,普及多媒体教学、网络远程教学,实现教学资源共享,促进教学质量的提高。智慧校园建设有利于提升学校形象,增强综合竞争力和影响力。智慧校园建设是学校一项基础性、长期性和经常性的工作,是学校建设和人才培养的重要组成部分,其建设水平是学校整体办学水平、学校形象和地位的重要标志。

(二) 实践的主要感受

对于教师而言,智慧校园可以通过大数据分析和人工智能技术,为学生提供个性化的教育服务;可以通过数据分析和评估系统,对教学质量进行全面的评估和监控,这样可以提高教学质量,让学生更好地掌握知识和技能。例如,以学生的出勤统计这件事为例,班主任每天要在校园网上填写全班学生的到校情况,有时工作忙起来时会忘记,卫生室教师每天都会在群里提醒忘记填写的班主任及

---

① 本案例由陈佩明撰写。

时完成这项工作。而现在只需家长在智慧校园平台上申请，这样一来节省了教师很多时间，减轻了教师的工作压力。

对于家长而言，智慧校园平台的“班级圈”、学生成长报告、作业查询等功能，让每个家长能够实时了解学生的在校情况，精准高效的家校沟通体系提供了安全可控的沟通环境，拉近了家校之间的距离，让教师放心、家长安心。

对于学生而言，智慧校园平台的课后评价能激发他们的上进心与进取心；通过“班级圈”可以第一时间知道别的同学的所思所想，丰富的资源能够帮助自己提高学习的兴趣以及丰富同学间的交流话题；通过本周菜谱的查询，可以预先知道每天午餐吃什么。期末的学生报告可呈现每个学生各个方面、各门学科的表现，哪些方面已经做得很棒了，哪些方面还有待提高，为学生更准确、更直观地认识自己、了解自己提供了完善的数据。

(三) 实践的成效与不足

智慧校园平台中新的教学技术和手段的引入，使得教师专业发展的内涵不断丰富，不仅包括了教育理念、学科专业素养、教学能力，还包括信息素养和教育信息化应用能力等。

智慧校园平台对教育教学也带来了一些挑战。首先，学生在智慧校园平台中接收的信息和数据量很大，需要有更强的信息处理和分析能力，同时需要学生具备更多的自主学习能力和信息素养。其次，虽然智慧校园平台可以提供更加丰富的教育资源和方式，但也容易让学生过度依赖技术，从而忽视了人文关怀和师生互动的重要性，导致教育教学质量下降。

面对任何新生事物，总有从不理解、不适应到逐步熟悉并且认可的过程，智慧校园平台就是这样一种新生事物。作为一名教师，一定要深刻理解智慧教育的内涵，提升自身智慧教育的能力，顺应信息时代智慧育人的要求，转变教育理念和教学方法，促进自身专业发展。

智慧校园描绘的是无处不在的网络学习、融合创新的网络科研、透明高效的校务治理、丰富多彩的校园文化、方便周到的校园生活，一句话就是要打造一个安全、稳定、环保、节能的校园。教育革命已经来临，它与我们每个人息息相关。在人工智能时代，如何让学生抢占竞争的先机，这正是我们正在努力的方向。智慧校园实现了优质教育资源整合，也让学生在互动中成长。

案例八 智慧校园所赋予新教师的适应与发展[①]

党的二十大报告首次把教育、科技、人才进行“三位一体”统筹安排、一体部署，首次将“推进教育数字化”写入报告，赋予教育在全面建设社会主义现代化国家中新的使命任务，为做好教育数字化工作指明了前进方向、提供了根本遵循。2023年是全面贯彻落实党的二十大精神的开局之年，是实施“十四五”规划承上启下的关键一年。随着时代的发展，科技的不断进步，教育数字化转型已经渗入我们的日常教学中。

作为一名初踏入工作岗位的见习教师，对于智慧校园的概念和使用非常陌生。通过入职前的新教师培训，才对智慧校园有了一定了解，也激起了对智慧校园平台应用的好奇心。在以往的认知中，数字化教育主要是基于在课堂中硬件设备的使用，如计算机、触屏显示屏、投影仪，在数学学科中会运用到的平板电脑等。这些设备使教师在教学中更方便，可以通过电子屏利用PPT直接进行知识点的板书，使学生对教师要讲授的知识点更加清晰明了，甚至可以借助一些软件更直观地了解一些抽象的知识，比如几何立体模型的构建、化学实验中的化学反应过程等。

（一）常态录播：规范教师的仪表仪态

对于新教师而言，教师的基本功是新教师要学会的第一项也是最基础的本领。例如，教师的仪态、教师的言语、教师的站位、教师的板书、教师与学生之间的互动等。智慧校园中的常态录播功能就起了很大的作用。教师通过回看录下的视频可以发现自己的不足，如自己的仪态是否得体、语言是否流畅、流程是否熟悉，甚至可以发现自己在教学中的口头禅，这可能是只有在录像中才会注意到的问题，这是对所有新教师的一种试炼，迅速发现自己的不足，然后加以改善，这可能也是快速自我改善的途径之一。

（二）课堂评价：细化新教师对学生的评价

如果说常态录播功能对于新教师而言是一个宏观视角的促进教师发展的途径，那么落实到某个学科的微观视角的教师发展更为重要。智慧校园更多地渗透到了学生和教师工作、生活中的方方面面。对于刚接触智慧校园平台的新教师来说，更多的是要先适应这一高科技技术，然后再思考如何用好这一工具。在之前对于学生的评价环节中，通常对于某一个学生的印象只有“好”与“坏”，但这其

① 本案例由张薇希撰写。

实是一个太过宽泛的评价。接触了智慧校园平台后,评价的维度可以更加细化。例如,在智慧校园平台中,音乐课的评价可以细划分为“活动兴趣”和“兴趣表达”两大板块,这样的划分更有利于教师去有针对性地关注学生在课堂中的表现,更加明确了评价方向。对于学生而言,教师对于自己的评价也是十分重要的,教师的评价就是自己以后努力的方向,明确自己哪方面还须努力、哪方面是自己的强项,对于学生来说也需要一个非常清晰的评价反馈。因此,教师要适应这一评价制度就要提高每一节课上对每一位学生的关注度,这对于教师来说是一大挑战,同时也提高了教师的课堂质量与课堂效率。笔者看来,新教师适应数字化转型的课堂与新教师的发展是相辅相成的。数字化转型的课堂对于教师各方面的要求越来越高,从另一个角度来说,也是在不断激励新教师发展的一种模式。

(三) 课后评价:提高新教师教学水平

除了课堂中学生的表现,课后作品则是学生对于教师教学的另一种形式的反馈。某节课的学习效率较高,那么学生作品的提交数量就会越多,作品的质量也就会越好。有时候我们会说,教师在某些时候和医生的性质是一样的。医生发现的是身体上的毛病,教师则是发现学习上的毛病,从而对症下药,让学生在学业上有所进步。评价课后作品就是教师对症下药的一种重要手段。在一节课中,教师面对的是45位学生,不能做到关注到每一个学生,而评价课后作品则可以很好地做到这一点。

校区	班级	主题	学科	教师	上传数量	评价	评语	最新上传时间	家长可见	操作
巨野	三6	唱 只怕不抵抗	音乐	张薇希	◎ 1/45	◎ 1/1	-	2023-06-20 20:09	-	查阅
巨野	五6	唱 我们像快乐的小鸟	音乐	张薇希	◎ 3/44	◎ 3/3	-	2023-06-18 19:47	-	查阅
巨野	三7	唱 洋娃娃和小熊跳舞	音乐	张薇希	◎ 45/45	◎ 45/45	-	2023-06-16 19:28	-	查阅
巨野	三4	唱 只怕不抵抗	音乐	张薇希	◎ 2/44	◎ 2/2	-	2023-06-16 17:59	-	查阅
巨野	三5	唱 只怕不抵抗	音乐	张薇希	◎ 1/45	◎ 1/1	-	2023-06-16 17:43	-	查阅

图 4-9 学生上交课后作品情况

通过每位学生在智慧校园平台上提交的作品来评价学生的音准是否到位、音色是否优美或活泼、节奏是否恰当、歌词是否准确、情绪是否符合等。这样的评价不仅可以给教师做参考,也可以让学生积极改正,对症下药。音乐这门学科本就是一门较抽象的学科,这门学科更侧重的是对音乐的感受、对情绪的把握、对歌曲的演唱等,因此抽象这一特点更体现出因材施教的重要性。有的班级学生可能音准不好，但是节奏很稳；有的班级学生可能情绪很棒，但是节奏不稳。每个班级的学生有着不一样的特点。教师通过评价学生的课后作品就可以精准地找出这个班级的学生欠缺之处，从而改善学生在音乐学科上的问题所在。当教师适应这一评价方式后，教师对于聆听学生的音色和音准也会有一定的进步，这对于教师在排练合唱团时是有很大帮助的，在无形中又提高了教师排练声部的素养。

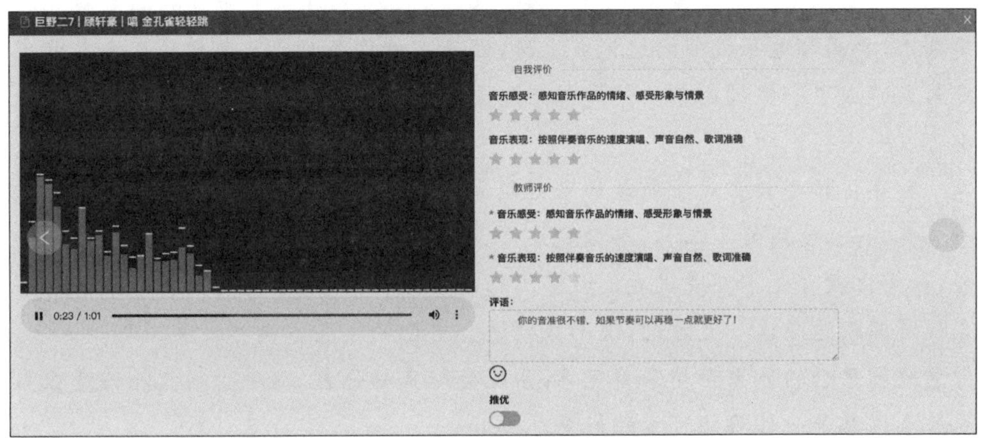

图 4-10　学生课后作品评价

(四) 实践的成效与不足

主要成效：

智慧校园平台加速了新教师的成长，使新教师更快地熟悉了校园的工作和生活。此外，智慧校园平台中的“公开课”板块对于新教师来说也非常实用。一节节优秀的公开课通过手机就可以观摩，不用再按指定时间跑到指定教室，大大节省了教师的时间，这对于新教师而言是非常好的线上学习机会。那么智慧校园平台只对新教师有促进作用吗？答案是“非也”。不论是对新教师还是对老教师都有巨大的发展作用。随着时间的推移，新教师逐渐有了自己的上课风格与方式，智慧校园平台的另一项功能 AI 录播就起到了特殊的作用。AI 录播会根据完整的教学过程视频，分析教师与学生互动的次数，从而分析教师和学生的主导性。新课标更加强调要注重课堂以学生为本、教师为主导、以学生为主体的教学理念。不再像是以往的教授型课堂模式，学生在课堂中的地位越来越高，强调要让学生自发地发现问题、解决问题，提高学生的自主学习能力。因此，AI 录播的分析报告就显得尤为有参考价值了。报告中会分析出教师上课的类型,教师可以通过报告来反思自己的课堂,从而改善课堂主体。

主要不足:

数字化转型的教育模式也依然面临着挑战。笔者认为,目前对于音乐学科来说,最大的挑战是智慧校园平台必须依赖手机、平板电脑等设备来上传作品,并且操作流程不能过于烦琐复杂,有的学生是和爷爷奶奶在一起生活,电子设备并不能完全跟得上智慧校园平台的操作系统,再加上目前上传作品的流程比较复杂,需要两部电子设备才能完成上传,因此上传作品对于某些学生或者某些家庭来说造成了一定的困难。但是随着智慧校园平台不断进步与创新,这些问题都可以一一得到解决。

数字化转型教育对于新教师来说既是挑战亦是便捷,挑战是如何使用好这一工具,一旦使用好了工具,那么完成手上的工作就会游刃有余、事半功倍。如今,数字化教育无不渗透进我们教学工作的方方面面,所以需要新教师做好的一点就是不断适应这一大方向,继而找到适合自己的发展方向和发展道路。未来,智慧校园平台的体系会越来越完善,系统会越来越强大,这对于新教师的适应与发展来说都是一件难能可贵的好事。

案例九 数字化转型背景下的教与学①

数字化、信息化时代的到来,对以往的教与学的结构模式形成巨大的挑战,学习知识的渠道和媒介也不再是单一的,不仅有纸媒文化,还有电子媒介,尤其是网络上的各种数字化知识和资源,都对教师的中心地位形成挑战。网络和信息面前人人平等,教师和学生具有同等的信息条件,面对同样的信息资源,这无疑给教师提出新课题。面对数字化时代教学的新挑战和新课题,教师必须有清醒的认识,同时也必须思考和实施新的对策与方法,面对新的教学形势和教学条件,教师一方面要积极激发和培养学生自主学习兴趣和创新创业能力,另一方面更应重新确立教育教学的侧重点。当然,数字化也为教育的改革和发展提供了千载难逢的机遇。对于数学教学来说,这机遇就是应用数字化数学教学。

数学课程的设计与实施应重视运用现代信息技术,大力开发并向学生提供更为丰富的学习资源,把现代信息技术作为学生学习数学和解决问题的强有力

---

① 本案例由杨枫慧撰写。

工具，致力于改变学生的学习方式，使学生乐意并有更多的精力投入现实的、探索性的数学活动中去。利用数字化技术对文本、声音、图形、图像、动画等的综合处理及其强大交互式特点，编制各学科的教学课件，能充分创造出一个图文并茂、有声有色、生动逼真的教学环境，为教师教学的顺利实施提供形象的表达工具，能有效地减轻学生课业负担，激发学习兴趣，真正地改变传统教育单调模式，使乐学落到实处。数字化技术的出现为教学手段改进提供了新的机会，产生了不可估量的教学效果。

兴趣是最好的老师。在数学教学中要很快使学生集中注意力，把思绪带入特定的学习情境中来，激发起学生浓厚的学习兴趣和强烈的求知欲，是一堂课成败的关键所在。所以，合理地运用多媒体来导入新课能起到事半功倍的效果，能有效地引导学生进入认知领域中去，激发学生对知识的探究，使学生由被动学习变为主动学习，能在轻松愉快的环境中去理解和掌握知识。

(一) 以旧引新，激发兴趣

在教学“乘加乘减”时，利用复习导入法。先用多媒体展示 4 个鱼缸，每个鱼缸中有 4 条鱼，教师问学生：“这里一共有多少条鱼呢？”学生运用之前的知识很容易列出算式：4×4＝16(条)，接着演示有两条鱼从鱼缸里跳出来了，教师问：“那现在有几条鱼呢？如何列算式呢？你能列出几个不同的算式？”这样生动有趣的动画很容易将学生带入课堂，从旧知识很好地过渡到了本节的新知识，实现了知识的迁移，学生学得积极主动、轻松扎实。

(二) 设置障碍，激发思维

学起于思，思起于疑，思维一般都从问题开始。在导入新课时，可以适当创设问题情境，提出疑问以引起学生的有意注意和积极思维。

例如，在教“除法”时，我先用课件演示小猴淘淘摘了 9 个桃子，小猴乐乐说：“我再给你 3 个，你现在有几个桃子呢？”同学们很容易列出算式：9＋3＝12(个)。然后我问：“那猴子淘淘比乐乐多几个桃子呢？”接着把乐乐的桃子也变成 9 个，再演示一只猴子，它的桃子个数也是 9 个。“那它们三个现在一共有几个桃子呢？”对于刚才的问题，同学们很容易分别用减法和乘法计算出来。接着让同学们注意，我默念咒语，使乐乐和另外一只猴子的桃子都消失，现在只有花花有桃子，它想把这些桃子分给其他两只猴子，使它们三个都有同样多的桃子，该如何分呢？同学们通过自己的生活经验能得出每只猴子有 3 个，但要让他们用算式表示时，之前所学的加、减、乘法都显得无能为力了。这样很顺利地引入了除法。

问题情境的设计，可以很清楚地让学生知道之前所学知识的局限性，使他们有强烈的欲望去学习新知识来解决今天所遇到的问题。

（三）利用故事，激发联想

故事是用口语化的艺术语言来表达的，它有内容、有情节、形象生动，学生一般都非常喜欢听。故事不仅能丰富学生的知识，拓展学生的视野，而且还能起到增强注意力、丰富想象力的作用，可使他们兴致勃勃地投入新知识学习中去，变好奇心为浓厚的学习兴趣。

例如，在教学“整体与部分”一课时，我说：“今天我给大家带来一个故事，你们想听吗?”这时我打开多媒体播放《盲人摸象的故事》：从前，有五个盲人很想知道大象是什么样子，可他们看不见，只好用手摸。胖盲人先摸到了大象的牙齿，他就说：“我知道了，大象就像一个又大、又粗、又光滑的大萝卜。”高个子盲人摸到的是大象的耳朵，“不对，不对，大象明明是一把大蒲扇嘛!”他大叫起来。“你们净瞎说，大象只是根大柱子。”原来矮个子盲人摸到了大象的腿。第四个人摸到了大象的身体，他说：“大象像一堵墙。”而那位年老的盲人呢，却嘟囔：“唉，大象哪有那么大，它只不过是一根草绳。”原来他摸到的是大象的尾巴。五个盲人争吵不休，都说自己摸到的才是大象的样子。听完故事我说：“小朋友们，为什么盲人摸了大象以后，还是说不对大象的样子呢?”

这样的导入，为学生营造一个图文并茂、动静相融的教学场景，从一开始就吸引住他们的注意力，大大激发了学生的学习兴趣，活跃了课堂气氛，使学生产生强烈的学习欲望，从而使学生直观地理解生活中的整体与部分，极大地激发学生的兴趣，为课堂教学成功铺下基石。

（四）实践的成效与不足

在数字化时代，教学也变成了数字化。让我们共同感受数字教学资源给我们带来的方便、快捷，享受数字化教学带来的资源共享，让我们的教学工作变得越来越轻松、高效。当然，数字化信息技术用于课堂教学的方法和策略远远不止这些，这就要求我们全体教师提高自身信息素养，掌握网络基础知识，恰到好处地将信息技术与学科教学整合起来，使课堂教学达到事半功倍的效果。

但是教师为了迎合学生的需要，提升学生的学习兴趣，过于追求教学形式的创新和新颖，在教学中有动感地表现，用更加美化的图片，还有更多更为强烈的色彩和动画。这样的课堂看起来非常热闹，但是学生所学习到的知识寥寥无几，也基本是在形式上对学生有吸引的作用，事实上给学生造成了诸多的干扰和误导，学生的注意力完全在花哨的多媒体上，忽视了内在的教学内容，这种华而不实的课件会让学生的精力耗尽，影响最后的学习效果。

教师在教学过程中使用数字资源需要区分对待，看到数字资源的两面性，发挥优势和长处，避免短处和缺漏，让数字资源在教学过程中发挥出最大的作用，提升学生的学习效率，提升数字资源使用的有效性。

数字化的资源还能对学生的思维起到启发性的作用，让教师开拓出更多的学生思维空间，让学生在学习中有更多的自由性发挥，积极探索数学学习中的奥秘，不断发现问题、分析问题和解决问题，在数学的数字化资源运用下辅助学生学习，让学生具有更多的创造性。在小学数学教学中，教师要大胆、适时、善用、巧用多媒体，对课堂教学改革，优化课堂教材结构，全面提高教学效益。

本章小结

教师是立教之本、兴教之源。高质量教师是高质量教育发展的中坚力量。技术赋能教师专业发展既是教师个人成长需求也是教育发展要求。人工智能等新技术加速了教育数字化转型升级进程，推动教育系统深刻变革，由此教师专业发展面临前所未有的系统性挑战。浦东新区第二中心小学经过多年实践，提出了“学习—反思—借鉴—实践—研究”的教师成长路径。在新时代教育数字化转型背景下，学校构建了基于智慧校园平台的“五星魅力教师”梯度专业发展系统，建设了“五星魅力教师”专业发展平台，力争通过技术赋能教师专业发展，探索新时代教师专业发展新模式、新路径、新常态。

学校立足教学者、学习者、研究者、管理者和指导者五种角色，构建了数字化教师工作室，打造了教师空间，建立了“五星梯队”教师成长阶梯。通过教师工作室，为教师提供泛在的学习空间，记录教师发展档案。依托数字化教师工作室，形成了校本资源中心，实现了教学协同备课、教学资源共享和教学反思经验分享。立足智慧校园平台，构建了教师校本研修系统，自动采集教师专业发展的实时数据，形成了“德、能、研、养、绩”五维教师档案袋，为每位教师提供了多维度、个性化的数字画像，为教师自身发展提供了数据支持，为学校管理者评价和决策提供了支持。

在教师空间方面，根据教学者、教育者、学习者、研究者、管理者和指导者不同角色的需求，构建了线上的教师空间，满足了教师教学、教研、研修、班级管理和办公管理等方面的需求。教师空间是一个支持教师多重角色工作的综合平台，能够全面、真实地记录教师的工作成果，能够自动生成个人发展档案，可以为不同梯队的教师生成学期诊断报告，便于教师的自我成长。教师空间能够促进高效协同工作、记录成果和资源共建。教师空间实现了不同角色的深度融合应用，支持高质量协同工作，包括备课、教研、学习等。教师空间还可以自动汇聚、精准推送校本特色的相关资源，便于资源中心的建设和应用。

在研修共同体建设方面，学校利用腾讯通和企业微信系统构建了教师交流和合作的体系，以便教师在线交流和资源共享。学校利用智慧屏电脑和互动转播系统，实现了跨校区的同步远程培训，提高了异地培训的效率。学校通过数据采集和分析，准确定位教师的发展需求，为教师提供个性化学习和职业发展机会。学校依托智慧校园平台，通过立体的、多维的、全面的研修共同体构建，促进教师间的深入交流和广泛合作，助力教师专业化发展。

在“五星魅力”梯队教师发展方面，学校形成了“任务驱动、双向互动、主观能动、平台联动”的教师发展策略，建立了教师发展中心，构建了纵向以“五星梯队”、横向以“德、能、研、养”为内容的教师发展管理平台，形成了规划目标显性、过程资源佐证、任务达成自评、部门考核反馈的教师管理新常态，能够更好地满足教师的发展需求，能够为教师提供教师专业发展数字画像，促进了学校助力教师发展的良性循环和可持续发展。

本章介绍了基于智慧校园背景下的学校教师专业发展场景，主要是从学校“四维四力”的教师发展目标，打造了五个领域的智慧教师发展新场景，主要表现在创设教学应用新形态、构建教师研修新范式、丰富教学诊断新路径、夯实智能新基建、构建教师评价新模式等方面。

第五章 ◎ 智慧校园赋能下的学生评价变革

一、总述：教育数字化转型背景下学生综合素质评价的校本实践①

2020 年，中共中央、国务院印发《深化新时代教育评价改革总体方案》，其中明确提出，新时代的教育改革是一个评价改革的时代，要通过评价改革撬动教育改革，引领教育改革。同时，对教育评价改革指明了方向和路线，强调要进一步改进结果评价，强化过程评价，探索增值评价，健全综合评价。2021 年，上海市教委发布《上海市教育数字化转型实施方案(2021—2023)》，其中明确指出，要全力推进教育评估数字化，通过优化教育评价理念、技术和工具，基于数字化重构教育评价机制，开展数据驱动的教育综合评价，推动基于全过程、全要素的学生学习成长数据追踪与综合素质智能评价，在评价若干重点领域和关键环节取得突破。

随着教育评价改革的方向和路线越来越明晰，学校以智慧校园创建为契机，基于智能硬件及大数据平台，以“学科核心素养”为依据，整体规划，构建有学校特色的学生综合素质评价体系，深度思考与实施技术赋能真实的教育教学场景。在常态化实践中，不断创新评价方式、强化过程评价、探索增值评价，通过数据融合，实现全过程、全要素的学生成长数据追踪与综合素质智能评价，从而更好地实现学校教育立德树人的目标。

学校作为上海市教育信息化应用标杆培育校、浦东新区首批智慧校园建设单位，自 2019 年起，以智慧校园创建为契机，基于智能硬件及大数据平台，以“学科核心素养”为依据，确立了“基于智慧校园平台的‘五星五育＋’学生综合素质

① 本节由黄军、陈慧灵撰写。

评价研究”的实践项目，通过整体规划，构建有学校特色的学生综合素质评价体系，更好地实现学校教育立德树人的目标。

学校以实践研究项目为抓手，围绕德、智、体、美、劳、特六个维度，整体架构学生综合素质评价体系，通过对评价维度、评价指标、评价流程和评价反馈的场景重构，依托技术赋能，实现跨平台、跨终端的过程性学生成长数据记录，形成学生个性化综合素质报告，从而构建促进学生全面发展的评价新型生态。

（一）基于育人理念，重构评价指标，保障评价多维度

学校以“全面发展”为理念、以“核心素养”为导向，全面思考学生综合素质评价的基础框架，从德、智、体、美、劳、特六个维度进行整体架构设计。

德（雅行星）——从“理想信念、品行修养”两大维度关注学生的日常行为规范、品德礼仪和德育活动参与情况，由家长、学校和学生共同完成常态化日常记录和阶段性自评互评。

智（智多星）——结合《上海市小学基于课程标准的评价指南》和《上海市小学生成长手册》相关评价维度和要求，从“学习兴趣”“学习习惯”和“学习成果”三个方面对学生进行全过程评价，通过高频度课后评价聚焦学生“学习兴趣”“学习习惯”的发展，通过阶段分项评价反馈学生学习成果。

体（健体星）——聚焦学生“健康指数”“运动习惯”，结合校本体育特色关注学生“运动技能”的培养和发展。借助运动手环记录学生日常运动数据，通过体质健康秤获取学生健康信息，并结合每年的体质监测数据跟踪记录，全面分析评价学生健体情况。

美（创美星）——以“审美情趣”“创美表现”作为评价学生美育素养的重要指标。同时，通过学生参与“智慧星球”美育课程的态度和表现、美育实践活动的频次和收获、个人作品上传情况，综合评价和反馈学生创美表现。

劳（巧手星）——构建“劳动态度、劳动能力、劳动成效”三级指标体系，借助网络终端应用平台，由家庭、学校、社会共同参与评价，记录学生校内外劳动教育指标下的行为表现和成长数据，通过线上线下评价相结合，过程性与终结性评价相结合，实现以评价促进学生劳动素养的提升。

特（特长）——记录学生特长发展过程和特长展示的个性化空间，助力每一个学生优势潜能的多元发展，从而更好地审视自我、提升自信。

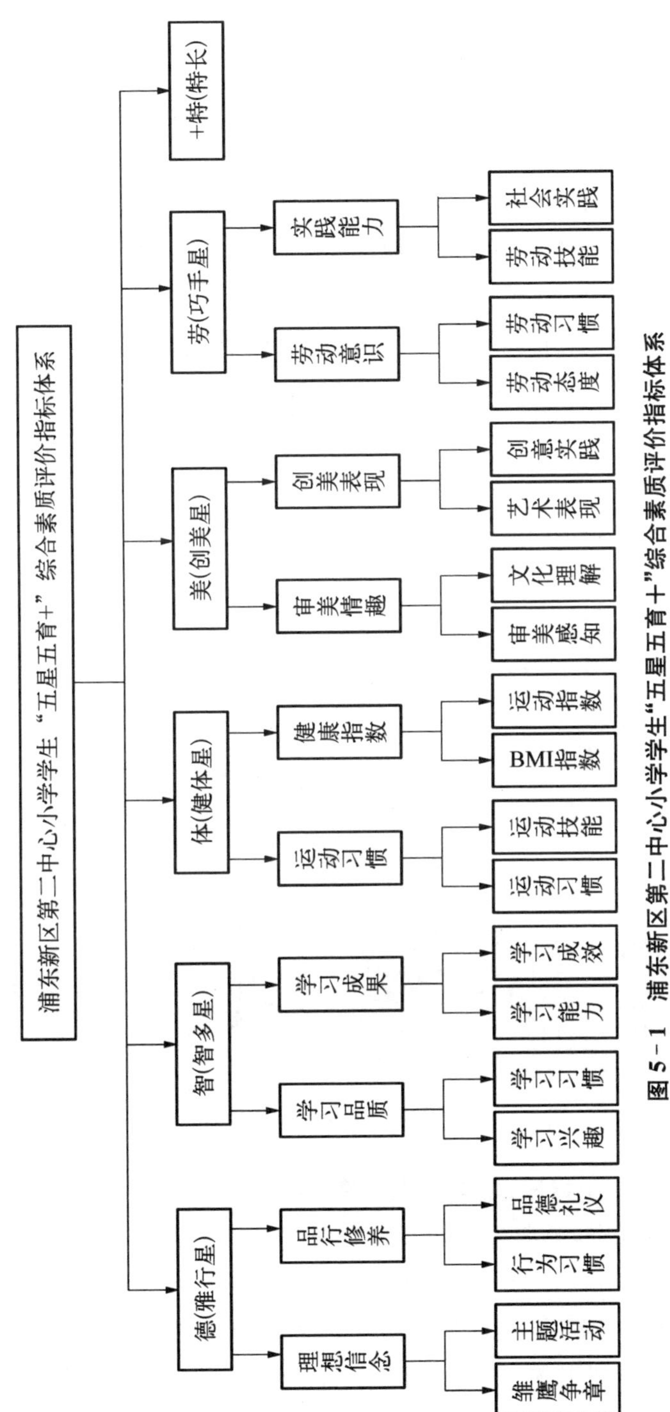

图5-1 浦东新区第二中心小学学生“五星五育+”综合素质评价指标体系

（二）赋能评价过程，创新评价方式，落实评价常态化

以数字化方式记录学生的成长过程，是构建学生综合素质评价的重要前提。以往学校对学生的评价一直存在评价过程难以记录、评价方式单一、难以做到伴随式和常态化评价等堵点、难点。学校通过智慧校园平台和各种智能设备的有效运用，正在逐步解决上述问题，并呈现出创新评价方式的新样态。

1. 借助高速扫描仪，实现作文高效对应入库

作文是学生表达素养体现的重要形式，语文教学中迫切地需要记录学生的每次习作的真实情况，用以评价、反馈和指导提升。学校通过技术赋能，自行研发了带有学生专属“二维码”的作文纸，以此取代传统的作文本。当学生完成习作和自评，教师进行首轮批阅后，通过高速扫描仪将学生作文快速轻松对应入库，成为评价学生表达素养和语文学业成果的真实数据来源，也为教师实施作文精准教学提供了有力的实证依据。

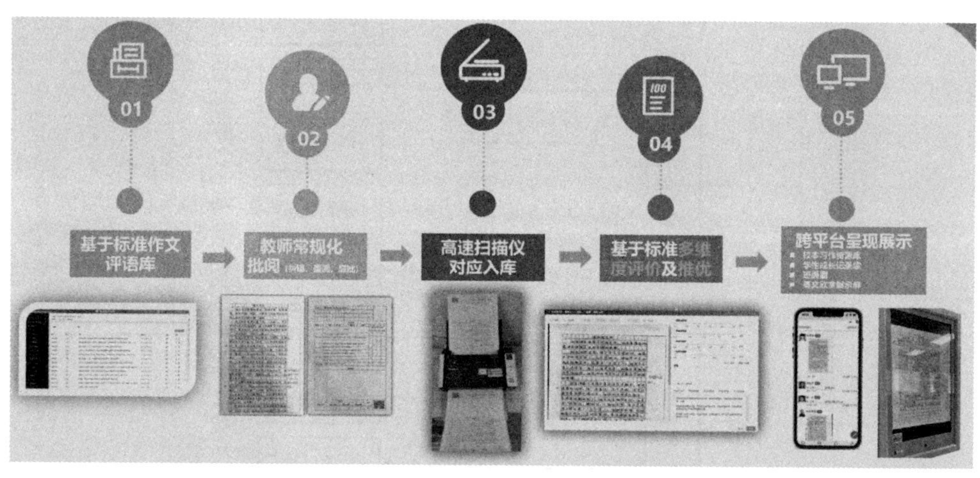

图 5－2 技术赋能下作文评价流程

2. 利用智慧校园小程序，辅助学生上传歌唱作品

在学生学习过程中，经常会遇到一些表现性学习成果难以进行过程性记录和评价的问题。例如，学生在音乐学科学习过程中，歌唱作品的留存和评价问题就一直困扰着教师。学校开发的智慧校园小程序，在完成常规管理的基础上延展了评价功能。学生利用智慧校园小程序“音乐唱听”模块提供的歌曲伴奏和录音功能，能随时录制歌唱作品并上传，同时从“音乐感受”“音乐表现”两个维度，

对自己的作品进行星级自评。既有效解决了上传途径，又实现了数据融通，更让学生在收获学习成果的过程中体验学习的乐趣。在学生自主参与评价的基础上，教师可通过智慧校园平台同步欣赏每位学生提交的作品，并进行评价和推优，推优作品展示于学校"唱听吧"设备上，供伙伴们欣赏和学习。

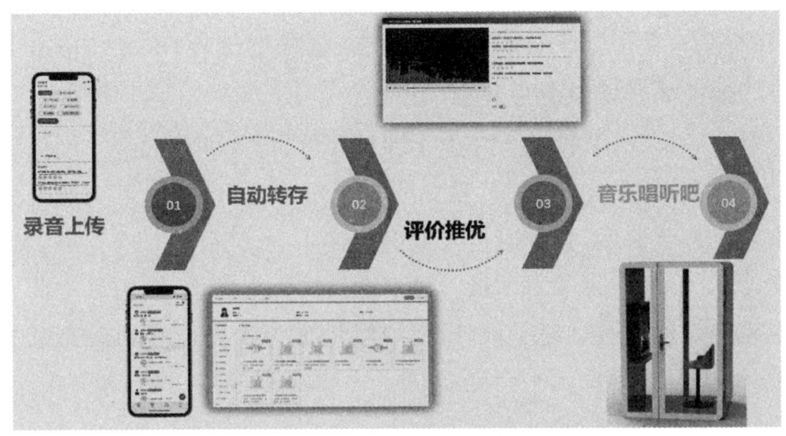

图 5-3　学生音乐歌唱作业评价流程

3. 借助常用终端设备，实时记录美术课堂作业

在全面推进素质教育的进程中，更多地关注利用技术赋能美术作业记录。学校充分考虑教师评价的操作便利，开发了智慧校园小程序端的"美术作品"上传功能。美术教师在课堂巡视学生绘画作品过程中，即可通过手机端、平板电脑端将学生作品拍照、上传，完成学生美术学科表现性作业的过程性数据记录。教

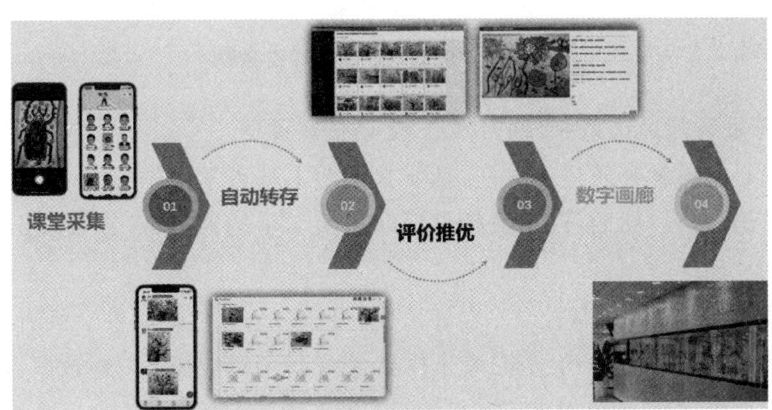

图 5-4　学生美术绘画作业评价流程

师在评价过程中，按预设的作品评价维度进行评价与推优。推优作品实时同步在班级电子班牌和学校数字画廊进行展示，同时还可将学生上传的优秀作品以个人名义进行“空中画展”，拓展学生特长展示的时空。

4. 运用电子班牌，发挥评价及时性和导向激励功能

关注学生的学习过程。课堂上的学习习惯、学习兴趣、行为规范的养成和表现等，这些都与学生成长不可分割。然而，传统评价随意、失真的记录和滞后的反馈让这一评价的效率大大降低。

为应对这一情况，学校综合考虑了课后评价、行规评价的各个层面和评价方式，充分利用各班级的电子班牌，独立研发了班牌评价系统，成功地解决并突破了这些难题。每节课后，教师通过人脸识别验证，系统自动对应本班学生和学科评价维度，便可轻松完成课后评价。对于学生的行规评价，则由班主任在平台上设置行规评价指标。通过电子班牌，可以轻松地为表现优异和需要鼓励的学生加星点赞。同时，智慧校园平台还提供了手机小程序端、网页端的同步评价功能，学生随时可见自己的评价实况。

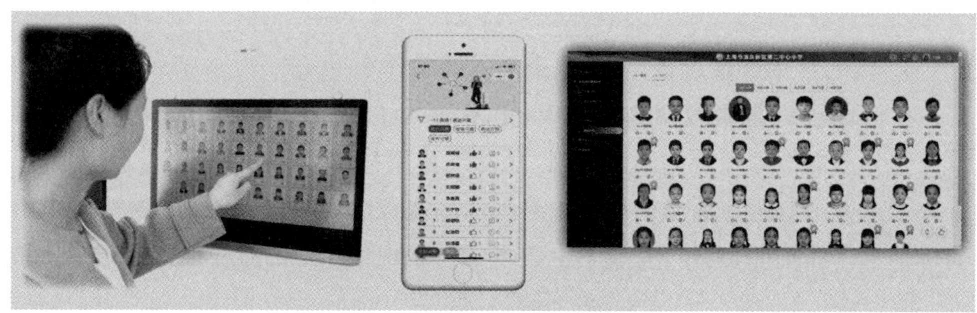

图 5-5　班级电子班牌评价激励

5. 开发智能评语系统，助力精准、生动撰写评语

无论是学科教师还是班主任，都要在学期末基于学生的综合表现给予一段描述式评语评价。然而，许多教师仅凭印象给学生的评语，常常表现出随意性、模糊性和片面性。

学校据此开发的智慧校园平台评语撰写系统，全方位融通各学科历次分项学业评价结果、习作分项评价结果、学生作品、获奖情况等成长过程性数据，并在同界面呈现，为教师撰写评语提供了详尽的时间轴历史数据和多维度实证数据，满足新接班教师、跨学科教师、执教多班级教师和班主任等不同角色的撰写需求。通过共

建、共享模式动态生成的评语库可修改、可保留，教师在轻松完成评语撰写的同时，可凸显个性化言语风格，让学生评语更精准、更生动、更具导向激励性。

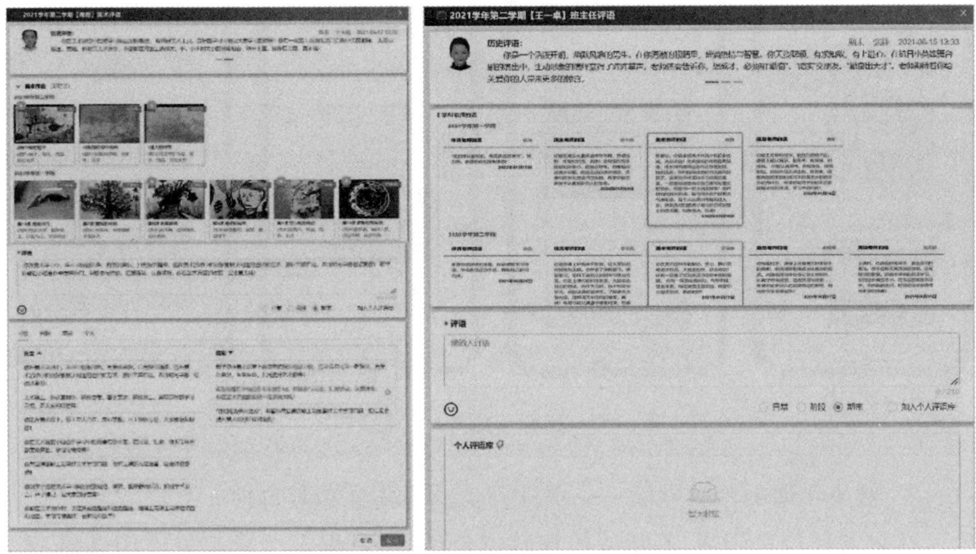

图 5－6　基于实证的教师评语撰写

（三）融通评价数据，汇聚评价结果，体现评价全面性

在健全的指标体系引领下，学校开展的全视域评价助推了评价的进展，将不同维度获取到的数据进行数据分析、数据清洗，基于学校数字基座进行数据融通，最终根据评价需求有效汇聚，满足不同的评价反馈需求，更全面真实地记录学生的成长数字画像，并实时动态地给出成长过程中的预警和建议，逐步实现“评价识人、评价育人”的功能。

1. 共享开放的“班级圈”——拓宽评价的广度和深度

随着以班级为单位展开的学生日常活动的类型越来越丰富，学校智慧校园平台以班级为单位融通数据，汇聚学生作业作品、各类学科活动、实践活动、日常生活点滴记录的需求也越来越强。学校在智慧校园小程序端开发了“班级圈”功能，将数据汇聚和活动分享有机融合。同时，进一步延展评价主体，让同伴、家长、社会共同参与评价，为多主体参与评价提供了又一个通道和平台，让评价的广度和深度得到了更生动的诠释，也为家、校、社共育提供了又一个对话空间，延展了全方位育人的时空。

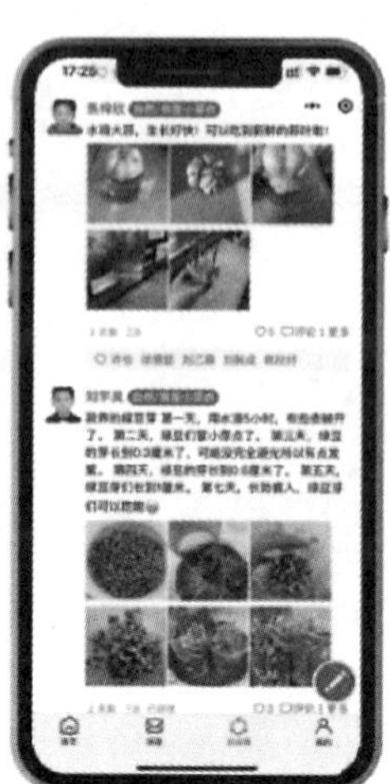

图 5－7　手机小程序端“班级圈”

2. 健康和谐的学习空间——提升评价的导向性和教育性

在日常评价过程中，不断地挖掘数据价值，将数据汇聚后生成应用新场景，体现基于评价反馈的教育意义。智慧校园系统将各年级学生在学习过程中被教师推优的作业作品分类分主题汇聚，通过学校构建的“美文驿站”（优秀习作展示屏）、“唱听吧”、“数字画廊”等区域学习空间进行动态展示。校园内的伙伴、教师可随时驻足欣赏、点赞、进行语音评价，让每一个学生都有可能“被看见”“被肯定”，在激励学生的同时营造健康和谐的校园文化。

3. 自动生成的学籍卡——满足评价的连贯性和持续性

学籍卡是一张真实、连贯、全过程记录学生在小学阶段五年的学习成绩和评语的综合评价表，随学生的升级、转学，犹如接力棒似的在新老班主任和任课教师手中传递。但是，遗失、折旧等问题不断困扰大家。对于任教七八个班级的综合学科教师来说，学期结束的手动记录更是一大负担。

随着学习过程中指向学科素养的各项学业评价数据不断丰富，基于数据融通后的智慧校园平台，能动态汇聚两学期的学业成果及评语，自动生成学生电子学籍卡，在需要的时候可以随时进行同比例打印，大大减轻了教师的工作负担。

4. 可视化的成长报告——落实评价的全面性和精准性

为了确保每位学生都能在一定学习阶段后清晰地观察到自己的真实成长情况，以便更好地总结和展望未来，智慧校园将会集成各种应用平台上的学生过程性成长数据。在每个学期结束时，系统将自动生成一份可视化报告，供学生查看。该报告基于浦东新区第二中心小学“五星五育＋”评价体系，精准、生动地将学生的综合成长表现和学习成果，通过等第、图表、二维码扫码回看等多种形式，进行多维度、多样态的呈现，并推送发展性温馨提示，助力学生接续成长。

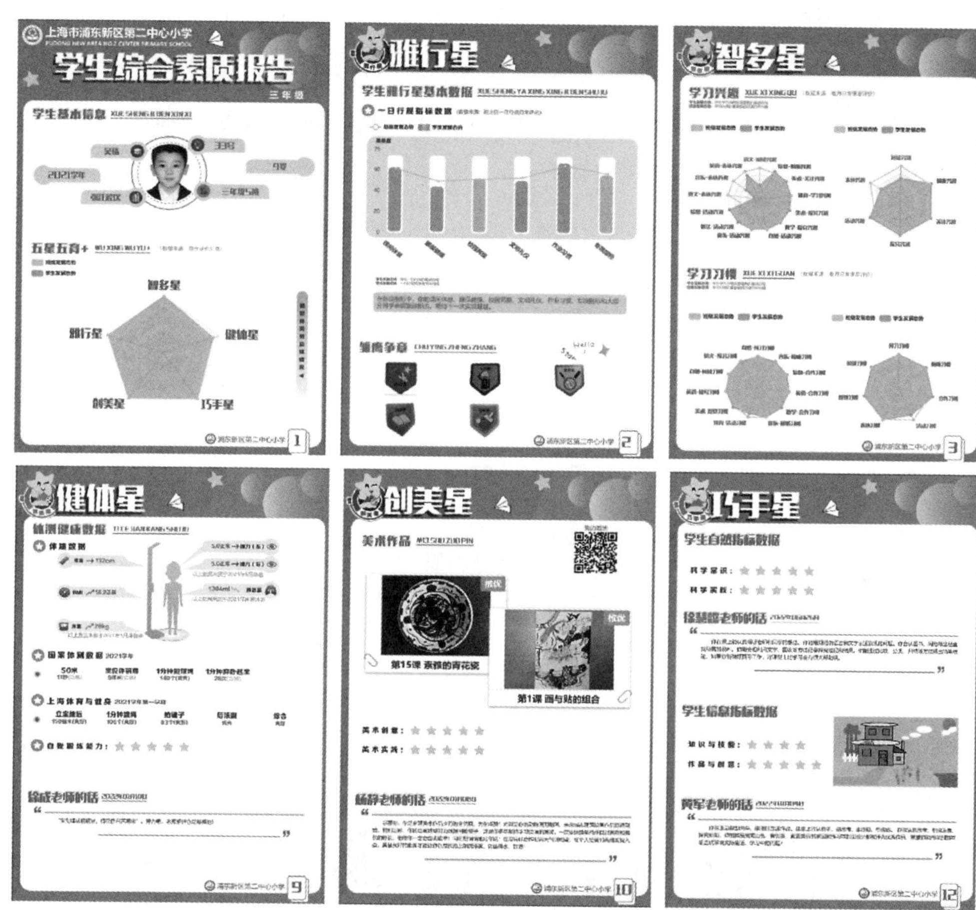

图5-8 可视化学生“五星五育＋”综合素质报告

5. 全面生动的成长档案袋——体现评价的全过程、全要素

在每学期为学生生成专属的可视化综合素质成长报告的基础上，随着数据库的不断庞大、汇聚，平台还为学生同步汇聚了一个基于成长全过程、全要素评价的档案袋。学生成长档案袋同样基于“五星五育＋”的各个维度，记录了学生从进入学校后所有的成长和各类评价数据，生动回顾学生的成长历程和教育痕迹。

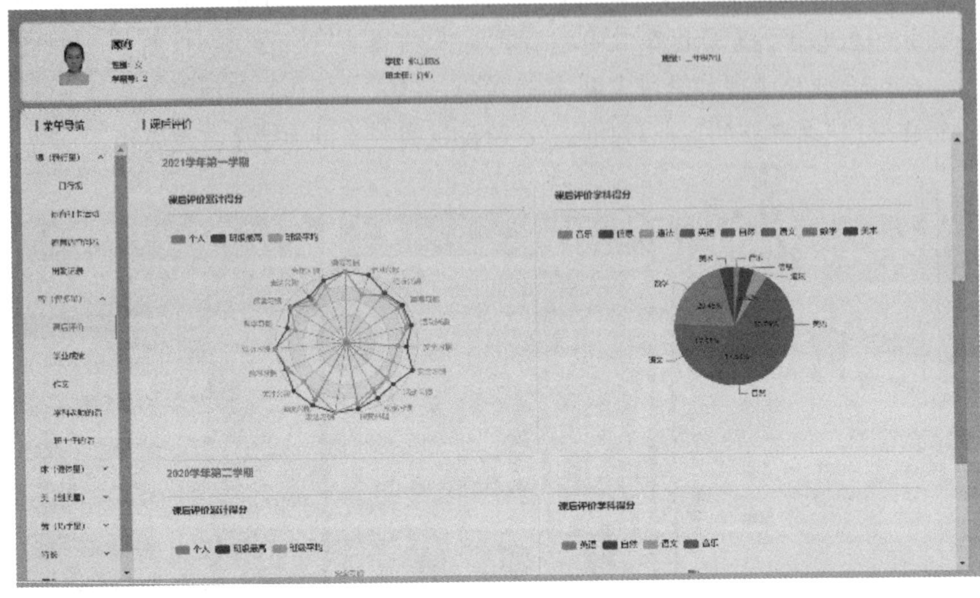
课后评价
2021学年第一学期
课后评价累计得分
个人 班级最高 班级平均
课后评价学科得分
2020学年第二学期
课后评价累计得分
个人 班级最高 班级平均
课后评价学科得分

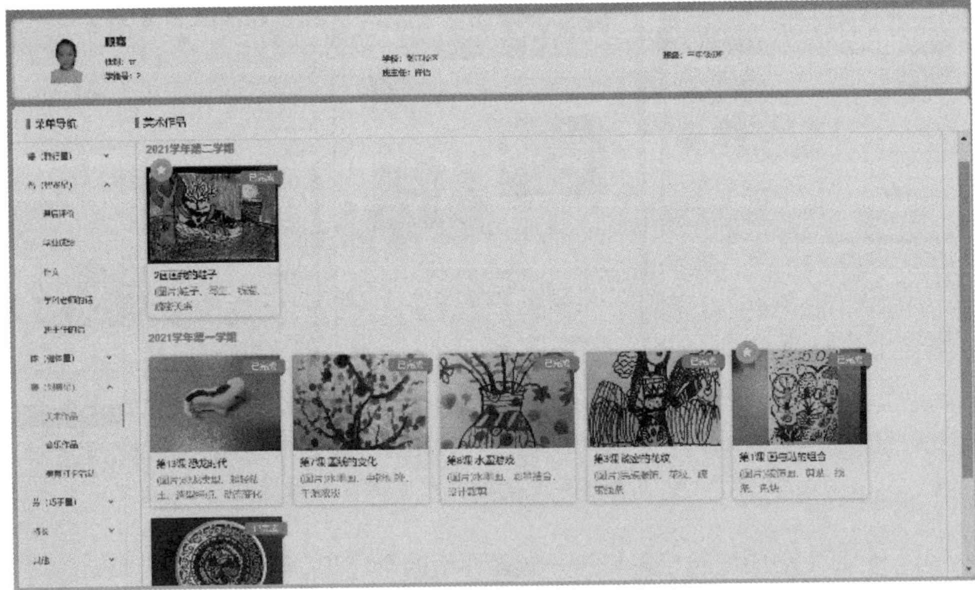
艺术作品
2021学年第二学期
2021学年第一学期

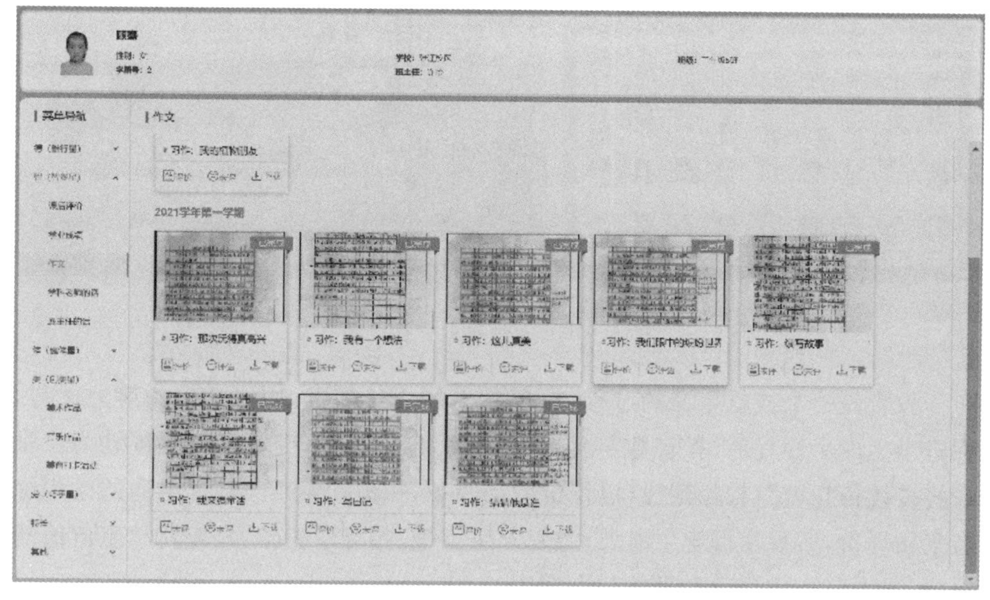

图 5－9 全过程、全要素评价的学生成长档案袋

6. “星星总动员”激励机制——丰富评价的趣味性和激励性

考虑到学生的年龄与认知特点，为了让学生更真切地感受到评价的趣味性和激励性，让评价真正助力健康成长，以技术赋能学校原有的“星星激励机制”，让学生喜欢并主动积极地参与到评价中。

围绕“五星五育＋”的评价体系，从儿童视角出发，选用吉祥物“心星宝”作为基于终端的评价主角，设计以“争星—存星—评星—用星”为流程的“星星总动员”激励机制，让“星星”成为记录学生个体进步与成长轨迹的评价标识。智慧校园平台将学生成长过程中获得的星星进行自动统计，学生可以通过校园“一卡通”，在电子班牌端实时查看自己的“争星”榜，同时可以用获得的“星星”进行个性化“消费”——在兑换柜换取需要的文化学习用品、和校长共进午餐、参与某项校外实践活动、担任一天的学生助理，以及参与每学期的“星星游园会”，体验通过努力带来的快乐。

智慧校园平台实现了“不同权限下的数据融通、汇聚与呈现”，从一定程度上弥补了传统评价的局限与不足，在完善结果评价、强化过程评价、探索增值评价、健全综合评价的过程中，发挥了“以数为据、用数而评、因数而思”的作用，为技术赋能教育的变革、学生的全面发展提供了有效载体。

图 5-10　学生星星兑换场景

教育是一个成就生命的过程，发现学生的成长需求，挖掘学生的潜力优势，促进学生的个性发展，教育数字化转型正成为教育评价变革的重要推动力。学校将持续依托智慧校园建设，以评价撬动改革，积极探索基于数据融通的学生综合素质评价，实现发掘学生潜质、激发学生兴趣、指导学生学习、成就学生价值的目标，努力践行用评价看见每一个学生。

二、智慧校园赋能下德育“雅行星”评价变革①

新时代教育改革背景下，教育数字化转型为学校教育评价改革创造了新样态。根据《深化新时代教育评价改革总体方案》要求，学校以智慧校园建设为契机，积极探索信息技术赋能下的学校德育评价方式变革，通过数据融通、数字化记录与分析有效推动德育评价的科学性、有效性和个性化发展，注重学生道德品格的生成性、发展性以及整体性，形成学生德育行为表现和成长轨迹，让德育评价更为立体、生动。

（一）德育“雅行星”评价背景

学校教育以“立德树人”为首要任务，以五育融合发展理念培育德智体美劳全面发展的新时代少年。学校原已建立“星星总动员”评价机制，通过星星存折记录学生个性进步与成长轨迹，在积极开展学生行为规范养成教育中，以一日行规为主要评价导向，培养雅行少年。但是，传统的德育评价方式往往局限于定性分析，无法进行精确和客观的量化评估学生的行规素养，且评价方式单一，也未

① 本节由杨欢、刘毅成撰写。

能体现综合素养培育下的育人要求。

学校以新时代教育数字化转型下的智慧校园建设为契机，基于学生德智体美劳全面发展进行了传统评价机制的迭代升级，积极探索“五星五育＋”学生综合素质评价，探索智慧校园建设下的德育“雅行星”评价变革，分别在指标体系建设、评价方式革新等方面进行突破与创新。根据《深化新时代教育评价改革总体方案》《中小学生守则》的要求，通过科学合理的评价指标设定和评价方式，对学生的思想道德、品行修养展开行为规范的综合性评价，体现育人导向。在数据融通、平台助力下实现评价的及时性、过程性、激励性、精准性、全面性，让评价结果更科学、更合理、更有意义，帮助学校全面提升德育教育质量，培养具备良好道德品质和行为规范的学生，促进学生的生动、和谐的发展。

（二）德育“雅行星”评价指标体系构建

创建评价指标。以《中小学生守则》为指导，结合学校德育团队活动内容，德育“雅行星”评价指标体系设立了“品行修养、理想信念”两个一级指标评价维度，关注学生日常行为规范、品德礼仪和德育活动参与情况。再以“行为习惯、品德礼仪、主题活动、雏鹰争章”四个二级指标进行日常连贯式记录与评价学生德育养成情况。

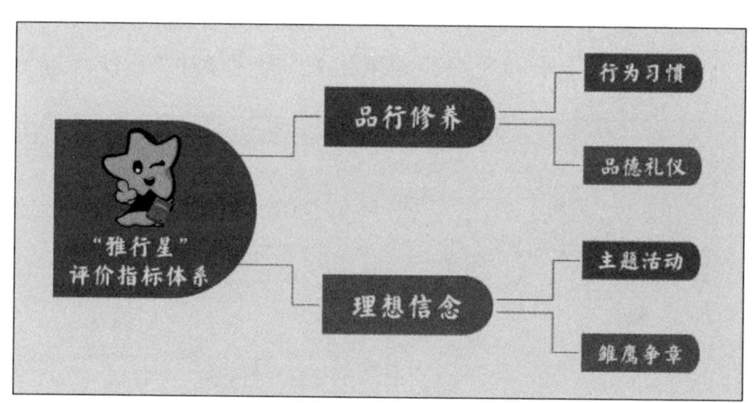

图 5－11　“雅行星”评价指标体系

“理想信念”维度：

（1）雏鹰争章

雏鹰争章活动以“自学、自理、自护、自强、自律，做社会主义事业的合格建设者和接班人”为指导，根据争章手册和争章入队手册的目标及要求，设定了每个年级每学期每阶段的争章章目、目标、要求，并设置相应的场景式梯度活动，实现各项指标的分类评价和场景中综合评价的辩证统一。

（2）主题活动

为了使德育评价的形式和结果不千篇一律，对学生个性特点和品德发展的差异性有充分的考量。通过智慧校园平台“学生活动”板块，设定各类主题活动，比如“红歌会、爱心节、红色寻访”等，由学生上传相应活动过程，纳入德育评价内容之一，让德育评价更丰富、多元，促进学生个性化成长。

“品行修养”维度：

（1）行为习惯

良好的日常行为习惯可以帮助小学生建立自律和责任感。通过按时完成作业、整理书包、主动劳动等，养成良好的个人习惯，培养自我管理能力，促进身心健康和社会适应能力。针对需求习惯出发，规范行为习惯，基于评价系统细化评价标准，以方便教师多方位、全角度开展行为习惯指导。

（2）品德礼仪

品德礼仪培养有助于塑造小学生良好的自身形象和自我价值认知。通过穿戴整齐、文明有礼、关心他人和遵规守纪等礼仪，培养学生良好的人际关系和沟通能力，树立正确的价值观，形成良好的文明素养和高尚品格。

在“品行修养”维度，从行为规范角度出发，构建学生“一日行规”评价指标，

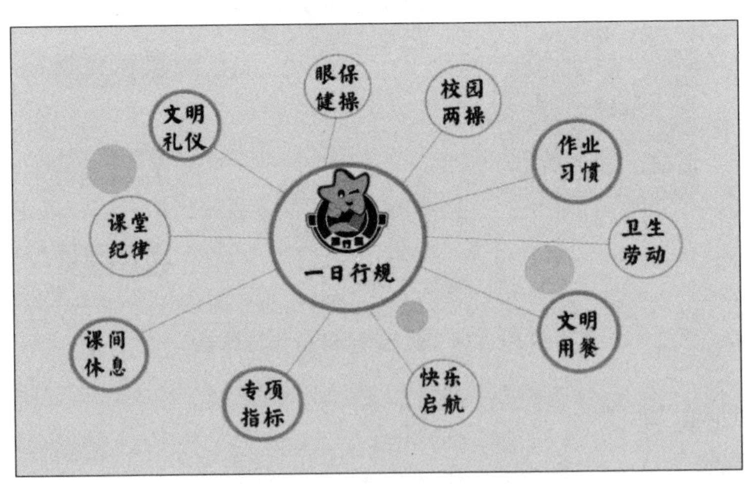

图 5－12 “一日行规”评价指标

分别从基础指标“文明礼仪、课堂纪律、课间休息、校园两操、作业习惯、文明用餐、卫生劳动、眼保健操、快乐启航”这九个维度进行日常评价。同时，为满足个性化评价需求，设定了“专项指标”，可以由班主任教师根据班级行规教育重点和主题活动等可定期更换指标内容。针对不同的指标也制定了与其对应的评价标准，让评价者班主任教师评价时有方向、有标准、有依据。

（三）智慧校园赋能下德育“雅行星”评价的实践

1. 智能物联，让评价更便捷、高效

依托智慧校园平台建设的智能硬件设备，在“雅行星”各项内容评价时，班主任通过扫码、人脸识别、刷卡等方式登录数字化智慧校园网页端、电子班牌端或手机端，进入“一日行规”评价页面，实时记录学生在文明礼仪、卫生劳动等日常行为规范、德育活动方面的表现情况，后台通过智能物联将评价数据汇总，即可形成学生当天日常行为规范评价结果，呈现奖励或鼓励的星数。在信息技术赋能作用下，当学生行为发生时教师可以随时随地对学生进行评价，一改传统纸质记录方式，班主任无须花费过多时间和精力手动记录学生行为，实现自动化的评价数据采集和记录，让评价过程更为便捷、高效。

2. 指标管理，让评价更灵动、个性

在“一日行规”的评价指标中，有九个维度＋一个专项指标的设定，班主任拥有自主管理权限，在智慧校园平台指标管理页面中可任意开启或关闭部分指标，根据班级学生阶段行为表现与班级阶段行规检查重点，选择开启相关指标进行重点的行规培育和评价。同时，在九个维度之外的行规教育内容，也可启用专项指标进行评价，充分满足班级行规管理所需的个性化要求，体现阶段性“雅行星”评价的内涵。指标的灵活管理让班级行规教育与管理更显灵动，更具有指向性。

3. 可视化评价，让激励时刻伴随

在行为规范评价过程中，教师可以在班级的希沃屏上打开智慧校园“一日行规”网页端评价界面。例如，进行“文明用餐”的评价，点击相应标签，屏幕上则会显示全班学生的头像，通过点击头像下的“大拇指”予以表扬，点击“小拳头”予以鼓励，累计获得“大拇指”越多的学生头像上将自动贴上星星徽章。学生可以实时关注评价过程，了解自己是被肯定还是需要更多努力，由此激发学生向上努力、向下改进的行为意识。“一日行规”的数据也会实时进行统计，在电子班牌的“雅行星”榜单上实时更新排行榜，学生可以在课间查看班牌了解自己在争得“雅

行星”上的成长情况，这项数据也会作为班级评选“雅行星”的重要依据。

图 5－13

4．主题活动，实现多元育人

除了“一日行规”的评价，学生的德育教育还可以在“主题活动”和“雏鹰争章”板块为争得“雅行星”而蓄力。根据学校每阶段对学生行为规范养成教育的目标，开设多种德育主题活动，如“寻访红色印记”“劳动中的星宝最光荣”等活动，学生只要参与主题活动并在“班级圈”发布精彩瞬间即可获得相应的星星奖励，还能获得伙伴与教师的加星点赞。“雏鹰争章”板块根据每个年级不同争章任务，完成一项即可点亮任务星，直至所有任务完成，相应的章目图标将会被点亮，这样的争章方式充分调动了学生的挑战欲望，让德育教育在多元环境中、在

图 5－14

潜移默化中深深浸润在学生的心中。

5. 过程性数据，让成长有轨迹

每日班级学生的行规表现都会在平台上被记录，班主任可以实时查看后台管理数据，了解每月每日每名学生“一日行规”各板块的得星情况，并进行纵横向的对比，可以帮助班主任教师及时了解班级学生的行规养成情况，了解优秀学生，也能及时关注行规较弱的学生，予以跟进和特别指导。同时，从全局数据分析了解班级行为规范的培育情况，便于班主任教师及时调整教育引导策略。

6. 多源融通，刻画多维成长报告

学期末，每位学生都会有一份属于自己的综合素质报告，“雅行星”集合多源数据汇总后，经过系统数据的整合、分析呈现出个人发展态势和班级发展态势的版图，以个人与班级的日均星星数为参考依据，学生可以根据柱状图和线形图了解自己在行为规范方面的发展情况，也可对比班级发展情况，了解自己在班级中的成长水平。同时，系统也会根据平均值分析，为每位学生开出成长处方，让学生能够更好地了解自己的德育行为优势与成长努力方向。

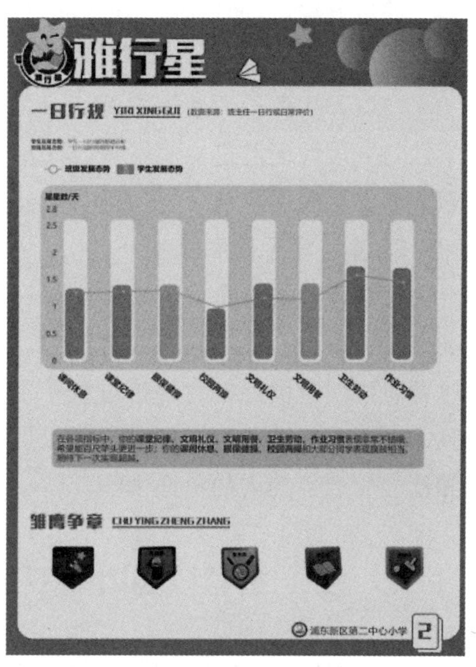

图 5－15

（四）反思与展望

德育“雅行星”评价指标体系在学生成长过程中实现多维度、过程性和表现性的评价，立体化呈现学生的成长轨迹和发展态势，形成了学生德育行为养成过程中的成长阶梯。通过德育评价体系构建和多元指标的制定，学校可以界定出期望学生达到的德育水平，并从多方面、多维度评估学生的德育表现，使教育成果更具可衡量性。智慧校园赋能下的德育评价方式也提升了学生养成良好行规、参与德育活动的积极性，学生能全方位了解自己德育行规养成过程，认识到在德育方面的表现对其整体发展和评价结果的重要影响，从而更加主动地参与到各种德育实践中。德育评价的改革进一步增强了家校合作。评价结果有助于家长与学校共同关注和引导学生的道德成长，通过共同努力提供更良好的德育支持和培养环境，始终在推动学生全面发展的道路上实现家校协同育人的效果。在探索学校德育评价变革的过程中，还存在着更多优化与提升的空间。

1. 完善多样性、开放性的评价体系

“雅行星”评价在实践过程需要更具多样性、开放性的评价指标和评价方式，从而逐步构建互动式评价、增值性评价、线上线下一体化评价、综合积分评价等多元评价方法，打通传统德育评价的封闭性。

2. 推进数据集成与融通

“雅行星”评价的数据来源于日常行规与主题活动，但是有些评价数据的科学性与合理性还需进一步考量，部分数据的集成和融通还未形成，还需进一步探索数据的可利用价值，才能真正意义上提高德育评价的实效性。

3. 重视学生隐私保护

德育评价不仅是促进学生良好行为素养的养成，也更应注重学生身心健康的成长。家、校、社协同育人过程中，关于学生隐私保护问题已引起高度重视，通过智慧校园建设在德育评价过程中形成了大量的数据，更需要一个科学严谨并且人性化的数据使用规则来予以保护，若产生数据滥用，将会对学生的心理健康和社会面产生较大的负面影响。

三、智慧校园赋能下智育“智多星”评价变革①

《中国教育现代化 2035》提出充分利用现代信息技术，加快信息化时代教育变革，建设智能化校园，统筹建设一体化智能化教学、管理与服务平台。学校以智慧校园创建为契机，积极探索新技术支持下的智育评价方式变革，先后开发了“日常课堂评价”“阶段学业评价”“期末学科评语库”等“智多星”评价平台，使智育评价实时化、动态化、伴随化。在此基础上，通过数据资源的整合、集成和全面的数字化，面向教师、学生、家长等评价主体的需求，实现特定的用户管理与权限控制。最终通过综合素质报告中“智多星”评价的方式，实现智育评价的个性化与立体化。

---

① 本节由赵艳雯撰写。

(一) 聚焦学习品质的课堂评价

以《上海市小学基于课程标准的评价指南》为指导思想，学校早在 2017 学年就组织各学科制定了校本化的评价细则。细则中对评价维度、评价内容、评价方式与评价类型及实施作了具体的要求。义务教育课程方案和课程标准(2022 年版)再次强调了坚持全面发展、育人为本的原则，要求构建德智体美劳全面培养的课程体系。“智多星”评价团队经过反复研读学习，深刻认识到智育评价已不再是能力导向，而是基于综合育人的素养导向。研究团队再次审视已有的智育评价，捕捉到不少的问题，包括日常课堂评价中对于学习习惯与学习兴趣维度的评价主体较单一、评价观察点不显性、评价行为较随意等。面对这些问题，智慧校园“课堂评价”功能的开发与优化被提上日程。

1. 创建评价指标

教学改革，课堂先行；评价改革，指标先行。以《校本评价细则》为基础，各学科针对学习品质(即学习习惯、学习兴趣)，梳理了课堂中须重点关注的指标。涵盖语文、数学、英语、音乐、体育、美术、道德与法治、信息科技、自然与劳动技术等十门学科，针对学习习惯与兴趣的百余条课堂评价指标自下而上汇总了起来。

2. 优化评价指标

在收集各学科评价指标的基础上，针对指标过多、重复而造成的评价烦琐、关注点不明确等问题，研究团队利用跨学科教研活动、教师试用体验交流等方式，合并同类指标，舍弃无效指标，规范指标表述语言。在此基础上，根据学生年龄特点，将“倾听习惯、阅读兴趣”等关键指标分布于各年级。各年级每学科关键指标为两到三项不等。

3. 明确观测点

为保证评价的科学性、客观性与可测性。针对每一项评价内容，罗列出观测点，并通过教师培训、班级试点等方式，让广大师生明确操作要点。例如，语文学科表达兴趣指标的观测点为：通过“2 分钟微课、上课回答问题情况”评价“口语表达”，通过“小练笔及习作完成情况”评价“书面表达”。劳动技术学科通过“严格按照操作要求使用工具，工具归类摆放”等观测点评价“操作习惯”。

4. 优化评价操作

为避免评价过于频繁影响课堂教学、操作过于烦琐加重师生负担的问题，将每一项的课堂评价等级设为“你真棒”与“加油哦”两档，分别用“大拇指”与“加油手臂”的图标来表示。师生通过教室电脑端、门口电子班牌或教师手机端等多终端轻松完成点选。教师可根据评价的需求，选择课内实时或课后的学生的自评、互评或师评。

5. 跟进评价分析

评价本身并不是目的，评价的目的在于为了更好地学习。因此，在日常数据不断积累的基础上，教师对数据的分析尤为重要。班主任教师可以通过“评价月报”看到本班学生月度星星榜，结合班会等教育活动向学生进行反馈与交流。学科教师则可以通过对每一位学生各维度得星数据进行跟踪分析。如图 5－16 所示，学生的表达兴趣与阅读兴趣得星数均高于班级平均得星数，而合作习惯与倾听习惯得星数与班级平均得星数有较大差距。针对这位学生的情况，学科教师可在提供该学生表达机会的基础上，鼓励学生担任合作小组的组长以促使其养成合作习惯，通过强化书写规范来养成良好的书写习惯，也可采取先提问后倾听的方法引导学生认真倾听学习材料或他人的发言。

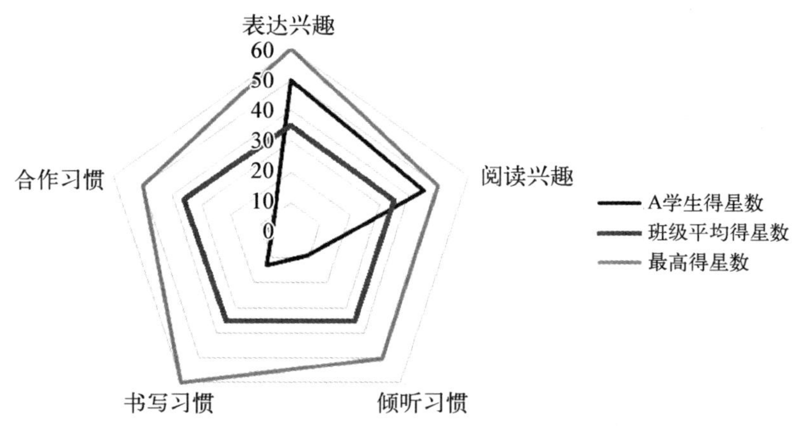

图 5－16　四年级某班 A 学生阅读课堂评价得星情况

（二）细化学业成果的阶段评价

对于学生学业成果的评价，学校在多年等第制评价的基础上进一步思考如何用评价促进教师的教与学生的学。以往的学业评价中，面对整场检测的一个等第，学生并不能清晰明确自己哪方面的素养比较缺失。教师亦较难精准分析教学中哪个模块存在改进空间。有了这样前期的思考，“分项学业评价”很快在广大一线教师集思广益的研讨中浮出水面。

1. 根据学科特点确定分项

根据各学科素养培养的特点，中高年级语文、数学、英语学科分别确定了学业成果的分项指标。例如，语文学科的识写能力、阅读能力和表达能力，数学学科的计算能力、概念理解和应用能力，英语学科的听力理解、词汇语法和阅读写话。各年级分项侧重点略有不同，因此占比也有所差异。例如，三年级语文识写能力占35%，到了四、五年级，识写能力占比则调整为30%，而(书面)表达能力的占比则由30%提高到35%。

学科	分项指标	比例	
语文	识写能力	三年级：35%	四、五年级：30%
	阅读能力	三年级：35%	四、五年级：35%
	表达能力	三年级：30%	四、五年级：35%
数学	计算能力	50%	
	概念理解	20%	
	应用能力	30%	
英语	听力理解	30%	
	语法词汇	40%	
	阅读写话	30%	

图5-17 语文、数学、英语学科学业评价分项指标与比例

2. 制定分项评价工具

分项评价工具的制定与分项指标是一致的。命题人对于各项能力检测的方式需要有提前的设计与规划，并根据事先设定的占比，控制好题量、难度与区分度。在传统等第制评价的基础上，分项等第表亦在试卷的显著位置罗列出来。相比以往的单一等第，分项评价工具在评价的标准上也更为精细。各分项指标的评价量规与总体评价的量规均需呈现。

3. 分项录入数据，双通道信息导出

值得一提的是，评价工具制作者前期的精细设计，辅以后台强大的技术支撑，整个评价的过程反而简洁、有效。因为数据的转换、汇总与等第制呈现等均由计算机自动完成了。学科教师可查阅自己任教学科、任教班级的分项得

星数、总星数、分项等第与总等第。这些数据仅供教师进行质量分析和改进教学,不向学生公开。教师可利用"一键导出"功能导出含分项等第与总等第的学生端数据,学生通过一系列的分项等第,可清晰看到自己在各能力维度的表现情况。

4. 可视化成果呈现,多权限学业分析

有了分项数据的录入,质量分析与学业成果跟踪均体现可视化。这些体现评价结果的数据可供不同人群读取、解读并运用。例如,张同学可以在自己的分项能力走势图上看到语文的识写能力有了进步,而表达能力是自己有待提升的短板;数学林老师面对都是自己任教的两个班级的学业成果差异,可以反思学情,及时调整教学手段与方法;教研组长徐老师则可以通过数据分析,找到五年级英语教研组阅读写话项目表现出的共性问题——时态运用,她可以及时组织教研,探讨如何引导学生在写话时正确使用时态。大数据驱动下,不同校区对比、男女生对比、不同学科发展水平对比、不同月龄学生对比、特殊学生或超常学生的学业个案跟踪等都可实现。

(三) 注重多维呈现的期末评语

评价改革的意义不仅仅是将百分制改为等第制,而是整个评价理念的变革。教师需要从多个维度,使用多样的方式,采用多元的表达针对同一个体进行个性化、综合性的评价。因此,在日常过程性评价与阶段诊断性评价数据汇总的基础上,学科教师会在期末给每一位学生进行评语式评价。为了使评价方式更科学、评价价值取向更多维、评价语言更丰富,"期末学科评语库"完成建设并及时上架。

1. 分学科构建,各年段独立

学科评语库按照学科构建,各学科教师以年级备课组为单位,围绕本学科素养培养的关注点,基于标准撰写评语并上传智慧校园评语库。各年段评语独立呈现且符合该年段学生学习特征。学校课程部对各学科各年段评语进行审核并提出修改意见后,评语库正式投入使用。

2. 横向体现发展,纵向体现维度

学科评语库横向为两个内容,即"肯定"与"期望"。"肯定"项是学生值得表扬的描述性语言,"期望"项是学生有待改进的激励性语言。学科评语库纵向为三个维度,即"学习习惯""学习兴趣"和"学业成果"。教师在每个维度中点选符合学生特征的肯定评语，再针对某一维度提出期望。

3. 语言富有情感，评语体现激励

评语的语言经过教师认真斟酌，组内交流与课程部审核，都能体现“积极评价、情感激励、体现个性”的特点。学科教师在期末进行评语时，可以从校本评语库中找到丰富的评语话语，教师根据评价对象特点，在库中点选、组合、删减或补充后形成的评语式评价，也可以将编辑后的符合自己风格的评价加入教师个人评语库，便于今后参考使用。

（四）关注综合发展的素养评价

1. 寓评于乐的游戏闯关

自一、二年级取消书面考试以来，根据学生的年龄特点，采用游戏闯关的形式对学生进行期末综合素养评价。将语文、数学、英语、综合等多学科一学期的学科素养重点进行梳理，设计多个游戏闯关项目，并组织专家、各学科教师、开发公司在内的多方人员共同设计开发基于移动端的测评互动游戏 App 及测评应用系统，让学生在快乐的游戏体验中轻松完成评价。学生只需带好自己的电子学生证，用平板电脑扫描学生二维码，便可登录评价平台，快速、便捷地实现一人一卡的实时记录。例如，学生在“图形变变变”关卡的移动终端上点点、圈圈、拖拖完成图形变身，在“跳跳达人”关卡跟随乐曲节奏完成一定数量的跳绳等。闯关完成后，每一位学生都可以在自己的闯关卡里看到自己的关卡通过情况。平台还会记录每一位学生闯关的细节表现，如每一关用时、出错率等数据，这些不公开的数据可用于任教教师后期的质量分析与教学改进。

2. 图文并茂的数字画像

智慧校园为每一位学生创建了成长空间。学生的日常课堂表现、阶段学业情况、参与学科活动情况、智慧校园资源的自适应学习情况、各学科教师评语等数据都会同步导入。成长空间也支持学生优秀作业、成长轶事、阅读笔记、图文作品、微视频等的上传。通过时间轴的呈现方式，图文并茂地描绘一个学生的综合素质评价，实现立体鲜活的学生数字画像。

信息化技术支持下的智育“智多星”评价会记录、善分析、能预警、可预测。真实无感的伴随评价方式、全面宽广的视野及静态数据的动态呈现无不充分体现着大大的“智慧”。

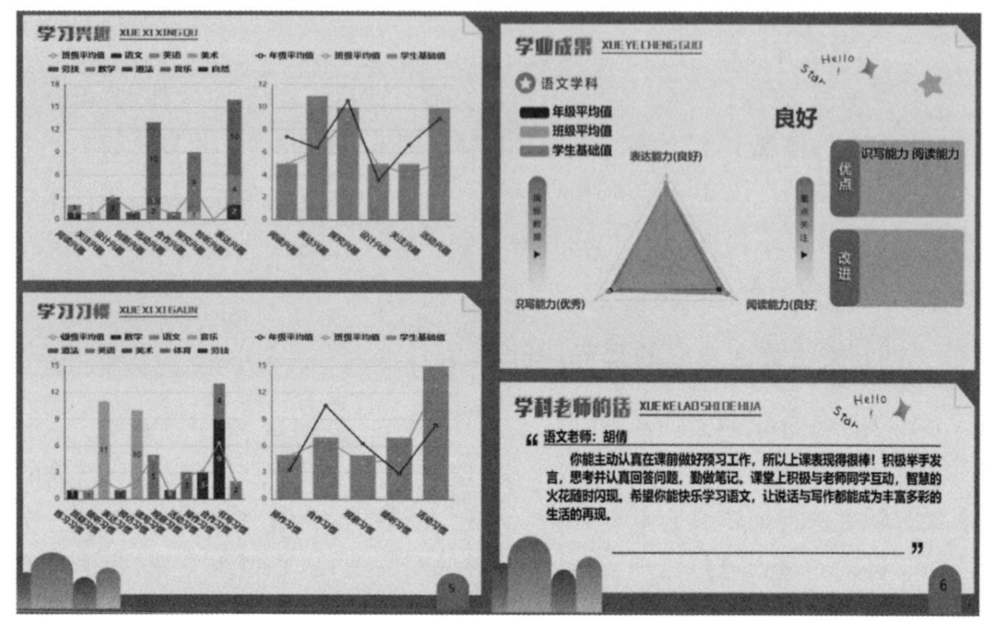

图 5-18　四年级 A 同学综合素质评价之“智多星”评价

四、智慧校园赋能下体育“健体星”评价变革①

浦东新区第二中心小学构建的智慧校园平台对于学校体育教育评价存在明显的技术优势。数据精确性推动学校体育评价改革，数据多类型促进学校体育教育评价多元化，按标准数据保障学校体育教育评价结果科学性，数据可视化保障学校体育教学评价及时性。学校体育教育评价改革中，以数据驱动体育教育评价改革，充分发挥体育的育人作用，完成立德树人根本任务，促进学生全面发展的目标。

（一）体育教育评价现状

体育教育评价是体育教学效果呈现的基本途径，是体育教育中最为核心的因素。如何解决“为什么评”的问题，不仅是体育教育评价的基础，也决定了体育教育评价的方向。体育教育评价从国家层面上也作出了重大改革，对于学校体

① 本节由钱祺晟撰写。

育发展具有指导性作用。而近两年国家出台的相关政策指出体育教育评价的目标，但是在具体评价中，往往只评价本身，而忽略了体育教育评价的根本目标。

在学校体育教育的道路上，从目标认识维度上学校体育教育评价偏离了正确的轨道。第一，体育教育评价主体单一，过多地关注学生体育测试分数，忽视对学生运动知识技能和身体素质综合发展。按照成绩排名高低来区分学生运动技能水平，不仅使学生丧失运动兴趣，而且偏离了青少年体育培养目标。第二，学校层面的观念也会影响体育教育评价的开展情况。学校将体育教育评价作为提升学校排名工具，过多地重视学校排名，反而没有将提升学生体质健康水平作为主要目标。因此，体育教育评价机制不完善、“重分轻体”的思想还未根本解决，导致了体育教育评价脱离了原来的目标。

新时代学校体育教育评价要优化评价体系，加强国家相关政策引导，充分发挥学校在促进青少年健康成长方面的作用。落实学校体育教育评价监管，不仅利于学生体育教育的发展，也有助于体育教师的专业化提升。为了推进新时代学校体育的发展，体育教育评价改革势在必行。随着时代的发展，学校确立了“教会、勤练、常赛”“立德树人”“四位一体”等体育教育理念，围绕这些理念开展体育教育评价考核。

2019 年 5 月起，浦东新区第二中心小学成为上海市教育信息化应用技术标杆培育校后，全面落实教育部和上海市教育信息化 2.0 行动计划的有关要求，探索信息时代背景下面向未来的新型学校改革试点，不断推进教育现代化的举措和探索。围绕教育的根本问题出发，确立了学校体育教育的改革目标由基于“全人发展”的综合素质评价转向“真实性”的体育教学评价，培养德智体美劳全面发展的社会主义建设者和接班人。

（二）基于智慧校园平台“健体星”评价体系的构建

1. 基于智慧校园平台的基本构建原则

大数据应用背景下智慧校园平台“健体星”评价体系建构工作，要建立在一定基本原则上，才能保证大数据应用效果充分显现出来。

第一，运用运动手环收集课堂中学生实时运动数据得到的教学数据分析结果，能够充分反映每位学生的运动能力个性特征，从而使教师发现学生之间的差异，给体育教学因材施教及教研工作的顺利开展提供有力数据支持，平台所展示的分析结果能同时具备个性特征与共性特征。

第二，运用手机端、设备终端进行测量或收集得到身体素质指标、教学评价指标量化结果，与教学需求及体育相关工作匹配，数据收集过程准确且合理，保证数据分析体系和数据内容相互对应。

第三，以大数据应用为支持的体育教学评价体系具备可行性优势，所有指标清晰指向具体内容，整个评价过程最大限度消除主观因素带来的影响。

第四，教学评价应始终追求全面性，完成框架主体建设后，应不断细化评价内容，全面选取评价指标，防止出现指标重复和指标相似问题，体育教学过程与评价指标内容保持一致。

2. 基于智慧校园平台的本校“健体星”评价指标体系

(1) 运动能力

运动能力是指学生参与体育运动过程中所表现出来的综合能力。主要体现在基本运动技能、体能、专项运动技能的掌握与运用。运动能力是体育与健康教学质量的重要标志，也是实现体育与健康课程其他目标的途径。学校“健体星”中运动能力指标按照“国家学生体质健康测试”“上海市日常体育成绩”标准构建，此项指标以终结性评价为主，从而达到评价科学化、质量标准化、评价数据化，促进学生达成学习目标、形成运动能力。

(2) 健康行为

健康行为是指学生增进身心健康和积极适应外部环境的综合表现。健康行为包括体育锻炼意识与习惯、健康知识与技能的掌握和运用、情绪调控、环境适应四个维度，主要体现在养成良好的锻炼、饮食、用眼、作息和卫生习惯等。此项指标以过程性评价为主，每学期通过平台设备端收集 BMI 指数、视力数据等，以体育教师为主体，鼓励学生、班主任及家长参与到评价中，体现个体与集体的多元化评价，让学生健康行为的形成更具表现性。

(3) 体育品德

体育品德是指学生在体育运动中应当遵循的行为规范和体育伦理，以及形成的价值追求和精神风貌。体育品德包括体育精神、体育道德和体育品格三个维度。此项指标也以过程性评价为主，以体育教师为主体，根据学生在校期间运动过程中体现的积极进取、勇敢顽强、遵守规则、诚信自律、文明礼貌等，通过手机端给予及时的表扬或纠错。让学生在体育运动中能够促进体育品德的养成。

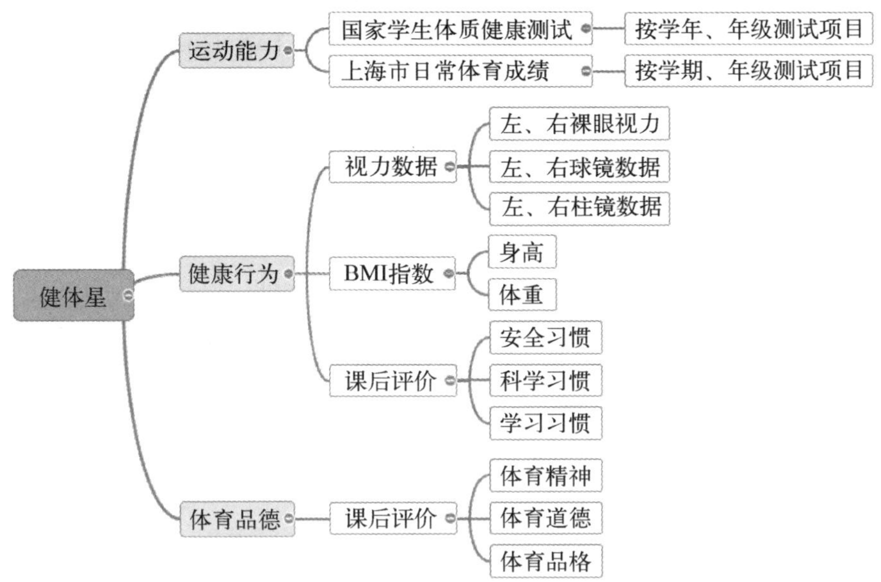

图 5-19 基于智慧校园平台的浦东新区第二中心小学“健体星”评价指标体系

(三) 基于智慧校园平台“健体星”评价的实施

1. 数据精确性,推动学校体育评价改革

体育器材、运动穿戴设备及新时代大数据技术的发展,使数据采集更便捷,数据收集及储存一键化,保证数据获取精确性。例如,智慧校园平台未开发前,教师进行数据采集工作需要各自通过手动记录在各班级的纸质信息表中,完成记录工作后还需要教师将记录的信息再手动输入至电子表格中。在此工作中,教师工作量大导致数据准确率下降、错误率提升,然后进入返工的恶性循环中。通过平台建设,将所有需要上报工作的数据进行汇总、梳理,按照各上报平台所需模板进行后台建设。教师只需运用手机端进行数据输入,再通过电脑端下载各班级信息表后,直接上传至各相应平台,完成上报工作。智慧校园平台使得体育教师运用工具时简捷,工作路径得到简化,工作量得以减少,工作效率得以提升。

优化数据呈现,将学生课堂行为、运动技术、锻炼效果、学习评价等数据进行深入挖掘并加以分析,对学生个体实施数字精准画像。为学校体育教育评价、为学生个体健康成长、为教师精准教学提供扎实的数据支撑,实现评价改革中供需对应同步发展。改变体育教育评价主体单一的问题,使体育教育评价从单一的体育分数测试向学生全面综合素质转变。例如，教师进行技能评价。智慧校园平台未开发前，体育教师需要将学生数据记录在纸质信息表中，课余时间查阅评分标准，对每位学生进行评价，将技能评价得分转换为百分制评价再转换为等第制评价。评价完成后需要利用更多的课时进行课堂行为提升，使学生的运动能力进一步提高。通过平台建设，体育教师在手机端输入数据后，在得到技能评价成绩同时得到等第制评价。教师通过教学经验及时进行课堂教学改进，从而使学生的学习效果得到提升，使教师课堂教学效果得以提升，使评价方式更加便捷、科学、有效。

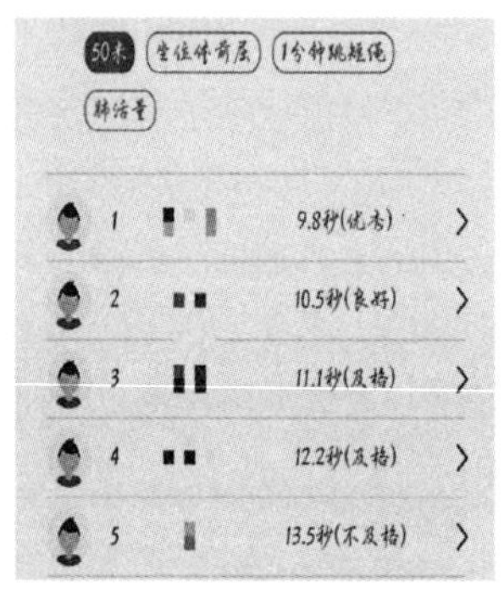

图 5－20 手机端信息输入界面

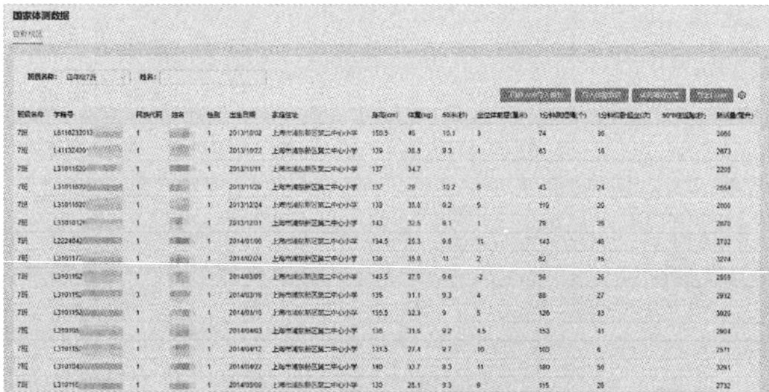

图 5－21 电脑端信息汇总界面

2. 数据多类型，促进学校体育教育评价多元化

智慧校园平台通过前期预计评价主体的构建，通过收集不同类型数据信息再依托数据关联分析，为学校体育教育全方面评价学生的学、教师的教提供数据支撑。在智慧校园平台，收集“国家学生体质健康数据”“上海市学生日常体育数据”和“学生课后评价数据”。国家学生体质健康数据包括：身高、体重、视力、肺活量、50 米、坐位体前屈、跳绳、仰卧起坐、50 米×8 往返跑，此数据帮助学校及体育教研组研究、评判本校学生体质健康水平，制定围绕学生体质健康提升的各类体育计划及活动。上海市学生日常体育数据包括：走、快速跑、耐久跑、接力跑、障碍跑、基本跳跃、跳高、跳远、投掷轻物、投掷垒球、投掷实心球、滚动、技巧、滚翻、动作组合、队列与队形、悬垂、支撑、倒立、支撑跳跃、爬行、攀登、爬越、律动、韵律操、形体、舞蹈、活动创编、跳绳、武术、综合等。此数据帮助学校及体育教研组提高教学质量，为教师及时修改自己的教学方案提供有力的保障。学生

课后评价数据包括：课前准备、参与教学互动、自评互评、课后恢复、遵守课堂纪律、体育活动规则、自我保护及伙伴间保护意识、自主学练、小组学练、了解、交流体育故事及知识，坚持每天锻炼一小时等。此类数据可以及时、准确地将学生体育运动变化反馈给学生和教师，帮助学生提高体育锻炼效率，确保对学生进行有效的指导。多元化的数据收集实现各方面评价学校体育课程各要素，增加评价有效性、科学性；再借助采集学生课堂实时运动数据、体育课程教学视频等，不断积累体育教育领域过程性数据，也反映出学校体育教育实施过程及潜在效果。

3．数据体量大，保障学校体育教育评价结果科学性

智慧校园平台通过对学生运动穿戴设备、教师办公移动端、电脑端等信息化设备实现全面的数据收集，能准确反映出学生体育变化态势，促进学校体育教育评价结果从传统的经验型、单一型转变为数据支撑的科学型。有关研究已证实，学校体育教育评价的准确性、有效性、科学性与评价数据信息收集、分析、处理紧密契合，评价数据的系统性收集、数据处理的手段、工具的科学性，将提升评价结果准确性。智慧校园平台打破传统随机采样数据收集方式，平台数据技术实现学校体育教育评价数据产生与收集无损衔接，增强学校体育教育评价的客观性。学校体育教育评价还对学生体质变化进行全程监测，了解学生体育学习情况，监督体育教学过程，精准评估学生体育学习的成长过程，使学校体育教育评价结果体现有效性。例如，每位学生的体质数据通过每学期的数据采集进行个人纵向对比，使学生、家长及时了解各自体质数据的变化情况。例如，身高、体重增加，在数据旁会出现向上的箭头；视力数据保持稳定，将会在数据旁直接显示横向箭

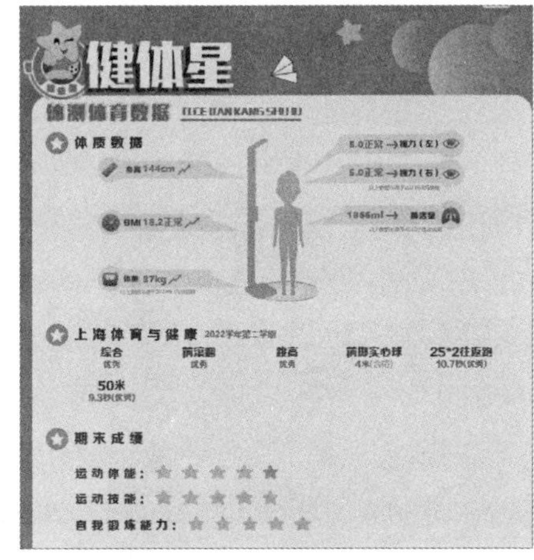

图 5－22 “健体星”报告

星星激励 XING XING JI LI

获取类型	获取星星
学习习惯	152
学习兴趣	132
运动习惯	38
行为习惯	19

图 5－23 课后评价汇总界面

头，当视力数据降低，会在数据旁显示向下红色箭头，卫生室会建议家长及时干预学生用眼习惯。

4. 数据可视化，保障学校体育教学评价及时性

学校体育课程过程性评价的关键环节是反馈。学生运动穿戴设备数据与智慧校园平台联通，使学生个体的数据获取、分析、生成速度快，让教师对学生参与教学活动、体育活动过程进行全过程动态监测，实时反馈给教师，让其优化学习、教学行为。教师在移动端所见数据信息具有可视化、信度强、多样性特点，能关注学生实时心率、运动时间、运动强度、运动负荷、个体数据与全班数据的各类比较，通过数据图谱反馈给体育教师，促进体育教师分析教学效果，掌握学生学习诉求，优化体育教学方法，实现以评促学、以评促教、以评促改，推动体育"教—学—评"一体化。例如，运用运动手环设备实时收集每位学生运动时心率、运动强度、运动密度、消耗卡路里等信息，避免课堂数据采集时影响学生练习时间、采集数据不准确等情况出现。运动手环设备的运用使教师能及时关注每位学生的运动效果是否与预设效果匹配，出现不匹配情况时能及时进行课堂教学调整，提升教学效果。运动手环设备还能及时对学生超负荷情况进行警示，教师及时排除课堂安全隐患，保障学生科学锻炼、健康成长。

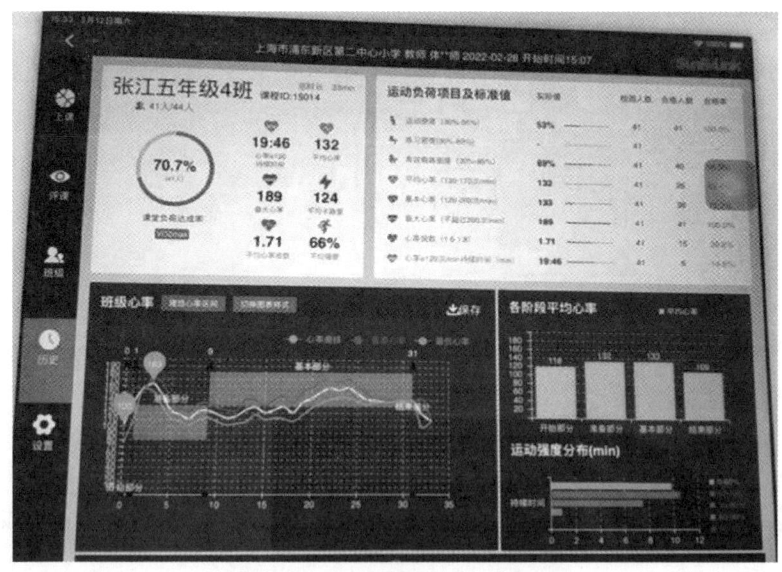

图 5－24 运动手环实时数据图

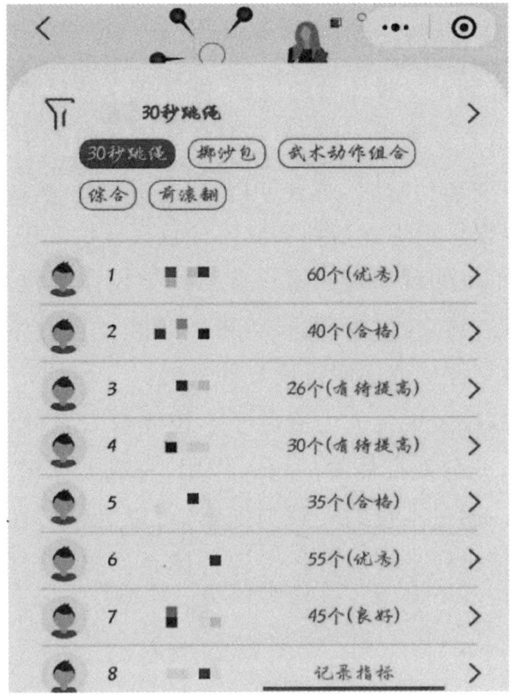

图 5－25　体育日常测试信息收集

(四) 基于智慧校园平台学校体育教育评价的展望

1．进一步深化改革认知，完善学校体育教育评价导向

以《深化新时代教育评价改革总体方案》为评价导向，为学生的健康成长和学校体育评价提供了良好的环境，构建义务教育阶段学校体育评价目标的形成。但在实际操作中，通过数据分析发现评价中存在一些问题：评价指标区分度有待提高且操作过程不易量化；内容较片面，完整性难保证，最佳模型尚不健全；评价标准难量化，评价数据较复杂，评价结果难把握。

2．评价过度依赖数据，可能消除教师的自主性、主动性及能动性

智慧校园平台拥有巨大的数据资源，此资源即是评价的基石。在评价过程中全程是由信息化技术进行统计、处理，容易使教师对数据产生过度依赖。原本应该运用数据结果进行再分析后服务于体育教育评价，有可能使教师直接使用生成的数据下结论、定决策，从而忽视因果思维、相关性思维，消除教师在实践活动中的创造能力。同时，在评价体育教学效果时，教师也可能忽视教学效果产生

的因变量、自变量，无法厘清相关因素与影响自身教学效果之间的关系。

3. 进一步提升体育教育评价中主体协同

智慧校园平台能满足学校体育的发展，能体现学校体育的直接价值，学校体育发展的最大的受益者是学生。《深化新时代教育评价改革总体方案》中指出教育评价的五大主体，即党和政府、教育部门、学校、学生、家长。在新时代学校体育教育评价实施中，家长较少参与到学校体育教育评价之中，导致出现学校体育教育评价主体协同不足的现象。让家长参与到学校体育教育评价中，确保家长对学生进行有效指导，建立家、校、社联动共育机制，有利于对学生提供良好的体育环境，保障体育教育评价方面取得良好的进展。

学校构建的智慧校园平台大力服务于学校体育教育评价改革，以数据驱动体育教育评价改革，充分发挥体育的育人作用，完成立德树人根本任务，促进学生全面发展的目标。通过本校的实践与探索，可以为今后在学校体育评价改革工作中全面建立起新时代学校体育教育评价体系作出一定的贡献，进一步推动学校体育教育及学生综合素质的发展。

五、智慧校园赋能下体育“创美星”评价变革①

大数据时代，随着互联网技术的快速发展和应用，互联网技术深刻变革了课堂，新时代教育评价的转型发展迫切需要先进技术的支撑，新技术的独特赋能优势对学生知识、能力的评价向过程性、动态性、高阶性、综合性评价进行转变，提高教育评价的科学性、专业性、客观性。在新型信息技术与国家政策的双向助力与推动下，学校的教育信息化从“数字校园”向“智慧校园”积极迈进，建立了较为完善且符合本校情况的学生评价改革，促进学生德智体美劳全面发展。

（一）技术赋能核心素养导向下的美术学科评价

学生在校内的美术活动数据更加容易被获取和分析，传统的美术评价受技术和理论的限制，在智慧校园中形成新的模式。小学美术作为实施美育的主要阵地，教师要在教学过程中培养小学生图像识读能力、美术表现能力、审美判断能力、文化理解能力、创意实践能力等多种能力，使学生通过美术教学拥有感知、

① 本节由张颖颖、杨思琦撰写。

理解、创造等多维度的素养,更加强调美术创意实践对于美术评价体系构建的辅助和推动作用。

《义务教育艺术课程标准(2022年版)》在教学评价中提出坚持素养导向、坚持以评促学,更多的关注于美术学科的评价。这种评价一方面关注学生掌握艺术知识、技能的情况,另一方面要重视学生整体的素养,为学生的价值观、必备品格、关键才能的开展保驾护航。

当前,评价学生综合素质的方法主要有测试评价法、档案袋评价法以及表现性评价法,这三种评价方法各有优缺点,分别适用于不同的评价环境。然而,在当前的教育环境下,传统的评价方法已不能对学生作出精确评价,无论是档案袋评价法还是表现性评价法,获取的只是间断性的学生信息,通过抽样的方式获取学生发展过程中的信息并进行评价。现代教育需要通过全面调查获取学生的连续性信息,从而生成学生评价。因此,智慧性评价基于智慧校园与大数据技术,通过智慧校园获取和存储学生在整个教育过程中的连续性的全面信息,通过大数据技术分析数据并给出精确评价,最终通过智慧校园利用评价结果指导学生的行为。

学校从评价标准制定、评价工具开发、教育评价实施三个方面进行数据采集过程化、数据分析多模化、评价反馈即时化,形成了浦东新区第二中心小学学生美术评价指标体系,推进教育评估数字化,开启数据驱动下的美术学科评价。

1. 立体数据获取,感知美育全过程评价信息

(1) 丰富的实时信息采集

智慧校园需要的数据是全面实时数据,学生的美术课堂学习表现、课外活动、上传作品情况等均会留下数据痕迹,这些数据都是学生评价发展的痕迹,信息采集只有足够完善才能更全面获取数据。

在开展课堂教学评价时,教师及时利用智慧校园平台进行课堂采集,不仅仅是对学生的学习过程进行创新性的评价,更是对学生的作品图像的采集,根据各年级课程不同内容选择自动转存并进行及时评价推优。

站在核心素养的视角下,教师关注学生的个性化美术素养在学习过程中的形成情况,并对其进行科学的评价,旨在建构形成核心素养的美术教学评价体系。在该评价体系的建构过程中,不仅要针对学生在美术课程教学中的探究兴趣、观察习惯、关注兴趣等完成情况进行评价,还需针对学生美术活动的美术表现、创意实践、审美判断等方面的情况进行有效评价。在这一美术课程教学评价

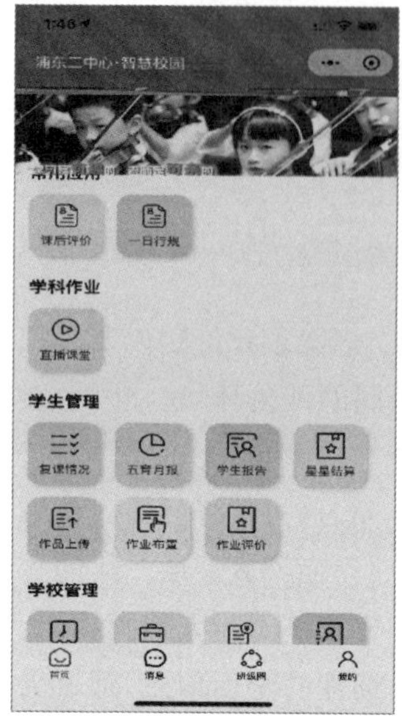

图 5-26

图 5-27

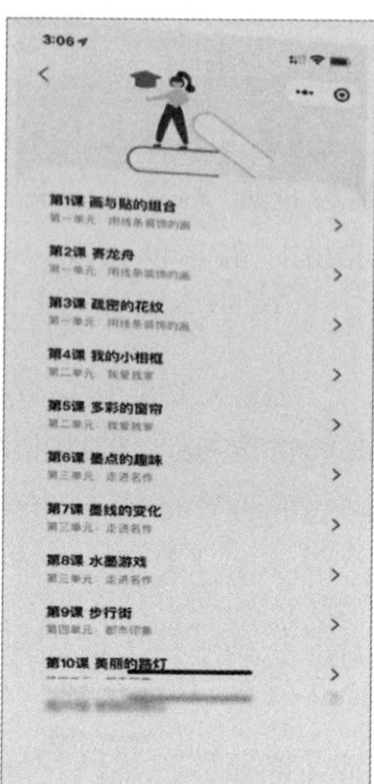

图 5-28

体系的实践运用过程中，学生不仅可在常规教学中提升个人的美术学科核心素养，还可在个性化学习活动中提升其美术素养与美术能力。

图 5-29

(2) 美术评价体系的构建

要构建完善的教学评价体系，需结合当前时代发展的特征不断完善评价标准，要突出对学生发展过程的评价，在评价时注意引导学生关注评价和教学的协调统一，强化个性化、综合性和整体性评价。既要关注学生对美术和技能知识的掌握，又注重学生能力以及情感、态度及价值观的养成，弱化选拔及等级划分。关注学生的过程进步，积极给予肯定。从审美感知、文化理解、艺术表现和创意实践四个方面对学生的美术素养展开评价，涵盖学习习惯、学习态度，对美术的认知、造型、色彩、空间等，对事物和现象的认知、理解、判断或抉择，学习的迁移、思维方式、创意表达等评价要点。

(3) 智慧校园与评价契合

积极利用大数据技术来重构教学评价体系，创新评价模式。以智能化的评价方式来进行评价，不仅减少了很多不必要的消耗，还可以保证评价的速度和准确性。

学校的智慧校园的技术体系框架分校园感知层、数据传输层、数据智能处理层与存储层、智慧应用层五个层次。学生美术评价过程可以与这几个层次相契合。通过感知层全面采集学生数据用于课堂即时评价、课后评价及作品评价。利用网络传输技术，对学生课堂中的作品图像、课后活动、感想视频等进行传输存储，对智慧校园中的数据自动进行存储、管理，完成学生美术评价的数据传输存储工作。通过智慧应用层的跨地域、跨平台功能，实现学生评价由学校到家庭、由家庭到社会的无缝对接，实现评价过程的连续性。面向家长提供具体、智慧化过程的应用，完成准确的学生美术评价。

2. 多方主体参与，构建可解释的评价体系

在美术教学评价形式上，不能仅仅以教师为主要对象，评价应该是双向的，应该是多角度、全方位、客观公正的评价。

(1) 由数据到评价的映射

智慧校园将传统校园的纸质数据转变为电子数据，提升了数据的存储量和查询效率。智慧校园进一步强化了学生美术的评价数据的时间和空间属性。学生的美术学习在校园中产生的数据在时间上有了连续性，在空间上变得越来越立体。这些数据通过时间和空间属性映射到评价结果中，如学生间的团队合作精神、班级凝聚力、集体荣誉感、课堂上师生互动的有效性，以及学生课后社团、拓展课参与，等等。这些评价结果通过数据可视化，按照视觉感知与认知规律，将学生评价数据转化为可感知的图形、符号、颜色等，增强数据识别效率，有效表达评价信息。

(2) 由评价到教学的应用

智慧性评价作为具有过程性、结合性、全面性、个性化等特点的评价模式，其评价结果是建立在大数据分析基础上，包含学生美术学习发展过程的每一个方面。

通过信息化手段，学生、家长、教师一起参与评价，客观记录学生的美术能

力，形成过程性评价。教师在课堂上及时拍下学生精彩习作上传智慧校园平台，其他班级同学也能欣赏到其他校区平行班学生的优秀作品，起到借鉴作用。“班级圈”内作品共享，大家可以互动评价，也能晒晒各类美术比赛奖状，能促进学生相互学习，伙伴互助，建立自信。日常课堂中从关注兴趣、观察习惯、探究兴趣三个维度精准点评为学生点赞或加上鼓励的“小拳头”，促进学生对每堂课能认真听讲。依托平台，教师可以给上传“班级圈”的每张作品进行星级点评和鼓励，让学生学习中处处留下“脚印”，看到进步的足迹。在空间上，学生的评价结果由教师、同伴、家长共同参与。

(3) 由教学到评价的循环

评价的目的是了解学生、完善教学策略、验证教学效果，教学与评价只有形成良性循环，才能真正促进学生的发展。在传统校园中，对教学策略改变后效果的验证，往往需要一个学期的时间才能完成。而在智慧校园中，由于数据的处理层次丰富，数据的采集、分析都较为容易。通过数据采集层了解学生的上课状态、课后作品的完成情况，结合对学生的共性评价、个性评价及历史性评价，及时对教师当前的教学策略作出效果预测，促使教师对教学策略进行修正，继续通过新的教学过程进行学生学习效果再评价，形成由教学到评价的良性循环。

3. 多方位平台展示，发挥信息赋能价值

(1) 建立学生成长图谱

小程序“班级圈”、班牌作品展示区、学业成长记录袋、融合校园文化建设构建了美育学习空间的数字画廊等为每个学生自动生成一份精美的数字画册，以直观形式呈现给学生及家长。精准而及时的评价反馈，便于学生家长实时了解学生的学习情况，也便于教师实时调整教学策略，促进教学优化与专业发展。

(2) 提升美术评价精度

在核心素养理念的推进下，针对美术课程特征，构建完善的教学评价体系，并且以评价结果为依据和指导。学生的发展过程是连续性的，因此针对学生的评价也应是符合学生发展规律的智慧性评价，智慧性评价的过程性是面向学生发展过程的无间断的评价。将教师、家长在学生发展过程中起到的作用按照不同的权重结合起来，利用智慧校园对学生作出结合性评价。针对学生打造个性化评价标准，利用全面的信息作出过程性评价，并在个性化评价的基础上进行对比性评价，促进学生的个性化发展。

(二) 新课标背景下小学音乐教学评价的实践研究

近年来,随着网络科技的不断发展,党中央围绕教育现代化、数字中国、数字化转型作出了一系列重要的战略部署。义务教育课程方案和课程标准(2022 年版)中就特别强调了数字技术不再局限于教授知识,已越来越深入、广泛地应用于发掘学生潜质、激发学习兴趣、提升学习效率、促进教育公平,开启了数字技术赋能传统教育的新纪元。学校作为上海市教育信息化应用标杆培育校,率先搭建了智慧校园平台,旨在培养德育、智育、体育、美育、劳动教育"五育并举"新时代人才的同时,利用平台进一步完善每位学生的数字画像。有了数字技术的助力,新课标背景下的音乐教学评价方式也迎来了新的时代。

1. 新课标下的教学评价内涵

《义务教育艺术课程标准(2022 年版)》明确了音乐的核心素养是审美感知、艺术表现、创意实践和文化理解,在核心素养的统领下,构建"教—学—评"一致的教学体系。教学评价涉及学习态度、过程表现、学业成就等多方面的表现,贯穿于音乐学习的全过程和音乐教学的各个环节。教学评价要遵循学生的学习特点,围绕以下基本原则来实施才能获得更好的教学成效。

(1) 坚持素养导向原则

核心素养的培养是本次课程改革的重点,因此评价始终围绕着凸显音乐素养为导向,音乐表现不仅包括表现技能,还包括理解能力、审美能力和文化认知能力等多个方面,因此对学生的评价必须是全面、综合、多角度的。

(2) 坚持以评促学原则

评价的目的不在于甄选和选拔,而在于诊断、激励和改善。因此,要坚持以评促学、以评促教的原则。评价的结果不是目的,目的在于了解学生在常态教学下音乐学习的情况,了解教师教学的基本情况,从而加强和改进教与学。

(3) 坚持表现性评价原则

表现性评价是注重过程的评价,旨在考查学生知识与技能的掌握程度,以及实践问题解决、交流合作和批判性思考等多种复杂能力的发展状况。在课堂教学与评价中受到普遍的重视和推广,是音乐课程最为重要的评价方式。

(4) 坚持多主体评价原则

多主体评价包括自评、互评和他评。每种评价方式指向不同的评价角色,评价主体各有不同的特点和作用。在教学中要充分发挥不同评价主体或角色的作用，进行多方面的评价，使得评价更加多元、全面。

2. 当前教学评价存在的问题

（1）评价标准单一

由于认知水平与学习能力的不同，学生之间个体差异明显。教师在实施课程评价的过程中，往往会忽视这一点。受到教师表扬的通常都是表现优异的学生，基础相对薄弱的学生是评价的“灰色地带”。例如，对于有些“五音不全”的学生来说，教师评价的点只在“音准节奏”上，那他们就无法得到教师全面的评价，但如果教师评价的点除了“音准节奏”还能有“情感体验”，那这些学生也许就能得到更全面的评价。因此，用“一杆秤”的标准评价所有的学生，肯定是失之偏颇的。

（2）评价内容单一

音乐课堂中还存在着评价内容单一、教学评价与设定的教学目标不一致的问题。教师在课堂中更多关注的是规定时间内教学环节的完成、课堂结构的完整以及课堂进程的流畅，针对学生的评价往往是笼统的“好”“棒”，没有落实到具体教学目标所要达成的核心素养上。这样的评价缺乏“教—学—评”一致性的理念，如何守正创新提升教师的评价素养，进一步深化音乐评价改革落实“教—学—评”一致性，是新课标落实的关键点。

3. 数字化助力下的教学评价应用

随着教育数字化发展的不断推进，以上存在的问题正在被逐一解决并加以完善评价方式和模式，教师通过电脑或者手机终端把学生的音乐“成长足迹”记录下来并在平台上呈现出来，每个课时、每个单元、每个主题学习内容后，及时即时地逐一记录，学生获得的评价在平台上清晰而直观，直接达到量化和数字化的记录对音乐课堂教与学的评价起到了精益求精的作用。

（1）评价主体的多元化

以歌唱教学的评价为例，学生可以通过手机或者电脑端把本学期学唱的歌曲音频上传到智慧校园的“音乐唱听”板块中，每一首作品都能得到来自学生自己评、同学评、家长评、教师评这样的“四维一体”多元评价。

自己评：学生对自己演唱的歌曲，按音乐感受和音乐表现两个维度，实事求是地按五星标准进行评价，将自评得分填入相应的自评栏内。

同学评：学生可以通过“班级圈”收听同班同学上传的歌曲作品，根据对作品的喜爱进行点赞或者留言评价。

家长评：家长可以通过智慧校园手机端，对自己孩子或者班级其他同学上传的音乐作品进行点赞或者留言评价。

教师评：学科教师根据学生上传的歌曲，针对情感体验和歌曲演唱等方面给予专业的文字点评或者五星评价。同时将优秀的作品进行推优，发布在所有学生、家长、教师可见的班级门口的电子班牌上循环播放，以此模式进行展示与鼓励。

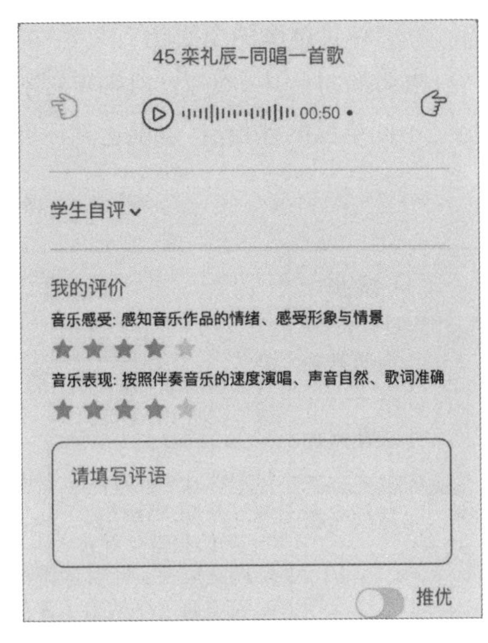

图 5－30

通过这些多元的主体评价，充分发挥学校、教师、学生、家长等不同评价主体或角色的作用，学生能直观地了解自身、了解自己在班级和年级中的音乐歌唱水平，分析自己学习上的优势与不足，为后续更好的歌唱水平的提升提供依据。通过欣赏其他学生的歌唱作品并以互评的方式，使他们用欣赏的眼光评价他人的优点，寻找自身的不足，同时提高评价的能力。家长也能通过评价自己孩子展示的作品，实时了解他们音乐课上的学业成果。通过“四维一体”的评价模式形成多方共同激励的评价机制，增强学生学习音乐的动力和信心。

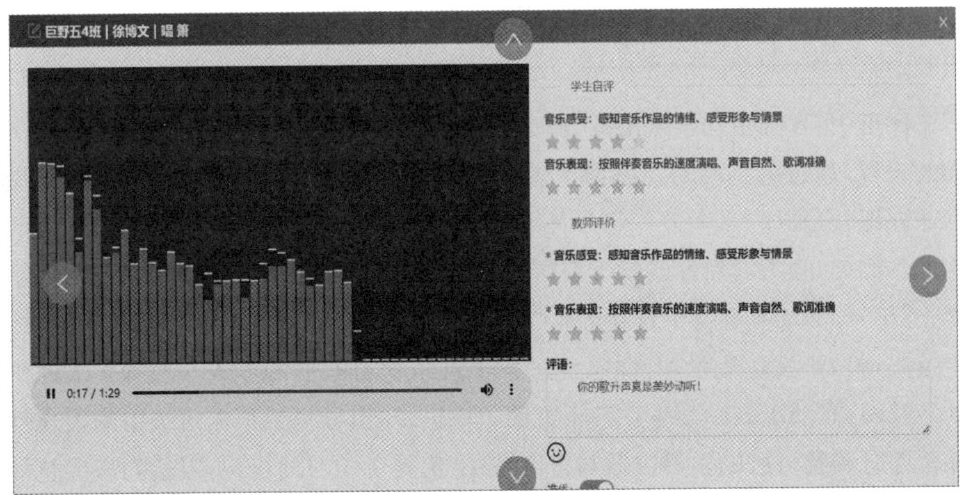

图 5－31

(2) 评价维度的全面化

在评价过程中，教师针对各年级不同学生的身心特点，按照不同的学习板块制定不同维度的评价点，以期达到评价的全面化。

表 5-1 评价维度的全面化

<table>
<tr><th colspan="2">评价维度</th><th>操作落地</th><th>评价主体</th><th>评价周期</th></tr>
<tr><td rowspan="4">学习兴趣</td><td>聆听兴趣</td><td rowspan="4">1. 每个学年选择三项年段重点培养的兴趣进行针对性评价(低年级：聆听、表达、活动)(中高年级：聆听、活动、合作)
2. 教师评价
每堂课评：针对课堂表现优秀或者后进的学生，通过终端操作评价。
3. 家长和学生评价
学期结束评：针对本学期家庭表现以及课堂学习表现通过终端给予评价。</td><td rowspan="4">教师
学生
家长</td><td rowspan="4">每堂课评
学期结束评</td></tr>
<tr><td>表达兴趣</td></tr>
<tr><td>活动兴趣</td></tr>
<tr><td>合作兴趣</td></tr>
<tr><td rowspan="4">学习习惯</td><td>倾听习惯</td><td rowspan="4">1. 每个学年选择三项年段重点培养的习惯进行针对性评价(低年级：倾听、表达、模仿)(中高年级：倾听、活动、合作)
2. 教师评价
每堂课评：针对课堂表现优秀或者后进的学生，通过终端操作评价。
3. 家长和学生评价
学期结束评：针对本学期家庭表现以及课堂学习表现通过终端给予评价。</td><td rowspan="4">教师
学生
家长</td><td rowspan="4">每堂课评
学期结束评</td></tr>
<tr><td>表达习惯</td></tr>
<tr><td>合作习惯</td></tr>
<tr><td>模仿习惯</td></tr>
</table>

评价中，教师根据学生唱歌、律动、欣赏、听讲、课上纪律、参与音乐实践等活动的表现，通过电脑端对每堂课上表现优秀的学生进行全面、多维度的评价，做到课课评、班班评、人人评。每月各维度点赞数名列前茅的学生还能获得相应的称号。例如，倾听习惯好的学生获得“金耳朵”称号，表达能力强的学生获得“小博士”称号，活动兴趣高的学生获得“百灵鸟”称号，合作协调佳的学生获得“智多星”称号等，激发学生学习兴趣，促进学生音乐学习习惯的养成。教师扩大评价的涉及面，有助于鼓励学生在各个方面争取进步，引导学生根据班级中的表现性评价即时调整自己的学习习惯与态度，跟上优异者学习的步伐，以达到班级整体学习质量水平的提升。

图 5 - 32

图 5 - 33

(3) 评价内容的具象化

借助数字化转型技术，学生的歌曲作品以及教师的评价不再“雁过无痕”，学生每学期在“音乐唱听”板块至少上传 2 首或以上的歌曲。五年级毕业时，学生的“个人曲库”将留存至少 20 首歌曲作品和相应的点评，真可谓是收获满满。这些美妙的乐声记录了他们从稚嫩到动听的歌声，正是学生音乐成长道路上无比珍贵的足迹，数字化的评价为学生留下了具象的电子资源。

每学期教师在平台上的各个维度的点赞和评价也被逐一记录，原本传统的口头评价被数据记录下来，学生能直观地了解自己在每学期音乐课上的学习兴趣和学习习惯的表现，形成完整的音乐成长档案。教师能真正做到“教—学—评”一致性，以评促教，提高评价的全面性与准确性。

4. 信息化助力的音乐教学评价成效

根据《义务教育艺术课程标准(2022 年版)》关于学业质量的描述，教师制定了歌唱教学的 “五星”评价标准，如表 5 - 2 所示。

表 5-2 歌唱教学评价标准

星数	情感体验	歌曲演唱
五星	演唱时表情与歌曲情感相符，具有很强的表现力与创意表现	演唱姿势正确、声音自然、速度稳定、歌曲完整正确。音准、节奏等准确度高
四星	演唱时表情与歌曲情感相符，具有较强的表现力与创意表现	演唱姿势正确、声音自然、速度稳定、歌曲完整正确。音准、节奏等准确度较高
三星	演唱时表情与歌曲情感基本相符，具有一定的表现力与创意表现	演唱姿势正确、声音自然、速度较稳定、歌曲较完整正确。音准、节奏等准确度较高
二星	演唱时表情与歌曲情感基本相符，表现力与创意表现一般	演唱姿势正确、声音自然、速度基本稳定、歌曲较完整。音准、节奏等准确度一般
一星	演唱时没有表情与歌曲情感，没有表现力和创意表现	演唱姿势较差、声音不自然、速度稳定性较差、歌曲不完整。音准、节奏等准确度较差

在数字化技术的加持下，教师通过分析整理出的数据，调整教学方法，使教学成效得到了提升。

(1) 根据学生个体差异，各展所长显本领

利用智慧校园平台对学生歌唱教学评价整理出的数据，教师将班级中的学生，根据不同的演唱水平进行分组，让他们在音乐创编活动中发挥自己的特长，分层要求进行合作表现。例如，教师执教的三年级(5)班有 45 名学生，利用平台整理出一学期班级学生上传歌曲演唱及情感体验评分的数据，如表 5-3 所示。

表 5-3 学生歌唱数据

星数	情感体验	歌曲演唱
五星	15 人	18 人
四星	16 人	12 人
三星	12 人	12 人
二星	2 人	3 人
一星	0	0

根据数据显示，在学习三年级第二学期第一单元的综合活动“春之声”时，教师把全五星的学生安排在“小小歌手”区，让他们担任歌曲演唱的任务；把四星和三星的学生安排在“声音模仿”区，让他们负责用口技或者打击乐器演绎大自然中的各类声音；把二星及以下的学生安排在“旁白朗读”区。学生在综合表现歌曲时以各自所长与其他学生合作展示，为大家呈现出一场精彩的融歌唱、伴奏、音效、语言表演的“春之声”演出。同时，教师也根据学生的表现从不同方面给予了积极正面的评价，在评价的过程中教师时刻关注学生的音乐学习过程，引导他们在音乐活动中发挥了自己的特长，培养良好的学习自信心，提高音乐综合表现水平。

(2) 重视学生个体差异，采用分层评价方式

在音乐教学中，各班级学生存在着个体差异，作为教师要重视学生的个体差异，分析差异的特点、层次、类别，在评价过程中根据分析的数据关注每一个同学、每一个组别，结合学生的不同特点，采取不同的评价方式。通过数字化数据采集后的结果显示更能科学地为教师提供数据，教师将班级中的学生根据不同的音乐水平进行分组，要保证相同组内的学生音乐基础相似，然后采取分层评价的形式，让学生逐层地来实现对音乐知识的学习；也可以将各自不同能力的学生进行组间合作，实现互补、互助的学习共同体，达到分层合作的目的。

例如，在学习三年级第一学期歌唱教学《乃哟乃》这一课，教师结合采集后的数据，了解学生对歌曲歌唱方面的掌握情况，将班级中的学生分成了三组。这三组学生的音乐水平根据星级的评价标准是各不相同的，教师根据不同小组的水平，设置不同的音乐学习任务，并根据任务完成度对组内学生进行综合评价。第一组学生是班级中音乐基础最好的，他们根据教师要求自学歌曲旋律，并找出歌曲旋律是由哪些音组成的；第二组学生音乐水平稍弱一些，对于他们来说，教师的要求是能较完整地将歌曲旋律学唱；第三组是在音乐学习上存在一定困难的学生，对于这类学生，教师要求他们只需要演唱每个乐句后半句的“sol、mi、do”这三个音并能跟教师接龙中完整学习歌谱。通过分层要求，给不同的组别安排了不同的音乐学习任务，通过小组合作的形式进行歌唱能力、识谱能力的展示。这样的歌唱教学能使学生基于各自的学习基础毫无压力地共同学习音乐知识，并在合作表演后获得学习成功的喜悦，每个学生在小组学习过程中都能有相应的进步。之后教师开展合理的教学评价，由于不同组别的学生音乐学习目标和要求是不同的，所以基本上所有的学生都能够顺利完成任务，三组学生都在原有

基础上获得教师鼓励性的评价，对所有学习态度认真的学生还可以颁发小奖品激发学习兴趣。通过这种评价方式，可以减少班级中歌唱能力天生不佳的学生自卑心理，增强他们参与音乐活动的自信，满足学生对音乐的学习的热爱。

(3)“教—学—评”一体显成效，学业质量提升快

构建“教—学—评”一致性的教学体系是新课标的重点目标，有效的评价方式能带动教师的教与学生的学。有了数字化转型助力下的课堂评价的赋能，学生在课上愿意学、主动学，学业质量快速提升。

例如，教师执教的三年级学生共 324 名，在第一学期期末学业报告与第二学期期末学业报告对比中可以发现，第二学期获得五星、四星的学生人数比第一学期都有所增加，说明教师通过获取学生歌唱数据，及时调整教学方法，重点指导未解决的教学难点，提高了教学有效性，使学生的学业质量得到显著提高。

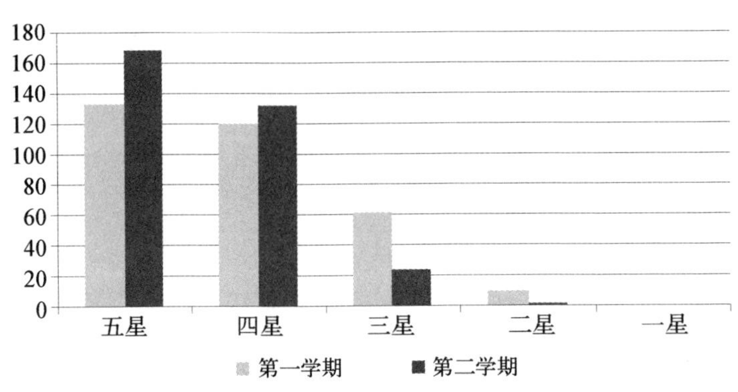

图 5 - 34　学科作业成绩统计

(三) 信息化助力美育评价的未来与展望

信息化技术加持下的智慧校园，在科学与人文艺术的融合中启智润心，切实促进了学生综合素养的形成。现代学校逐渐从数字化向智慧化过渡，学生评价活动也应顺应学校的发展，通过丰富的校园活动数据，利用智慧化的数据分析工具，形成智慧化的评价模式，让学生评价活动真正能够衡量学生的发展状况，并与教学活动形成良性循环，成为整个教育过程的关键环节。技术赋能下的评价手段，可以激发学生的学习兴趣，活跃课堂气氛，使评价更高效、数据更直观、共享更方便。

现代学校逐渐从数字化向智慧化过渡，学生评价活动也应顺应学校的发展，通过丰富的校园活动数据，利用智慧化的数据分析工具，形成智慧化的评价模式，让学生评价活动真正能够衡量学生的发展状况，并与教学活动形成良性循环，成为整个教育过程的关键环节。

新一代信息技术赋能教育评价改革并非一蹴而就。今后既要凸显技术的工具理性，围绕结果评价、过程评价、增值评价、综合评价选取合适的评价指标，以更好地发挥新技术的功效；同时更要兼顾评价的导向、激励和育人价值，彰显评价的价值理性，构建可操作的新一代信息技术支撑的教育评价指标体系。此外，探索如何协同学校、教师、学生、家长等评价主体，确保每个评价主体按评价任务与责任深度参与教育评价。

技术赋能下的美育评价优势表现在科学合理应用信息技术开启学生美术学科评价不仅能够解决传统评价方式层面的诸多局限和不足，而且能够以此深化引领新一轮评价改革。与以往单一的教师给作品手动批改的传统评价相比，技术赋能下的美育评价让美术学科的评价层次更加分明，更加多元和立体，提高了评价的科学性、专业性、客观性。新的评价机制激发了学生的创造力，启迪了学生的智慧，让美术、艺术、科学、技术相辅相成、相得益彰。

随着信息化技术的不断成熟，可以多维度、多途径地获取学生音乐作品，这样音乐的评价才能更完善、更全面。例如，学生不仅可以上传歌曲作品，还能通过终端上传舞蹈律动、电子音乐作品或者文字类的音乐作品评价等。有艺术特长的学生能把自己的表演视频上传到终端，形成有自己特色的“音乐档案袋”。上传的途径也不仅限于手机端，学校可以提供录音设备“迷你唱吧”或者“迷你舞吧”，让学生在学校也能上传作品。

总之，小学音乐课堂评价是《义务教育艺术课程标准（2022 年版）》背景下不可缺少的重要环节，教学评价是学生学习态度、过程表现、学业成就多方面表现的反馈，贯穿于音乐学习的全过程和音乐教学的各个环节，多层次、多维度的教学评价不仅能提高学生的核心素养，更能使学生对自身音乐学习情况产生客观的认识。有了大数据的助力，音乐的教学评价变得更加如虎添翼，及时、有效、艺术多维度地进行全面评价，真正发挥以评价促教、“教—学—评”一体化的教育教学改革，促进教学效率和质量的提升，使学生全面发展，健康成长。

六、智慧校园赋能下劳育“巧手星”评价变革①

《义务教育劳动课程标准(2022 年版)》的颁布是开展新时代劳动课程的里程碑事件,对劳动课程性质的定性凸显了劳动教育作为“五育”之一的重要作用,同时强调劳动课程的参与性、操作性等特点,注重学以致用,它跟德育、智育、体育、美育紧密相关,密不可分,是一门综合性很强的学科。新课标中,对于课程评价,提出了表现性评价和学段综合评价相结合的评价方式,学校以智慧校园创建为契机,积极探索新技术支持下的劳育评价方式的变革。

(一) 厘清概念,劳育“巧手星”有何特点

当前处于数字化、网络化、多媒体化、全球化的信息时代,特别是计算机、多媒体融图、文、声于一体的认知环境以及先进的网络技术,使得人们对于教育、教学的传统观念发生改变。信息社会的劳动,从以体能和机械能为主的形态,逐渐走向体力劳动为基础、融入智能为主的手脑结合的劳动形态,这意味着对劳动教育的认识也需要更新。学校“五星五育＋”学生综合素质评价体系中的劳育“巧手星”将信息技术运用在劳动教育评价中,将评价的视野投向学生的整个劳动过程,促进劳动教育评价的质量和效率不断提升,其中代表劳动教育的“巧手星”结合了自然学科、劳动技术学科、信息科技学科及探究型课程等构建了三级评价指标体系。

1. 劳育“巧手星”不等同于体力的训练

谈及“劳动”,人们自然而然地联想到出力流汗的体力劳动。毋庸置疑,体力劳动只是劳动的一种简单形态,它不是劳动的全部内容。新时代的劳动应当更多地趋向于信息素养和创造性思维参与其中的智力形态,注重培养学生的劳动素养,让学生在学习与劳动实践过程中逐步形成适应个人终身发展和社会发展需求的正确价值观、必备品格和关键能力,劳育“巧手星”主要包括劳动观念、劳动能力、劳动习惯和品质、劳动精神。

2. 劳育“巧手星”不局限于智力的促进

在信息化时代,虽然劳动更多地围绕智力而展开,但是,劳动的功能是综合的,它对德育、体育以及美育所产生的作用和价值也是不可忽视的。在信息化背

---

① 本节由张丽萍撰写。

景下，随着生产力的发展，人们的生活水平日益提高，在物质需求得到满足的同时，人们追求的是全面发展以及自我价值的实现。中共中央、国务院《关于全面加强新时代大中小学劳动教育的意见》中指出，充分发挥劳动综合育人功能，以劳树德、以劳增智、以劳强体、以劳育美、以劳创新，促进学生德智体美劳全面发展。因此，劳育“巧手星”承载着综合育人的功能。

3. 劳育“巧手星”注重强化劳动观念，弘扬劳动精神

当前，青少年学生不会劳动、不爱劳动、轻视劳动的现象还普遍存在。强化劳动观念、弘扬劳动精神，让学生在具体的劳动实践过程中形成劳动观念、培养劳动意识、提升劳动素养。因此，“巧手星”注重让学生亲身经历劳动过程，在劳动实践中出力流汗，在科技发达的当今时代，更要强调体力劳动和脑力劳动相结合，手脑并用。

综合以上几点，学校将过程性与终结性评价相结合，由家庭、学校、社会共同参与评价，记录学生校内外劳动教育指标下的行为表现和成长数据，让学生的劳动态度、劳动能力和劳动成效得到客观的反映，实现以评价促进学生劳动素养的提升。

（二）紧跟形势，劳育“巧手星”的便利和优势

随着互联网科技在教育领域的运用越来越广泛和深入。“互联网＋教育”形势下，劳动教育的内容、途径、方式、手段、模式也发生了巨大的变化。学校充分挖掘劳动教育新内涵，劳动实践方案的设计尽可能与德智体美“四育”相结合，通过劳动实践，实现提升道德、增长智慧、强健体质、涵养美感、彰显劳动教育的综合育人的功能。

1. 劳动教育方式创新

学校智慧校园平台为劳动教育提供了非常有利的平台，它容量大、兼容性好、呈现方式多样，在劳动教育教学实践活动中发挥了巨大的作用。学校把劳动课程教学资源通过网络平台提供给学生，综合利用各种现代化信息手段，将劳动项目、劳动实践活动的方案、实施细则、评价标准等提供给学生，方便学生观摩、熟悉。学生可以自主选择感兴趣的劳动项目去学习和实践，学生还可以进行相互间的评价交流，及时化解学生劳动实践过程中的疑难困惑，也在互动交流中得到及时的纠正和鼓励，学生参与劳动的积极性能够被充分调动，劳动教育的功能最终得以实现。

图 5－35　形式多样、符合学生年龄特点的劳动教育活动

2. 活动教学模式丰富

当今时代，科技迅猛发展，日新月异的发展变化要求学校要不断创新劳动教育形式，运用人工智能技术搭建网络空间、虚拟环境教育情景，鼓励学生运用多元学科知识，开展创造性劳动。学校运用网络平台优化和创新教学模式，增强劳动教育课程的吸引力。加强网络教学平台和应用软件的开发，积极探索校内劳动与校外劳动相结合、虚拟劳动与具体劳动相结合的育人模式，开展社会调研和社会访谈等劳动活动，丰富劳动教学内容。

3. 家校携手评价多元

学生劳动素养的形成离不开实践体验，智慧校园平台使家校合作变得更加密切。学生劳动实践时，用视频、图片等方式在线上与大家一起分享交流，展现自己的劳动成果，谈劳动体会、劳动收获，相互学习，共同成长。除了提供多平台的交流展示外，还充分发挥多元评价的育人功能，学生的劳动体验得到家校的充分重视，劳动教育成果的呈现可触可感，劳动的过程与结果并重，有力地促进了学生劳动好习惯的养成。

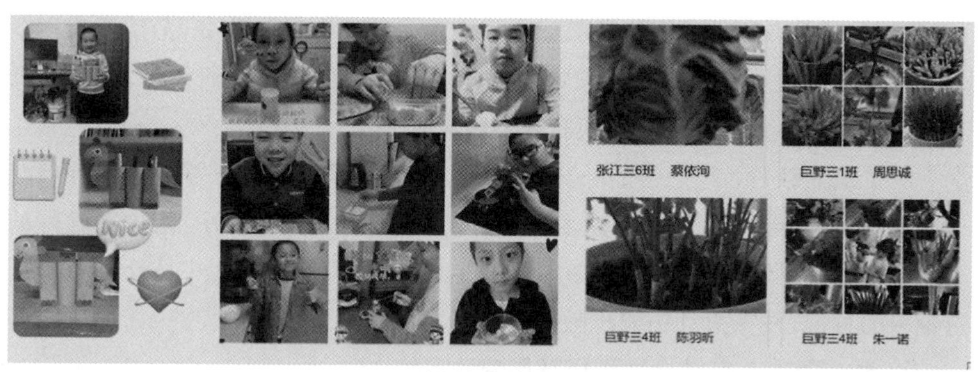

图 5-36 劳动结果可触可感

（三）策略探索，智慧校园赋能下劳育“巧手星”的实践策略

1. 更新劳动观念　加强劳动实践教育

思想是行动的先导，正确认识劳动教育，关系到学校劳动教育的开展和落实。新时代劳动教育理念，要在培养学生劳动技能、提高学生动手实践能力的同时，要不断创新劳动教育的形式，以劳树德、以劳增智、以劳强体、以劳育美，促使学生获得劳动认知，提升学生的审美力和创造力，培养他们创造幸福生活的能

力，形成良好的劳动习惯。在信息化时代，劳动的形态是多种多样的，除了体力劳动，还有知识劳动、虚拟劳动、数字劳动等，这些劳动形态都是伴随着信息化的到来而出现的。因此，各学科在制定劳动教育的方案时，依托智慧校园平台，立足学生的全面发展和个性发展的教育形态，以实践为价值取向，以劳动技能养成、种植养殖体验、特色课程实施、家务劳动实践等作为开展劳动教育的途径和载体，并赋予劳动教育新的内涵和外延，开展丰富的劳动实践。

校区	班级	主题	学科
巨野	四6	我的作品秀	信息
巨野	四6	自我介绍	信息
巨野	四5	我的作品秀	信息

校区	班级	主题	学科
巨野	五4	简易衣架	劳技
巨野	五2	尖嘴钳的使用	劳技
巨野	五3	简易衣架	劳技

校区	班级	主题	学科
张江	四2	我是小菜农	自然
张江	四2	脚手架的学问	自然
张江	五6	酸奶巧制作	自然

图 5－37 贴近生活实际的劳动教育活动

2. 研发线上线下课程　构建“互联网＋劳动教育”的新模式

学校劳动教育课程的实施，需要构建“互联网＋劳动教育”的新模式。在这一模式下，劳动课程的内容以及教学方式也发生着革命性的改变，劳动形态逐渐呈现出多样态的发展趋势。学校要充分开发和利用信息资源研发劳动课程，真正让“互联网＋劳动教育”的模式有效运转起来。

除了线上教育，学校还应结合实际课堂教学开展线下教育，落实劳动课程。此时，教师应引导学生以信息技术为学习工具、交流工具和展示工具，在教师的引导下充分发挥学生的主体性作用，让学生在动手、动脑的过程中体会到劳动创造带来的喜悦，并在劳动中实现教育的目标。

3. 营造氛围　家校合作积极开展劳动实践

小学阶段是劳动教育的关键期。学校的劳动教育立足实际，依托“互联网＋教育”，以学校为主体、家庭为根基、社会为助力，形成三方面的教育合力，共同将劳动教育渗透到学生生活和学习的方方面面。家校合作，共商制订劳动计划，共教劳动技能，共营劳动氛围，培养劳动意识，为塑造劳动达人携手共育。

营造氛围，家校合作。给学生机会，让他们尝试劳动；给学生一段时间，学会劳动；给学生良好的物质空间，自主劳动；给学生良好的心灵空间，享受劳动；给学生一个方法，学会劳动；给学生一个要求，贯彻到底；给学生一个规则，体味劳

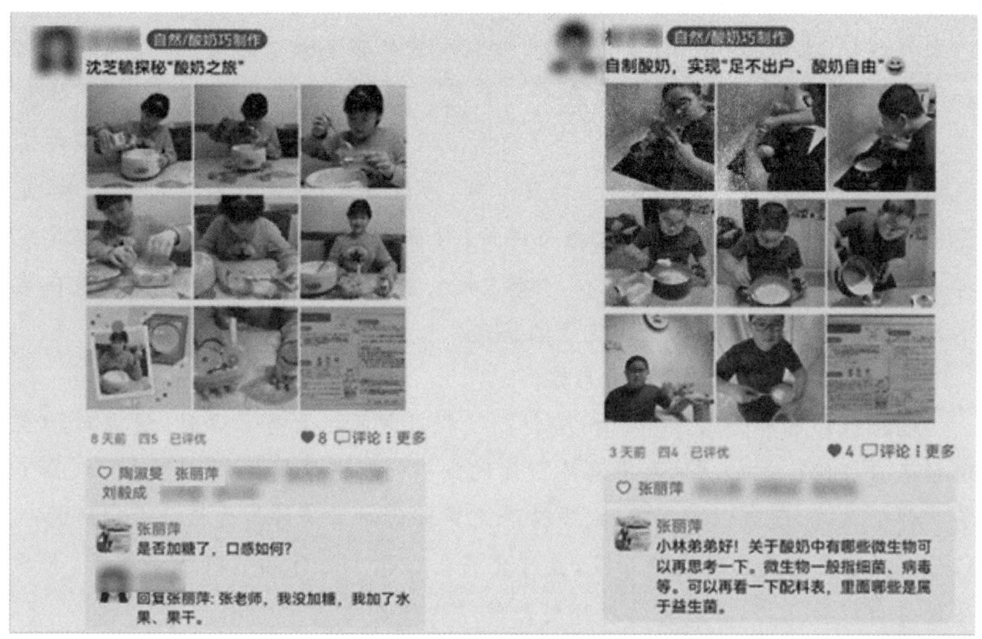

图 5－38　学生在活动中体验成功的快乐

动。在家校的合力下，开展劳动实践，劳动教育的成效将会更加巩固，劳动教育的成果也将更加丰富。

七、实践案例

案例一　智慧赋能的多元化“创美星”美育评价①

智慧校园是以物联网为基础的智慧化的校园工作、学习和生活一体化环境，这个一体化环境以各种应用服务系统为载体，将教学、科研、管理和校园生活进行充分融合。学校美育“创美星”评价结合智慧校园，通过“班级圈”“数字画廊”等功能，实现“线上＋线下”的评价方式，促进学生评价的变革。在智能技术支持下，学校在教学内容、教学资源等方面进行融合，构建开放的、多维度的学习空间，力求真正与社会整体信息化应用环境实现融合。

《义务教育艺术课程标准(2022 年版)》中指出，以各艺术学科为主体，加强

① 本案例由金越撰写。

与其他艺术的融合；重视艺术与其他学科的联系，充分发挥协同育人功能；注重艺术与自然、生活、社会、科技的关联，吸取丰富的审美教育元素，传递人与自然和谐共生理念，促进学生身心健康全面发展。围绕学生艺术学习实战性、体验性、创造性等特点，将学生的课程学习与实践活动情况纳入学业评价。明确评价依据，改革创新评价的任务设计、题目命制、评价方式；强调评价的统一要求，重视艺术学习的过程性、基础性考核与评价；尊重学生艺术学习的选择性，以学定考，根据学生的选择进行专项考核，体现“教—学—评”一致性。笔者将浅谈在美术评价方面结合学校智慧校园建设的实践。

(一) 常用的美术学科评价方式

过程性评价和终结性评价相结合。过程性评价：上美术课时，注重对学生进行语言评价。比如，“你画得真棒”“你的细节处理得很到位”等语言鼓励，除了有声评价之外，还可以运用眼神、手势等无声评价对有声评价进行补充。终结性评价：在绘画完成后的展评阶段，教师会将全班学生的作品进行统一展示，由学生进行自评和互评，最后再由教师对每位学生的作品进行评价。

(二) 基于智慧校园的“创美星”评价

1. 注重过程，形成多元评价

新课标评价要求将学生自我评价、学生互评、师生互评、家长评价结合起来，更注重学生在评价中的主体地位。在“创美星”的评价中，对学生在课堂上的过程性评价包含三个维度：探究兴趣、观察习惯、关注兴趣。

教师在授课过程中可以根据学生不同方面的表现情况进行肯定或是鼓励，直观地在大屏幕上进行展示，精准的评价能够激发学生的积极性，培养良好的竞争意识，促进学生对美术学习的热爱。

将评价变为主动参与的过程，变为自我反思、自我教育、自我发展的过程。同时，在沟通中可以增进学生之间的了解和理解，促进不断改进、不断完善，最终获得进步与发展。

2. 作品分享，实现多方互动

在以往的展示与评价环节中，教师会将学生的画作贴在黑板上进行展评，但由于时间与空间的原因，往往无法展示所有学生的作品。而通过智慧校园平台，教师和学生都可以将作品进行拍照上传至平台中。学生可以用打星的方式进行自我评价，更可以在智慧校园“班级圈”中对同伴的作品进行点赞，也可以在评论区分享自己的看法。

图 5－39　过程性评价的三个维度

教师对每一位学生的作品进行星星评价或推优。推优的作品会在学校的“数字画廊”中进行展示。课间，学生纷纷围到“数字画廊”前欣赏自己和同伴们的作品，同样也可以点赞评价，更好地实现了作品分享和多方互动。

通过智慧校园结合“班级圈”开展线上教学环境搭建。课堂教学结合“数字画廊”开展线下学习体验，共同打造智慧校园“创美星”多元评价。

图 5－40　智慧校园“班级圈”学生展示

3. 期末总评，呈现数字画像

基于智慧校园平台的美术教学评价，丰富了教师的教学评价方法。期末评价也从以往在成长手册上的手写版评价，向更具个性化、更全面的数字化评价进行转变。用每一次的课堂评价和课后评价作为依据，结合学生自评、生生互评和教师评价，智慧校园平台会在学期末自动为每一位学生生成一份专属的数字画像，使学生更加直观地感受到在这一学期甚至一学年中的自我表现。

通过平台建立学生美术学习数据，能够为学生带来系统的学习记录，从学科属性与儿童的成长属性维度，制定科学合理的教学内容，为学生提供个性化的评价，让每一位学生都成为独一无二的“创美星”。

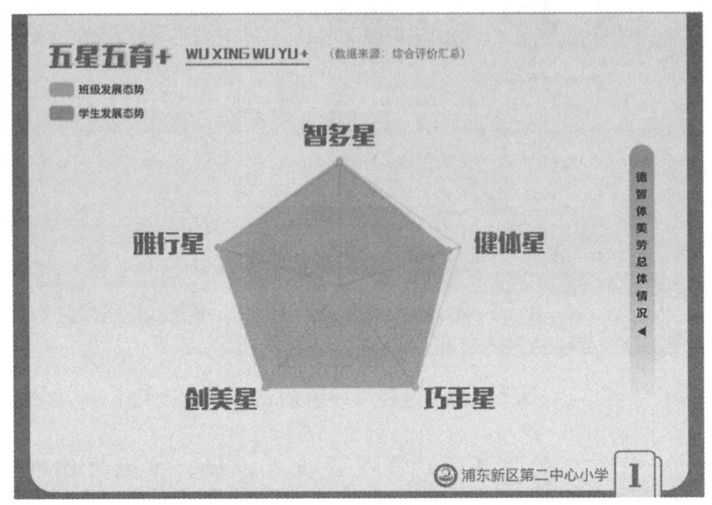

图 5－41　学生综合素质数字画像

(三) 实践的成效与不足

在新时期教育发展阶段“互联网＋”与教育的融合不断深入，教育信息化在内涵、深度和质量上也不断发展，教学结构和形态正在发生变化，学校的智慧校园建设正在稳步推进中。作为一名一线基层教师,也充分感受到了智慧化、信息化给美术教育和评价带来的变革。

智慧校园平台让美术教学的评价更加多元化和个性化,从智慧评语库到“班级圈”交流互享再到数字画廊建设。运用“班级圈”等线上交互式平台进行课前在线交流、探讨艺术观点等,帮助学生建立美术评价意识,让每一位学生懂得欣赏美、感受美、创造美;智慧校园也为师生、生生搭建互动和探讨的平台,创造美术学习交流环境,创建体验式美术实践环境,全面提高学生美术学习能力。

智慧校园建设工作是一个长期而系统的工程,智慧校园平台的建立促进了学校教育教学等方面的工作,也为美术评价提供了更多的可能性。它打破了时间和空间的限制,让教师、学生、家长全方位地进行交流和沟通,促进了学生学习方式、评价方式的变革,提升了教育信息化水平。智慧校园“创美星”美育评价建设,从学生的审美生活开始,将不断探索新模式、新方法,优化“创美星”的美育评价,达到提高美术教育质量、实施素质教育的目的,把美术课堂教学带入一个崭新的天地。

案例二　智慧校园开启美育多维评价新通路①

在教育领域,信息技术和学科融合正在迅速发展。学校普遍推行数字化教学,将计算机、平板电脑等技术融入教学过程中。教师积极利用数字资源和在线平台,提升教学效果,增加学生互动与参与,培养学生创新思维和解决问题的能力。

传统的美育评价方法存在一些弊端。通常通过期末纸质美术作品等方式来评估学生的艺术创作能力,一锤定音,片面地评估学生能力,限制了学生的发展和创造力。这种方式无法客观地反映学生的综合能力和艺术潜力。学生美术创作能力的评价应该是一个综合性的过程,包括对学生的艺术思维、表现技巧、创造力、表达能力等多个方面进行评估。仅根据期末美术作品进行评价的常规做法,往往没有考虑到学生的个体差异和学习风格,导致无法全面了解和体现学生的个性和特点。为了克服这些弊端,学校在智慧校园赋能下,结合信息化手段尝试采用更加多样化和综合性的评价方法,在美育层面“创美星”评价方面,进行了大胆变革。将现代信息技术与美术教育评价相融合,为学生提供更加便捷的学习平台,形成美术评价的不同维度。智慧校园采用综合评价方式,为学生提供作

① 本案例由瞿秀华撰写。

品具体和有建设性的反馈，帮助他们了解自己作品的优点和不足之处，并指导他们改进和发展，运用多种方式来评估学生的艺术能力。同时，给予学生展示作品的机会，鼓励他们与他人分享和交流，从中得到更多启发和认可。

尽管已经开始将智慧校园技术引入美术教育中，但在整合教育资源、提供个性化学习、促进学生创意表达等方面仍面临挑战。学校在美术学科“创美星”评价过程中，不再使用传统方式评价作品，在系统化培训和新理念引领下，采用自上而下的方式，全体美术教师依托智慧校园平台，对学生美术学习进行过程性评价，共同进行了富有成效的探索。首先制定美术作品评价标准，结合标准进行评价软件工具的开发；然后推行美术数据采集，让美术作品数字化；最后，运用系统综合优势，进行评价实施。这些努力也得到了显著的成果。

(一) 作品数据，云端采集：作品拍摄与上传

智慧校园系统依赖大数据的采集，因此，在初始阶段，需将美术作品数字化。系统提供了多途径采集作品数据的方式：学生、教师、家长都可通过手机、平板电脑等终端设备上传日常美术作品。课堂中，教师可以将每堂课的美术作品拍摄照片并及时上传至智慧校园系统。学生回家后，也可以自主上传作品。上传后，作品将自动同步到教师端、学生端，生成个人或班级的作品集。

图 5－42　多途径采集作品数据

(二) 智慧评赏,美学共享:实时评鉴与推优

教师可以抽空对作品实时进行在线评价。评价系统根据美术组预设的评分标准,参考教师的星级评分,对学生的作品自动给出相应评语。

除了在线评价外,智慧校园系统还为教师提供了作品额外点评功能。教师可以根据学生的作品,及时反馈,给学生作品留言,针对性地提出意见和建议,帮助学生提高美术水平。对于优秀作品,教师可以在线进行推优,并给予鼓励性的评语,激励学生在美术学习上增强自信、获得美术创作的快乐。

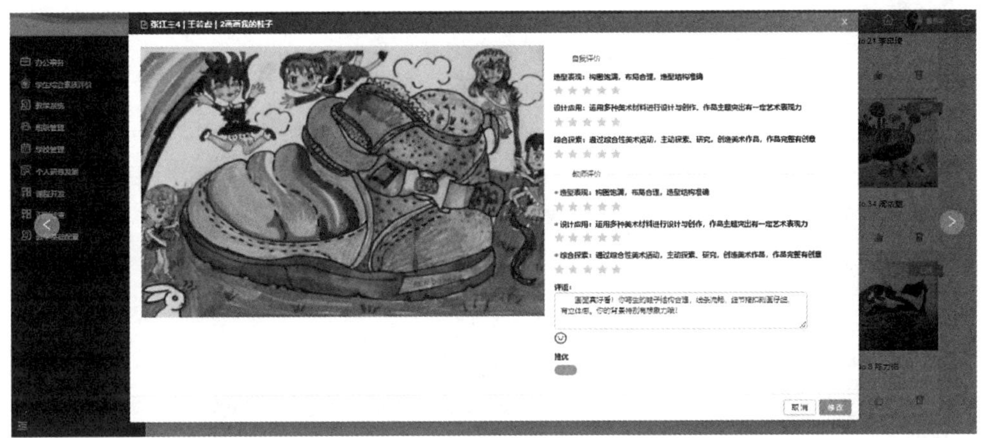

图 5-43 学生作品实时评鉴与推优

(三) 云展作品,汲取灵感:多样展示与互动

“班级圈”功能,让学生能够及时欣赏到同班同学的美术作品。学生可为他人的作品点赞或留言评价,进行良性互动,从而激发学生进行美术创作的积极性,提高班级凝聚力。

此外,“数字画廊”功能中的作品展示,更是让学生感受成功,受到熏陶。展示系统分主题和班级模式,进入不同通道,可以欣赏到同主题作品或者各班级同学作品。分享并展示这些优秀的美术作品,开阔了学生眼界;跨班级、跨校区的作品欣赏,激发了学生的创造力和竞争力;学生不仅能够欣赏到来自其他班级的佳作,还能从中汲取灵感,提高自己的审美能力,提升绘画和其他创作技巧,同时加深对美术的热爱和理解。倘若看到自己的作品也在画廊中展示,更能激发学生艺术创作的自豪感、成就感。

图 5-44 学生班级作品云展示

图 5-45 数字画廊作品展示

(四) 素质报告，多维呈现：美术课堂与评价

在智慧校园系统中，美术课的表现全面纳入日常评价体系中，确保各班级学生每天的学习状况得到多方位综合呈现和记录。根据每位学生的课堂表现，教师课后进行差异度评价，系统及时更新评价内容，数据跟踪学生的发言积极性、观察与思考能力、合作态度和创意水平等指标。通过日常评价体系，全面了解学生在美术课中的表现，上传的作品将在期末作为“创美星”评价的依据，系统将根据学生作品的质量和创意，自动挑选出优秀作品，生成独一无二、图文并茂的“创美星”个性化奖状，以激励学生创造美、表现美、享受美，提升美育新境界。学生的综合素质报告立体呈现学生能力，分析有理有据，去伪存真。不再依赖一张作品的单一评判，真正实现多角度、多维度、多元化的评价。

图 5－46　系统生成素质报告“创美星”奖状

(五) 实践的成效与不足

主要成效：

1. 及时反馈评价，提高教学质量

智慧校园系统使教师能够更加高效地对学生的美术作品进行批改和点评，节省了教师的时间和精力，让学生及时了解自己作品的优势与不足。在线推优与评语的设置，能够让优秀学生受到表扬和鼓励，给学生展示作品、展示能力的舞台和机会，进一步增强学生学习美术的自信心，增加学习原动力。

2. 作品多途展示，激发创作热情

通过“班级圈”、数字画廊，形成美术作品展示与互动，相互欣赏、学习和竞争，在他人优秀作品的启发下，萌生灵感，激发创作欲望，增强对美术创作的热情，提升班级凝聚力，促进学生间的友谊与合作。

3. 多元维度评价，体现核心素养

美术课是一门需要通过实践来体验和学习的艺术学科，传统的手动打分方式往往难以客观评价学生的作品，更无法准确反映学生的创作过程和思维方式。采用过程性评价方式，可以更科学、全面地来评价学生的美术作品和表现。通过智慧校园记录美术学习过程中的评价，教师可以更加准确地了解学生的思考方式和艺术实践能力，以便帮助学生在课程学习中获得更全面的发展。此外，过程性多维度评价还可以培养学生的创造性思维，提升美术核心素养，有助于学生终身学习。

主要不足：

1. 技术难题

智慧校园系统在美术教育领域的应用，仍面临一些技术难题，如作品自动评分的准确性等。

2. 隐私问题

智慧校园系统中的美术作品上传、展示和评价等功能，可能涉及学生隐私问题，需要加强对学生隐私信息的保护。

3. 评价体系完善

目前，智慧校园系统中的评价体系可能仍不够完善，需要不断调整和优化，以更好地适应美术教育的需求。

智慧校园赋能下美育“创美星”评价变革势在必行，智慧校园系统在美术教育中的应用具有巨大潜力，为学生和教师提供了便捷的作品上传、评价、点评和互动功能，有助于提高教学质量、激发学生创作热情、提升学生学习动力以及增强班级凝聚力。然而，仍存在一些不足，如技术难题、隐私问题和评价体系的完善等。展望未来，我们需要进一步完善智慧校园系统在美术教育领域的应用，解决现有的不足，并关注美术教育与其他学科的融合、线上线下相结合的教学模式、家校合作与社会参与以及教师培训与教育研究等方面的发展。

在技术层面，可以通过引入人工智能等先进技术，提高作品自动评分的准确性；在评价体系方面，可以根据教育教学的需求，不断调整和完善评价标准，使之更具科学性和针对性；在隐私保护方面，需要加强对学生个人信息的保护，提高学生保护隐私的意识，提醒其在上传、展示和评价过程中注意隐私安全。智慧校园系统在美术教育领域的应用还可以拓展至其他方面，如开展线上美术比赛、进行跨班级、跨学校的交流合作等。美术教育可以与自然、道德与法治、体育等学科相互结合，培养学生的创新思维和综合素养。

在教育模式方面，智慧校园系统可以实现线上线下相结合的教学模式，提供丰富的在线教学资源、线上交流互动以及线下实践活动。此外，智慧校园系统还有助于促进家校合作与社会参与，整合社会资源，开展美术教育合作项目，以及推动教师培训与教育研究的进一步发展。

综上所述，智慧校园系统在美术教育中的应用具有广阔的发展前景，学校抓住契机，“创美星”评价变革实践取得阶段性优异成果。在未来的探索与实践中，要充分发挥教育科技的力量，充分认识其优势与不足，持续改进和创新，为提升美术教育质量、培养学生的创新能力和审美素养，未雨绸缪，做好不断与时俱进的准备。

案例三　智慧校园下体育综合素质“健体星”评价①

在传统教学观念中，小学生综合素质评价机制是粗糙的、单一的，传统教育教学由于缺少相应的采集数据的物联网技术或者说该技术还未成熟，导致教师只能通过机械的学习成绩来判断学生的好坏，这样评价的结果往往是不公正、不合理且过于片面的。体育综合素质包含体育品德、健康行为和运动能力三个方面，传统的评价往往很难体现体育品德。在智慧校园环境下进行小学生综合素质的评价可以通过采集客观评价数据来实施。

学生的学习情况是多维的，不是单一的，仅从运动能力以及课堂表现来评价是片面的。实践发现，可以从四个方面进行评价：第一，小学生学业水平考试成绩；第二，体育课堂的出勤率；第三，学生体育作业完成情况；第四，小学生课堂表现。同时，根据日常表现把学生的评价设置为金、银、铜三个等级的“健体星”。

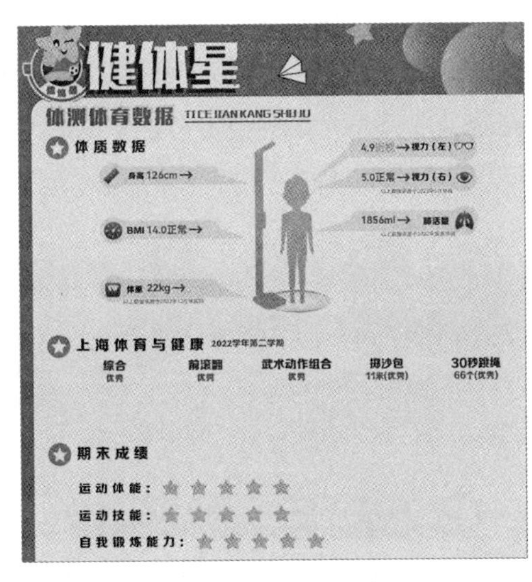

图 5－47　上海体测数据和体育国测数据展示

（一）小学生学业水平考试成绩

小学生学业水平考试成绩由期中、期末以及平时表现成绩共同组成。为减少系统误差以及减少教师的工作量，学业水平考试成绩可以采用网评、网测的方式进行，智慧校园中包括国家体测和上海体测，国家体测包括身高、体重、肺活量等身体素质，上海体

① 本案例由黄佩东撰写。

测包含学生的学期测试成绩，如 50 米跑、跳绳等。教师可以在智慧校园平台上传学生的学业水平考试成绩。

（二）体育课堂的出勤率

体育课堂出勤率主要靠教师的签到数据，在智慧校园环境下，突破传统的点名签到方式，利用信息技术辅助考勤，采用刷卡或者人脸识别的方式来完成。教师可以根据自己的需求选择适合的签到方式。学生的课堂表现是学生学业成绩考核的核心部分，学生平时在课堂上的表现决定了学生的学习态度，学生的学习态度在一定程度上反映了学生的学业水平，因为素质教育的目标是培养德智体美劳全面发展的综合性人才。同时，利用智慧校园平台的数据可以看出学生的健康情况，经常请病假的学生需要多多关注。

（三）学生体育作业完成情况

作业完成情况包含两个意思：第一个是否参与体育作业，第二个是完成体育作业的质量。在智慧校园环境下，教师可以不必像以前一样靠自己一个一个地批阅体育作业，而是利用智慧校园系统对学生的作业进行检查和批改。教师可以在该系统中完成作业布置，并设置作业提交的截止时间和答案显示，一方面督促学生及时完成作业，另一方面答案显示帮助学生在课后对知识进行查漏补缺。完成批改之后，数据自动计入学生的综合成绩。

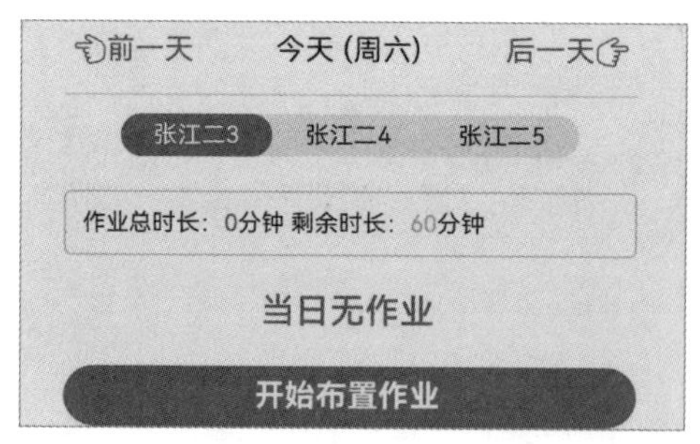

图 5-48 智慧校园平台布置作业的界面

学科	体育
频度	0.23
差异度1	2.31
差异度2	-4.92
及时性	94.3%
点赞次数	2524
鼓励次数	130
评价天数	56
评价指标数	4
评价班级数	6
网站评价次数	616
小程序评价次数	940
班牌评价次数	750

图 5-49 教师端的评价统计

（四）小学生课堂表现

小学生的课堂表现在体育课上表现为课堂纪律，分为四个板块，分别是活动习惯、安全习惯、科学习惯和学习兴趣。对于表现好的学生给予点赞，对表现不好的学生给予“小拳头”，每月总结一次，学生获得的星星可以用来兑换礼品。

(五) 实践的成效与不足

主要成效：

1. 学生初尝“争星”之乐

孔子曰：“知之者不如好之者，好之者不如乐之者。”在采用星级评价模式后，通过荣誉称号，换来了学生成长的快乐。“健体星”评价可以设置为金、银、铜三个等级的评价，金健体星代表学生在体育学习中获得较好的成就，学生需要付出很多的努力才能获得；银健体星代表学生在体育学习中表现良好，指明学生今后努力的方向；铜健体星代表学生在一段时间内的进步，每个学生均有获得铜健体星的机会。值得注意的是，这些信息需要一定时间的累计和兑换才能获取，从而体现学生从量变到质变的进步过程。正如世上没有两片相同的树叶，学生之间有着很大的差异，有的人身体条件突出，有的人身体素质较差。而星级评价让评价不再“唯成绩论”，更注重学习过程，尊重了学生的个体差异，激发了学生的学习兴趣，有助于发掘每个学生身上的闪光点，帮助学生体验成功的快乐。

表 5-4 争星的兑换标准

金健体星	银健体星	铜健体星
100个点赞	80个点赞	40个点赞

2. 学生初享快乐成长

在逐步强化落实和实施星级评价的过程中，学生在不断发展变化的过程中，渐渐意识到“争星”不再是“争星”，不再为了“争星”而去“争星”。从“争星”这一刺激中，正向引导学生产生内在的原始意愿，并将其转化上升为精神层面，让学生从被动的为了获得更多的“星”而被迫完成教师交代布置的任务，变为想要主动去学习、收获、成长，意识到“星”只是身外之物，即便没有“星”的奖励，也愿意主动去做、主动合作、主动反思、主动寻求自我价值的认可和体现。这种转变是一个长期的过程，需要教师不断地发掘个体发展的需要，创建“共享—合作”式的师生关系，尊重学生多元化的个性发展，通过正向引导而非刻板说教，实物刺激而非抽象解读，潜移默化地内化学生的行为，同时培养学生自我评价的能力，让学生在自我评价中获得满足感，感受到成长的快乐，帮助学生德智体美劳全面发展。即便学生之后迈出校门走向社会，逐渐脱离了这种评价模式，也能在之后的工作生活中感受到自我肯定带来的人生快乐，这无疑对学生的个体发展是终身受益的。

3. 教师初享评价之乐

学生能从星级评价模式中获得成长，教师也是这一模式的受益人。对小学体育教师而言，一节课面对几十个活泼好动、好奇心强的小学生，教学管理的任务非常繁重，而星级评价模式的出现，改变了评价难度大、评价单一的现状。特别是笔者所在的学校，生源较为复杂，运用这一模式，便于教师找到评价的突破点和出路。在星级评价模式之下，评价的任务更多被全体学生分担了，学生需要去“争星”，包括一些体育素养较弱的学生都会去思考该如何进步、如何提升，从而更自觉、自主地参与到体育学习中。如此一来，教师就可以将更多的时间精力投入教学中，投入建立良好的师生关系中，从而帮助一个个学生达成目标，走向成功。这样，体育教师的自我价值也得以实现，也更能享受到“职业幸福”。

主要不足：

可以看到，星级评价模式实行以来，虽然取得了一些成效，但并不是完美无缺的，在模式运行过程中，教师难免会遇到困难与疑惑。笔者结合自身多年的实践经验，发现存在的问题主要集中在两个方面。首先，长期采用星级评价模式容易使学生和教师产生倦怠感。学生品质和学习习惯的养成并不能一蹴而就，每个学生在不同时期都会有不同程度的行为变化。刚开始接触此类评价模式的时候，学生往往好奇心强，参与度也比较高，但在逐渐适应此评价模式后，学生会产生倦怠感，参与热情也慢慢变低。同样地，教师在长期实施该评价模式的过程中也会出现同样情况。其次，该评价模式实施期间，有极少一部分学生采取“事不关己，高高挂起”的无所谓心态，并没有全身心地参与到星级评价的模式中。究其原因，评价度过“高”可能是主要因素。这就需要教师、家长、学生的共同努力，共同解决这些问题。

总之，星级评价模式在小学体育课堂评价中有着很大的应用价值，包括让学生初尝“争星”之乐、初享快乐成长，让教师初享评价之乐、初享研究成长。为了进一步发挥星级评价模式的价值，教师应激发学生的内驱力，完善星级评价模式，注重因材施教，加强教师自身的专业发展，积极创设实践环境，从而助力于体育教学发展。

案例四 智慧校园中体育家庭作业功能结合“健体星”进行运动评价案例①

2021 年 4 月，教育部办公厅《关于进一步加强中小学生体质健康管理工作的通知》提出，大力推广家庭体育锻炼活动，有锻炼内容、锻炼强度和时长等方面的要求，不提倡安排大强度练习。《义务教育体育与健康课程标准(2022 年版)》提出，布置学生独立或合作完成、与家长共同完成的体育家庭作业等，促进学生经常锻炼、刻苦练习，逐渐培养学生的体育锻炼习惯，缓解学生的学习压力，丰富学生的课余文化生活，促进学生更好地形成核心素养。体育家庭作业是对学校体育工作的新要求和新指标。如何合理布置体育家庭作业，如何让家长和学生积极参与体育家庭作业，如何体现体育家庭作业的积极作用从而提升学生体质健康，促进学生养成良好的运动习惯和健康的生活方式，是每一个体育工作者需要思考并积极实践探索的新课题。本案例旨在通过智慧校园小学体育家庭作业功能为学生提供优质的锻炼资源，体现体育教师的指导作用以及及时地进行评价，从而推动学生锻炼的积极性，促进体育锻炼的有效性。随着信息技术的发展，学习已经不再局限于课堂，移动终端学习成为一种课堂教学的延伸和新型的学习模式，而这种新的教学模式离不开教育信息化资源库的建设作为基础，体育家庭作业结合“健体星”评价体系的构建具有现实意义。

(一) 依托智慧校园平台，改善技能与成绩评价

根据新课程标准中“坚持科学有效、改进结果评价、强化过程评价”的总体要求，围绕“认知、技能、体能、情感”四个方面的育人目标，学习平台发挥教学评价在教学诊断、调控、改进方面的重要作用，提升小学体育学习评价的应用实效。在课堂教学中，体育教师可基于学习平台，实现学生的技能水平评价和成绩量化评价。

1. 优化技能评价

小学体育课堂教学中，基于学生认知发展规律和认知水平，教师可根据每周教学内容进行作业布置，设计评价内容再给出“健体星”评价，评价内容应力求简洁、准确，指向学生的体育技能。例如，在篮球教学中，单手肩上投篮的肩上屈肘，可表述为单手五指向后，掌心向上，将手掌置于肩膀上。在学习平台中，以较为简练的评价语言确定评价标准，形象具体地表述体育运动的技术动作，便于学生理解和掌握，也易于评价学生是否达到标准。

---

① 本案例由徐成撰写。

2. 量化成绩评价

在学生运动过程中，由于学生学习成绩缺乏跟踪、量化，难以全面分析、研究体育教学效果。基于智慧校园平台的体育学习评价内容结合"健体星"评价体系，可将教师课堂评价与学生专项体能测评有机结合，实现过程性评价与终结性评价的衔接。教师根据学生技能学习、参与情况等进行课堂评价，围绕学生"学、练、赛"的情况，量化学生得分，并将学生的课堂及课后作业评价得分上传至智慧校园平台。可按周、月、学期展示学生课堂成绩，便于教师结合学生体质健康测试成绩，进行教学反思、设计与优化。

（二）借助运动手环结合智慧校园平台数据分析进行运动评估

根据《关于强化学校体育促进学生身心健康全面发展的意见》要求，学校体育教育应积极运用信息技术手段监测学生的运动情况。新课程标准要求，体育课群体运动密度应大于75%，个体运动密度不低于50%，运动强度应控制在140—160次/分钟（学生平均心率）。在小学体育课堂教学中，由于缺乏必要的体育运动监测设备、技术，教师难以准确监测、评估学生的运动负荷。如果由教师对每位学生进行实时运动监测，将花费大量时间、精力，导致体育课堂教学时间、内容不足。借助运动手环可自动化监测、采集、上传学生数据，教师可实时查看学生的运动负荷情况，把握学生的整体运动数据和个体性数据，这为教师优化调整课堂教学内容和个性化指导提供依据。

以小学低年级篮球原地拍球教学为例，设计该项活动的运动负荷为60%。教学中发现，在开始阶段，学生运动负荷相对偏低，整体运动水平低于教学活动设计 要求。于是，教师根据运动手环的监测数据，适时调整拍球活动，将静态原地拍球调整为运动拍球，以提高学生的运动负荷。经调整后，学生的运动负荷满足设计要求。基于运动手环等智能穿戴设备的体育课堂监测方式，能够实现学生学习、运动数据自动、实时收集、上传，有利于教师跟踪学生的体育学习和锻炼情况，以实施个性化指导和制定课堂体育锻炼方案。

（三）通过家庭作业AI技术结合国家学生体质健康标准设计"健体星"奖励机制

学生每年都会参与国家体质健康测试，在此案例中，教师结合教学计划，布置国家体质健康测试相关家庭作业。通过周锻炼、月锻炼、学期锻炼，进行争健体星星活动。在家庭作业平台中，使用构建完成的视频资源库，结合智慧校园AI功能，让学生可以进行正确的锻炼、有效的锻炼、能够自我评价的锻炼。通过

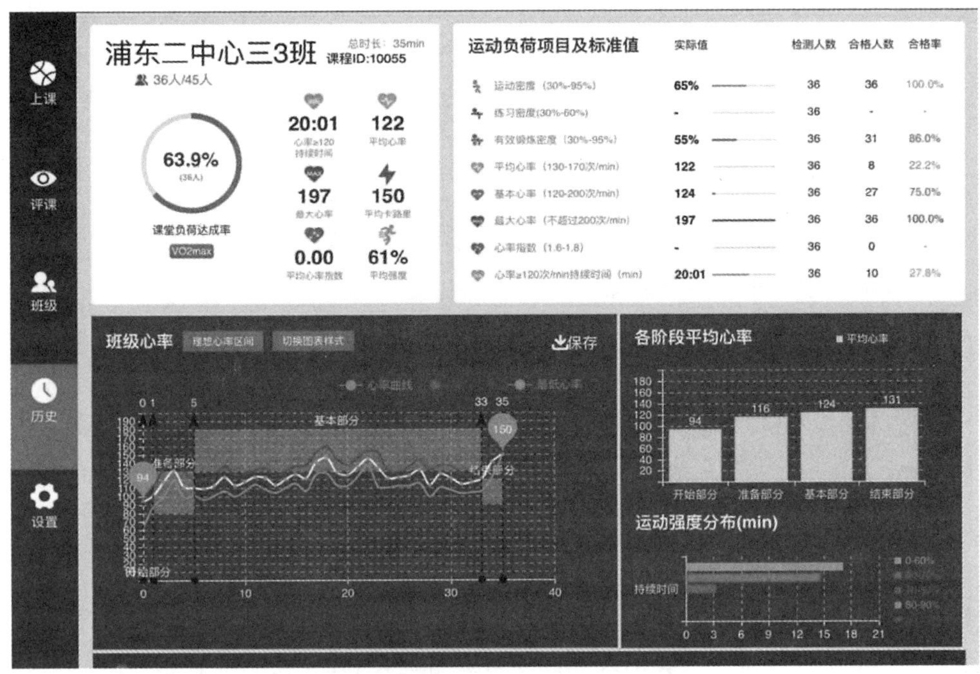

图 5－50　借助运动手环获取的学生运动数据

此活动激励学生的运动热情，提高学生锻炼效果，有效提升学生的国家体质健康测试达成率。

(四) 实践的成效与不足

主要成效：

1. 增强学生的主动参与性

在小学体育课中，学生的主动参与性是提升教学质效的前提和基础。因此在体育课堂中，教师应该注重培养学生的主动参与性，让学生能够了解体育教学对自身后续发展的重要性。体育教师合理应用评价教学，有助于学生从教师评价教学中更好地发现自身优势，并能够激励学生将这种优势一直持续下去，获取更大的进步。同时，小学生都具有极强的表现欲，都希望能够得到他人的关注和肯定，特别是来自教师的肯定，教师的肯定能够有效提升小学生的满足感和自豪感，让小学生以更加积极的态度参与体育教学。

2. 提升小学生的个人素养

体育教学的开展目的不仅仅是提升小学生的身体素质，更重要的是让小学生在参与体育教学的过程中形成良好的个人品质,为学生的后续良性发展夯实基础。因此,在体育课堂中,教师需要积极融入一些团队合作性活动,让小学生通过参与这些活动,养成良好的合作意识和能力。评价教学在体育课堂中的合理应用,能够让教师更好地发现学生的闪光点,并及时给予鼓励和肯定,激励学生在课堂中更好地展现自己,努力争取更多肯定。同时,教师这种教学态度也会对学生带来一定影响,让学生学会赞美和激励他人,深化学生的思想道德认知,提升学生个人素养。

3. 帮助学生树立学习自信

当前,很多学生对体育教学的参与兴趣不足,造成这种现状的原因主要是学生身体不够协调,不能很好地完成体育动作学习,进而导致学生信心不足,诱发各种不良情绪。这个时候,教师需要及时给予学生评价,让学生看到自身在体育学习中的优势,更快树立学习自信,强化学生参与体育教学的意愿,让学生表现更加出色。

主要不足:

由于该系统初步构建,AI 功能对于不同种类的运动信息和数据的记录不够精确,因此学校需要采取有效措施来解决计数和记录的问题。此外,评价体系需要进一步的构建,通过系统记录来最终形成雷达图,让学生明确自己的薄弱之处和优势。

在体育运动中,正确应用评价体系结合“健体星”,不仅是对学生的肯定,还是激励学生进步的动力. 因此教师应该重视评价教学的应用,并在遵循应用原则的基础上,构建平等的师生关系、营造良好的教学氛围、合理应用体态性语言以及注重学生差异,增强教师评价教学的有效性,促进评价教学作用的充分发挥,助力学生更好地发展。

案例五 智慧校园赋能下的劳动技术课程评价实践探索①

“劳动技术学科是中小学生在教育者的引导下,通过独立活动或者与他人合作,在设计、制作、使用与维修等一系列劳动体验和实际探究的技术活动过程中学习技术知识,掌握技术操作,增强技术意识,提高劳动技术素养的一门基础课程。”新课标确立了劳动技术课程的特征:实践性、综合性和创造性。

劳动技术课程的重点在于培养学生的态度和能力以及学生的发展层次和发展水平,关注学生参与的态度、解决问题的能力和创造性,关注学习的过程和方

① 本案例由陈婧撰写。

法，关注交流与合作，关注动手实践以及所获得的经验与教训。而传统评价模式仍旧停留在对作品的完成度和作品外观的单一评价上，已不能实现“双新”教育下的课程要求。有效结合智慧校园平台，构建新型的劳动技术评价体系，把课程、教学和评价统一整合，使其融合为一个有机的整体，贯彻到活动中去，突出学习过程中的体验、态度、情感、价值观、综合实践能力，强调评价主体的多元化、评价方法的多样化、评价形式的趣味化。

在大数据时代，随着物联网技术的不断进步，智慧校园将为学校带来全面的信息化，并影响教学的方方面面。在这样的教育环境下，传统的评价方法已不能对学生作出精确评价，无论是档案袋评价法还是表现性评价法，获取的只是间断性的学生信息，通过抽样的方式获取学生发展过程中的信息并进行评价。现代教育需要通过全面调查获取学生的连续性信息，从而生成学生综合素质评价报告。因此，学校提出了“数字画像”的概念，即在“五星五育十”的标准下对学生评价模式进行了探索。基于智慧校园平台与大数据技术，通过智慧校园平台获取和存储学生在整个教育过程中的连续性的全面信息，通过大数据技术分析数据并给出精确评价，最终通过智慧校园平台利用评价结果指导学生的行为。

(一) 评价目标阶梯化

目前，学校开设劳动技术课程的学段是四、五年级，依托教材、课标和学生成长手册的内容，把“学业成果”作为突破口，建立了四个维度的标准，并在日常教学过程中通过数据的收集、分析，进行相应的调整，逐步完善劳动技术课程评价体系。

基于标准，教师在课前备课、课中教学和课后反思时，都能紧紧围绕这些指标开展，使设计有目的、活动有成果、教学有实效、学生有收获、教师有提高。

结合实践效果，反复调整，使评价更贴近学生，更真实地反映学生活动时的情况。通过随时随地的教研讨论、修改，评价体系得到逐步的丰富和完善，

四、五年级·劳技·学业评价

学业成果	需求设计	四年级（上）：能看懂图纸，并且根据要求进行简单做作品的设计
		四年级（下）：能设计垃圾袋架、锅盖架模型，标明长短高低数字
		五年级（上）：能设计自己心目中独特的杯垫、笔架等生活用品
		五年级（下）：能设计电池与开关的组合，绘制作品制作的电路图
	加工制作	四年级（上）：根据要求，进行卡纸的剪切、黏合、整形、固定作品
		四年级（下）：制作时，有直角、圆角，比例合适，平面平，立体正
		五年级（上）：能进行木材的锯隔、黏结、敲钉等，制作完整的作品
		五年级（下）：电池、电线、电珠、发光二极管形成通路，完成作品
	改进创新	四年级（上）：在教材规定制作的基础上，有新的添加和拓展
		四年级（下）：能在常规作品制作的基础上，有新的改进点和创新点
		五年级(上)：在形状、大小、美观、实用方面，有自己的小改进
		五年级(下)：能对作品电线的连接、开关的性能和实效，进行改进
	工	四年级（上）：尺子、剪刀、勒痕笔、胶水

图 5－51

评价量规得到分年段的制定和落实。

四年级第二学期学业成果评价量规（四下·劳技）

评价内容：简易衣架、尖嘴钳的使用

对应教材：四年级·第二学期·第二单元《简易衣架》

成果指向	呈现方式	评价项目	评价词条	评价标准	评价结果
作品展示	学生作品拍照上传	创新设计	表述清晰 内容创新	通过合作交流，能合理、科学地完成简易衣架的设计图，标注尺寸，并在改进中提出改进设想	☆☆☆☆☆
				通过合作交流，能完成简易衣架的设计图，标注尺寸，并有一定的创意	☆☆☆☆
				通过合作交流，能完成简易衣架的设计图，标注尺寸	☆☆☆
		制作改进	创新美观 制作精细	制作的衣架体现设计创意，工整匀称、做工精美：大小合适、左右对称，能挂衣服	☆☆☆☆☆
				制作的衣架能按设计图完成，做工良好，尺寸偏小，没有对称，能挂衣服，但会掉落	☆☆☆☆
				制作的衣架有设计图，做工粗糙，能挂衣服，但会掉落	☆☆☆
实践操作	具体操作拍照上传	正确使用工具：剥线钳	正确使用 熟练操作	能非常熟练使用尖嘴钳校直铁丝、截断铁丝、绞合铁丝、弯折铁丝，相邻两边垂直，折角尖锐	☆☆☆☆☆
				能熟练使用尖嘴钳校直铁丝、截断铁丝、绞合铁丝、弯折铁丝，折角有棱	☆☆☆☆
				能正确使用尖嘴钳校直铁丝、截断铁丝、绞合铁丝、弯折铁丝	☆☆☆

四年级第二学期学业成果自评项（劳技）

自评项目	互评结果		
表述清晰、内容创新	☆☆☆☆☆	☆☆☆☆	☆☆☆
创新美观、制作精细	☆☆☆☆☆	☆☆☆☆	☆☆☆

实践操作（对应新课标：科学思维、探究实践）：动手实践

作品展示（对应新课标：科学观念、态度责任）：知识迁移、实际应用、解释问题

备注：1. 红色字体为智慧校园学生端能看到的评价词条　2. 互评不计入分

图 5－52

（二）评价过程多样化

新课标十分重视过程性评价，然而由于技术、环境的限制，劳动技术课程教学以往的过程性评价只是将结果性评价分成了阶段性结果评价（各个作品的单一成果），通过汇总多个阶段的结果性评价形成最终评价。新的评价内容和评价量规的制定，使过程性评价成为面向学生发展过程的无间断评价、交互性评价、展示性评价。评价过程中学生、家长、教师全员参与，及时了解学生活动中的学习情况，使师生、生生、家校之间形成良好的互动，进一步提高了学生掌握技能的兴趣，开拓了学生设计作品的创新思路，达到了培养学生劳动精神和劳动能力的目标。

例如，五年级劳动技术课对于学生使用剥线钳这一工具的操作评价就是利用智慧校园平台进行的过程性评价。在课堂中，教师利用巡视指导的过程关注学生的实操过程，及时上传操作图，并给出相应的星数或者推优，学生端和“班级圈”就会立刻显示。及时的分享带给学生更多的激励，带动更多的学生积极完成实操，掌握技术的要领，提高了学生动手实践能力，同时，课堂教学也提升了时效

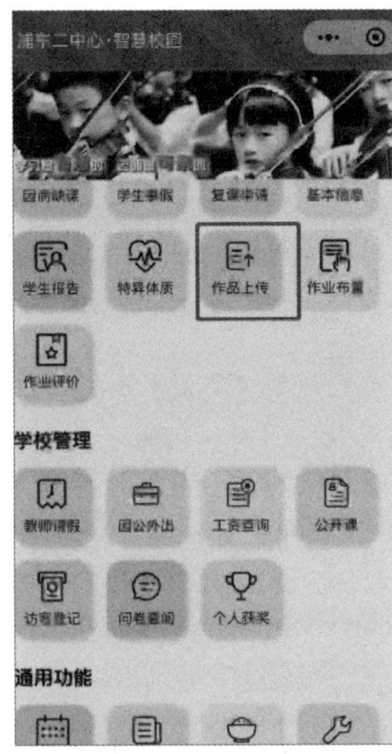

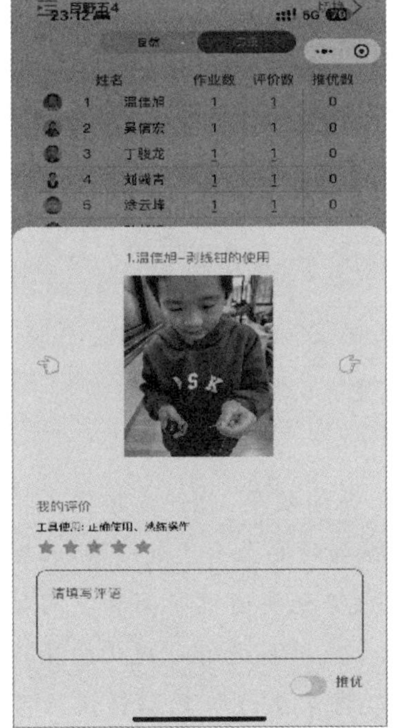

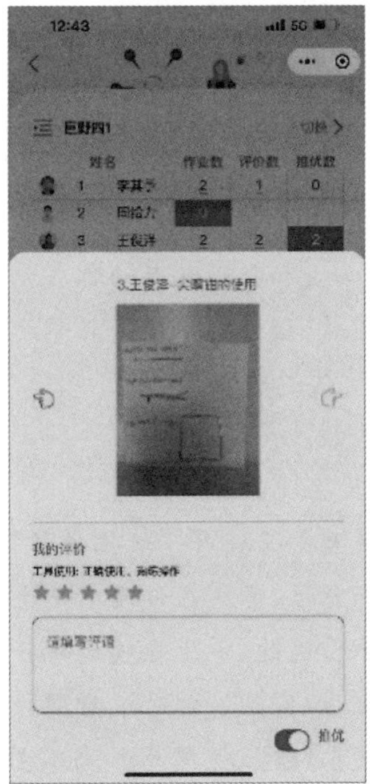

图 5－53　智慧校园平台展示实操过程

性。对于一些有困难的学生，教师就能合理分配好时间，进行个性化辅导。学生的积极性极大地被调动后，创新的火花十分绚烂。有学生在设计的时候，将电动小车的线路从简单的串联变成并联，把后驱小车变成四驱小车，大大提高电动小车的行驶速度。在设计调光小台灯的开关时，利用不同的材料，使开关更灵活，使用更方便。而在家中的父母看到学生课堂中的作品及技能展示时，也配合学生寻找生活中的可用材料，帮助学生一起动手动脑，使得一项劳动技术作业变成了亲子活动。

智慧校园平台成为学生的展示舞台，而教师则是幕后的引导者。在评价体系的指引下，自评、互评、家长点赞、“班级圈”推优，多样化的评价手段推动着劳动技术课程教学的变革。学生的发展环境包括学校、家庭和社会。学生评价是一项综合性评价，应当将学生在学校、家庭、社会中的发展情况结合起来，同时将教师、家长在学生发展过程中起到的作用按照不同的权重结合起来，利用智慧校园平台对学生作出结合性评价。

(三) 评价内容延展性

针对技术能力的课外延伸这一目标，教师特意在暑假时，制定了符合学生实际生活的活动“爱上这座城”。让学生选择自己喜爱的劳动技术活动，在“班级圈”进行线上展示。

此次活动一经推出，深受学生的喜爱，有的甚至是全家出动。学生的创意和设计大大出乎我们的意料：一道道精美摆盘的菜肴，一杯杯色彩诱人的夏日饮品，一件件趣味十足的游戏工具等。“班级圈”被这一张张极富感染力的照片铺满。家长、学生和教师的互动都成就了智慧校园，智慧校园的大数据同样激励着教师不断突破，让评价推动着教学的发展。

(四) 实践的成效与不足

主要成效：

1. 由数据到评价的映射

智慧校园平台提升了数据的存储量和查询效率，进一步强化了在校数据的时间和空间属性，学生在校园中产生的数据在时间上有了连续性，在空间上变得越来越立体。因此，学生在校园中产生的数据也要通过时间和空间属性映射到评价结果上，评价结果则通过智慧校园平台应用层进行可视化的呈现。通过数据可视化技术，按照视觉感知与认知规律，将学生评价数据转化为可感知的图形、符号、颜色等，增强数据识别效率，有效表达评价信息。

2. 由评价到教学的应用

综合素质评价作为一种具有过程性、结合性、全面性、个性化等特点的评价模式,其评价结果是建立在大数据分析基础上的,其结果包含学生发展过程的每个方面。例如,对学生学习效果的评价,需要综合学生入学至今的成绩数据,通过成绩在一段时期内的变化来考查学生的学习效果。在空间上,学生的学习效果并不是由成绩这一个维度来决定的。在学生评价结果的基础上由其他学生、教师、家长共同对学生的进一步发展提出建议和策略,并将建议和策略数字化,将数据输入智慧校园平台应用层验证其有效性,在保证有效性的基础上投入使用,促进学生的良性发展。

3. 由教学到评价的循环

学生评价的目的是了解学生、完善教学策略、验证教学效果,教学与评价只有形成良性循环,才能真正促进学生的发展。在传统校园中,对教学策略改变后效果的验证,往往需要一个学期的时间才能完成。而在智慧校园中,由于数据的处理层次丰富,数据的采集、分析都较为容易。通过数据采集层了解学生的上课状态、课后作业的完成情况,结合对学生的共性评价、个性评价及历史性评价,及时对教师当前的教学策略作出效果预测,促使教师对教学策略进行修正,继续通过新的教学过程进行学生学习效果再评价,形成由教学到评价的良性循环。

主要不足:

劳动技术课是一门实践性强、创意无限的综合课程,对于教师的专业素养要求极高。智慧校园又是一个追求技术和数据的新型校园评价平台,实施有效评价是优化劳动技术课程的有效手段,也是激发学生学习兴趣、提高学习效率的关键。因此,基于智慧校园平台的劳动技术课程评价的构建,对教师自身的能力就提出更高的标准。实现课程评价的发展性和时效性,真正发挥课堂魅力,提升学生的综合素质,是我们进行探索和研究的一个短板。

以数字化全方位赋能教育的综合改革,以整体性推进教育数字化的转型,推进教育教学模式的革命性重塑。在助力学校数字化转型、共建教育新基建过程中,智慧校园平台正扮演着越来越重要的角色,助力教师减负增效落到实处、细处、深处。劳动技术课程的评价活动也应顺应学校的发展,通过扎实的课堂教学、丰富的校园活动,利用智慧化的数据分析工具,形成智慧化的评价模式,让学生评价活动真正能够衡量学生的发展状况,并与教学活动形成良性循环,成为整个教育过程的关键环节。

案例六　智慧校园赋能下的科学课程评价实践与探索①

《义务教育科学课程标准(2022 版)》对科学课程评价建议中提出:“评价要充分利用信息技术,提高评价的科学性、专业性和客观性,强调主体多元、方法多样、内容全面,充分发挥学校、教师、学生等多主体参与评价的积极性。”在新时代背景下,劳动教育在“五育”之中的价值定位得到重新认识,劳动教育的基础性、全面性及全程性育人价值应在学校具体育人实践中得到充分落实。随着人工智能时代的来临,人们的行为方式、劳动形态都发生了深刻变革,劳动教育评价也会在反思当下与预测未来中突破创新。在教育数字化转型的背景下,将智慧校园平台与劳动教育评价环节相结合,以科学课程内容为内核,探索劳动教育评价的优化路径,以期全面提升学生的劳动素养。结合“双新”和“双减”教育背景下,考查学生在学习科学课程的过程中,逐步形成的适应个人终身发展和社会发展所需要的正确价值观、必备品格和关键能力。以智能化为手段、以大数据为核心、以“五育”为内容的智慧校园综合素质评价可以帮助教师更好地掌握学生的差异性,做到因材施教。

(一) 拓展学习时空

在传统的科学课堂中,学生的学习时空局限在课堂上,学习的效果相当有限。在新时期教育改革背景下,小学科学课程倡导探究式学习,需要学生在动手动脑、积极体验中学习科学知识,培养科学素养。结合这一学科特点,让学生参加一定的劳动,学习掌握一些基本的劳动技能,逐步形成正确的劳动价值观,培育良好的劳动素养,是科学教学应承担的学科责任。

依托学校智慧校园平台,不再使用传统方式评价作品,在教育数字化转型的新理念引领下,采用自上而下的方式,教师依托智慧校园平台推出探究性学习任务,对学生的学习进行过程性评价,共同进行富有成效的探索。

(二) 完善评价标准

学校积极响应《深化新时代教育评价改革总体方案》,全面思考学生综合素质评价的基础框架,从德、智、体、美、劳、特六个维度设计了学校小学“五星五育+”学生综合素质评价体系。其中代表劳动教育的“巧手星”的评价指标中构建了三级指标体系,借助网络终端应用平台,线上线下评价相结合,将过程性评价与终结性评价相结合,由家庭、学校、社会共同参与评价,记录学生校内外劳动

---

① 本案例由储超撰写。

教育指标下的行为表现和成长数据，让学生劳动态度、劳动能力和劳动成效得到客观的反映，实现以评价促进学生劳动素养的提升。

在科学课程的学业评价中，为了促使教师积极完成有关劳动教育的要求，需将劳动教育的成果记录到教师的评价指标中。例如，在三年级的学科活动“我是小菜农”中，依托教材，结合课标对评价标准进行了完善，在科学课程中渗透了劳动教育。

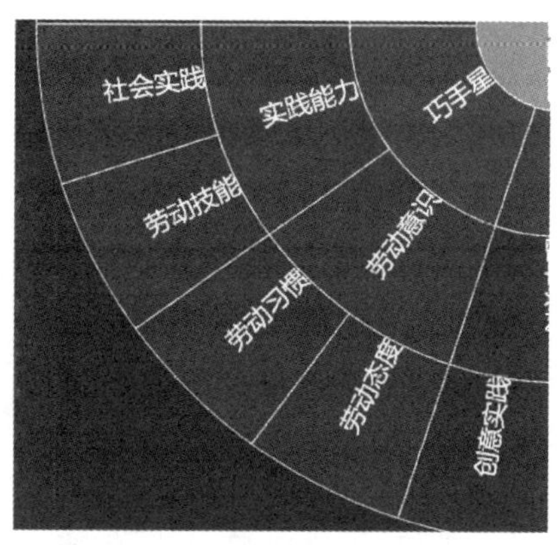

图 5 - 54

对于学校来说，需要不断完善科学课程中劳动教育的评价标准，从学生劳动意识的形成、劳动技能的学习以及最终的劳动成果等多方面建立相应的指标，并将其纳入学生综合素质的评价中，以此激励学生积极参加劳动教育，爱上劳动教育。

三年级学业成果评价量规（三下·活动二）

活动名称：我是小菜农

对应教材：三年级·第二学期·第六单元《牵牛花的一生》

成果指向	呈现方式	评价项目	评价词条	评价标准	评价结果
科学实践	作品实物 拍照上传	操作	选材合适 正确培育 成果显著	能选择合适的工具进行蔬菜水培，熟练掌握水培蔬菜的方法，成功完成蔬菜的水培种植，并且生长状况良好	☆☆☆☆☆
				能选择正确的工具进行蔬菜水培，基本掌握水培蔬菜的方法，成功完成蔬菜的水培种植。水培蔬菜可以存活，但生长状况一般	☆☆☆☆
				能选择正确的工具进行蔬菜水培，初步学会水培蔬菜的方法，完成蔬菜的水培种植	☆☆☆
		科学表达	认真观察 如实记录 积极探究	定期观察，完整记录水培蔬菜生长过程中的特点，圆满完成水培蔬菜培育的探究活动	☆☆☆☆☆
				定期观察，认真记录水培蔬菜生长过程中的特点，完成水培蔬菜的探究活动	☆☆☆☆
				定期观察，记录水培蔬菜生长过程中的特点，基本完成水培蔬菜的探究活动	☆☆☆
科学常识（日常）	任务单 拍照上传	常识判断	能准确辨认蔬菜的水培部位	能准确分辨出水培蔬菜是植物的哪个部分（全对）	☆☆☆☆☆
				能基本分辨出水培蔬菜是植物的哪个部分（错 1-2 个）	☆☆☆☆
				能够分辨出水培蔬菜是植物的哪个部分（错 3 个及以上）	☆☆☆

三年级学业成果互评项（科学实践）

互评项目	互评结果		
选材合适、正确培育、成果显著	☆☆☆☆☆	☆☆☆☆	☆☆☆
认真观察、如实记录、积极探究	☆☆☆☆☆	☆☆☆☆	☆☆☆

科学实践（对应新课标：科学思维、探究实践）：实验、设计、制作、科学观察、科学表达（图画和文字）、科学调查、资料搜集与整理

科学知识（对应新课标：科学观念、态度责任）：知识迁移、实际应用、解释问题

备注：1. 红色字体为智慧校园学生端能看到的评价词条　2. 互评不计入分值

图 5 - 55

（三）多元评价方式

布卢姆提出，教育评价是系统收集证据以确定学习者实际上是否发生了某

些变化，确定学生个体变化的数量或程度。收集证据需要借助一定的技术手段。从这个角度来看，教育评价是一种典型的技术化行为方式，善用各种技术手段将有助于增强科学教育与劳动教育评价的实效性。

在科学课程的评价中，课题组在实施过程中实行多元参与，依托智慧校园平台，充分依靠学校、家庭的合力，激发学生的学习热情和学习潜能，推进养成教育。评价的主体多元化，通过学生自评、伙伴互评、教师综合评价相结合，把学生自己、伙伴、家长、教师都融入评价体系中。

智慧校园平台以班级为单位融通数据，汇聚学生的科学课程作业作品、科学学科活动、实践活动、日常生活点滴记录等，在平台上生成"班级圈"，进一步延展评价主体，让同伴、家长、社会共同参与评价，为多主体参与评价提供了一个通道和平台，让评价的广度和深度得到了更生动的诠释，也为家、校、社共育提供了一个对话空间。

(四) 实践的成效与不足

主要成效：

智慧校园平台实现了"不同权限下的数据融通、汇聚与呈现"，从一定程度上弥补了传统评价的局限与不足，在完善结果评价、强化过程评价、探索增值评价、健全综合评价的过程中，发挥了"以数为据、用数而评、因数而思"的作用，为技术赋能教育的变革、学生的全面发展提供了有效载体。

在智慧校园建设的背景下，学校创设了 2.0 版本的"星星总动员"评价机制，积极探索五育并举全面发展的综合素质评价，其中"巧手星"一项的评选与智慧校园平台的评价功能有着密切的关系。传统的学科评语和评价，大部分都是教师凭一学期的印象和记忆结合自己的经验给学生评价。通过技术赋能，借助数据融通后的智慧校园平台，教师便可以基于实证对学生进行评价，也能进行过程性的阶段评价。教师在撰写评语时，系统已经对该学生的科学学科活动作业进行汇集，教师可以很方便地浏览学生每一次的探究性实践的作品。在全面的实证数据基础上，教师开始对学生进行客观的述评。为方便教师评价，系统提供了分维度、分等第的评语库，教师可以轻松点选评语库中的评语进行个性化修改后完成学生评价。

通过智慧校园赋能下的"巧手星"评价，学生更加自信、自律。在平时的使用反馈中，有了智慧校园平台，教师能够快速有效地管理课堂和学生，让课堂教学变得更加高效；家长能够及时知道学生在校表现并且参与评价，进一步认识和关注学生的成长;学生认识到自己的长处与短处,努力积极向上。

主要不足:

目前,智慧校园赋能下的综合素质评价仍然是探索阶段,而评价指标体系的建立也不是一蹴而就的,学校需要不断完善。数据的采集和分析是没有上限的,学生的一切行为都会生成相对应的动态数据。如果能将采集的范围从课内扩展到课外,从正式学习环境扩展到非正式学习环境,从线下学习扩展到线上学习,以获得更加全面的学生发展数据资源。以此为基础建立的标准化数据模型和进行的数据分析能帮助教师完善指标体系设计。

在小学科学学业评价过程中,对于小学生的各方面能力掌握要进一步加强,从不同的层面来探究、分析,在科学知识的教育、引导过程中,尽量按照多元化的方式来表现,这样才能在不断的学习过程中得到更好的积累。学生综合素质评价在智慧校园平台与大数据技术的支持下得以优化。通过智慧校园系统持续收集和储存学生在整个学习过程中的全面信息,大数据技术则对这些数据进行深度分析,为学生提供准确的评价。最终,通过智慧校园系统将评价结果反馈给学生,指导其行为,以更好地促进核心素养的提升。

案例七 智慧校园平台下师生共参与的德育评价①

德育评价是中小学校德育工作的重要依托,是引领学生成长、成才的重要途径。新时代中小学校应充分发挥德育评价的正面导向和激励作用,实现立德树人的根本任务。学校基于智慧校园平台,构建了具有学校特色的“五星五育+”学生综合素质评价体系。本案例以评价体系中的“雅行星”为例,通过观察学生的日常表现,发现过程性评价中的问题,尝试师生共参与的评价模式,达到完善德育评价机制的目的。

自建设智慧校园平台以来,学校关注并发挥教育评价的激励作用。学校依托特色评价“星星激励机制”,构建了“五星五育+”的评价指标体系,记录学生在校期间德、智、体、美、劳、特各个指标下的行为表现和成长数据。其中德(雅行星)从理想信念、品行修养两大维度关注学生的日常行为规范、品德礼仪和德育活动的参与情况。

作为一名一年级的班主任,要让学生从小进行“养成系”教育,对他们在校的

① 本案例由秦佳慧撰写。

日常行为做好规范。因为学生刚刚从幼儿园进入小学，对小学的一日行规还不熟悉，为了让学生快速适应小学生活，做一名文明懂礼、品行端正、阳光开朗的学校“星宝”，巧妙合理地利用智慧校园平台的“一日行规”评价是一种非常好的激励手段。智慧校园平台对“一日行规”评价的划分十分细致，从“作业习惯、课堂纪律、课间休息、文明用餐、卫生劳动、眼保健操、校园两操、文明礼仪、快乐启航”九个板块多方面地评价学生。学生能在加减星的过程中，获得成就感、审视自身不足、改进自我行为，以取得“雅行星”为目标不断严格要求自己，养成并保持良好的行为规范。

然而，在日常评价的过程中，评价权由班主任教师一人掌控，教师为单一评价主体，因此时常会有评价不及时、评价不全面、评价不公平等问题出现。如何改变当前的困境，学生是解决这些问题的突破口。

(一) 增加评价主体，做公认的“雅行星”

如何运用好“一日行规”评价指标对全班学生进行及时、全面、公正的评价呢？在现实操作过程中遇到这样一个难题。

以“课间休息”这条行规评价为例

课间的十分钟休息时间很短暂，教师在课间总是“肩负重任”，一边要及时对学生的上课表现进行学科性的课后评价，一边要解答学生的各种问题，有时还要解决同学间的各种小矛盾。在学生的簇拥下，教师往往分身无术，恨不得自己有三头六臂，根本无法抽身去走廊观察学生课间休息的情况，尽管有护导教师在来回巡逻，但由于不熟悉班级学生，只能对个别表现不好的学生进行批评教育，而往往忽略了对一些文明休息、表现优异学生的表扬。因此在智慧校园平台中这一栏呈现出的数据往往都是代表扣星的“小拳头”，这样的评价就失去了意义，没有激励性和全面性。久而久之，那些爱奔跑的学生仍然没有改掉自己的坏习惯，而一些原本文明休息的学生却开始蠢蠢欲动，“奔跑大军”日益增长。

正当我一筹莫展之时，小朋友的一个举动让我有了解决方法。学校的智慧校园平台提供了多终端评价渠道——手机小程序端、电脑网页端、教室门口的电子班牌。平时我使用频率最高的是手机端，因为手机随身携带更便捷，对小朋友的表现能做到及时评价。网页端可呈现在教室内的屏幕上，学生可一目了然看到自己的得星情况，教师也可以随时在教室内进行评价。电子班牌端一般在课后使用，能够快速记录学生的课堂表现，在学生期待的目光下进行评价，往往更有激励效果。

通过观察学生的日常行为，我发现学生对班级门口的电子班牌情有独钟，总在课间研究自己近期的得星情况。时常有学生问我，能不能让他们也尝试使用电子班牌？原来，共享评价权限，让学生之间相互监督就是解决办法！有了这些小帮手，就能成为教师的小眼睛，帮着一起监督同学们的日常行规。

于是，我着手动起来。我依据九个评价板块在班中设立了“课间督查员”“午餐管理员”“卫生劳动员”“两操检查员”等。“雅行管理员”制度开始实施，学生热情高涨，每天轮到执勤的小朋友就站在走廊的电子班牌前，认真站岗，尽职尽责，出现不文明现象就及时劝阻，并通过电子班牌进行加星或减星。一段时间下来，学生的行为习惯确实有所改善，面对严格的管理员，学生经过走廊时放慢了速度，放低了声音；午间用餐时纷纷践行光盘行动；卫生劳动时各个儿都卖力干活。随着学生的表现越来越好，他们的星数也日益增加。

在同伴的关注下，学生会更加在乎这个评价，越在乎就越有改变的意念，有了改变的意念稍加努力，就能转化为改变的行为。

（二）细化评价要求，做全面发展的“雅行星”

“雅行管理员”制度实施过程中，也有不少问题接踵而至。比如，不同管理员的评价标准不一、管理员不清楚自己的职责、轮岗规则不明确等。因此，笔者想到了利用班会课，全班一起商讨，制定规则。

首先，基本要求需明确。一是要对学生公正公平地评价，不能因为关系的好坏随意点赞或减星；二是坚守好自己的岗位，不能贪玩误工；三是每周按照前一周得星数的高低进行轮岗。这样在赋予管理员评价权利的同时，能让他们清楚岗位职责，培养工作责任心。同时，学生为了争当管理员，都想好好表现，无形之中提高了他们向积极方向转化的内驱力。

其次，评价标准成手册。在学生自主管理的过程中，他们对评价的标准还不明确，对同学的评价一般以主观意识居多。根据每月轮岗人员的不同，学生得星数的起伏变动呈现较大差异。为了保证评价的客观性，应该要明确每一个岗位的评价标准：以文明用餐为例，从用餐纪律、节约粮食、用餐卫生三个方面设定标准。这样就给小小管理员指明了方向，学生就知道该如何评价，也能用这样的评价标准来要求自己，查看自己是否做到。

最后，干部执行成常态。每到自己轮岗的时间，“小干部”就打开电子班牌，请教师帮忙扫脸登录，对照制定的评价手册，为每一位同学进行精准评价。一天一评价，一项一评价，人人有评价。“雅行管理员”在自己的岗位上尽职尽责，以最饱满的热情、最严格的要求、最负责的态度帮助教师管理班级，真正成为教师的“三头六臂”。

表 5-5 一日行规评价手册

行为规范	☆	☆	☆
文明用餐	用餐时保持安静，不大声喧哗	节约粮食，不浪费	用餐时保持干净，用餐后及时清理
课间休息	礼让同学，文明游戏	不尖叫、不大声说话，文明用语	不奔跑、不打闹，文明休息
卫生劳动	保持个人卫生整洁	认真打扫公共负责区	桌椅对齐，地面干净
眼保健操	做操过程中不随意睁眼	做操前保持手部干净	动作准确做到位
校园两操	排队有序、快速	认真做操，动作到位	进场、退场过程中保持安静
文明礼仪	进校见到教师、同学主动问好	同学间友好相处	时刻注意个人仪容仪表

（三）拓宽评价方式，做德行兼备的“雅行星”

一日行规的评价不仅要从“品行修养”这一维度关注学生的日常行为规范。还要在“理想信念”这一部分得到体现。学生德育活动的参加情况也可以纳入评价之列。比如，我们班的小刘每次班会课都积极报名，根据主题精心准备展示活动，有的是红色场馆的介绍，有的是传统文化的宣传。这样德才兼备的学生值得大家为他点一个大大的赞。当然，还可以将学生在假期的雏鹰小队活动参与情况也纳入“雅行星”的评价当中。比如，今年暑期的“雅行星”活动是“品味中华经典”，学生以飞花令的形式开展家庭竞赛，将诵读古诗词的视频分享在“班级圈”，教师可以根据学生的作品质量、点赞人数等给予学生1—3颗星星，也可以通过文字评论，对学生进行点评、表扬。

（四）评价结果激励化，做自我提升的“雅行星”

如何将学生的表现和评价的结果展现给学生和家长呢？学期中，每月我们都会根据智慧校园系统中的数据进行“校园之星”的评选。在各方面表现优异的学生，也就是在“一日行规”这九个方面得星数最高者，自然而然就成为本月的“雅行星”。每班“校园之星”的个人事迹和照片将在校园网和电子班牌上循环播放，学生也将得到一张奖状以资鼓励。这样的结果，小朋友们都心服口服，因为这是他们共同推选出来的小榜样。

学期末，每位学生、家长都会收到一份综合素质报告，报告中以柱状图的形式反映出该生在本学期行规方面的表现情况。学生可以通过日均得星数比较每一项指标之间的差距，来查看自己在哪方面的表现优异，在哪方面还须努力，还可以比较自己和班级平均值的差异。报告的最后会以一句话来总结该生的行为表现，告知下学期的努力方向。

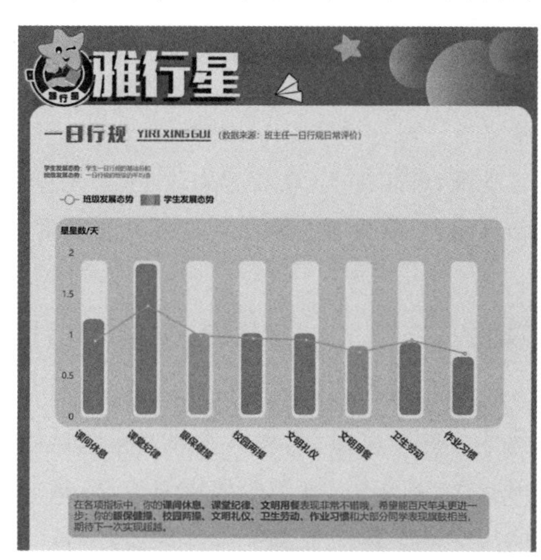

图 5－56　学生综合素质报告

（五）实践的成效与不足

主要成效：

这样自主评价的方式，改变了以往以教师为单一评价主体的困境。与此同时，结合了小学阶段学生的心理特征，以“雅行星”为载体，对学生进行及时引导和鼓励强化，在“一日行规”评价指标导向和持续性评价中，形成了一种“认同＋激励”的德育评价机制。

主要不足：

1. 依托家长，评价主体更多样

家长的评价是否能纳入评价中呢？毕竟，学生在校养成的习惯要能够带回家，能够带到公共场合，展现学生的良好风采。如果学生在校文明懂礼，在家撒泼打滚，这样能算一名优秀的“雅行星”吗？因此，家长对学生居家表现的评价就显得尤为重要，能让教师真实全面地了解学生的成长信息。家长可以在家中利用手机端，对学生在家中的行为习惯、家务劳动、自理技能随时进行评价。

2. 依据班情，评价内容更丰富

在“一日行规”评价中有一项“快乐启航”的指标未能在实践中得到很好的应用。“快乐启航”是一年级学生在幼小衔接过程中，对学生能否快速适应新学校、新教师、新同学的一个评价指标。一年级过后，这个指标就不再出现。其实每个年级根据学生的年龄特点，每个班根据班情都有需要侧重的评价点。比如，五年级的学生使用电子设备的频率较高，容易沉迷网络，就可以设立“手机使用”这一评价内容。再如某班学生有说脏话的不良风气，就可以设立“文明用语”评价来改善班风。

恰当的评价和鼓励就像一颗小小的能量种子，会在学生、家长和教师的心中生根发芽。教师要充分利用“五星五育+”评价体系，汇聚能量，激发学生的潜力。前路漫漫，道阻且长，在教育工作中，要充分利用已搭建的校本德育评价模式和评价指标体系，制定符合班级实情的学生德育评价体系，全面提升德育工作实效。

案例八　智慧校园赋能“雅行星”的全面德育评价[①]

作为德育过程的重要组成部分，德育评价拥有自身独立的价值，同时蕴含着磅礴的教育能量，既是检验德育实效性的重要举措，也是改善学校德育工作的关键推手，其导向、激励和反馈等功能，推动学生道德品质不断发展，对当下落实立德树人根本任务有着举足轻重的作用。

但传统经验式德育思维已难以为继：品德难以准确量化且德育本具有多源性、长期性和内隐性特征，加之技术革新、评价范式转型等诸多挑战，导致德育评价面临着单一场景（课堂）、单一主体（教师）、单一结果（道德分数或品德等级）等问题，缺乏多样性、开放性德育评价方法的建构，改革德育传统评价方式以及培养良好行为习惯的任务迫在眉睫。

在信息技术与教育深度融合的新时代背景下，学校秉承“修德、善学”的校训，创建“五星五育+”的学生智慧综合素质评价体系，围绕立德树人根本任务，设计“雅行星”聚焦于德育发展，从理想信念、品行修养两个维度观察学生的日常行为表现、品行礼仪规范和德育活动参与，由学校、家长及学生三方完成日常记录和阶段化评价。基于大数据汇集客观、全面而细微的评价数据和材料，实现基于客观数据的德育评价，从而构建出一个系统且科学的数据库评价范式和现代德育评价体系。作为一名班主任，该怎么借助智慧校园平台，结合“修德育人”的学生发展目标，将班级学生培养为至善至美的“雅行星”，同时营造团结友爱、真诚奋进的班级氛围呢？

（一）建立班级“雅行星”星级评价细则

在“五育五星+”综合素质评价体系之“雅行星”评价指标的基础上，利用班会和全班学生就班级“雅行星”的评价内容指标进行充分讨论，制定班级“雅行

① 本案例由王瀛萍撰写。

星”星级评价细则。针对学校“雅行星”发展目标，从道德行为、自我管理、学习能力、习惯养成等方面，设置8颗星（爱国主义雅行星、集体荣誉雅行星、行为习惯雅行星、心理健康雅行星、生命安全雅行星、社会实践雅行星、诚信友善雅行星、热爱劳动雅行星），开展星级少年和星级班级争创评选活动。通过立体交互、互联共通的多方参与评价机制，切实为德育评价有效实施和齐抓共管德育环境提供必要的制度保障。

表5－6 “五育五星十”综合素质评价体系之“雅行星”评价指标

雅行星	1. 热爱学校、热爱班级、热爱集体
	2. 明礼守纪、友善待人、诚实守信、勤俭节约
	3. 积极参与学校各项德育类实践活动；能积极参与社会公益活动，并在活动中有突出的文明素养、良好的行为规范
	4. 雅行行为能在班中起到一定的榜样作用，带领伙伴进步，是班级的美德典范

“雅行星”星级评价细则

1.爱国主义雅行星
熟知国家的一些基本情况，如国歌、国旗、国土面积等；有强烈的民族情感，了解中国渊源的历史发展变化。
2.集体荣誉雅行星
知道并遵守学校的各种规章制度，热爱学校和班集体，有强烈的班级荣誉感，且积极主动付出个人努力实践。
3.行为习惯雅行星
懂礼貌、讲卫生、讲文明、勤俭节约，树立生态环保意识，行为表现在班级中起到模范和带头作用。
4.心理健康雅行星
健康、乐观、积极向上，遇到困难不放弃，有一定的抗挫能力；乐于与人沟通，有一定的沟通能力。
5.生命安全雅行星
对消防、交通、防溺水等方面的安全知识比较熟悉，懂得紧急状态下的逃生方法，学会保护自己，避免安全事故发生。
6.社会实践雅行星
积极参与学校各类德育活动；积极参加社区活动，参与社会实践等公益活动，并在活动中有突出的文明素养、良好的行为规范。
7.诚信友善雅行星
尊重长辈，孝敬父母，尊重和团结每一位同学，有爱心，同情心，不欺负他人，能积极主动帮助身边需要帮助的人。
8.热爱劳动雅行星
热爱劳动，掌握一定的劳动技能，积极参与学校班级组织的劳动相关活动；在家中能自主负责完成一些力所能及的劳动任务。

图5－57 三(6)班“雅行星”星级评价细则

(二) 扎实推进德育星级活动

在德育星级评价推进中，统筹和整合现有的德育活动和资源，目的在于加强社会主义核心价值观教育，夯实中华优秀传统文化教育，强化社会主义法治教育，推进学生发展核心素养教育，开展"直接德育活动"，并通过多元评价方式，让每一个学生都能在德育活动中有所收获。同时，关注学生参与的兴趣和全员性，各种星级活动在设计时融思想教育、个性展示、实践锻炼于一体。

借助智慧校园"班级圈"功能呈现每次活动的内容和成果，将德育活动在数字化平台上展示并进行班级全方位覆盖，让每一位学生、家长都参与其中。针对家庭情感教育的培养，开展"纸短情长传家书"活动，学生在书写一封给家人的信后更深入体会对家中某一成员的情感，推进家庭和谐氛围及亲子关系。德育主题教育课上进行"节约水资源"活动，使得每个学生深切感受到生活中如何用自己的点滴行动为水资源的节约出一份力。

（三）评价主体从单方变多元

传统的德育评价往往仅有一个评价主体，就是教师。开放性德育评价认为评价的主体应是多元的，不仅包含教师，而且包括学生、家长。信息技术支持下的智慧校园评价体系（包括网页版、微信小程序）提供了评价平台。学生在班内的日常表现评价由班主任进行，同时班级部分学生组建"文明监督员"，记录班级内同学的日常行为规范。此外，班级内也会举办家校互动的活动请家长评价，日常记录手册上家长也可进行评价。低年级在班级内让学生进行自评，中高年级通过采访调查等方式进行同伴互评，构建自我评价与他人评价相结合的方式。

例如，在每日午饭时间，会由轮值评价员使用班级屏幕的"一日行规"评价中的"文明用餐"一栏对班级学生的光盘行为以及领饭排队秩序进行评价点赞；每天轮岗的眼保健操检查员和广播操检查员对同学的做操情况进行加星或减星。家长也可以在"班级圈"对德育活动进行留言评价。多元的评价主体仅以评价指标达成度作为评价依据，得出的评价结果更好指向育人目标，为学生品德健康发展提供真实依据。

（四）德育评价变定性为素描

在不同场景中的德育评价信息通过信息技术平台，汇集到学生日常行规表现指标中，长久积累得到该生此项德育发展指标的星星数量，再经过学生获得点赞数据和不同品德表现权重计算，最后呈现某项品德行为发展水平指数，形成学生个人和整体品德发展的成长档案，描绘了学生的德育成长数字画像。班主任和学科教师对每位学生进行个性化评价，过程性的数据也为每一个学生量身设计一份图文并茂的综合素质报告。过去依据评语、分数为手段的德育评价由定性评价转化为丰富多样、角度多元的"素描"评价，使学生的德育评价结果生动鲜活，促进了全员全过程、全方位育人。

在此基础上，还采用了“争星晋级”“星星兑换”“推选学期雅行星”三种积分激励方式。“争星晋级”是少先队雏鹰争章评价的校本化体现，学生通过加星，换取不同级别的“雏鹰章”，最终实现自我发展价值；“星星兑换”是学生在学校设置的“星星兑换柜”内用集到的星星兑换个人心愿，包括“小奖品”“免当天作业”等，也可以在学校的星星游园会中兑换自己喜欢的物品。

（五）实践的成效与不足

主要成效：

1. 用“乘法”赋能提质增效

德育评价和智慧校园平台的有机融合为整体建构德育活动提供基础，并将学生对评价结果的认同和对原有状态的改进纳入评价视野，使得评价与校园日常学习全过程相融合，形成评价工作的闭环。结合线上德育主题活动与线下真实教育教学场景，系统收集学生品德发展的大数据，多视角、多侧面、多渠道采集并保存学生道德发展状况的关键资料，同时使用“量化＋写实”方式进行综合评价，系统构建了全面的德育成长管理生态系统。因此学生的每一个良好行为及出色表现都能得到及时评价。学生也能依据评价结果主动探索自我发展路径，充分调动自我约束、自我成长、自我评价的积极性。

2. 用“除法”优化机制

通过德育评价系统，抓好常规管理，逐步规范各项德育工作，进一步完善各种规章制度，抓好行为规范教育。以“雅行星”、雅行小达人、日行一善、优秀班级管理能手等方面为抓手，对个人予以表彰，积极营造向上向善的文明氛围。重视“日行一善”的实践管理，将“善文化”厚植于学生的灵魂深处。

主要不足：

1. 持续全面开发，实现多维场景评价

当前，智慧校园平台涉及德育评价相关功能较为有限。为达到德育评价效果的最优化，评价主体需要在多维场景中建立道德教育与特定情景的连接。相较于单维的课堂空间，虚拟现实技术精心设计的活动场景更容易刺激学生的多维感知，增强学生的道德内隐认知。在虚拟场域中，小学生的学习行为变化是德育评价方法的重要指标，教育管理者可对中小学生的交互次数、问题解决能力、道德建构层次进行形成性评价，促进学生对道德切身体验的深度加工。

2. 复合评价方法,平衡多种评价方式

德育评价方法的选择是影响中小学德育评价效果的重要因素,其方法主要分为量化评价和质性评价两种。基于数据分析的智慧校园平台,使得德育过程的数据采集成为可能。通过数据平台记录与分析,能捕捉到可视化的德育情况数据分布图,这是高效可视化的量化评价。但在量化评价的实施中,倚重数据的量化排名容易形成单一的指标,可能会造成评价片面性。德育评价是一种赋能的活动而不是数字控制的活动,需同时结合量化评价和质性评价,注重学生的自我体验、自我情感和自我价值观的整体化发展。

恰当的评价和鼓励就像一颗小小的能量种子,会在学生、家长和教师的心中生根发芽。充分利用学校智慧校园平台技术支持,搭建合理有效的德育评价体系,汇聚能量,激发学生的潜力。德育是五育之首,道德教育的主体是"人",要将德育有机融合于智育、体育、美育和劳动教育,在其他四育中体现德育过程性评价的观测点,对德育目标进行指标演变量化,定量测评和定性描述相结合,使德育由软变硬、由虚变实,真正实现"德育为首,诸育并举"。坚定德育目标和德育内容明确化、准确化,有的放矢地去落实立德树人的育人目标,并将德育目标和相关具体德育内容细化到德育工作的每一个环节、每一个项目、每一个活动中,秉承修德育人,将班级的每位学生培养成为至善至美的"雅行星"。

案例九　基于智慧校园平台的学生个性化评价①

新课标中指出,对于学生的评价要以促进学生发展为目标的评价体系,包括评价的内容、标准、评价方法和改进计划、评价的措施与方法。教师教育教学的全过程中采用多样的、开放式的评价方法,如行为观察、情境测验、学生成长记录等,了解每个学生的优点、潜能、不足以及发展的需要。

以往教师对于学生的评价,有时会是瞬间印象并具有个人色彩,这就导致对于学生的评价并非十分准确。在评价中要体现过程性、多样性、开放性,促进学生的个人发展,这是教师教学评价中的一个难点,学校智慧校园平台中各种评价功能,可以让教师突破这个难点,利用收集的数据,高效率对学生数学学习进行个性化评价。

基于新课标建立的新的评价体系也让教师面对新的挑战,对于原有的结果

① 本案例由陆文怡撰写。

性评价，一张卷子、一个分数就可以作为学生学习的评价。对于学生的课堂学习评价，往往也是凭着教师的模糊印象，直接给出评价。新课标中更注重过程性评价，学生的课堂行为观察、学生学习的成长记录等，如何记录好学生在每堂课中的课堂行为？如何记录学生一学年，甚至是一个小学阶段的评价？如何对于每一位学生不仅仅有评价，还能针对每一位学生的学习特点以及薄弱点，作出有针对性的辅导与发展计划？这对于教师来说是一项非常繁杂而庞大的工程。

学校的智慧校园平台根据新课标中提出的评价要求，制定了一系列的评价记录方式，结合大数据的分析功能既破解了教师记录过程性评价难的问题，也突破了学生评价连续性、精准性、个性化的难点。教育数据技术的运用可以低成本方式记录长周期的数字轨迹，形成学生数学学习成长轨迹的"一生一档"。

(一) 突破长周期难点，实现课堂及时评价

图 5－58

在日常教学中，教师利用数字化智慧校园已成为常态。针对数学学习的特征，在平台中的课后评价侧重于评价学生上课的探究兴趣以及合作习惯，每节数学课后，教师都会对于学生的课堂表现及时记录，进行点赞。日积月累的记录数据就是学生的学习过程中的表现，基于数据记录的评价，对于学生的评价更公平、公正，基于平时每节课的课后记录，体现在学期末的学生综合素质报告中，能够作出最终的一个学期评价。

定时分项录入，实现学生学习情况追踪评价。

针对学生的课堂练习进行分项数据统计，学生学业成果中的"智多星"就有

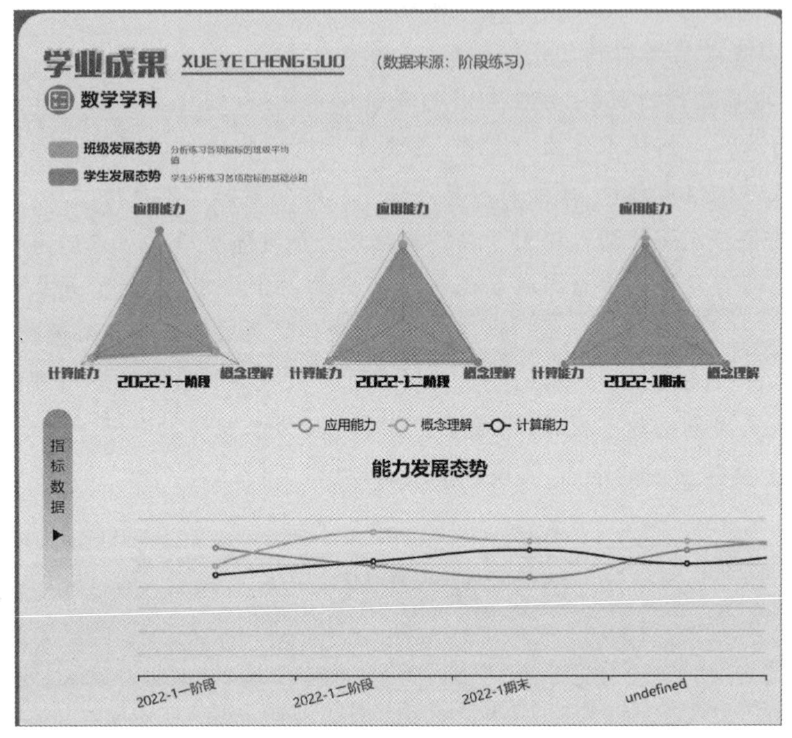

图 5－59

了更多的数据支撑以及数据分析。通过网状图表展示，可以看到学生单次练习中细分的针对于数学计算、概念、应用三大模块，能够让学生了解到自己数学学习的优势及不足。通过网状图可以让学生看到，每个模块下自己在班级中处于何种水平，并且这些数据仅学生自己可见，不会对学生造成攀比排名的压力。从三年级起，每次的阶段练习都有记录，从而保留学生学习的一个轨迹，形成学生多年学习的评价。折线统计图中，学生可以看到自己几年之间在计算、概念、应用等方面能力的发展变化，从而了解自己更长周期的学习发展情况。

（二）基于大数据下的学生评价，为教师减负增效

教师除了评价学生的学习之外，更需要了解每个学生的优点、潜能、不足以及发展需要。这种大范围的个性化评价，在以往的纸面分析中是很难做到的。在智慧校园平台的教师端，教师能够看到每一位学生的学习情况记录，并且通过课堂评价记录以及阶段练习的网状图表，一目了然看到学生的进步以及不足之处，教师由此可以对学生进行精准教学、精准辅导。基于分项录入，教师可以看

到学习波动较大学生的学习情况。从各个分项中了解学生的学习情况,对个别辅导学生也有了更好的依据。大数据的记录也给了教师教学更多的实际支撑,更多的很直观的图表。利用好这些数据,不仅仅是学生评价上的一个突破点,更是教师自身科学提高教学能力的一个突破点。

(三) 初显良好效果,思考更多可能性

1. 良好效果

在智慧校园平台支持下,教师教学取得了很好的效果。首先,教师能够连续性、持续性记录学生的学习情况,为学生期末的评价提供了更多的依据。其次,教师能够做到功夫在平时,到了期末也是由过程性的数据产生最终性的评价,省去了很多繁杂的纸面记录,能够对学生作出更精准的评价。最后,在教师的教学中,方便教师从电脑中调取数据,可以依据阶段练习的情况,设计更精准的课堂教学以及课后练习,从而有依据地进行减负增效,提高教学的效率与效果。

2. 更多可能性

随着技术发展,智慧校园平台也在不断突破与优化。在未来,如果智慧校园平台能够对接数学中的“墨水屏”精准教学的数学项目,根据每个学生的课堂学习情况或者课后练习中出现的错误,推送相对应的练习,做到对学生的作业进行精准的、个性化的推送。实现平台的融会贯通,减少学生多次重复登录各种平台的弊端,真正做到个性化的精准辅导与练习,能更好地为学生的学习以及作业减负增效。

从 2019 年以来,学校教师的工作已经与智慧校园平台紧密结合起来。从一开始的不习惯,到现在体会到了数字化智慧校园平台带来的便利与高效。在智慧校园平台中,一个个数据、一张张图表,解决了新课标中提出的行为观察、情境测验、学生成长记录等,了解每个学生的优点、潜能、不足以及发展的需要,也切切实实让教师感受到学校作为一个数字化转型试点学校的先进性、便利性。时代在改变,教师的工作教育理念也应该跟上,在数字化、信息化大数据的时代背景之下,如何看懂数据、解读数据、利用数据来作出更精准的评价值得我们思考。在未来的工作中,笔者相信学生的学习以及评价在基于大数据的背景之下,会迸发出更多的活力,也会带来更多的挑战与机遇。教师在教育数字化的洪流之中,要顺应时代的变革,顺应教育的发展,不惧怕改变。如何应用好这些先进的技术,让智慧校园平台服务于学生的学习和教师的教学?及时有效记录学生学习过程,如何利用数据作为支撑,科学地、有依据地进行评价。再利用学生课堂学习的数据，对学生的学习的发展需求，做出更好的计划，从而做到新课标中提出的了解学生的发展的需要，为学生制订个性化学习计划以及作出更具有广度、深度的评价，真正做到为了未来而教育，为了未来而学习。

案例十 智慧校园赋能下小学英语“智多星”智育评价①

五育融合背景下，小学生综合素质评价的改革已进入新阶段。其本质是改变以往固有的“唯分数论”来衡量学生发展的单一标准，倡导在日常教学过程中多方位考查学生的全面素质发展。“智育”作为育人基础，是全面发展教育的重要组成部分，通过传授系统文化知识技能，发展智力因素与非智力因素的教育，为其他各育提供认识基础。

在“双新”和“双减”的教育视角下，上海市教委发布的《上海市教育数字化转型实施方案(2021—2023)》和中共中央、国务院印发《深化新时代教育评价改革总体方案》指出，要大力推进教育数字化转型，优化教育评价理念，打破传统模式下“重结果、轻过程”的评价方式，强化过程评价，探索增值评价，扭转不科学的教育评价导向，建立健全合理的评价体系。以立德树人为根本任务，依托现代信息技术，全方位推动教育综合素质评价的发展。

学校以智慧校园为依托，基于智慧校园平台的“五星五育＋”学生综合素质评价实践研究，积极探索“智育”评价的改革和实践，在常态化教学中依据评价维度、评价内容、评价方式与平台大数据相融合，对智慧校园赋能下小学英语学科“智多星”智育评价进行探索。

(一) 明确评价维度，建立“智多星”评价标准

在实践研究中，围绕德、智、体、美、劳、特六个维度优化重建学生综合素质评价的基本架构。其中“智育(智多星)”评价结合《上海市小学基于课程标准的评价指南》和《上海市学生成长记录册》相关维度和评价要求，围绕学习品质和学习成果两个方面建立“智多星”评价维度。学习品质，包括学生的学习兴趣和学习习惯，而学习成果需要从学生的学习能力和学习成效两个方面考量。

基于以上两个评价维度，学校智育评价团队结合校本思考并制定了“智多星”评价标准细则，在每个班级开展“智多星”争星评选活动。这一评价改革旨在打破传统陈旧单一的评价模式，通过“日常课堂评价”和“阶段分项评价”等评价

① 本案例由朱贝妮撰写。

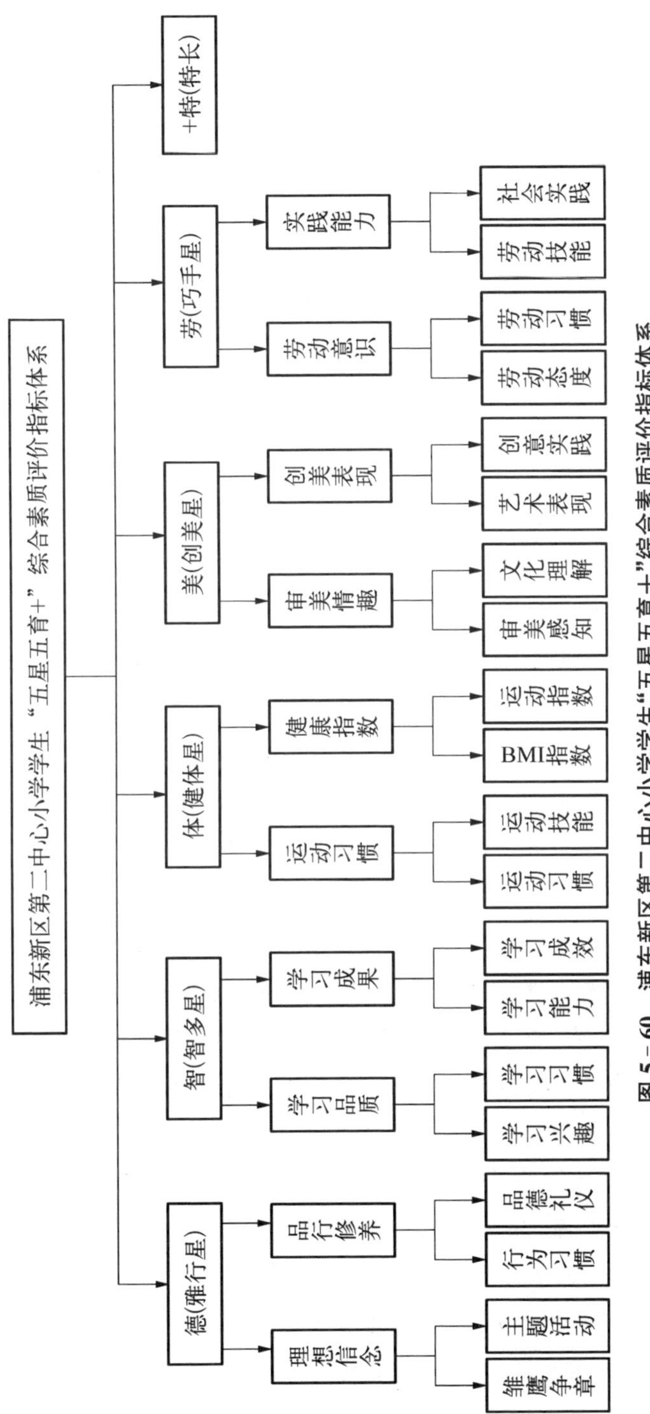

图5－60 浦东新区第二中心小学学生“五星五育＋”综合素质评价指标体系

方向，挑战智慧校园赋能下"智育"评价的个性化、多元化、动态化体现。同时，用可持续性发展的眼光，帮助学生通过新的评价模式更好地审视自己，挖掘自己的潜能，培养良好的学习品质，争取更优异的学习成果。

表 5－7 浦东新区第二中心小学"智多星"评价标准细则

智多星	1. 在语文、数学、英语学科上有较高的学习兴趣，养成良好的学习习惯
	2. 有语文、数学、英语学科上有优秀的学业表现
	3. 有较丰富的学习成果，表现优异
	4. 能积极参与拓展、研究课的学习

(二) 推行课后评价，融入日常点滴记录

学生的课堂表现是学生"智育"评价的重要部分。学生在课堂上的日常表现决定了学生的学习品质，同时也能影响学生习习惯和学习兴趣的养成。传统课堂的教学评价相对随性和粗糙，教师在教学的同时注意力容易聚焦在表现力强的学生身上，往往忽视较"安静"的学生，导致学生的课堂评价滞后和失真。因此，学校综合以上出现的评价问题，不断反思总结，重新思考调整了课后评价的维度。

以小学英语学科为例，在每节英语课后，教师根据学生的课堂表现，从学习兴趣和学习习惯两个方面着手考量，聚焦学生在英语课上的"表达兴趣""读写习惯"和"合作习惯"几个方面对学生进行日常课后评价。例如，在小学英语四年级4B M3U1 Sounds Period 4 The old tortoise and the little bird 这一节阅读课中，教师在课前根据故事内容设计系列问题，鼓励学生根据问题大胆猜测和表达；在课中，教师设计表演环节，邀请学生以 Pair work 的形式小组合作演一演故事片段；在课后，教师引导学生发散思维，给故事续写一个开放式的结局。这三个教学环节分别对应英语学科课后评价的三个维度。

在课后，教师通过学生本堂课的个人表现在电子班牌的课后评价、网站或手机小程序页面上进行点评，分别用"大拇指"点赞，说明该学生有较好的读写习惯、合作习惯，拥有较高的表达兴趣，而"加油标志"则反映该学生在相应课堂表现上须进一步努力。同时，教师也能通过右下角"按班级学生得星升降序"一键排列，直观地呈现班级学生课后评价的星数排名，及时准确地记录学生的每日课后表现，将评价融入日常生活点滴中。

(三) 实施分项评价,追踪阶段学业成果

小学生的学业水平成绩是“智育”评价的核心部分。多年来,学业成绩等第制的实施并不能精准地将学生的表现分层评价,也无法针对性地了解每一位学生的优势与缺点。教师的学业质量分析往往处于一个较为笼统、片面的状态,同时也较难根据客观数据化的个人学情分析跟进教学方案。思及此,学校智育评价团队大胆开展实施“阶段分项评价”,利用平台数据分析代替传统的纸质版评价。根据学科特点划分该学科的三项考核比例,通过期中、期末和阶段性练习检测共同组成。

此外,为减少人工数据分析误差和教师重复的工作量,智慧校园平台采用“分项录入系统”和智慧扫描设备,双向助力学生的学业水平数据采集,精准高效地将学生的学业成绩录入平台,实现学生学业成绩的自动化统计,对学生的每一次练习进行智能数据分项分析和动态化对比。

在教育教学的路上,学生作为不断变化的鲜活个体,对学生学业成果的评价不能简单地用某次分项练习结果来衡量,而是应考虑对其各方面学习能力的评估,并用发展的眼光来评价。由此,分项评价的动态化呈现显得尤为重要。学生在完成分项评价后,后台会根据采集的大数据对其进行个性化、全面化的分析。

以学校英语学科四年级某学生一学年的分项评价为例,从“听力理解”“词汇语法”和“阅读写作”三个分项指标量化分析,对应图中三条不同颜色的学业成绩动态变化曲线,直观清晰地展现某学生在四年级这一学年中所有分项练习的学

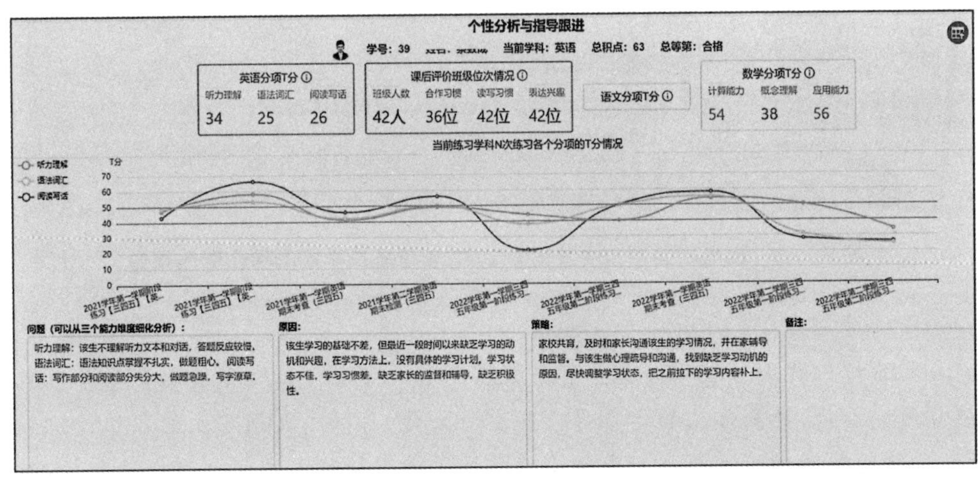

图 5-61　智慧校园平台“学业成绩”中对某同学的个性分析与指导跟进

业成果和变化趋势。曲线走势向上则代表在“阅读写作”有进步，向下则表示退步。根据每一位学生呈现的图表，教师可以主观结合客观地提出指导与跟进建议，实时追踪学生的阶段学业成果，为学生的成长提供可行性学习方案。

(四) 实践的成效与不足

主要成效：

1. 以评促学，激发学生学习主动性

智慧校园赋能下“智育”评价体系已在实践过程中取得初步的成效，学生成长的日常表现点滴与阶段性成果已在智慧校园平台的依托下记录成册。教师可以通过“五育月报”查看班级学生的月度争星榜，针对每一个维度的得星情况对学生进行纵向与横向的跟踪分析。

此外，借助电子班牌的“智多星”排名，直观可视化地呈现学生的争星情况，通过星数金、银、铜排名，换取荣誉称号，让学生享受学习的乐趣。

最后，每学期期末根据学生的学习品质、学业成果和学科教师的评语等数据形成个人综合素质报告，学生能够更直观可视化地了解自身的个性特点和优势，从而发觉自身的闪光点，以此达到以评促学，激发学生的学习主动性。

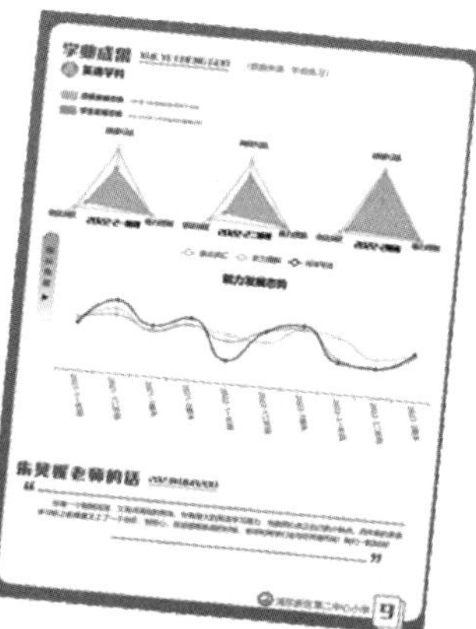

图 5-62 智慧校园平台中某同学 2022 学年第二学期的综合素质报告

2. 以评促教，提升教师专业素养

教育评价犹如一把双刃剑。智慧校园平台的智育评价体系能够帮助学生激发学习主动性，提高学生的学习习惯和学习兴趣。同时，利用学生的各项评价数据，更好地帮助教师了解每一个学生的个性化学习特征。依托大数据的分析，教师能及时调整教学模式，提高课堂教学水平，提升自身的专业素养，以评促教，对学生的成长起到促进作用。

与此同时，学校利用每周的校本研修时段，开展全员培训继续教育。通过教研组、备课组、年级组的交流分享，展开探讨教研活动和信息技术融入课堂的优势与不足，积极探索信息化背景下智育评价的教学实践，积极响应数字化背景下的评价改革，并着力于强化教师队伍的基本素养，努力打造一支优秀高素质的新型教师团队。通过建构全面评价、方法科学、程序规范、结果客观、技术新颖的教育评价体系，形成具有本校思维特色的评价模式，为教师的终身发展提供切实的助力。

主要不足：

当前，学校智慧校园赋能下小学英语学科智育评价体系已取得初步成效，但在实践过程中，仍然存在着一些不足。智育评价体系的建立不是一蹴而就的，在实践探索的过程中，学校仍需要不断完善与改进。长期固定的、不变的评价维度和指标容易让学生产生倦怠感，需要结合学科特色和不同课型评价准则，将评价内容更加细化，评价标准更加量化，评价主体更加灵活化。

此外，根据评价体系，将数据采集的范围从课堂扩展到课外，从线下延伸到线上，将评价主体从教师评价扩展和延伸到生生评价、自我评价和家校共育评价，探索家校智慧联动、共育评价新模式，以此获得更加全面的学生发展数据资源，为学生的综合素质评价提供更科学的依据。

数字化信息技术与教育评价的高度融合，必定是未来教育发展的新方向。数字化转型为教育事业变革开辟了新的道路，打破了以往传统的教学模式，也为跨校区、跨地域等教学提供了更多的资源共享可能性。数字化转型背景下的评价浪潮变革已势不可当。随着新兴技术的更新换代，相信未来对人工智能潜力的深入挖掘能更好地与教育教学评价相结合，使“智育”评价体系更完善、更全面、更精准地助力每一个学生的成长，用智慧评价“智育”学生的未来。

本章小结

立德树人是教育工作的根本任务。学生综合素养评价是落实这一根本任务的重要一环。综合素养是指学生在受教育过程中形成的跨越学科的价值观、必备品格和关键能力的个性化有机融合，也是综合素质和核心素养的有机结合。在教育数字化转型的背景下，学生综合素质评价改革受到教育信息化的深刻影响，并成为推动新时代基础教育改革的关键着力点。在评价形式上，学生综合素质评价通过信息化平台支持实现评价创新。在评价方法上，注重运用智能技术促进流程变革的发展样态。

学校以“全面发展”为理念、以“核心素养”为导向，开展了基于智慧校园平台的“五星五育＋”学生综合素质评价实践，从德、智、体、美、劳、特六个维度，重构评价维度、评价指标、评价流程和评价反馈的场景，形成了学校“五星五育＋”综合素质评价指标体系，构建了学生全过程成长记录平台，全面地构建学生成长的数字画像，输出了学生个性化综合素质报告，促进了学生全面发展评价新型生态的形成。

在德育方面，创建了“雅行星”评价指标体系，包括“品行修养”和“理想信念”两个维度，“品行修养”包括“行为习惯”和“品德礼仪”两个方面，“理想信念”包括“主题活动”和“雏鹰争章”两个方面。在“品行修养”维度，从行为规范角度出发，构建了学生“一日行规”评价指标，分别从基础指标“文明礼仪、课堂纪律、课间休息、校园两操、作业习惯、文明用餐、卫生劳动、眼保健操、快乐启航”九个维度进行学生的日常评价。学生“一日行规”评价，班主任通过数字化智慧校园网页端、电子班牌端或手机端皆可便捷操作，实时记录学生的日常行为，实时评价学生的日常行为。学生评价结果可以在电子班牌“雅行星”排行榜上呈现，激励学生健康发展。“主题活动”和“雏鹰争章”板块通过“班级圈”、星星奖励、争章任务等多种方式，调动学生的积极性，于无声中浸润学生的德育。

在智育方面，学校开展了智慧校园赋能下智育“智多星”评价改革实践，“日常课堂评价”“阶段学业评价”“期末学科评语库”等评价平台，从“学习兴趣”“学习习惯”和“学习成果”三个方面对学生进行全过程评价，依托智慧校园平台，实现智育评价数据的采集、汇集和分析，最终生成“智多星”评价报告，实现智育评价的个性化与立体化。“日常课堂评价”聚焦学习品质，涵盖了十门学科在学习品质方面关注的重点，细化了观测点，明确了评价等级，并借助信息技术实现了评价的可视化操作。“阶段学业评价”注重“分项学业评价”，根据学科特点确定分项，可视化呈现评价结果，多权限评价分析。“期末学科评语库”分学科构建，既有横向体现，又有纵向体现，还体现“积极评价、情感激励、体现个性”的特点。

在体育方面，学校基于智慧校园平台构建了“健体星”评价指标体系，主要聚焦在运动能力、健康行为、体育品德三个维度，运动能力指标按照“国家学生体质健康测试”“上海市学生日常体育成绩”标准构建，健康行为包括体育锻炼意识与习惯、健康知识与技能的掌握和运用、情绪调控、环境适应四个方面，体育品德包括体育精神、体育道德和体育品格三个方面。基于智慧校园平台，方便了教师数据的采集与录入，实现了多元化数据的汇集与分析，并生成"健体星"评价报告，进一步保障了学校体育教育评价结果的科学性。

在美育方面，学校以"审美情趣""创美表现"作为评价学生美育素养的重要指标，进行了基于智慧校园的美育"创美星"评价实践。在美术学科方面，从审美感知、文化理解、艺术表现和创意实践四个方面对学生的美术素养展开评价，涵盖学习习惯、学习态度，对美术的认知、造型、色彩、空间等，对事物和现象的认知、理解、判断或抉择，学习的迁移、思维方式、创意表达等评价要点。在音乐学科方面，聚焦审美感知、艺术表现、创意实践和文化理解，将学习态度、过程表现、学业成就等多方面的表现，贯穿于音乐学习的全过程和音乐教学的各个环节，借助平台将学生的音乐"成长足迹"记录下来并可视化呈现出来，并通过"五星"评价标准助力学生音乐的发展。

在劳育方面，学校开展了智慧校园赋能下劳育"巧手星"评价变革实践，创建了劳育"巧手星"评价体系，主要包括劳动观念、劳动能力、劳动习惯和品质、劳动精神。学校探索"互联网＋劳动教育"的新模式，开展知识劳动、虚拟劳动、数字劳动等多种多样的活动。依托智慧校园平台，采用综合评价方式，将过程性评价和终结性评价融为一体，由家庭、学校和社会共同参与评价过程，旨在记录学生在校内和校外劳动教育方面的表现和成长数据，结合数据的挖掘与分析，为学生提供个性化支持和服务，以全面促进学生劳动素养的提升。

学生综合素质评价是一项高度复杂的教育评价活动，技术赋能的学生综合素质评价是一个不断优化、逐步推进的过程。总体而言需要从教育评价理念、综合素质评价流程、信息化基础支撑、数据开放协同机制、保障性政策和机制等方面进行设计和实施，从问题中寻找突破，从技术中破除瓶颈。在持续推进基础教育数字化转型的进程中，需要充分发挥教育数字化的理念、技术与方法优势，赋能学生综合素质评价系统性变革，以此进一步提升教学质量，促进学生全面成长。

结语 智慧校园实践的成效与展望[①]

随着技术的进步和发展，智慧校园建设正成为推动学校教育信息化进程和教育数字化转型的一种实践样态。本书主要以学校智慧校园的建设与实践为主线，以浦东新区第二中心小学的智慧校园建设为核心，全方位、立体化展示了学校在以智慧校园建设为抓手，全面推动学校数字化转型的所思、所想、所做。浦东新区第二中心小学作为浦东新区首批智慧校园建设学校之一，学校根据教育信息化发展目标和学校信息化工作基础，立足学校发展实际，擘画智慧校园发展蓝图，顶层设计、稳步推进，在学校管理、教育教学、教师发展、学生评价等多方面进行了校本化设计与实践，形成了一系列成果，积累了多方面宝贵经验。

1. 顶层设计，创立了新时代智慧校园新体系

学校从自身发展实际出发，以教育数字化转型为导向，通过多年的实践与探索，形成了具有指导学校未来发展的一系列战略目标，包括构建一个互联感知的智慧校园环境、提供多样化的智慧课程资源、倡导可持续的智慧学习、探索基于大数据的学生综合素质评价方法等，逐步构建了一个现代化的学校治理体系，以推动教育教学的流程改进和系统升级。通过信息技术深度融合于教育教学的各个领域，逐步形成一个"可感知、可诊断、可分析、可预警"的崭新的校园生态体系。

2. 流程再造，塑造了学校智慧管理新范式

梳理学校业务，聚焦学校管理、教学管理、德育管理、教务管理和安全管理各个关键环节，以数据思维为指导，以业务发展为目标，重构业务流程，重塑管理功能，塑造学校智慧管理新范式。构建了学校数据基座，打通学校管理平台，上传数据，下联畅通，实现了学校人、财、物等精细化管理。打造管理应用生态圈，实

---

① 本文由陈洁、黄军撰写。

现了数据支撑管理决策、管理革新。通过合理整合和应用各种技术工具，为学校管理者提供更准确的信息，不断满足学校管理不断变化的新需求，全面提高了管理的质量和效果，改善了学校运营和教育质量。

3. 技术赋能，形成了学校教学发展新模式

学校立足智慧校园建设，积极整合来自不同领域的资源，专注于核心目标，围绕“智慧教”和“智慧学”两条主线，不断努力践行技术赋能教育教学的变革，形成了数据驱动下的教与学支撑体系，包括课堂教学平台、教学资源中心、学生学习空间以及课程学习平台等，这为推动数据驱动的智慧教育提供了坚实的技术支持和数据基础。

4. 创新发展，构建了“五星魅力”教师发展新路径

学校将智慧校园作为助力学校“智慧教师”发展的重要形态和支撑系统，围绕提升教师“四维四力”的新目标，构建了促进教师专业发展的“五星魅力教师专业发展平台”，平台基于多模式数据采集和多视角数据呈现，保障了教师个体动态显性的专业发展和学校持续动态管理跟进，为实现教师群体的整体发展提供了新空间和新样态。教育教学中引入新技术，促进了教学、资源、评价等全方位升级，但由于技术的不确定性，也会为教师的技术应用带来风险和挑战。教师在实践的过程中，不断挑战自我，不断创新探索，努力为学生提供更加丰富、高效的学习体验，力争使学生获得更好的教育。

5. 数据驱动，打造了学生“五星五育＋”综合素质评价新形态

学校在原有“五星五育＋”学生综合素质评价体系的基础上，基于智慧校园平台，围绕德、智、体、美、劳、特六个维度，构建了学生“五星五育＋”综合素质评价指标体系，围绕“雅行星、智多星、健体星、创美星、巧手星、特”指标，重构学生综合评价场景，跨平台、跨终端采集学生成长数据，形成具有数据支撑的学生个性化综合素质报告，构建学生成长数字画像，打造学生综合素质评价新形态。

国家标准 GB/T 36342－2018《智慧校园总体框架》中对智慧校园的标准定义是：物理空间和信息空间的有机衔接，使任何人、任何时间、任何地点都能便捷地获取资源和服务。智慧校园涉及利用人工智能、物联网等新技术，将数字化、网络化、智能化引入学校管理、教育教学、生活服务等各个方面，它在提高教育教学质量、学校管理效率和学生发展成长等方面具有一定的优势，特别是在教育数字化转型的背景下，它正成为学校转型发展的一个重要路径和关键突破点。

智慧校园的进展中应该全面考虑保护学生和教师的权益，特别是隐私和数据安全等重要问题。此外，建设智慧校园需要大量资金投入和相关培训，以确保科技工具的有效应用。随着技术的不断发展，智慧校园将持续演进，为教育领域带来更多创新和改进。

未来，科学技术的不断更新和迭代，将进一步推动教育数字化的转型发展，加强新技术与智慧校园建设的融合创新，可以更好地推动学校智慧教育的发展。智慧校园是将整个校园完全数字化逐步向精细化、智能化、科学化管理转型的重要依托，基于智慧校园能够助力学校实现全要素、全流程、全业务和全领域的数字化转型。作为一所小学，要想跟上时代的步伐，要想利用技术全方位地变革，要想实现学校的转型发展，笔者认为需要从下面几个方面进行考虑。

1. 立足学校发展需求，适需而建

每一所学校都有自身的特点，教育数字化转型向前的步伐也并不是统一步调的，需要立足学校的现实情况，因校而定，适需而建。学校需要建立一个顶层设计的规划蓝图，在规划的基础上，分步实施，逐步推进。

2. 更新教育理念方法，与时俱进

智慧校园的发展应与学校的文化相一致，以确保教育目标的一致性和合理性。教育观念的更新和升级，才能保证智慧校园发展的时代性。技术虽然重要，但教学方法同样至关重要，教育者需要不断思考如何更好地利用技术来支持和改进教学，以提高学生的学习成效。

3. 加强教师数字素养，精准施策

"强教必先强师"，教师数字素养提升是教育数字化战略背景下教育教学创新变革的需求，是对教师的新要求。教师数字素养提升需要学校精准挖掘教师需求，用新理念、新模式、新机制和新平台来全面构建教师数字素养提升的新体系。

4. 关注人工智能应用，适度融合

今天，人工智能技术高速发展。无论教师还是学生，人工智能将是日常学习、生活和工作中不可或缺的重要工具。例如，ChatGPT 问世后不久，一度成为文化和科技领域的轰动事件，在社会上引发了广泛讨论。然而，人工智能的应用仍然面临着很多问题和挑战，如何将其与教学真正地融合起来，真正地发挥其积极的效益，值得我们思考和研究。

5. 注重数据隐私保护,建章立制

合规性、透明度和安全性是数字化转型中不可或缺的一部分。随着教育数据作用的不断显现,教育数据的不断积累,数据安全越来越凸显,需要制定健全的数据管理政策,确保学生和教育工作者的隐私得到充分保护。

图书在版编目(CIP)数据

教育数字化转型背景下的学校智慧校园建设思考与实践：浦东新区第二中心小学智慧校园建设实践 / 陈洁，黄军编著. -- 上海 ：上海教育出版社，2024. 11.
ISBN 978-7-5720-3234-9

Ⅰ. G627-39

中国国家版本馆 CIP 数据核字第 2024T01X97 号

责任编辑　王俊芳
封面设计　金一哲

教育数字化转型背景下的学校智慧校园建设思考与实践
——浦东新区第二中心小学智慧校园建设实践
陈　洁　黄　军　编著

出版发行　上海教育出版社有限公司
官　　网　www.seph.com.cn
地　　址　上海市闵行区号景路 159 弄 C 座
邮　　编　201101
印　　刷　上海商务联西印刷有限公司
开　　本　700×1000　1/16　印张 25.5　插页 1
字　　数　430 千字
版　　次　2024 年 11 月第 1 版
印　　次　2024 年 11 月第 1 次印刷
书　　号　ISBN 978-7-5720-3234-9/G.2874
定　　价　98.00 元

如发现质量问题，读者可向本社调换　电话：021-64373213